编译文库 · 社会学

包先康 著

国家社科基金（15BSH022）研究成果
安徽工程大学"皖江乡村振兴与可持续发展研究创新团队"项目资金资助

治理之码：
农村社区微治理

Code of Governance:
Micro-governance in the Rural Communities

图书在版编目（CIP）数据

治理之码：农村社区微治理 / 包先康著. —北京：中央编译出版社，2023.10

ISBN 978-7-5117-4441-8

Ⅰ.①治… Ⅱ.①包… Ⅲ.①农村社区－社区管理－研究－中国 Ⅳ.①D669.3

中国国家版本馆CIP数据核字（2023）第096809号

治理之码：农村社区微治理

策划编辑	兰　鹏
责任编辑	郑永杰
责任印制	李　颖
出版发行	中央编译出版社
网　　址	www.cctpcm.com
地　　址	北京市海淀区北四环西路69号（100080）
电　　话	（010）55627391（总编室）　（010）55627312（编辑室）
	（010）55627320（发行部）　（010）55627377（新技术部）
经　　销	全国新华书店
印　　刷	北京文昌阁彩色印刷有限责任公司
开　　本	710毫米×1000毫米　1/16
字　　数	350千字
印　　张	20.75
版　　次	2023年10月第1版
印　　次	2023年10月第1次印刷
定　　价	128.00元

新浪微博：@中央编译出版社　　微　　信：中央编译出版社(ID: cctphome)
淘宝店铺：中央编译出版社直销店（http://shop108367160.taobao.com）　（010）55627331

本社常年法律顾问：北京市吴栾赵阎律师事务所律师　闫军　梁勤
凡有印装质量问题，本社负责调换，电话：（010）55627320

谨以此书敬献给我的父亲

序 言

先康在他的书即将付梓之际，请我写序。

2001年，先康考入安徽大学社会学系攻读硕士学位，我是他的指导教师。当时"三农问题"渐成热点，村民自治研究方兴未艾，我指导的研究生大多选择农村社会学方面的研究主题。当时，我对他能否做好研究还有些担心，主要有两个方面：一是，先康是学物理出身，多年从事物理教学，由理科思维转向社科思维恐有难度，且没有相关的学术积淀；二是，先康算"大龄"研究生，其时已近不惑之年，面对家庭压力和学业的压力，恐难集中精力从事学业和研究。然而，我的担心有些多余。通过三年的辛苦研习，先康较好地完成了硕士论文《乡村社会资本与村民小组治理研究——皖西龙镇调查与思考》，从学理上将村民自治研究下沉到村民小组层面，分析了乡村社会资本在村民小组治理中的作用，揭示了村民小组治理的逻辑。毕业后，他一直关注"三农问题"，深耕农村社区治理研究，也取得了一定成果。2010年，先康跟随我在安徽师范大学攻读思想政治教育专业博士学位，他再次面临着话语体系转换的难题。经过三年研习，先康较好地克服了这一难题，比较顺利地完成了博士论文《农民公民意识培育研究》，该研究分析了中国农村社会转型期农民公民意识培育的必要性，探讨了农民公民意识培育的内容，探索了农民公民意识培育的基本路径。这一研究，实际上是从另一个角度试图对"三农问题"做出另一种回答。2014年，我在全国社会科学界的一次论坛上提出要关注社会的"微

— 1 —

治理",《中国社会科学报》对此做了报道。先康注意到这个报道,觉得"微治理"可以整合并拓展他已做和正在做的一些研究,便以"农村社区微治理研究"的选题申报了2015年度国家社科基金项目,并获准立项,本书就是这一项目的研究成果。

先康的这本书聚焦的是农村社区治理问题研究。许多农村社区治理研究过多地关注农村社区层面"宏"治理,而先康的研究将关注的视角探入农村社区之内的日常生活,重点研究农村社区日常生活秩序和福利何以可能的问题。该书以"农村社区微治理"概念的界定为逻辑起点,确立了写作的整体框架和基本内容。它运用叙事社会学分析视角重点研究了农村社区日常生活中"微问题"如何解决、"微事情"如何处理、"微心愿"如何满足、"微参与"何以可能等问题。研究认为,农村社区"微治理"主要运用的是"地方性知识"和地方性智慧,并认为,多数情况下,这些地方性知识和智慧在农村社区日常生活中"微问题"的解决、"微事情"的处理、"微心愿"的满足和"微参与"的推动,是有效的。但也清醒地认识到,随着农村社会深度转型,农村社会结构发生了较大分化,农村文化也呈现出多元化,地方性知识和智慧运用于农村社区"微治理"存在着局限性,所以,本书的第六章探讨了将"互联网+"和社会工作等现代治理术,引进农村社区"微治理"实践的必要性及其介入理路。该研究具有一定的学术创新性,创造性地提出了农村社区"微治理"的命题,构建了以"微治理"为核心,包括"微问题""微事情""微心愿""微参与"等的概念体系;确立了"社区—日常生活—村民"的分析框架,将农村社区治理研究的触角探入日常生活,系统地阐释了农村社区"微治理"的道与术,拓展了农村社会治理的内涵。该研究为农村社区治理提供了一个新的研究视角,可以进一步创新农村社区治理,推动农村社区治理现代化,具有一定的理论和现实意义。

先康的这本书从明暗两条线索展开研究。地方性知识与社区日常生活中的行动构成了该书一条显性线索,全书的第二章至第五章沿着这条主线逐步展开。第二章以农村社区"微问题"的界定为逻辑起点,通过一个个生动的故事揭示了农村社区日常生活中"地方性知识"在解决"微问题"中的作用,这些地方性知识包括：情、理、法、义与利、力和气之道，还包括与之相对应的讲情、论理、释法、明利、用力和解气之术，并深刻阐释了农村社区"微问题"解决实践中"释道""用技"的策略与逻辑。第三章在区分"问题"与"事情"的基础上，将"微事情"界定为个人和家庭生命历程中发生的必然事件，颇具创新。该章选取了个人和家庭生命历程中极具价值和典型意义的"婚事"与"丧失"为叙事对象，展开叙事，并通过详细叙事阐释了农村社区"微事情"处理中"关系"的价值和"仪式"的寓意，揭示了农村社区"微事情"处理中"关系动员"和"仪式动员"的技术与策略。第四章从乡村社会变迁的视角分析了农村社区日常生活中"微心愿"满足主体、方式和体制的变化，指出了当前"微心愿"满足存在的主要障碍，提出了农村社区日常生活中"微心愿"满足的现代建构路径。第五章在简单阐明农社区"微治理"中"微参与"必要性的基础上，以农村社区"微参与"的界定为逻辑起点，分析了农村社区日常生活中"微参与"的基本方式、价值，突出分析了当前农村社区"微参与"面临的困境——"无主体境""无公域境""弱权威境"和"弱规则境"，并分析了走出这些困境的基本路径。另一条隐性线索是围绕着"农村社区治理有效"展开，虽然全书的第二章至第五章显性地围绕"地方性知识与社区日常生活中的行动"，但细细品读，实际上也是在回答农村社区日常生活秩序和福利何以可能的治理主题。从内容上分析会发现，它在向人们述说着这样一个思想：农村社区日常生活中的地方性知识和智慧多数情况下能够保证治理有效目标的达成，农村社区日常生活中自有一套治理的规则和逻辑。明暗两条线在第六章交汇，暗线在此由暗变明。该章在道明传统"微治理术"局限性的基础上，阐释了转型时期农村社区"微治理"引入现代治理术的必要性，接着分别论述了"互联网+"和社会工作这两种现代治理术引入农村社区"微治理"的契合性、合法性和路径。第七章可以说是点睛之笔，使得研究主题更加鲜明，阐释明了农村社区"微治理"研究的时代价值，凸显了研究的主旨。

治乱兴衰起于微末，农村社区"治理有效"何以可能？这是个既古老又现代的话题。先康基于多年深耕农村社区治理研究完成的这本著作，正是对农村社区治理有效何以可能的一种探索性回答。

  在此，我祝愿先康的研究能够持续下去，也祝愿这些理论探索能够与实践产生更多更好的互动。

朱士群

2022 年 7 月

前　言

自1990年踏入一所乡镇中学任教之后，由于生于农村，长于农村，教学之余格外关注农村发生的各种事件，深知农民生活之艰辛，感慨农村之凋敝，困惑于干群关系之紧张，时常发出这样的疑问：这个社会怎么了？农村怎么会是这样？于是乎，总会有些想法，但总是懵懵懂懂；想要做些什么，但又不知从何做起。偶尔的机会知道有一门研究社会的学问，叫作社会学，似乎找到了行动的方向。2001年，通过一番努力终于如愿跨入了社会学研究的大门。在选择研究方向时，笔者毫不犹豫地选择了农村社会学。从此，与农村社会学结下了不解之缘，开始了农村社会学研究之旅。

2003年硕士论文选题时，在导师朱士群教授的启发和指导下，确立了村民小组治理这一主题，首次从学术研究的层面，将乡村治理研究的单元下沉到村民小组，并从乡村社会资本的视角探讨了村民小组治理的逻辑。现在来看，那时笔者的研究就已经触及农村社区"微治理"的命题，只是那时能力不逮，未能明确提出这一命题。2014年，在浏览网页时，"2013年度中国社区治理十大创新成果"候选项目之十六"关于福建省厦门市海沧区社区"微治理"创新成果的说明"跳入眼帘，触发了我的灵感。而朱士群教授在2014年第八届中国社会科学界前沿论坛上呼吁关注社会的"微治理"研究，坚定了笔者从"微治理"的视角研究农村社区治理问题，正式开启了农村社区"微治理"研究之旅。

本研究是要回答农村社区日常生活秩序如何建构和福利如何增进的问题，试图发现农村社区"微治理"的道与术，以期对乡村振兴背景下"治理有效"目标的达成有所裨益。在这一研究目标的指引下，选择中部省份安徽的部分社区为研究对象，开始了丈量江淮大地的学术研究之旅。本项研究将社会学的调查研究方法与人类学的田野工作方法结合起来，掌握第一手资料，并采取故事说事的叙事社会学的诠释方法，诠释农村社区日常生活中"微事件"解决或处理的道与术。

农村社区"微治理"是指将治理理论运用于农村社区日常生活，以满足农村社区居民个体或群体偏好性公共物品和公共服务的需求，以建构良好的秩序，增进其福利的过程。它关注农村社区居民日常生活中"微问题"解决、"微事情"处理、"微心愿"满足、"微参与"引导、"微机制"和"微环境"的建构等过程。就农村社区"微治理"而言，首先，它的研究对象是农村社区日常生活世界中发生的事件；它要解决的问题是农村社区日常生活中的秩序的维护与建构、福利的增减，如日常生活中人情往来、生活中的摩擦、生活互助等；它依赖的资源和力量是内生资源和力量。其次，以"微治理"为核心概念建构为基础，确立了"社区—日常生活—村民"的分析框架。

农村社区"微治理"研究这一课题，就理论价值而言：首先，农村社区"微治理"所依据的"地方性"之道，为农村社区治理理论创新提供有力的内源性支持；其次，农村社区"微治理"中就包含着丰富的"共建共享"的因子，可以促成农村社区"共建共享"新的治理体制的形成；再次，农村社区"微治理"中孕育着"三治融合"的基因，可以有效推动农村社区"三治融合"治理体系的生产。就实践价值而言，首先，可以借助农村社区"微治理"的自治性的启迪，找到消解农村社区治理行政化的措施；其次，可以借鉴农村社区"微治理"简约化的启迪，发现克服农村社区治理内卷化的道路；再次，可以借助农村社区"微治理"精准化特征的启迪，探索降低农村社区治理风险的路径。

本研究项目实施过程中，主要通过研究者进入农村社区实地调查，从而保证材料获取的质量。在项目研究期间，得到了安徽大学中国农村问题研究中心的大力支持，特别是在张德元、常伟、陈勇等教授的帮助下，得以顺利进入阜阳南塘合作社、三星村和绩溪县上庄镇宅坦村开展田野调查工作，并获得丰富的第一手资料；得益于高中同学乔慧勤、周世义的帮助，得以顺利进入公安系统的乡镇派出所、司法系统的乡镇司法所开展调研，获得了宝贵的研究资料；在课题组成员汪恭礼的协助下，课题组成员在宣城市宣州区溪口镇多个社区开展了调研；在我院创意产业与社会管理专业研究生的帮助下，在阜阳市杂姓营村开展了系列调研。笔者的研究生刘桃也在自己家乡的多个社区开展田野工作，并随课题组参加了其他地区农村社区的调研，还承担了资料的整理和书稿的校对工作；研究生郭椿也为书稿的校对提供了帮助。在调研期间，每到一处都得到了相关机构和人员的大力支持。

笔者利用乡土资源，在生我养我的皖西大地开展了系列调研，获取了丰富的学术给养和灵感。在此，笔者向对本项目研究提供帮助的所有机构和个人表示诚挚的感谢。在本项目研究过程中，笔者的学术和人生导师朱士群教授给予了一如既往的鼓励和支持，坚定了笔者尽最大努力圆满完成项目研究的决心和信心。

目 录

第一章　农村社区微治理：一个新的学术命题 ············· 1
　第一节　农村社区"微治理"：日常生活的治理 ············· 3
　第二节　村民自治微效：农村社区"微治理"提出的现实背景 ········ 11
　第三节　农村社区建设：农村社区"微治理"的政策背景 ········· 18
　第四节　农村社区的差异化：农村社区"微治理"的社会基础 ········ 20
　第五节　圆事安人：农村社区"微治理"的基本目标 ··········· 27
　第六节　地方性知识：农村社区"微治理"的基本理据 ·········· 30
　第七节　日常生活：农村社区"微治理"的基本域 ············ 34
　第八节　研究框架和方法 ························ 37

第二章　农村社区"微问题"解决的在地逻辑 ············· 42
　第一节　农村社区"微问题"：日常生活中的"细故" ·········· 42
　第二节　农村社区日常生活中"微问题"解决的地方知识 ········· 43
　第三节　农村社区"微问题"解决的道与术 ················ 118

第三章　农村社区"微事情"处理的社区动员与场域建构 ········ 123
　第一节　农村社区"微事情"：日常生活中的意料事件 ·········· 123
　第二节　农村社区婚事处理：关系动员、仪式动员与周旋 ········· 125
　第三节　农村社区丧事处理：关系动员、仪式动员与善后 ········· 147

第四节 农村社区"微事情"处理的道与术 …………… 165

第四章 农村社区"微心愿"满足何以可能 …………… 173
  第一节 农村社区"微心愿":日常生活中的"小期求" …… 173
  第二节 农村社区"微心愿"满足的主体 ……………… 174
  第三节 农村社区"微心愿"满足的基本机制 …………… 192
  第四节 当前农村社区"微心愿"满足的主要障碍因素 …… 198
  第五节 农村社区"微心愿"满足的现代建构 …………… 207

第五章 农村社区"微治理"中的"微参与" …………… 218
  第一节 农村社区"微参与"的界定 ……………………… 218
  第二节 农村社区"微参与"的方式 ……………………… 223
  第三节 农村社区"微治理"中"微参与"的价值 ……… 240
  第四节 农村社区"微治理"中"微参与"的困境与出路 … 244

第六章 农村社区"微治理"的现代技术 ………………… 251
  第一节 "互联网+"助力农村社区"微治理" ………… 251
  第二节 农村社区"微治理"中的社会工作介入 ………… 265

第七章 农村社区"微治理"与农村社区治理现代化 …… 286
  第一节 农村社区"微治理"与农村社区治理创新 ……… 288
  第二节 有效治理和治理有效 …………………………… 295
  第三节 农村社区"微治理"推动农村社区治理有效目标达成的
        路径 ……………………………………………… 300
  第四节 结论与思考 ……………………………………… 303

主要参考文献 ……………………………………………… 306

后　记 ……………………………………………………… 314

第一章　农村社区微治理：
一个新的学术命题

在中国，从广义上说，农村社区治理是一个亘古不衰的命题。因为，从世界历史来看，中国是为数不多的、经历较长时期农业文明的古国。与游牧文明最大的不同在于，从事农业的劳动者因为有了稳定的职业、可耕种的土地和较为稳定的生计来源而慢慢形成集中居住区，最早的集中居住大多是聚族而居，后来由于战争、灾荒、商业的发展引发了人口流动，在中原地区出现了杂姓而居的村庄。但无论哪种类型的村庄，村民们长期的共同生活，便形成了生活共同体，这个共同体更为接近滕尼斯所说的"community"，译为"社区"①。在滕尼斯看来，社区是血缘关系的延伸，以及对亲属关系联结依赖之上的、自然形成的，具有共同的价值取向、强烈的归属感、彼此亲密无间的、区别于社会的生活共同体。之后，美国学者帕克继承和发展了滕尼斯的社区概念，他认为社区是：(1) 一定区域内组织起来的共同生活的人的集合体；(2) 他们程度不同地深深扎根于此，而产生较高的认同；(3) 生活中的人们存在着多重的依赖关系，这种相互依赖的关系，表现为不同于社会的共生的关系。② 可见，社区是一个基于熟人社会的生活共同体，是一种共生型社会有机体，而不是一种机械的组织形态。显然，中国农村的村落更符合经典的社区概念。因为，依据农村人口特征，中国的村落总体上可以归为两大类：一类是聚族而居的基于

---

① 《中国大百科全书·社会学》，北京：中国大百科全书出版社1991年版。
② 《中国大百科全书·社会学》，北京：中国大百科全书出版社1991年版。

血缘和亲属关系联结的生活共同体；一类是杂姓而居的基于长期生活关联的生活共同体。无论哪种类型的共同体，都是经过长期的共同生活而产生的，具有相似的生活偏好和强烈的共同体认同、彼此密切交往、知根知底、具有高度同质性的生活共同体，村落社会是一种有机团结的社会。本研究中，将农村社区理解为半开放的生活单元，是以自然村落为根基、居民日常生活中的交往为半径，形成生活共同体式的基本单元，而不是行政区划层面的行政村，也不是纯粹的自然村落。

数千年来，传统的农村社区虽历经劫难，但劫难过后又顽强地复制着过去的生活方式及其建立于其上的社会结构，农业文明的基因造就了"生生不息、千古不变"的中国农村社区基本特质。到了近代，随着工业文明东进，中国农业文明开始式微，但对大多数村落共同体并未造成实质性的影响。1949年中华人民共和国的成立，才真正对中国大多数村落共同体结构实现了外在的重塑。中国共产党通过全面的土地改革、农村改造、人民公社化、农业经营体制改革、农村社区建设等基于或事关政治、经济和社会发展而不断地再造农村社区，农村社区的结构才发生了根本的变化。特别是改革开放，人口流动管制的逐渐放开和城镇化的推进加剧了农村人口流动，村落明显衰落，但并不意味着村落的终结，因为数千年来形成的"叶落归根"的文化是根深蒂固的。即使现阶段这种文化有式微的迹象，但随着城市化的进一步升级，这种文化将会再度复兴趋强。因此，只要有作为农村社区的基本形态的村落存在，农村社区就存在，共同体的秩序和福利就成为生活其中的人们关注的基本问题，农村社区治理就不是一个伪命题。

新中国成立后，为了深度改造农村，确立了人民公社的管理体制，但仅从管理的角度来看，此体制下出现的结果是超常态稳定和慢发展；改革开放后，确立乡政村治的治理体制，治理的单元下沉至行政村，但出现了"有政治，无社会"的结果，村民自治的制度效果并未能很好地体现。为什么会如此呢？为了回答这个问题，目前国内的学者，多从整体制度设计回应这一问题，而忽视了：自古以来农村社会就有"五里不同风，十里不同俗，百里不同情"的事实。农村村落社区差异十分明显，整体上呈碎片化、生活化的特征，每一个村庄都有自己各自的特性和脾气。因此，农村社区治理不可能有，也不应该有统一的模式。同时，农村社区内部生活的琐碎化，共同体内部会出现各种微问题、微事情，如果这些微问题得不到有效的解决，微事情没能有效处理，共同体的日常生活微秩序就会受到影响甚或破坏，共同体的日常生活的微福利会受到影响而减少，农村社区日常生活就会失序并失利，进而陷入生计困境。基于此，我们提出了"农村社区'微治理'"这一新的学术课题。

第一节 农村社区"微治理"：日常生活的治理

自古以来，村落型社区就是一个生活共同体，实践证明，只要农业文明仍然存在，任何试图打破生活共同体的农村改造都少有成功的先例。村落型社区的特质，造就了日常生活，这才是社区的魂。因此，村落型社区治理旨在维护日常生活的常态。这种常态的维护，在宏观社会结构稳定的前提下，更多地依赖于内生的"微治理"而不是自上而下的"宏治理"。从学理上来说，"微治理"概念的界定是农村社区"微治理"研究的逻辑起点，无论从理论的视角还是实践的视角，只有界定清楚了"微治理"，才能厘清何谓农村社区"微治理"，才能明确研究的方向，建构研究框架，确定研究的内容、方法等。

一、治理

自1989年世界银行提出"治理"概念以来，"治理"就成为学术界和政界运用最为频繁、争讼最多的概念之一。最初这一概念主要用于政治发展研究，被看作是一种区别于"统治"的新的国家或政府统治方式。20世纪90年代以来，国内外治理研究一直热度不减，治理理论也不断开疆拓土，先后进入经济学、管理学和社会学领域。在经济学家看来，治理是评估各种经济组织模式功效的一种机制，并以此来实现经济运行的良序。因此，在他们看来，治理的结构可以视为制度的框架。日本经济学家青木昌彦曾指出："即便在发达的市场经济，私有产权和合同也不仅仅是由正式的法律系统来执行的。各种各样的治理机制——无论是私人的还是公共的，正式的还是非正式的，他们作为制度安排的复合体都发挥作用"，"市场治理的整体性安排呈现多样性的一个源泉是各种机制元素之间存在的相互支持的互补关系。互补性的存在意味着整体性制度安排的结构可以是内在一致和刚性的"。① 同时，经济学视角下，治理所关注的是"国家以日益依赖公私合作的方式来制定和执行政策时的能力问题"。② 在管理学家看来，治理是一场管理革命，它可以克服现代科层制的弊端，从而实现"政府再造"。在政府管理方面，研究者和实际工作者觉察到：基于现代社会的集权、控制和技术治国的科层体制，面对不断变化着的、纷繁复杂的当下社会，在技术上存在着有效回应不及的问题；其赖以建立的"政治—行政"二分的行政理念和科层制理论，也无法有效回应政府所面对的政府财政危机、政府管理危机、政府信任危机等。③ 治理理论提出的"多中心""合意""重视非正式规则的价值"等观点，无疑为"政府再造"，提高政府的有效回应性提供了借鉴。在社会学家看来，治理理论的勃兴使得社会的价值显性化，为社会参与国家治理开辟了道路，解决了社会参与国家治理的合法性问题。俞可平指出："民间组织发展壮大后，它们在社会管理中的作用也日益重要。它们或是独自承担起社会的某些职能，或是与政府机构一道合作，共同行使某些社会管理职能。有民间组织独立行使或它们与政府一道行使的社会管理过程，便不再是统治，而是治理。"④ 同时，治理理论的出现，也提升了社会政策在公共政策体系中的地位。现在，社会政策已经成为国家与社会治理工具箱中不可或缺的重要工具。基于治理理论的广泛适用性，罗茨（R. Rhodes）用新自由主义的口吻提出了关于治理的六种理解⑤，格里·斯托克则进一步从五个方面对治理的内涵进行了细化⑥。在西方，治理理论的兴起、传播并广泛运用于改革实践，实际上是对政府失灵、市场失灵和社会秩序重建等宏观问题的积极回应。

目前，较有权威的治理定义，当属20世纪90年代全球治理委员会发表的

---

① 转引自李小云：《普通发展学》，北京：社会科学文献出版社2005年版。
② 李泉：《治理理论的谱系与转型中国》，载《复旦学报》（社会科学版），2012年第6期。
③ 周志忍：《当代国外行政改革比较研究》，北京：国家行政学院出版社1999年版。
④ 俞可平：《治理与善治》，北京：社会科学文献出版社2000年版。
⑤ 俞可平：《治理与善治》，北京：社会科学文献出版社2000年版。
⑥ 俞可平：《治理与善治》，北京：社会科学文献出版社2000年版。

研究报告《我们的全球伙伴关系》（1995）所做的界定，其认为："治理是各种公共的或私人的机构管理其共同事务的诸多方式的总和。它是一种调和不同利益主体之间的冲突和利益、并促使其联合行动的持续过程。这既包括有权迫使人们服从的正式制度和规则，也包括各种人们同意或以为符合其利益的非正式的制度安排。"① 这一定义告诉我们：第一，治理的方式是多样的，是对共同事务的管理；第二，治理作为多种管理方式的总和，不仅适用于公共机构，也适用于私人机构，因此，也就有了国家治理、政府治理、地方治理、公司治理的称谓；第三，治理是一种过程，它通过调和不同利益主体之间的冲突和利益，以达成合作行动，增进公共利益；第四，治理是规则之治，治理的规则不仅只有正式规则，还包括各种非正式规则，这些规则的有效性必须建立在认同和同意之上；第五，治理是多主体之治，多主体间通过持续互动实现信息和资源的交流，达成共同事务管理的目标。此定义甫出，便对学术界产生了较大的影响。据此，罗茨进一步概括出治理的四个特征："组织之间的相互依存、相互交换资源，以及协商共同目的的需要导致的网络成员之间的持续互动，游戏式规则需经过参与者的同意，以及保持相当程度的相对于国家的自主性。"② 概括地说，治理具有四个特征：主体间性，网络成员间的持续互动性，规则的公意性和自主性，管理方式的可选择性。

而西方"治理"思潮兴起之时，"正值中国的改革开放处于探索实验之际。怎样看待和发展市场经济，怎样处理好政府与市场的关系，怎样革除政府积弊，怎样对待和促进社会成长和发展等问题，治理的出现无疑让人看到了回答上述问题的一线曙光。但是'治理'毕竟是一个舶来的概念，我们必须结合本国的国情对其加工诠释，使其更具本土的适用性，并获得意识形态的认同，以此来指导政策实践，从而形成治理概念和理论的本土话语、政策实践和意识形态的处境化诠释。"至此，"经过处境化建构的治理理论，将成为进一步推动我国全面深化改革的'元理论'"。③ 它无疑也将会为解决我国政府局

---

① 转引自李小云：《普通发展学》，北京：社会科学文献出版社2005年版。
② 参见申建林、姚晓强：《对治理理论的三种误读》，载《湖北社会科学》，2015年第2期。
③ 包先康：《治理的处境化诠释：话语、政策与意识形态》，载《西南大学学报》（社会科学版），2015年第4期。

部、市场局部和社会重建等问题提供有效的解释工具和指导原则。

至此,可对治理做以下理解:其一,治理是以增进公共利益为目的,它没有固定的方式,但需要他们之间的配合;其二,治理中,政府不是唯一的权威和单打独斗,而是多主体合作的持续互动,治理的规则可以是正式的,也可以是非正式的,总之是合意的;其三,治理的基本途径是协调,其方式包括谈判、协商、妥协;其四,治理是一个动态的、持续的过程。在这个过程中,相互依存的主体间通过资源和意见的交换,维持或建构共意的游戏规则,从而形成相对自治自主的公民网络体系;其五,治理不同于统治,相对于国家具有较高程度的自主性;也不同于管理,它强调多一些协商,少一些督控。对此,库伊曼和范·弗利埃特指出:"治理的概念是,它所要创造的结构或秩序不能由外部强加。它之发挥作用,是要依靠多种进行统治的,以及相互发生影响的行为者互动。"① 但研究并不局限于此,必须正视西方话语下治理理论的局限性和适用性问题。申建林等人指出:"治理具有更多的解构主义和后现代性的特征,如去中心化、去确定性、去结构化等。"② 可见,治理过程具有动态模糊性。而正是这种模糊性可以适应多元而多变的、不确定的、复杂的社会公益的需要,这又对治理行为和治理过程的多方协同互动提出更高的要求。要求协同互动的多方既要保持理性,又要保持灵活性和弹性的思维,以便对出现的问题予以有效地回应。由于各地文化的特殊性、问题的复杂性、社会公益需要的多样性,将治理理论放到任何一种特定文化中,既要看到治理理论共通的一面,又要对其进行处境化的诠释。因此,将其运用于中国各领域,就必须将其放在中国语境下加以进一步诠释,特别是将其运用农村社区"微治理"研究时,更要将其放在特定社区的处境中去理解。

二、社区治理与农村社区治理

上述对治理的探讨是建立在一般意义上,主要从宏观的视角梳理了治理的概念与理论。事实上,由于治理概念和理论具有很强的解释力,随着治理研究

---

① 转引自俞可平:《治理与善治》,北京:社会科学文献出版社2000年版。
② 申建林、姚晓强:《对治理理论的三种误读》,载《湖北社会科学》,2015年第2期。

的深入，其不再局限于宏大的叙事，其触角逐步向微观的治理域延伸。社区作为社会构成微观单元，治理研究的触角探入社区这一微观治理域也就很自然，其目的在于干预社区失灵。

简单地说，社区治理可视为治理理论在社区层面上的运用。既然如此，根据治理理论，首先，社区治理的主体是多元的，它应包括与社区发展和社区生活密切相关或利益攸关的主体。在我国，这些主体包括基层政府组织、自治组织、市场组织、民间组织、自组织、居民等。其次，社区治理的规则包括正式规则和非正式规则，规则的选择在于它能否达成治理的目标。再次，社区治理的基本途径是协商，其方式包括谈判、协商、妥协。最后，社区治理的最终目的是建构社区良序并增进社区福利。当然，社区治理是在特定的社区空间进行的多主体间的持续互动过程，此空间关涉社区治理行动所处的地域空间、公共生活空间、权力生产与运作空间，以及治理主体的行动场域。在此，地域空间并非仅仅指地理空间或物理空间区域，还具体地指向治理单元的社区层面，是一种地理边际和治理边际限定；公共空间是有别于私人经营场域、私人居住场域之公共场域，它包括共同生产生活以及由此形成的各类互动平台、组织、行动网络及其形成的复杂的关系结构等；权力空间是指不同治理主体权力生产和运行可及的影响和覆盖的边界。社区治理空间既先于治理主体和治理关系而客观存在，也为治理主体的治理实践所建构。因此，社区治理是指在特定社区空间内密切相关或利益相关的多元主体，运用共意的规则和权威协调其行动，以有效应对社区内公共生活面临的问题，协同完成和实现社区内公共或私人事务管理和公共产品的供给，从而维续或建构社区良序并增进其公共利益的持续互动过程。对此，伯明翰大学研究地方治理的学者总结出社区治理三大核心主题："提高社区领导力，促进公共服务的供给与管理，培育社会资本。社区治理本质上是居民自治，不存在一级政府，政府权力不起主导作用。"[①] 这是建立在西方话语体系下对社区治理的认识，与本土语境下的社区治理存在着较大的差距，因而解释力就变得有限。在中国语境下，执政党和政府权力在中国社区治理中起着领导和主导作用，而且欲使得社区治理成为可能，基层党组织和

---

① 转引自夏建中：《治理理论的特点与社区治理研究》，载《黑龙江社会科学》，2010年第2期。

政府组织的领导和主导作用不可忽视。

同理,农村社区治理亦可理解为治理理论在农村社区层面上的运用,但与城市社区治理不同。在我国,农村社区治理的多元主体包括基层政权组织、农村自治组织、民间组织、自组织、乡贤和一般村民等。这些主体间存在着:(1)领导与被领导关系;(2)非对称性互依关系;(3)互促型权力关系①。农村社区治理的规则也包括正式规则和非正式规则,但在村民日常生活的私人事务或公共事务的解决或处理中,大多运用的是非正式规则"人情"和"理"等地方性知识,即使必须运用正式规则的法律来解决或处理这些事务,要使得问题有个较圆满的解决,最终也不得不借助于非正式规则。此外,农村社区治理中,无论是传统社会还是当今社会,乡贤都是一种重要力量。乡贤之所以能发挥作用,在传统社会,是因为他们具有一般人所不具有的文化资本和人脉资源。当下的乡贤更注重其经济能力,并能给居民带来经济利益、提供公益的人,文化资本有所淡化。因此,农村社区治理是指在农村社区空间内密切相关或利益相关的多元主体,运用共意的规则和权威协调其行动,以共同应对社区内准公共问题或公共问题,共同完成和实现社区公共事务的处分以及公共产品的有效供给,从而维续或建构农村社区良序并增进公共利益的持续互动过程。

综上分析,从某种意义上来说,我国的农村社区治理与西方语境下的社区治理是有较大距离的。但改革开放以来,农村社区公共问题、公共事务和公共产品的供给已经不是政府独大和单打独斗,新的参与者已经出现,并在不断的成长。"政府、社区民间组织以及市场力量等多元参与主体对农村社区公共事务治理的共同参与,从而形成农村社区治理多元主体合作的新格局。"② 多元治理主体的相继出现与成熟,使得农村社区治理的基本条件正在逐步形成,农村社区治理正在逐步成为可能,而农村社区的空心化、家庭空巢化又在消解着这种可能。不过,只要村落仍然存在,农村的生活方式依然存在,农村社区就不会消失,农村社区治理研究就不会脱域。只不过,在此背景下研究农村社区治理具有较大的挑战,需要更加小心谨慎地探索新的处境下农村社区治

---

① 徐勇、朱国云:《农村社区治理主体及其权力关系分析》,载《理论月刊》,2013年第1期。
② 曹海林:《农村社区治理:何以可能与何以可为?》,载《人文杂志》,2009年第4期。

理的新理路。

三、"微治理"与农村社区"微治理"

受西方学术传统的影响，目前我国的农村社区治理研究基本上纳入在"国家与社会"关系的理论分析框架下。这种分析框架对农村社区是一种俯瞰式的、由外向内的观照，缺少一种自下而上、由内向外的关照。而"微治理"的提出，试图提供一种自下而上、由内向外管窥农村社区的视角。

农村社区"微治理"概念的厘定，关键是要厘清"微治理"的内涵和边界。"微治理"是指社区日常生活中，运用地方性知识和治理术解决"微问题"、处理"微事情"和满足"微心愿"，以满足农村社区居民个体或群体偏好性私人产品和服务，或"微公共物品"和"微公共服务"的需求，达成建构良好的秩序、增进其福利目的的过程。它关注特定范围内公众日常生活中微问题解决、微事情处理、微心愿满足、微参与引导、微机制和微环境建构等，它具有贴近社区公众生活、灵活性、具体性、针对性、自治性和微技术与微智慧的运用、简约化、精细化与精准化和模糊化并存，以及"圆事安人"的目的性等特征。[①]"微治理"的"微"具体包含以下含义：（1）小，如小事、小范围或空间；（2）细微，强调做工作要细致入微；（3）大型科层组织不理的事，如基层的非中心工作；（4）民众日常生活发生的事等。这一界定系统地阐述了"微治理"的内涵，但还不足以使其成为相对自主的概念，要解决这一问题，必须厘清"微治理"的边界。若此，关键是要对"微治理"与微观治理做一下区分。微观治理是相对于宏观治理而言的。宏观治理强调系统性、整体性的治理，如国家治理、社会治理；微观治理关注的是局部的基层单元的治理，如社区治理。"微治理"首先属于微观治理，但其与微观治理存在以下区别：从研究对象看，"微治理"研究对象是基层单元（如社区）内的居民日常生活，关注日常生活世界中发生的具体而微的事件；而微观治理是以基层单元（社区）为单位，关注的是基层单元层面的事件。从解决的问题来看，"微

---

① 包先康：《农村社区微治理研究基本问题论纲》，载《北京社会科学》，2018年第1期。

治理"要解决的是基层单元内日常生活世界中的生活秩序维护与建构、福利的增减,如日常生活中人情往来、生活中的摩擦、生活互助等;而微观治理要解决的是基层单元整体秩序维护与建构、公共品的供给等,如社区治安、社区自来水安装与改造、社区学校建设等。从依赖的力量或资源来看,"微治理"更强调对内生资源和力量的依赖,社区治理越来越依赖于外来的公共资源和力量。简言之,"微治理"关注的是大型科层组织不理,或无暇顾及的日常生活中的微事件。如果日常生活中的微不足道的微事件解决或处理不好,就会积累怨气,小事就会拖成大事。日常生活中发生的群体性事件往往源于人们对小事的不满与愤怒。

  鉴于"微治理"的界定,以及"微治理"与微观治理的区分,首先可以将农村社区"微治理"界定为:将地方性知识和治理术运用于农村社区日常生活中,通过解决微问题、处理微事情和满足微心愿,以满足农村社区居民个体或群体偏好性私人产品和服务或微公共物品和微公共服务的需求,达成建构良好的秩序、增进其福利目的的过程;它关注农村社区居民日常生活中"微问题"解决、"微事情"处理、"微心愿"满足、"微参与"引导、"微机制"和"微环境"的建构等过程。就农村社区"微治理"而言,其研究对象是农村社区日常生活世界中发生的事件;要解决的问题是农村社区日常生活世界中的生活秩序的维护与建构、福利的增减,如日常生活中人情往来、生活中的摩擦、生活互助等;所依赖的资源和力量是内生资源和力量。就农村社区治理而言,是将治理理论运用于社区单元,通过多元主体的参与共同维护与建构社区良序、增进其公共福利的过程;强调村民作为社区公共事务、公共物品和服务的消费者和受众,理应成为农村社区治理中的管理者、执行者、服务者和监督者,甚至决策者。其研究对象是农村社区,关注的是农村社区层面的事件;要解决的问题是农村社区整体秩序维护与建构、公共品的供给等,如社区治安、社区自来水安装与改造、社区学校建设等;所依赖的力量和资源是外生力量与资源为主,内生力量与资源为辅。[①] 正如张晓山所言,在中国,乡村治理是指"以乡村政府为基础的国家机构和乡村其他权威机构给乡村社会提供公共品的

---

① 包先康:《农村社区微治理研究基本问题论纲》,载《北京社会科学》,2018年第1期。

活动"。① 实际上，农村社区治理是在乡村政府为主导的国家机构连同乡村其他权威机构通过公共品的供给，试图维护与建构社区良序、增进社区共同福利的活动和过程。在治理方式上，农村社区治理主要直接或间接依赖国家机构的"硬力量"，多采取"硬治理"的方式。而农村社区"微治理"则主要依赖居民驾轻就熟的"地方性知识"等"软力量"，主要采取的是"软治理"② 的方式。

当然，农村社区治理与农村社区"微治理"也无法严格区分，因为农村社区"微治理"必定是农村社区内部的治理，村民的日常生活本身就是社区基本组成，农村社区层面的治理会对社区居民的日常生活产生深刻影响，如农村社区公共品供给的改善，本身就会对农村社区居民日常生活产生直接影响。反过来，农村社区日常生活的治理也会对社区层面的治理产生直接的影响，如农村社区日常生活中人情往来正常，摩擦减少，人际关系良好，生活互助常态化等，既是社区内部的内生福利，也正是社区层面治理要达到的目标内容。简言之，基于简化研究的需要，对它们做较明确的区分，并在研究内容上有所侧重，是必要的。农村社区治理侧重社区整体，而农村社区"微治理"侧重于社区内部琐碎化的日常生活，并试图找到社区内部如何让这种琐碎化日常生活变得有序美好并相互促进的机制。

第二节 村民自治微效：农村社区"微治理"提出的现实背景

20世纪70年代末开启的农村改革，尤其是"家庭联产承包责任制"，引发了农村社会一系列重大变化。一方面，长期受抑制的农村生产力获得了释放，农业生产率获得了大幅提高，农民的物质生活水平获得了明显改善，困扰农民的温饱问题得到了基本解决；另一方面，因"人民公社制"的解体，乡

---

① 张晓山等：《中国农村改革30年研究》，北京：经济管理出版社2008年版。
② 刘祖云、孔德斌：《乡村软治理：一个新的学术命题》，载《华中师范大学学报》（人文社会科学版），2013年第3期。

村组织暂时处于半瘫痪状态，甚至瘫痪状态，乡村组织面临着新的重构，此阶段，社会出现了结构和功能双重失调。结构上，人民公社体制解体，恢复了人民公社前的乡镇体制。但乡镇体制的重构需要假以时日，合适的组织架构的构建还处于探索中，乡镇体制下农村社会结构矛盾重重，结构失调在所难免。而结构的失调必然会引发功能失调，过去由人民公社、生产大队和生产队协同承担的政治功能、经济功能、社会功能、文化功能等，缺少有效的结构来承接。如：政治功能的思想引导，经济功能的集体资产管理，社会功能的人民内部矛盾调处、公共品的供给、社会治安的维护和人民群众日常生活的关照，文化功能的节庆文艺活动的开展等。这些功能因国家局部的失位和缺位，而缺少相应组织来承接，农村社会陷入了严重失序，甚至无序状态，农村公共生活被悬置，农村社会一度出现了一定程度的"无治"。

面对这种局面，农村社会迫切需要新的组织体制创新。恰恰这时，广西的一个小山村——合寨村，为了"自保"而进行了组织体制创新和治理创新。通过创新，村庄依靠自身的资源和力量，维护了村庄内日常生活秩序，保护了村庄的公共利益，实现了村庄内的自治。可见，原发的村庄治理本身就具有"微治理"的性质，因为它以自然村落为治理单元。这种来自农民的创新被中央高层发现之后，迅速将其制度化，即是一直沿用至今的村民自治制度。这种制度并非原初的组织体制的复制，而是进行了实质的改造。从自治的单元上来看，由原初的自然村上升至行政村层面；从权力结构上来看，由依赖村庄内的资源和力量，到将国家制度再度引进村庄。

村民自治体制的全面实施，结束了农村社区失序或无序状态，重构了农村社区秩序。之所以能产生如此的功效，一方面，这种体制既找回了国家也找回了准社会，一定程度上实现了国家与准社会的合作，维护了村庄的安全；另一方面，赋予村民自治民主的意蕴，提供了农民参与村庄事物的名义机会，增加了体制的合法性，实现了一定程度上的社区认同和凝聚。但随着村民自治体制的广泛推进，体制和实践的弊端慢慢地显露了出来，村民自治在政治、经济和社会等诸方面出现了微效。

一、政治上的微效

当村民自治被上升为国家层面的制度安排时，国家层面和学术层面皆赋予其很高的期望。实现村庄民主并在此实验基础上推进国家层面的民主政治建设，是村民自治制度的最终价值诉求。而在很多人看来，民主政治与经济发展和社会进步存在着必然的联系。因此，村民自治制度从实验到全面实施的早期，学术界形成了基于"政治民主"范式的"乡村民主论""村民自治万能论"和基于"国家—社会关系"范式的"国家与社会互构论"。

1. 乡村民主论

该理论一直存在两种偏向，一种偏向于"自下而上"的影响。它强调作为政治资源的一种支配方式，村民自治的民主与国家政治民主，两者是同质的[1]，村民自治具有"民主启蒙"[2]的价值。另一种偏向，强调"自上而下"的作用。它认为村民自治是"草根民主"，其民主价值其实是有限的，其形式和示范效应远远大于实质性。实质上，村民自治根源于农村家庭联产承包责任制突破人民公社体制的外壳，农村社会出现了不同程度的失序，国家急于寻找一种替代性组织填补国家治理真空，以保持农村社会有序状态[3]。

2. 村民自治万能论

此理论的提出是基于"民主万能论"的假设。国内外相当部分学者认为，民主改革不仅会对政治领域产生深刻影响，而且还会对经济、社会和文化领域产生重大影响。因为，民主可以有效地保护公民的政治权利、经济权利、社会

---

[1] 参见唐兴霖、马骏：《中国村民自治民主的制度分析》，载《开放时代》，1999年第3期；金太军：《走出对村民自治的认识误区》，载《探索与争鸣》，1999第8期；白钢：《农村治理结构与治理方式的变革——关于梨树、河曲、路南三县"村务管理"的调查（一）》，载《调研世界》，2007年第7期。

[2] 于建嵘：《村民自治：价值和困境——兼论〈中华人民共和国村民委员会组织法〉的修改》，载《学习与探索》，2010年第4期。

[3] 吴毅：《村民自治的成长：国家进入与社区内生——对全国村民自治示范第一村及所在县的个案分析》，载《政治学研究》，1998年第3期；吴理财：《村民自治与国家重建》，载《经济社会体制比较》，2002年第4期；于建嵘：《当代中国农民维权组织的发育与成长——基于衡阳农民协会的实证研究》，载《中国农村观察》，2005年第2期。

权利和文化权利等。① 不可否认，从系统论的角度看，政治、经济、社会和文化作为宏观社会系统的子系统，它们之间是相互渗透、相互影响的，但由此得出村民自治必然会推动农村经济、社会和文化发展的结论，是有失偏颇的，实践中也是难以获得充分的证明。无论从村民自治的制度设计，还是从村民自治的实践来看，在压力体制下，村民自治都有重"政治"轻"社会"、重"政务"轻"村务"的倾向，其政治性丰满而社会性干瘪。其在重塑乡村秩序和重建国家政权合法性中发挥了重要作用，但在促进社会发育中的作用并不明显。

3. 国家与社会互构论

该理论观点是将互动论和博弈论运用于村庄治理形成的一种本土理论。村民自治并不意味着村民是村庄治理的唯一主体，根据《中华人民共和国村民委员会组织法》（以下简称《村组法》），基层党组织对村民委员会具有领导与支持的职能，基层政府对村委会具有指导的职责，而村民委员会有协助基层政府开展工作的义务，这样就形成了"国家—村民委员会—村民"三重权力结构。在理论层面上，这三个主体间依据《村组法》赋予的权力展开互动，其中村民被赋予更多的权利。但在实践层面上，由于村民的"无组织性"，单个的村民面对村委会和国家都显得势单力薄，他们在具体的村庄事务中变成了实质的"沉默大多数"。在这个互动过程中，国家通过村民自治组织重新回到了村庄，并通过意识形态的宣传和惠民政策等不断地塑造着村庄，但村庄也并非是被动地被塑造着，而是以自己独特的方式不断地塑造着国家，人民公社时期那种国家独占意识形态上的正统性的局面已被碎片化，村庄在与国家非均衡的互动与博弈中完成了自我定位和自我形塑等。② 正是通过这种互构，形成农村社区内国家的实质存在，也造成了国家与村民间关系的再构。

基于"政治民主"范式的"乡村民主论""村民自治万能论"运用的是"制度—价值"的分析框架，分析村民自治制度对村庄民主乃至国家民主的价

---

① 参见马长山：《村民自治组织建设的时代意义及其实践反差》，载《政治与法律》，1994年第2期；于明：《关于实行村民自治与发展农村市场经济的思考》，载《民政论坛》，1994年第3期；杨爱民：《中国农村基层民主政治建设的创举——关于村民代表会议制度的思考》，载《政治学研究》，1996年第2期；赵秀玲：《村民自治通论》，北京：中国社会科学出版社2004年版。

② 萧楼、王小军：《互构村庄：权力转换机制与村庄治理结构》，载《开放时代》，2001年第3期。

值；基于"国家—社会关系"范式的"国家与社会互构论"主要借助"治理—博弈"的分析框架，分析村民自治过程中多元主体的互动与博弈来促进村庄民主进程。总之，实现民主政治是村民自治的旨归。但随着村民自治制度的全面推进，村民自治在制度层面的不足和实践层面的问题逐渐展露，村民自治在政治上出现了诸多异化现象，村民自治制度未能带来农村社区真正的民主，而且有与村庄民主渐行渐远的趋向。在实践中，出现了贿选、宗族势力干预村治、村霸治村、村委会经纪人化等"反民主"的倾向，民主和秩序皆出现了问题。村民自治实际上陷入了制度"空转"而难以"落地"，它在农村治理过程中遭遇"失落"。① 目前，"农村出现了严重的治理性危机"，② 甚至有学者用"村庄'政治'的塌陷"③ 来形容村民自治的微效。

总之，当前，村民自治的有效性受到质疑，其原因是：(1)"规范与实践偏差""农民政治行动的逻辑与村民自治制度规范逻辑间的偏差"；④ (2) 村民自治中出现了"'民主'社会专制化"；⑤ (3)"村干部权力来源合法性缺失，村民自治主体缺失、农村基层组织'悬置'"；⑥ (4)"我国乡村治理中存在村委会定位矛盾、角色失衡、基层政权过度干涉等诸多弊端"；⑦ (5)"村民自治组织被行政化"；⑧ (6)"村民自治的单元过大"。⑨ 村民自治的政治上微

---

① 徐勇、赵德健：《找回自治：对村民自治有效实现形式的探索》，载《华中师范大学学报》（人文社会科学版），2014 年第 4 期。
② 于建嵘：《抗争性政治——中国政治社会学基本问题》，北京：人民出版社 2010 年版。
③ 蒋永甫：《行政吸纳与村庄"政治"的塌陷——村民自治制度的运行困境与出路》，载《湖北行政学院学报》，2011 年第 6 期。
④ 李艳丽、张雨亭：《偏差与失效：村民自治制度实践困境原因探析》，载《探索》，2014 年第 4 期。
⑤ 甘永宗：《我国村民自治中"民主"社会专制化问题及其求解》，载《理论与改革》，2014 年第 6 期。
⑥ 田雄：《虚置与重构：村民自治的主体缺失与制度干预——以苏北黄江县为例》，载《南京农业大学学报》（社会科学版），2015 年第 3 期。
⑦ 胡皓然：《我国村民自治制度的检视与构建》，载《学术界》，2016 年第 7 期。
⑧ 赵树凯：《乡镇治理与政府制度化》，北京：商务印书馆 2010 年版。
⑨ 张茜：《在共同体视阈下寻找有效的村民自治单元》，载《华南农业大学学报》（社会科学版），2014 年第 3 期；汤玉权、徐勇：《回归自治：村民自治的新发展与新问题》，载《社会科学研究》，2015 年第 6 期；邓大才：《中国农村村民自治基本单元的选择：历史经验与理论建构》，载《学习与探索》，2016 年第 4 期；刘强、马光选：《基层民主治理单元的下沉——从村民自治到小社区自治》，载《华中师范大学学报》（人文社会科学版），2017 年第 1 期。

效已经为村民自治的实践所证实,其在经济、社会上的微效也较明显。

二、经济、社会上的微效

"村民自治万能论"认为,村民自治实现了村庄民主,村庄的经济发展和社会进步就是其副产品。然而,村民自治制度设计和实践不仅不断暴露出其政治上的微效问题,而且更使得"村民自治万能"的乌托邦的设想化为乌有。

首先,从村民自治制度设计初衷来看,村民自治组织是一种保障农村社会稳定和秩序的政治性组织,它依靠国家的回归将无组织的农户组织协调起来,成为承担一定公共服务功能的准社会组织。从村民自治的实践来看,其组织的职能是维护农村社会稳定和秩序,承担更多的"政务"。20世纪80年代后期始至农村彻底取消农业税制,村委会主要工作是两项:一是协助地方政府收取税费,二是协助政府开展计划生育工作。当他们从事这两项工作的时候,大多数情况下把自己推向村民的对立面。而他们所完成的正是国家的政治任务,与发展地方经济没有多少关联。甚至从他们的行动后果来看,为了完成上级的政治任务,其行动实质上阻碍了经济发展,造成了实质的社区经济损失。从制度设计上来看,根据《中华人民共和国村民委员会组织法》(2010)总则来看,村民自治组织是一种带有政治倾向的准社会组织,它先天就不具备经济组织的特征,是一个没有经济"心脏"的组织。村民自治组织的性质决定了村庄经济只能是单打独斗的市场化的"小农经济"。在市场经济的背景下,只有组织起来才能抗拒市场风险,降低被市场剔除的可能。但是,村民自治组织的性质决定了它不能承担起把"小农"组织起来共同面对市场的使命,显示了其"市场无能"。从某种意义上讲,村民自治组织抓住了维稳之"标",但模糊甚至"丢弃"了发展之"本"。故在村民自治制度的安排下,农村生产力的提高,农民收入的增长,农村经济的发展失去了原生的内在组织的支持,农村经济发展、居民日常生活的改善更多地依赖家庭的支持。这种状况极易引发家庭与家庭、家庭内部成员间的利益冲突,如农村社会突出的家庭养老问题,相当程度上是由老年人的养老过于依赖子女的经济支持引起的。这种问题的解决不能简单依靠法律来解决,它更多地依赖于地方性知识:人情、面子等规则,以及"土办法或土政策"来调适,并且国家、市场和社会也要承担起应有的责任。

其次,虽然《村组法》赋予了村民自治组织的社会职能,如第一章总则第二条规定:"村民委员会办理本村的公共事务和公益事业,调解民间纠纷,协助维护社会治安,向人民政府反映村民的意见、要求和提出建议。"但是《村组法》又规定其必须承担相应的"政务"。在压力型体制下,村委会既要履行服务村民的社会事务的"村务",又要承担"政务",当两者面临冲突时,村委会成员将会面临既来自自下而上的压力,又会面临自上而下的压力,他们会采取"两害相权,取其轻"的策略。由于村委会资金来源依赖于地方政府的支持,甚至政治生命也是由地方政府所拿捏,多数情况下村委会会放弃村务,而忠实于政务。当政务与村务冲突,并因此引发村委会与村民之间冲突时,村民自治组织自身难以化解这种冲突。反而,会因为不得不完成的"政务"而采取强制手段的时候,只会加剧冲突,进而引发上访等群体性事件。实际上,村委会大多数情况下承担的是政务职能,而不是村务,其社会职能被悬置,显示了其社会无能。

因此,为了"找回自治",回归"自治"的本质,学术界关于村民自治的研究的分析框架,开始由注重"制度—价值"向注重"条件—形式"转变,这种转变使学者将研究的重点放在村民自治的"有效性"上。基于村民自治的"有效性"的考量,有学者主张村民自治"单元下沉"。此外,国家层面也注意到了村民自治的微效问题。为此,中央结合最近几年全国各地皆出现了将村民自治从村庄下沉到小组、村落、自然村的做法,2015 年中央一号文件也提倡:"在有实际需要的地方,扩大以村民小组为基本单元的村民自治试点,继续搞好以社区为基本单元的村民自治试点,探索符合各地实际的村民自治有效实现形式。"① 一旦村民自治的单元下沉,回归村庄就成为可能,治理大多数情况下就成为社区内日常生活利益攸关者的事务。每个社区可以根据自身文化禀赋和性质来设计治理模式,赋予社区治理的灵活性、精准化、贴近村民生

---

① 转引自邓大才:《中国农村村民自治基本单元的选择:历史经验与理论建构》,载《学习与探索》,2016 年第 4 期。

活等特征，从而可以克服"过度制度化"的村民自治制度"在实际运行中带来的诸多弊端不断暴露出'强国家—弱社会'模式在基层社会治理中的水土不服和失灵"。① 随着农村社区治理转向对村民日常生活的关注，村民日常生活中小摩擦产生的"微问题"的解决和日常琐事的处理就应该进入社区治理的视野，而这些"微问题"的解决和"微事情"的处理，既需要来自国家层面的智慧与技术，更需要地方层面的"微智慧"和"微技术"。所以，农村社区层面更需要"微治理"。

第三节　农村社区建设：农村社区"微治理"的政策背景

村民自治实践之所以出现微效，是因为当初这种制度的设计是基于维稳和方便从农村社区汲取必要的资源的需要，而"在政治上采用的是一种新的控制方法"。② 虽然，《村组法》也赋予了村民委员会一定的社会职能，但其政治功能——维稳，才是其核心职能。无论在制度设计上，还是在实践中，村民自治都具有"重政治，轻社会"的倾向，村民自治的实践较少带来农村社区社会生活的改善。

在这一背景下，为了弥补村民自治的不足，2006年中央层面提出了"加快农村社区建设"的政策。同时，2006年国家取消了农业税，根本上改变了国家与农民的关系，进入"后农业税"时代③。面对这种改变，国家与农民的关系必须重构。于是出台了"加快农村社区建设"的政策④，该政策明确了农

---

① 李宁、龚源远：《新农村建设中自然村落村民自治类型的探索》，载《学术界》，2013年第11期。
② 金太军、施从美：《乡村关系与村民自治》，广州：广东人民出版社2002年版。
③ 刘祖云、孔德斌：《乡村软治理：一个新的学术命题》，载《华中师范大学学报》（人文社会科学版），2013年第3期。
④ 中共中央办公厅、国务院办公厅印发《关于深入推进农村社区建设试点工作的指导意见》（2015），http://news.xinhuanet.com/politics/2015-05/31/c_1115463822.htm，2015-05-31，新华网。

村社区建设的目的、要求和任务，就是为了保证这种重构的顺利进行，并解决这次重构出现的问题，其中最突出的问题就是农村公共品供给。根据此政策，农村社区建设是要通过创新农村社区治理机制，来有效整合"内源性"和"外源性"各类资源，以提升农村社区公共服务水平，从而实现对农村社区现代化再造的过程。它不仅要加大国家主导的"外源性资源输入"，以缩小城乡资源输入的不公，改变那种非常的"倒虹吸"现象的"资源汲取"为自然的"虹吸"现象的"资源给予"，改变农村社区"无钱办事"的局面；还要激发和挖掘"内源性资源"，以激发内生活力，从而实现两种力量（国家力量和社区力量）与两种资源（外源性资源与内源性资源）的整合。同时，从此政策来看，村民自治的职能将会由过去的"重管理"向"重服务"转变，意味着农村社区必然需要由管理走向治理、由村民自治迈向农村社区治理。由于不同地区经济社会发展水平不同，各地文化禀赋的差异，以及农村社区本身的实际情况，农村社区建设要"重点突出，分类施策"。[①]

现在来看，农村社区建设标志着：第一，农村社区建设由"重政治建设"向"政治社会并重转变"；第二，农村社区治理由"重管理"向"重服务"转变；第三，在资源获取方面，由"汲取型国家"向"给予型国家"转变。这些转变，迫切要求农村社区治理模式、机制的调整与变革。因此，农村社区建设就不能采用统一的模式，一刀切式地一揽子解决，而是要因地制宜、循序地差异化推进。与之相应，农村社区治理也不应有统一的模式，而是要根据社区自身的实际情况选择不同的治理模式，因地制宜地创造适合社区特征的治理机制，从而使其具有灵活性、具体性、针对性和精准化的特征，做到精准化治理，以满足不同社区对社区公共品的需求。同时，即使在同一个社区不同的人群或个体对产品和服务的需求也是有别的，这就要求，从事社区工作者不仅要弄清大众化的公共需求，也要通过精细的工作弄清不同群体或个体的差别化需求，以满足他们特殊的"微心愿"。在实际工作中，往往会因为他们的"微心愿"未能满足而产生不满和抱怨，日积月累就会产生冲突。实际上，农村社

[①] 中共中央办公厅、国务院办公厅印发《关于深入推进农村社区建设试点工作的指导意见》（2015），http://news.xinhuanet.com/politics/2015-05/31/c_1115463822.htm，2015-05-31，新华网。

区中的冲突往往产生于小小怨气的累积。要化解由此引发的冲突，不是简单地运用法律来解决，而需要结合运用地方性知识，这就需要运用"微治理"的策略。

第四节　农村社区的差异化：农村社区"微治理"的社会基础

农村社区是农村社会治理的基本单元，差异化是中国农村社区的突出特征。新中国成立以后，国家加强了对农村社区的控制和改造，农村社区的同质性增强，特别是在组织层面和管理模式上。但是，任何改造都不可能彻底消灭传统。而恰恰相反，成功的改造是建立在传统的合理继承之上的。因此，中国农村社区的同质化，不可能消灭其差异性。因为"没有哪个新创造的制度能够通行，无论它多么合乎逻辑，除非它累积了类似程度的习惯和感情"。① 新中国成立后，农村的人民公社化改造的失灵，以及后来村民自治的失灵，皆是因为它们都是出于理想化的现代设计，很大程度上背离了传统的结果。因此，每次对失灵的回应都是在一定程度上对传统的承认与肯定。当"一大二公"的大公社制失灵时，其调整为"三级所有，队为基础"；当村民自治失灵时，村民自治单元的下沉就成为创新的方向。两次调整的共同点，都是对农村村落社区这一传统的回归。再加上，随着"新四化"快速推进，乡村社会正在发生着深刻地变化，农村基层社会治理将会遭遇一系列新的问题，"农村人口结构加剧变化，部分地区非户籍居民大幅增加，非户籍居民的社会融入问题凸显，部分地区存在村庄空心化现象，农村'三留守'群体持续扩大；农村利益主体日趋多元，农村居民服务需求更加多样，农村社会事业发展明显滞后，社会管理和公共服务能力难以适应"。② 如此等等。这就要求我们，从事农村

---

① ［美］乔治·萨拜因：《政治学说史（下）》，刘山等译，北京：商务印书馆1986年版。
② 中共中央办公厅、国务院办公厅印发《关于深入推进农村社区建设试点工作的指导意见》，http://news.xinhuanet.com/politics/2015-05/31/c_1115463822.htm，2015-05-31，新华网。

社区治理研究必须尊重农村社区的变化、差异这一事实，唯有如此，才能探索不同农村社区有效治理的路径。

一、农村社区类型的差异

自古以来，在中国农村就有"五里不同风，十里不同俗，百里不同情"之说，这就造就了千差万别的村落。新中国成立后，国家试图通过国家政权的力量改变这种状况，特别是人民公社制的实现，从形式上统一了农村社区的组织形式，并通过"扫四旧""社会主义教育运动""移风易俗"等形式再造农村社区文化与生活，使之具有更高的同质化。但是，现在来看，这种改造并未达成其最终目标，这可以从改革开放以后传统的迅速抬头并恢复略见一斑。再加之，随着中国特色新型工业化、信息化、城镇化、农业现代化进程的加快，农村社会结构也在加速转型，部分原生态社区衰落的同时，又产生了新的社区形态，社区内部的同质化和异质化并存，农村社区的"碎片化"在总体上并未改变，农村社区多态并存。

对农村社区进行科学的类型划分，是研究农村社区治理的基础性工作。只有把握了不同社区的结构、文化等特征，才能制定出适用性的农村社区治理的策略，以激发社区内生力量，参与到日常生活中微问题的解决、微事情的处理和微心愿的满足中，建构良好的社区微环境，从而达成农村社区治理有效的目标。

迄今，农村社区类型的划分标准是多种多样的，一般地，划分的依据涉及地域、形态、历史文化以及社区内部结构等。依据不同的标准，可以对农村社区做出不同的分类。如，黄宗智曾依据区域大体将中国农村划分为华北农村和长江三角洲农村，并依据其居住形态、社会活动圈和村庄的政治组织诸方面，比较其中的差异。[①] 杜赞奇依据历史文化，将其研究的6个村庄划分为四种类型，其中，他重点分析了宗族型和宗教型这两种理想类型的村庄。[②] 农村社会

[①] 黄宗智：《长江三角洲小农家庭与乡村发展》，北京：中华书局2000年版。
[②] 杜赞奇：《文化、权力与国家——1900—1942年的华北农村》，南京：江苏人民出版社2010年版。

学对农村社区类型的划分,主要依据的是社区内部的组织类型。如,日本社会学家福武直基于村落内部的结合,将村落划分为同族结合型和讲族结合型,并指出村落结构的变化趋势是由同族结合向讲族结合发展过渡。① 当然,依据地域,也可以将农村社区进一步划分为平原型社区、山村、城市近郊社区和城中村。依据村落形态,可将农村社区划分为聚居型、散居型社区。上述村庄的分类,主要依据的是某一单一因素来分类。这种分类方法过于简单,且是一种静态的分析,很难对多样化动态的农村社区做出更好的抽象描述,以建构适宜的理想类型。因此,后来国内学者依据更多因素的综合,并放在中国农村社区变迁背景下,进行理想类型的建构。如,王汉生等基于工业化水平和社区集体化程度维度,将中国农村社区划分为:(1)高集体化与低工业化;(2)低集体化与低工业化;(3)高工业化与低集体化;(4)高工业化、高集体化四种类型。② 20世纪90年代初,王晓毅则依据经济发展水平和村组织的管理程度维度,将当时的农村分为集中的同质社会、集中的异质社会、分权的同质社会、分权的异质社会。③ 陆学艺等按照村落内部社会结构,将村落划分为族村合一型村落、集体型村落、家庭型村落、宗族型村落。在此基础上,他们又将市场对村庄结构影响的维度引进对村庄类型的分析,形成了8种村庄结构类型。④ 贺雪峰与仝志辉凭社区记忆强弱和经济社会分化程度,将村庄抽象为四种理想类型,即强社区记忆、低经济社会分化程度(A类村庄),弱社区记忆、低经济社会分化程度(B类村庄),弱社区记忆、高经济社会分化程度(C类村庄),强社区记忆、高经济社会分化程度(D类村庄)。⑤ 事实上,农村社区上述类型的划分基础是建立在"传统—现代"二分之上的。罗兴佐则在批评"传统—现代"二分法忽视对村庄行动者本身进行更为精细研究的基础上,借

---

① 陆学艺:《内发的村庄》,北京:社会科学文献出版社2001年版。
② 王汉生等:《工业化与社会分化——改革以来中国农村的社会结构变迁》,载《农村经济与社会》,1990年第4期。
③ 王晓毅:《血缘与地缘》,杭州:浙江人民出版社1993年版。
④ 陆学艺等:《内发的村庄》,北京:社会科学文献出版社2001年版。
⑤ 贺雪峰、仝志辉:《论村庄社会关联——兼论村庄秩序的社会基础》,载《中国社会科学》,2002年3期。

助社会行动理论将村庄划分为宗族型、户族型、小亲族型和个体家庭型四种类型。① 此外，依据种姓来分类，农村社区可以划分为宗族型社区、主姓型社区、杂姓型社区。其中，宗族型社区是由同宗同族的人员构成血缘共同体，传统的宗族型社区有着较为严密的内部组织结构（如，族长制、户长制）、共同的社会空间。依据社区关联度来分类，农村社区可以划分为共同体型社区、原子化社区。依据文化性质来分类，农村社区可划分为传统社区、现代社区和混合型社区。依据农村社区被改造的程度来分，可划分为原生态型社区、拟似原生态型社区、半原生态型社区、再造型社区（新社区）。

实际上，农村社区类型是十分复杂的，目前学术界的任何一种分类，皆无法穷尽所有的社区类型。这就要求社区研究者不能拘泥于某一分类方法来研究农村社区，而是要采取权宜性的策略，不断发现新的村庄类型并对其进行精准化分析。落实到农村社区治理研究，就需要研究者对农村社区做处境化的理解，从村庄内部的视角，以日常生活互动和影响日常生活互动的因素为切入点，发现农村社区日常生活秩序如何可能、日常生活中的福祉如何增进等问题。这又需要研究者深入农村社区日常生活之中，探索农村社区"微治理"的基本机制。因此，对农村社区的分类，既要考虑行动者的社会结构背景，更重要的是要考虑村民的行动单位，因为农村社区治理要解决的问题、处理的事情、满足的心愿大多是在其行动单位内实现的。因而，研究农村社区需要区分两种村民的行动单位：一是日常生活的行动单位，这样的行动单位主要是村落。因为日常生活中问题的发生与解决、事情的发生与处理、基本福利的满足等基本上在这个范围内实现，动员的是"内源性资源"，体现的是村民日常生活中的互动。二是"外源性资源"的公共产品和服务获取单位，这种互动主要发生于行政村层面，体现的是村民与自治组织、村民与国家的互动。农村社区"微治理"主要集中于村民日常生活中如何动员其"内生性资源"来实现其内部的秩序与福利，但"外源性资源"的输入对村庄内的日常生活也产生了重要影响。因此，村民如何获取"外源性资源"来维持与建构日常生活也应在本课题的研究范围内，但不是本课题关注的重心。不过，随着国家与农村

---

① 罗兴佐：《农民行动单位与村庄类型》，载《中国农村观察》，2006年第3期。

的互动中由"汲取型国家"向"给予型国家"的转变,不断地"资源下乡"将会对农村社区治理产生深刻的影响,它将成为未来农村社区治理研究的一个新命题。

二、农村社区文化差异

农村社区的差异外在地表现为社区结构的不同形态,依据其形态,人们可以对其进行理想类型的划分,但其差异内在地表现为文化的差异。本质上,农村社区结构的差异根本上是由文化差异造成的。宏观上,文化差异表现为社会发展历程所形成的传统文化与现代文化之别;微观上,文化差异表现为文化内容的丰富性、文化形态的多样性。依据前者,研究者可以将农村社区划分为传统社区、现代社区和混合社区,依据后者,农村社区将会呈现出更多样态。政策设计者就很难设计出能够完全适用于每一个社区的、统一的治理模式。这就要求政策设计者在从事农村社区治理模式设计时,既要考虑其普遍性,也要考虑其特殊性。特别在具体的操作层面,要习惯赋权社区,处境化地解决社区日常生活中出现的问题、处理社区日常生活中的事情,尊重地方性知识。

农村社区文化样态最能反映文化多样性。要区分农村社区文化样态,首先要厘清文化的概念,其次要对其做出较为清晰地界定。但是,关于何谓文化,一直是学术界争讼最多的公案之一。而对农村社区文化的界定又过于简单化,这对农村社区和农村社区文化的研究极为不利。

在中国,文化一词早已有之。古籍《周易》云:"观乎天文以察时变,观乎人文以化成天下。"此处的"文",表意是指文字、文章、文采,深意是指道德、礼乐、典章制度;"化"意指感化、教化,两个字合在一起构成的"文化"。简言之,即"以文化人"。如,汉刘向的《说苑·指武篇》载有"文化不改,然后加诛",此处的"文化"意指"人文教化",或"文治教化"。详言之,即运用道德、礼乐和典章制度去感化、教化民众。它与现代社会学所讲的文化是有区别的。一般地,大多场合运用的文化一词,多是舶来品。

在西方,一般认为最早对文化做出界定的当属英国人类学家泰勒,他主要从民族学的视角,将文化界定为"包含了知识、信仰、艺术、道德、法律、习俗以及作为一个社会成员的人所习得的其他一切能力和习惯"① 等多要素的合体。相对于泰勒,马林诺夫斯基对文化的界定更为宽泛,他指出:"文化是指那一群传统的器物、货品、技术、思想、习惯及价值而言的,这概念实包容着及调节着一切社会科学。我们亦将见,社会组织除非视作文化的一部分,实是无法了解的。"② 这一界定将文化拓展到包括物质层面的人类的一切创造物,尤为重要的是,马氏还将社会组织也视作文化必不可少的基本内容。由于文化的界定极其复杂多样,美国人类学家克拉克洪(Clyde Kluckhohn)用了大量的篇幅将其依次表述为:"(1)一个民族的生活方式的总和,(2)个人从群体那里得到的社会遗产,(3)一种思维、情感和信仰的方式,(4)一种对行为的抽象,(5)一种关于一群人的实际行为方式的理论,(6)一个汇集了学识的宝库,(7)一组对反复出现的问题的标准化认知取向,(8)习得行为,(9)一种对行为进行规范性调控的机制,(10)一套调整与外界环境及他人的关系的技术,(11)一种历史的积淀物"。③ 鉴于文化的复杂性,最后,他干脆求助于比喻之手法,把文化直接比作"一幅地图、一张滤网和一个矩阵"。④ 在后来的研究中,克罗伯和克拉克洪对1871—1951年80年间的文化概念进行了统计,达164种之多。⑤ 可见,人们对文化的诠释是仁者见仁、智者见智,也说明了文化的复杂性、多样性,难以做出一般的界定。

基于此,格尔茨(Clifford Geertz)对泰勒等人的文化的界定提出了批评,他认为,泰勒式大杂烩理论方法将文化概念带入了一种困境。转而从符号学角度,将文化界定为一些由人自己编织的"意义之网",主张"对文化的分析,不是一种寻求规律的实验科学,而是一种探求意义的解释科学"⑥。也就是说,文化是一种复杂的存在,是人类行动建构的"意义之网"。正是由于文化是人类行动建构的,因此,文化具体地表现为具有权宜性、情境性的"地方性知

---

① Tylor, Edward B. *Primitive Culture*, Reprint 1958, New York: Harter and Row, 1871, p.1.
② [英]马林诺夫斯基:《文化论》,费孝通译,北京:华夏出版社2002年版。
③ Kluckhohn, C. *Mirror for Man*, New York: McGraw-Hill, 1944.
④ [美]克利福德·格尔茨:《文化的解释》,韩莉译,南京:译林出版社1999年版。
⑤ Kroeber, A. L. and C, Kluckhohn. *Culture, a Critical Review of Concepts and Definitions*, Harvard University Press, 1952.
⑥ [美]克利福德·格尔茨:《文化的解释》,韩莉译,南京:译林出版社1999年版。

识",呈现出多样性。而社区是人类社会行动的基本行动单元,社区日常生活是"地方性知识"的来源,其多样性必然会造就多样态的"地方性知识"。

受格尔茨文化界定的启发,吴理财认为,目前国内学术界对社区文化和农村社区文化的界定存在着过于简单化的倾向,一般采取的是泰勒式的界定①。这种界定模糊了作为"大传统"的文化与"小传统"的文化的界限,不利于人们对"小传统"的社区文化的理解与分析,也模糊了一般社区文化和特定的农村社区文化的界限。诸多研究者对社区文化和农村社区文化的理解多采取静态的观点,而忽视了社区文化的动态性,缺乏对农村社区文化理解的"社会学想象力",而成为事实上的"旁观者"。米尔斯曾指出:"现在,人们经常觉得他们的私人生活充满了一系列陷阱。……普通人所直接了解及努力完成之事总是由他人的生活轨道界定;他们的视野和权力要受工作、家庭与邻里的具体背景的限制;处于其他环境时,他们则成了旁观者,间接感受他人。"② 如何避免成为"旁观者",保持学者应有的清醒与批判,是学术界共同面临的问题。

对上述关于社区文化和农村社区文化定义简单化处理,吴理财认为这无益于人们对社区文化和农村社区文化深度理解,无益于相关研究的知识积累。因此,他主张,对农村社区文化的理解要关注处境化的经验。为此,他认为,农村社区文化是"一群农民日常生活所共同享有的处境化经验及其价值规范"。对此,他做了如下进一步剖析:第一,农村社区文化首先是一种在地性文化;第二,农村社区文化具有特定的社会适应性;第三,农村社区文化与农民的日常生活的关联性;第四,农村社区文化经验与实践性;第五,农村社区文化是一套经验体系;第六,农村社区文化呈现差序格局。因此,农村社区文化"只能运用处境化的方式去理解、阐释"。③ 他的剖析,进一步说明了农村社区文化具有差异性、复杂性、权宜性、情境性等特征,这就要求研究者在进行农

---

① 吴理财:《处境化经验:什么是农村社区文化以及如何理解》,载《人文杂志》,2011年第1期。
② C. 赖特·米尔斯:《社会学的想象力》,陈强、张永强译,北京:生活·读书·新知三联书店2013年版。
③ 吴理财:《处境化经验:什么是农村社区文化以及如何理解》,载《人文杂志》,2011年第1期。

村社区文化研究的时候,首先要"入乡随俗"采用村落主位的视角,从"内部的视界"去看待所研究的农村社区文化,分析其存在的理由;摒弃那种戴着有色眼镜从"外部的视界"看待所研究的农村社区文化,而简单地做出优劣判断。格尔茨曾言:"你不必真正去成为特定的'文化持有者本身'而理解他们,亦即文化人类学的分析方法所昭示的两重概念所揭示的角色处理问题。或者,更确切地说,在不同的个案中,人类学家应该怎样使用原材料来创设一种与其文化持有者文化状况相吻合的确切的诠释。"[①] 而文化的特性决定了社区的特性,文化本身就是行动的依据。因此,农村社区文化差异性、复杂性、权宜性、情境性决定了农村社区类型的差异性,决定了农村社区成员思维、行动逻辑的差异性。这也就要求从事农村社区治理的研究者和实践者,必须意识到农村社区治理的复杂性,摒弃那种运用统一的治理模式,粗放的、非处境化的方式来治理不同的社区,而要运用更能贴近农村社区居民生活的、灵活的、具体的、精微的方式来处境化地解决和处理农村社区日常生活中发生的"微问题""微事情""微心愿",引导"微参与",从而实现农村社区的良治。

第五节 圆事安人:农村社区"微治理"的基本目标

前文说明了农村"微治理"具有如下特征:贴近公众生活、灵活性、具体性、针对性和微技术与微智慧的运用、简约化、精细化与精准化和模糊化并存,"微治理"的这些特征最终都是为了达成"圆事安人"的目的。

农村社区"微治理"旨在通过改善农村社区日常生活秩序,来提高社区居民的生活质量。也就是说,农村社区"微治理"通过自我干预农村社区村民的日常生活来建构社区良序和社区生活的持续改进。在农村社区日常生活中,农村社区"微治理"的目标生动地表现为"圆事安人"。所谓圆事安人,

---

[①] [美]克利福德·吉尔兹:《地方性知识——阐释人类学论文集》,王海龙、张家瑄译,北京:中央编译出版社2004年版。

即通过"微问题"的圆满解决、"微事情"的妥善处理和"微心愿"的完满满足,以达成息争、心安之目的。所以,在农村社区日常生活中,"微问题"解决过程中的"说道",叫作"说合""说和""说圆",或者叫"打圆场";"微事情"的妥善处理,叫作"办圆和了";"微心愿"的完满满足,叫"圆了心愿"或"圆了梦"。列斐伏尔认为,在前现代社会,日常生活与生产活动是浑然一体的,生产活动是构成日常生活不可分割的一部分,所有的集体活动、节日活动等都是与日常生活密切相关的。"农民村社不仅起到纽结组织家庭工作与生活的作用,而且起到了统率节日喜庆等公共活动的作用"①。只是到了现代社会才将工作与日常生活区分开来,从而形成日常生活与生产活动场域的区隔。而现代社会重生产轻生活的取向,很容易导致人们对日常生活的忽视,这在陌生人社会的城市中表现十分突出。但在农村社区,日常生活世界仍是安身立命的根基和生命绵延的家园,"是传统惯习支配的行动体系和居民现实遭遇的具体场域"②,社区成员的喜怒哀乐、轮回如常的生老病死等生活体验和生命历程都在这一场域中展示。因此,农村社区"微治理"必须贴近日常生活。只有贴近生活,才能弄清日常生活中那些"微事件"发生的根由、可能的发展变化趋势,以及当事人心中的"小九九",并因此选择和运用恰当的"微技术",方可达成"圆事安人"之目标。

事实上,社区成员的日常生活可以区分为私域的日常生活与公域的日常生活。社区居民日常生活的观念、心愿、关系、行动的逻辑等,主要从"特定微事件"的展开而得到表达,以"公共性微问题"的建构与解决加以表现,由"普通居民"的亲身实践得以呈现。同时,农村社区日常生活也是国家与村民遭遇互动的具体的实践场域,是各种实践状态的社会现象汇成的"涓涓溪流",是各种权力技术和行动策略演示的银幕。农村社区"日常社会生活的本真状态始终是单调与丰富、线性与流变、确定与偶然等多维面孔的相互交织"③。

---

① Henri Lefebvre. *Critique of everyday life*, volume1; translated by Moore; with preface Michel Trebitsch; Verso, London, New York 1991, pp. 30 – 31.
② 刘威:《"行动者"的缺席抑或复归——街区邻里政治研究的日常生活转向与方法论自觉》,载《南京社会科学》,2010年第7期。
③ 刘威:《"行动者"的缺席抑或复归——街区邻里政治研究的日常生活转向与方法论自觉》,载《南京社会科学》,2010年第7期。

正是在这种本真状态中，公共问题演绎为社区居民之间的微问题、微事情、微心愿，从而将国家权力的运作、社区组织的动员与这些公共问题的解决紧紧地勾连在一起，让它们成为一条项链上的一颗颗珍珠，各自分离而又紧密关联。基于此，农村社区日常生活不在宏观的社会生活之外。相反，其恰恰是一切社会生活发生的社会始点。农村社区日常生活中那些细碎的、片断的、不确定的微问题，如此具体、实际而又执拗的小要求，"给个面子"、假公济私的"小动作"，既暗中抵触，又妥协依赖；既心存敬畏，又公开叫板。"说软话办硬事"的"小智慧"，都可以提出某类社会问题，揭示某种权力关系，彰显某种公共精神，从而改变某种权力运作方式和政治运行逻辑。① 所以，农村社区微治理中，"微技术"和"微智慧"的选择和运用，必须具备灵活性、具体性、针对性、简约化、精细化与精准化和模糊化并存的特征。只有这样，在"微问题"的处理中，"说合人"才能将话说在当事人的心坎上；在"微事情"的处理中，才能办得让人"没话说"；在"微心愿"的满足中，服务对象才能心满意足。从而，达成圆事安人之目标。

可见，这些看似微不足道的、细碎的、片段的、具体的、特定的微事件，其背后深藏的玄机，需要研究者深度在场，通过仔细地观察，周详地询问、质疑和入乡随俗式的体验。格尔茨曾言："去理解一些别人的贴近感知经验的概念，并将之有效地重铸进理论家们所谓已知的关于社会生活一般知解的遥远感知经验中去，是一种极其设身处地精微细致的任务，即使它不像是魔术那样不可思议，也应像是钻进别人皮层内里一样深入体察。其关键就是别被向你提供信息的当地人把你导入其内在精神的同一对应。或许，应该像我们大多数人一样，用他们自己的方式去指称他们自己的心灵，他们毕竟不似有人指称的那样敏锐。最重要的是描述出他们自己是怎么想，怎么做的。"② 不通过这样的研究和深入细致的工作，就很难找到解决或处理这些微事件的合情合理的机制，一旦机制选择或运用不当，农村社区日常生活的秩序就难以维护或建构，进而

---

① 孟伟：《日常生活的政治逻辑：以1998—2005年间城市业主维权行动为例》，北京：中国社会科学出版社2007年版。
② ［美］克利福德·吉尔兹：《地方性知识——阐释人类学论文集》，王海龙、张家瑄译，北京：中央编译出版社2004年版。

影响个人、家庭和社区的生活质量，社区日常生活就会因失序或无序，而失治或无治。

第六节 地方性知识：农村社区"微治理"的基本理据

由于农村社区"微治理"主要是关注农村社区日常生活中发生的"微事件"，诸如"微问题""微事情""微心愿"及"微参与"的解决、处理、满足和引导，而农村社区日常生活中"微事件"的解决和处理主要依据于"地方性知识"。因此，格尔茨等人所提出的"地方性知识"，可以为本研究提供基本的理论阐释。

首先，"地方性知识"是农村社区日常生活中内部的、自主性和能动性的居民行动的逻辑依据，是一种具有民间合法性的知识。自"地方性知识"（local knowledge）概念被文化人类学家克利福德·格尔茨首度提出之后，它被广泛运用于哲学、人文与社会科学，甚至自然科学中，其多样性、差异性受到尊重。"如果我一直在此说的有什么要传达的意义的话，那就是：世界是一个多样化的地方，在律师与人类学者之间的多样化，在穆斯林与印度教之间的多样化，在小传统与大传统之间的多样化，在殖民主义的当时与民族主义的现在之间的多样化，面对这个严肃的现实而不是在无力的一般化与不真实的安慰这种糊涂认识中一厢情愿地把现实消解，用科学的方式和其他的方式，我们要获得很多很多的认识。"[①] 世界的多样化，必然要求人们承认差异。"地方性知识"之"地方性"，它寄生于特定的社区与文化传统之中，造就世界的多样性，也造就了生活其中的人们的独特经历。在农村社区，这些"地方性知识"表现为风俗、习惯、道德良心、信仰（迷信、巫术、神灵崇拜、祖先崇拜、宗教）、乡规民约、个人经历和经验等。日常生活中，其一切行动的逻辑都可以从它们之

---

① 克利福德·吉尔兹：《地方性知识——阐释人类学论文集》，王海龙、张家瑄译，北京：中央编译出版社2004年版。

中找到依据或被诠释。比如：改革开放以后，大家族兴起了修家谱热，正可以从祖先崇拜得到诠释；各地丧葬仪式活动的开展程序与过程，可以从风俗和信仰中的迷信、巫术、神灵崇拜、祖先崇拜中得到阐释。而各地区开展同类仪式程序与过程的差异性，正体现了"地方性知识"的"地方性"。简言之，"地方性"就是"多样性"和"差异性"，正所谓"五里不同风，十里不同俗，百里不同情"。"地方性知识"的"地方性"，除了其特定的地域与地理意义之外，更在于"地方性"的知识生成于特定的处境，且被运用于所形成的特定处境。这种特定处境，为特定的社会历史条件下互赖的族群与地域群体的价值观和世界观所形塑，也为特定的利益关系所决定的特定的立场和视角所形塑。

因此，所谓"地方性知识"，就是指特定处境中特定的共同体所独享的知识。它是由特定处境中特定的共同体成员，为其在长期的、历史的、现实的日常生活实践中所创造的，并经世代研习、相传、沉淀、过滤和积累起来的，具有鲜明地域特色和独特记忆痕迹的知识，其构成并体现了特定族群和地域群体的日常生活。就农村社区而言，社区成员的行动必须以这些"地方性知识"为依据，遵循其规定的仪式或程序，否则就被谴责为"没有知识"。这里的"没有知识"并非指一个人所习得的正式知识的缺乏，而是指没有掌握一种"入乡随俗"的、非正式的"地方性知识"。为此，尽管一个人学贯中西，也会因为不懂"地方性知识"出现逾矩行为，而被嘲讽为"墨水喝到腿肚子里"，而遭到乡民白眼，甚至声誉扫地。

其次，农村社区"微治理"需要发现村民行动的"地方性知识"的支持。农村社区"微治理"的关键就是要通过社区内"微问题"的解决、"微事情"的处理和"微心愿"的满足来实现。而这些"微事件"的解决与处理更多地依据于"地方性知识"的支持，缺少它们的支持，"微事件"的解决或处理就无法达成预期的效果。这些"地方性知识"浓缩为情与理，农村社区居民的内部行动主要依据的就是情与理。农村社区"微事件"的解决与处理关键是"讲情"和"论理"的技术的运用。而"讲情"关键在于了解当事各方关系中应有之"情"，这种"情"依据人与人之间的关系，可以划分为亲情（即父母兄弟姐妹之间发生的感情联系）、宗情（即五服之内成员之间发生的感情联系）、族情（即五服之外家族成员发生的感情联系）、友情（即朋友之间发生的感情联系)、乡情(即同一地缘成员之间发生的感情联系),它们是建立在人际关系"差序格局"之上的,随着关系的远近,"情"由浓变淡。知道了这些,才能讲好"情"。"讲理"关键在于了解并理解处于各种关系中的当事人应遵守之"理",包括人伦、风俗、习惯、道德良心、信仰(迷信、巫术、神灵崇拜、祖先崇拜、宗教)、乡规民约等地方性契约,唯此,才能论好"理"。在农村社区,村民们都自认为是"讲情讲理"的人,也就说,他们对社区内的"人情世故"是了然于心的,"讲情讲理"就是他们行动的基本逻辑。但一旦遇到不"讲情讲理"的人,他们往往会采取以下策略:一是以牙还牙,也不"讲情讲理";二是规避,不把对方当人看;三是理性应对,找人论理。具体采取哪种策略,他们因人而异。

最后,建构"地方性知识"与"国家性知识"互动机制。农村社区"微治理"强调调动内部资源解决与处理内部的微事件,依据的是社区内的"地方性知识",但是任何社区都不是一个孤岛,如此,社区也无法发展,也就谈不上治理。因为,农村社区本来就是国家治理的最基层单元,相对于"地方性知识"的"国家性知识"必然会进入农村社区,如送法下乡、送文化下乡、送科技下乡。当这两种知识在农村社区遭遇而共在时,可能出现的状态有三,即共生状态、冲突状态、融合状态。共生是因为都有存在的合法性,对农村社区"微治理"的实现具有相互补充协调的功能。日常生活中发生的"微事件"并非都属于法律调节的范围,但对社区日常生活又产生了不利影响,这时就需要"地方性知识"介入调节。即使日常生活中发生的"微事件"属于法律调节的范围,如果仅仅依靠法律程序加以调节,在程序上是把问题解决了,但如果冲突各方的"心结"没有解开,往往会种下更大冲突的"种子"。因此,有经验有责任心的法官往往会运用"地方性知识"做善后调节。"冲突"主要表现为:一是"地方性知识"与"国家性知识"的直接冲突。如"风水说"是农村社区居民信奉的"地方性知识",建房、建坟墓是要请风水先生看风水的,如果日常生活中某人的行为被认为是破坏别人家的风水,是不能容忍的"错误",但法律对风水说是不予承认的。因此,一旦在农村家庭之间或家族之间因风水问题发生冲突,如果仅仅按照法律程序来解决,可能造成的结果是家庭或家族之间从此结下世仇,并会冲突不断,有可能引发恶性事件。二是观念冲突。比如，在婚姻纠纷中，对于离婚双方财产权的认定，法律和民俗之间冲突十分明显。在分割财产时，"国家法律只承认能够用证据证明的财产权；缔结婚姻过程中的财产归属，是通过公开的仪式过程来实现的"。① 如果在实际的判例中，追求法律的形式公正，可能带来的结果是实质的不公正，或者不被民俗认同的公正。实质上，国家与农村社会的观念冲突，突出地表现在对正义或公正的看法上。在农村社会的正义或公正观是：合情、合理、合法，且认同呈递减的；而国家法律的正义或公正观是：合法、合理、合情，且呈认同递减趋势。"融合"在农村的法律实践中表现为民俗原则能够进入法律中，并为司法实践所默认。具体表现为国家的司法实践中对民间私下订立的"民间契约"的认可，这在农村社区家庭纠纷、赡养纠纷和婚姻纠纷的调解中表现得尤为明显。实际上，"法律就是地方性知识，地方在此处不只是指空间、时间、阶级和各种问题，而且也指特色（accent），即把对所发生的事件的本地认识与对可能发生的事件的本地想象联系在一起。这种认识与想象的复合体，以及隐含于对原则的形象化描述中的事件叙述，便是我所谓的法律认识"。"法律乃是一种赋予特定地方的特定事务的特定意义的方式"，故"将事情纳入文化背景对法律来说在任何地方都是至关重要的"。② 格尔茨的法律观告诉我们，任何国家的法律都必须建立在对本文化优秀成果继承的基础上，离开了本民族文化而照搬外来法律，必然会存在水土不适的问题，法律可能在实践中被悬置。在农村社区日常生活司法实践中，我们常常会发现法律被悬置的现象，这就需要我们对国家法律知识体系进行反思。

然而，从现代化的角度来看，我国属于后发国家，这一属性决定了在我国的现代化进程中必然会向先发国家学习，初始阶段是"师夷洋技"。但自五四运动始，国内主流主张对传统文化的彻底清算。中华人民共和国成立后，通过"四清"和"文化大革命"，对传统文化进行了比较"彻底的清算"，但也排斥西洋文化的影响，闭关自守地搞起赶超式的现代化。结果，并未因为传统文化

---

① 赵旭东：《权力与公正——乡村社会的纠纷解决与权威多元》，天津：天津古籍出版社2003年版。

② 克利福德·吉尔兹：《地方性知识：事实与法律的比较透视》，邓正来译，见梁治平主编：《法律的文化解释》，北京：生活·读书·新知 三联书店1998年版。

遭到"彻底清算"而生发出现代性,现代化只存在于"乌托邦"的政治理想中。改革开放后,我们在"师夷洋技"的同时,也自觉不自觉地接受外来文化,其中表现最突出的是,我们借鉴发达国家的经验,逐步建立了现代司法制度,并将依法治国确立为国策。但是,现在来看,我们的司法制度建立过程中,由于对传统文化存在着先天的偏见,传统文化中合理的因素并未很好地被吸收,一定程度上造成了法律与传统的冲突。在这种背景下,"法律下乡"就有可能成为破坏乡村秩序的力量。费孝通先生曾警告:"现行的司法制度在乡间发生了很特殊的副作用,它破坏了原有的礼治秩序,但并不能有效地建立起法治秩序,单把法律和法庭推行下乡,结果法治秩序的好处未得,而破坏礼治秩序的弊病却已先发生了。"[①] 虽然,现在的乡村司法实践注意到这个问题,特别当法律与民俗发生冲突时,在案例判断中有时也会做出尊重民俗的判定,但要根本改变这种局面,国家的司法制度建设中一定要吸收"地方性知识"的合理成分。当前可以借助送法下乡、送文化下乡这一实践机制,实现"国家性知识"与"地方性知识"良性互动,从而建构一种"大传统"与"小传统"遭遇、对话的场域,使得"大传统"的输入更具"适用性"[②],而不仅仅追求"小传统"之于"大传统"的"符合性"。

第七节　日常生活:农村社区"微治理"的基本域

与以往的农村社区研究将研究的重点放在社区层面不同,本研究将研究的触角探入农村社区内部,关注农村社区日常生活的秩序何以可能的问题,并关注农村社区日常生活福利问题。这与笔者一贯主张的"治理要达成两个目的——良好的秩序和良好的福利"的观点是一致的。因此,本研究将农村社区日常生活视作农村社区"微治理"的基本域。

[①] 费孝通:《乡土中国 生育制度》,北京:北京大学出版社1998年版。
[②] Juran, J. M., and F. M. Gryna. *Juran's quality control handbook* (4 th ed), New York: McGraw-Hill. 1988. p. 6.

第一章 农村社区微治理：一个新的学术命题

社会学是一门研究社会的学问，而社会是通过社会生活来体现的，而日常生活是社会生活的生动呈现。"日常生活是社会生活中对于社会行动者或行动者群体而言具有高度熟悉性和重复性的实践活动，是一切社会生活的社会历史性的基础。"① 正因为如此，日常生活受到哲学理论的关注，抽象地研究日常生活。如，舒兹关注社会世界的现象学理论②；哈贝马斯"交往行动"（communicative action）理论③，对日常生活世界的研究；赫勒（A. Heller）对日常生活的研究④。对此，勒弗贝沃指出："只要人的科学存在，它就会到琐碎即日常中去发现材料。"⑤ 可见，学术界对日常生活的关注，只是将其视为获取研究材料的领域，在此基础上提出关于人的研究的理论，日常生活本身的"日常事件代表了最容易被忽视的知识"⑥。与哲学研究不同，人类学对日常生活的研究，更多是一种深入的描写，但抽象性不足。社会学的研究，需要在对日常生活现象描写的基础上，实现中层的抽象，从而发现关于日常生活研究的中层理论。因此，社会学视角下的日常生活更需要研究它的实践性和情境性，而发展出中层理论来揭示日常生活世界的实践逻辑。

何谓日常生活？赫勒认为，"日常生活是那些同时使社会再生产成为可能的个体再生产要素的集合"⑦。对此，衣俊卿解释道："日常生活是以个人的家庭、天然共同体等直接环境为基本寓所，旨在维持个体生存和再生产的日常消费活动、日常交往活动和日常观念活动的总称，它是一个以重复性思维和重复性实践为基本存在方式，凭借传统、习惯、经验，以及血缘和天然情感等文化因素加以维系的自在的类本质对象化领域；……非日常生活活动领域通常可以划分为两个基本层面：一是以科学、艺术、哲学等为表现形态的自觉的精神生产，二是以社会化大生产、经济、政治、公共事务等为内涵的有组织的

---

① 郑震：《论日常生活》，载《社会学研究》，2013 年第 1 期。
② Schutz, A. *The Phenomenology of the Social World*, Evanston: Northwest University Press, 1967.
③ Habermas, J. *The Theory of Communicative Action*, Boston: Beacon Press, 1984.
④ 赫勒：《日常生活》，徐崇温、衣俊卿译，重庆：重庆出版社 1990 年版。
⑤ Lefebvre, H. *Critique of EverydayLife*, London: Verso, 1991, p. 133.
⑥ Ewick, P. & S. Silbey. *The Commonplace of Law-Stories from Everyday Life*, Chicago: The University of Chicago Press, 1998, p. 31.
⑦ 赫勒：《日常生活》，徐崇温、衣俊卿译，重庆：重庆出版社 1990 年版。

社会活动领域。"① 他们的解释是哲学式的，不便于社会学研究的实际操作。从社会学的视角来看，日常生活是以家庭、生活共同体为载体，凭借传统、习惯、经验以及血缘和天然情感等地方性知识频繁互动，以实现共同体再生产的场域。它为诸多社会事件的展开提供了具体的空间，具有情境性和实践性的特征。

日常生活的情境性是指发生在特定时空中生动的日常实践。在特定的时空中，日常生活以特殊的形式表达。特定时空的日常现象都是具体而裸露的整体存在，其中的贫富差别、生活习惯、生活方式、仪式活动、家庭生活等看似是琐碎化，但它们以语言和建成环境为中介建立起联系，形成日常生活中具体的关系网络和权力网络及其运作策略，反过来对日常生活形成影响。

日常生活的实践性是指日常生活就是由一系列日常实践构成的。日常实践是有其参照的，这种参照可以是特定情境中的语言符号（如习俗、仪式、方言等）和建成环境（如建筑物、道路、植被等），因此，日常生活不断地重复而生产着"熟悉"。同时，日常实践有时也会摆脱特定情境中的参照，而选择新的参照。因而，日常实践又具有建构性，建构生产着"陌生"，而破坏原有的特定情境，建立新的情境。不过，日常生活总是趋向常态的，通过碰撞过程中排斥和吸纳重构了情境。但这种日常生活的重构不是简单地否弃，而是一种复杂的扬弃。总之，特定的情境结构着日常实践，而使得日常生活因重复而熟悉。反之，日常实践既可以再生产特定的情境，也可以解构和建构着情境。日常生活中的情境性和实践性是一种辩证的统一。

农村社区"微治理"就是要研究特定情境中的日常实践如何再生产、解构和重构情境，日常生活何以趋向常态。简言之，农村社区"微治理"的根本目的在于通过农村社区"微问题"的生成与解决机制，"微事情"的处理机制和"微心愿"的满足机制，以及"微参与"机制的研究，探索农村社区日常生活趋于常态的逻辑。

---

① 衣俊卿：《现代化与文化阻滞力》，北京：人民出版社2005年版。

第八节 研究框架和方法

前面的分析，首先在农村社区"微治理"概念界定的基础上，阐述了农村社区"微治理"研究的缘起、现实基础、理据和研究的论域或研究对象。至此，我们需要为本研究建构一个有效分析框架，确定合理的研究方法。

一、研究框架

由于农村社区"微治理"是一个新的学术命题，且以农村社区日常生活的"微事件"为研究对象。因此，农村社区"微治理"研究，需要建立一个更为微观的不同以往的研究范式。范式建构的核心在于分析框架的建构，因为范式的本质就是一种能经常复制的分析模型或框架。目前，农村社区研究的主流分析框架是"国家—社会"的分析框架，在这种框架下形成了不同的研究取向和解释范式。但概括起来，该分析框架早期形成了"国家中心主义"和"社会中心主义"两种对立竞争的学说。前者强调国家在乡村管控中的完全自主性，国家总是力图运用政治权力对乡村社会施加影响，并产生了实际的效果；后者则强调社会可以通过法治和自治来对抗国家控制乡村社会的企图，从而保持一定的独立自主性。在这两种学说的竞争中，"国家中心主义"取得了一定的优势和话语权。因为，在一个"无社会"或"社会发育不良"的乡村，讨论社会的自主性是一种理论的"乌托邦"。同时，事实上，国家和社会也并非必然对立。因此，后来的"国家—社会"分析框架试图调和国家与社会二元对立的观点，在对立竞争中寻求统一。于是，学者们提出了公私部门合作伙伴关系、国家与社会共治等理论。这些理论认为国家与社会可以存在合作互补的关系，两者是可以互相形塑的。然而，无论运用"国家中心主义"学说，还是"社会中心主义"学说，以及"共治""互构"说，都套用的是西方的分析框架。但中国的具体情况，特别是农村的情况比较特殊，且十分复杂。历史地看，中国现代国家建构并非自发自然的，而是在历次反抗东西方列强侵略的过程中逐步实现的。中国现代国家的跨越式发展，没有充足的时间为类似近代西方国家成熟的"市民社会"发育提供机会，社会发育十分不成熟。在这种背景下，如果我们盲目套用西方的"国家—社会"的理论框架来解释近代中国社会性质变迁，必然会出现微效，甚至失效。对此，裴宜理（Elezabeth. J. Perry）曾提出中肯的批评。[①] 裴宜理敬告我们，中国不应该成为这些西方政治学、社会学理论的消费者，而应该成为原创性政治理论、社会学理论的生产者。也就是说，由于中国发展的特殊性和复杂性，要研究中国的真问题，特别是农村的真问题，我们不能只是套用西方的主流理论与话语，而需要发展出自己的理论与话语，努力实现由西方理论与话语的消费者向中国理论与话语的创造者的转变。况且，这些都是宏大的分析框架，运用这些框架解释农村社区社会事实都会因"宏"而欠"周"，这就需要我们发展出更为周严微观的分析框架。

在这方面，一些新锐的学者进行了一些有益的尝试。其中，就有学者发展出了"社区—村民"[②]的分析框架，并认为在农村社区建设背景下，这种新框架可以超越"国家—社会"框架更好地解释近代中国乡村社会性质的变迁，以及乡村治理转型。但这种分析框架还不足以很好地解释农村社区这一共同体内部的复杂性，也就很难解释村民日常行动的逻辑，农村社区建设可能会变成一种外部的干预而缺乏内生动力。为此，需确立一个新的研究框架。新的研究框架的确立，需要解决两个问题：第一，建构一个概念体系。这个概念体系就是以"微治理"为核心概念所形成的概念集，即微治理、微问题、微事情、微心愿、微参与、微规则等。第二，确立一个新的分析框架。这个新的分析框架，即"社区—日常生活—村民"的分析框架。该框架聚焦于社区村民日常生活的研究，通过村民日常生活中发生的"微事件"的"深度描写"，来揭示村民日常行动的地方逻辑。因为只有聚焦于村民日常生活的"深度描写"，才能洞察规制村民行动的"地方性知识"和"外嵌知识"的关系，才能更好地理解村民行动的内在逻辑，从而为农村社区的重构和善治提供本土

---

① 赵树凯：《农民的政治》（增订版），北京：商务印书馆2012年版。
② 孔德斌、刘祖云：《社区与村民：一种理解乡村治理的新框架》，载《农业经济问题》，2013年第3期。

的理论依据。

二、研究方法

根据课题设定和研究框架，需要确立与之相适应的研究方法。由于日常生活的复杂性、情境性，日常生活中的现象必须放在特定情景下去参悟，才能得到准确地把握，所以，在方法论上，要在立足于经验材料的基础上，强调对日常生活的深度理解。日常生活中的现象是以社会事实来呈现的，这又需要我们去观察、去倾听。为此，在研究方法上，选择了人类学与叙事社会学相结合的方法。人类学强调对日常生活的"深描"，这正是与我们确立的分析范式相契合的。叙事社会学的方法，又叫故事叙述法。这种方法是由尤伊克和西尔贝倡导并尝试的一种新的社会学调查研究方法，她们解释道："我们接受叙述的概念，是因为人们倾向于用讲故事的方式向自己或他人解释他们的行动……作为社会行动的形式之一，故事因此也反映和维持了制度和文化的安排，为日常生活中的社会互动与更广泛的社会结构之间的鸿沟架起了一座桥梁。换句话说，人们所讲述的关于他们自己及其生活的故事，既建构又解释了他们的生活；这些故事把世界描绘成由故事讲述人所居住和理解的世界。"[①] 这种研究方法，巧妙地集合了社会学的社会调查方法与人类学的个案研究的优势。其优势在于：一方面，坚持了社会调查代表性原则，能从更大范围揭示日常生活的差异性，同时又能避免问卷调查的呆板单调和结论简单化；另一方面，彰显了个案研究深刻、生动的优势，用鲜活的故事铺成了日常生活世界生动的建构过程，同时也跳出了日常生活民族志研究注重单一描写的局限。故事是人们通过对日常生活的全方位的扫描、筛选，借助话语逐渐建构起来的立体的、鲜活的关于人物、时空场域和社会互动的事件过程，故事都是人们通过对记忆中的日常生活再现、重构或创造而生产或再生产出来的事件，具有生动性、建构性、记忆性、情境性。由于具有生动性，故事容易引起人们的兴趣，产生同情和共鸣；由于具有建构性、记忆性、情境性，故事很容易脱型。而这就需要研究者尽可

---

① Ewick, P. and S. Silbey. *The Commonplace of Law-Stories from Everyday Life*, Chicago: The University of Chicago Press, 1998, p.48.

能寻找或创设类似情境重复相同的故事,形成故事链,以便通过比较发现故事的真相。这是一项十分烦琐而又艰苦的工作,同时需要研究者学会倾听,并对故事所涉及的有价值的信息具有足够的敏感。由于故事是日常生活的再现,讲故事的人有着特定地方语言习惯,故为了忠实于日常生活、尊重地方性知识,故事叙述中大量采用了地方习语,而显得口语化。

与叙事社会学研究方法相协调,本研究分析方法上采用了"过程—事件"分析法。"过程—事件"分析法可以实现对农村社区日常生活"深度描写"和"深度理解",从而深度揭示村民日常生活的地方逻辑,发现农村社区日常生活秩序的维护、建构和福利增进的机制。"过程—事件"分析法是关注、描述、分析日常生活中的事件与过程,对其中的逻辑进行动态解释的研究策略和叙事方式。① 实际上,"过程—事件"分析法不只是一种动态的分析,更关注对事件起因、发生、发展和结果的"深描"与透视,更是一种深度的诠释。故而,这种分析方法能更好地透视村民日常生活的细节,参透村民话语和行动的"索引性",从而可以为农村社区治理设计出更为恰合时宜的制度,避免"过制度化"②。

基于上述研究方法和分析方法,在具体操作上,主要依据方便进入村庄和文化差异的原则,分别在皖西、皖北、皖南和宿州市选取若干社区进行深度访谈,深入挖掘故事和案例中的寓意,从而透视"结构—行动"互构的逻辑及其演进,以此探索农村社区"微治理"的基本逻辑。

三、研究的基本内容

根据研究计划和分析框架,确定以下研究内容:由于本研究是一个新的学术命题,一项开拓性研究,故在第一章的导论部分首先对农村社区"微治理"这一核心概念进行了界定。因为,任何探索性研究都应以概念为逻辑起点的;

---

① 孙立平:《"过程—事件分析"与对当代中国农村社会生活的洞察》,见王汉生、杨善华:《农村基层政权运行与村民自治》,北京:中国社会科学出版社2001年版。

② 所谓"过制度化",是指把某一新的、地方性的、还不成熟的制度设计不加区别地推广开来的过程。这种过制度化,在工作方法上容易出现"一刀切"的极端,在思想上容易落入唯意志论的陷阱。

其次，阐释了农村社区"微治理"命题提出的现实和政策背景、社会结构基础；再次，揭示了农村社区"微治理"的理论依据；最后，确立本研究的分析框架和研究方法。

第二、第三、第四和第五章构成了本研究最核心的部分。其中，第二章在对农村社区"微问题"界定的基础上，运用故事分析的方法，呈现了农村社区"微治理"中"微问题"解决的讲情、论理、释法、用力、明利和解气的策略和技术，揭示了农村社区"微治理"中"微问题"解决的道与术；第三章以农村社区"微事情"的界定为逻辑起点，运用故事分析的方法，揭示了农村社区"微事情"处理的基本策略和技术：关系动员、仪式动员和善后或周旋，进而分析了农村社区"微事情"处理的道与术；第四章重点分析了农村社区"微心愿"满足的主体及其变化，满足的基本方式、机制以及障碍因素，并以此为基础，探讨了农村社区"微心愿"满足的现代策略与路径；由于农村社区"微治理"中"微问题"的解决、"微事情"的处理、"微心愿"的满足，都离不开日常生活中的"微参与"来实现。因此，第五章着重研究了农村社区日常生活中，社区居民如何参与到农村社区"微治理"中，这一章也是以"微参与"概念的界定为逻辑起点。首先对农村社区"微参与"作了界定，以此为基础分析了农村社区"微参与"的方式、价值，进而对农村社区"微参与"面临的困境——无主体境、无公域境、弱权威境、弱规则境做了较为深入的分析。继之，从上述四个方面提出了克服农村社区"微参与"困境的对策。

第二章到第五章的研究主要是建立在事实描述基础上的，是对农村社区"微治理"中日常生活的"道"与"术"的阐释，更多地在于再发现传统和生活的真实。第六章旨在展望在现代技术背景下，阐释现代治理术下乡的必要性、可能性，以及可能对农村社区"微治理"带来的正面影响。最后一章结语部分是对本课题研究价值的进一步申述，旨在将本研究放在乡村振兴的大背景下，憧憬农村社区"微治理"研究的成果对农村社区治理现代化的影响。本研究不是指导农村社区治理创新的手册，也意不在此，但它可能会为大家面对的乡村社会日常生活中的基本问题提供一个认知和解释框架。

第二章 农村社区"微问题"解决的在地逻辑

从某种意义上来说，治理就是解决问题。"微治理"就是解决"微问题"，农村社区"微治理"就是解决农村社区日常生活中的微问题。因此，农村社区"微治理"中微问题的解决，就成为农村社区"微治理"的基本组成部分。那么，农村社区是如何解决这些微问题的呢？要回答这一问题，必须先回答以下问题：第一，农村社区"微问题"如何界定？第二，农村社区微问题解决之道为何？第三，农村社区微问题解决之术是什么？由于道与术是不可分割的，故笔者在行文中将第二和第三个问题合而论之。

第一节 农村社区"微问题"：日常生活中的"细故"

所谓"微问题"是指发生于日常生活中的小摩擦、小障碍，对日常生活造成了一定的阻碍，需要通过小众的努力加以克服的生活现象。按照"微问题"产生的根源，"微问题"可以划分为生活性和结构性两种"微问题"。前者是日常生活中发生的，如各种家事纠纷、邻里纠纷等；后者是结构本身的缺陷或变迁引发的，如，土地流转中、精准扶贫过程中引发的矛盾，村民与村干部之间的纠纷，以及公共品供给不足等影响社区日常生活的公共问题。农村社区"微问题"是指发生于特定的农村社区的小摩擦、小障碍，对社区日常生活造成了一定的阻碍，需要通过社区相关成员的共同努力加以克服的社区生活现象。如发生于日常生活中家庭纠纷、邻里纠纷、越轨、养老，以及继承、婚姻、土地、债务等纠纷，这些在中国传统社会皆被衙门视作地方可以自理的"细故"，但"自百姓视之，则利害切己，故并不细"（方大湜《平平言》）①。在宏观层面，这些"细故"细微琐屑，但事关百姓的切身利益，往往是"天大的事"。所以，在官府不理的情况下，传统乡村社会必然要发展出解决这些"细故"的办法、智慧和技术。同样，在当今社会，被地方官员或外人看作是"芝麻粒大的事"，但对当事人来说可能是"天大的事"。在农村，特别是熟人社会或半熟人社会的社区，一些在局外人看来的小事，如果局内人将其视为最伤感情或最失面子的事时，就有可能是"天大的事"，此时若不能及时解决或解决不好，可能会"捅天大的篓子"。也就是说，在农村社区日常生活中，如果这些小摩擦、小障碍不能很好地解决的话，就有可能造成严重的后果，并产生更大更坏的影响，从而导致农村社区日常生活失序，降低社区的微福利。正所谓"小洞不补，大洞尺五"。

第二节 农村社区日常生活中"微问题"解决的地方知识

农村社区日常生活中"微问题"的解决，主要依据的是"地方性知识"，即情、理、法、利、力和气等。依此，农村社区日常生活中"微问题"的解决之术，相应地概括为：讲情，论理，释法，明利，用力和解气。下文将从这几个方面，结合具体的故事分析，一一论之。

一、讲情

传统中国社会是一个情理社会，至今并未根本改变，特别是在熟人社会或

---

① 转引自李麒：《观念、制度与技术：从水案透视清代地方司法——以山西河东水利碑刻为中心的讨论》，载《政法论坛》，2011年第5期。

半熟人社会，情理仍然是人们交往行动的基本规则或原则，即使是陌生人社会，讲情、讲理也是平时做人的基本要求。因为"情理"作为一种传统文化，是构成中国社会基因的重要 DNA 片段，自然科学的研究证明：基因自然突变的概率很小，即使人为地干预也很难导致基因的突变。社会科学的研究也证明：文化的改变也是十分艰难的。正如有学者指出："我们需要抛弃贫穷、无知与疾病，但我们想坚持我们所喜欢的观念、习惯和制度，尽管这些正是我们所憎恨的贫穷的原因。"[①] 在情理社会往往是"理"由"情"生，而"情"作为人性的表征，也是一种深入骨子里的文化，流淌在中国人的血液里，并成为日常生活世界中人与人联系的纽带和指导原则之一，在熟人社会或半熟人社会的农村社区表现尤为突出。当农村社区内部出现小摩擦、小障碍时，人们大多仍然习惯采取"讲情"的办法来解决，即采取"动之以情"的方法来解决这些"微问题"。因此，下文主要讨论两个问题：一是"情"作何解，特别是在农村社区这样一个熟人或半熟人社会，"情"作何解；二是"讲情"之术，农村社区的"讲情"是需要策略和技巧的，而这些策略和技巧往往具有情境性、权宜性。即所谓的"看菜吃饭""看什么人说什么话""看什么事情拿出什么解决的办法""到什么山上唱什么歌""就事论事"等。因为，在农村社区日常生活中，依据血缘关系的远近，交往的程度，情是有深浅的。根据情的深浅，讲情需要选择不同的方法和技巧。

（一）"情"的处境化诠释

"情"是日常生活中实实在在的社会事实，但却总让人捉摸不透。有古诗词为证，元好问《摸鱼儿·雁丘词》："问世间情为何物，直教人生死相许？"古往今来，人们一直在思考：情为何物？

1. 情的多义性

在中国古汉语中，"情"有着丰富的内涵。"情"主要有以下内涵：一是指本性。如《荀子·正名》云："情者，性之质也。"《孟子·滕文公上》曰："夫物之不齐，物之情也。"《吕氏春秋·上德》注："情，性也。"可见，先秦

[①] 汪和建：《现代经济社会学》，南京：南京大学出版社1993年版。

时期,"情"作为一种本性是人与物共有的,并非人所独有,这时"情"与"性"混沌相生。二是指私情;人情;情分;情义。《淮南子·缪称训》有云:"君子见过忘罚,故能谏;见贤忘贱,故能让;见不足忘贫,故能施。情系于中,行形于外。凡行戴情,虽过无怨;不戴其情,虽忠来恶。"这里的"情"是指"情分"之意,也可理解为"情义"。而苏洵《上韩枢密书》中"执法而不求其情"则指的是"私情"。由此,现代汉语中"情"又引申出情势或人情、情常或常情、情义、情面、求情、情曲、心情等。总之,自汉之后,"情"被视为人所独有,并被视为人与人交往的纽带与工具,到现代其内涵更加丰富。三是将"情"视为"人欲"。段玉裁《说文解字注·心部》:"情,人之阴气有欲者。礼记曰:'何谓人情,喜怒哀惧爱恶欲,七者不学而能'。左传曰:'民有好恶喜怒哀乐,生于六气。'孝经援神契曰:'性生于阳以理执,情生于阴以系念'。董仲舒曰:'情者,人之欲也。人欲之谓情,情非制度不节'。"此处,"情"意指人的本能之情,所谓"人非草木,孰能无情"是其意也。董仲舒更是将"情"简约之为"欲",并提倡用制度来节制人欲。在唐以前,情与性、情与欲是相通的。自唐后,情与性逐渐相区隔。韩愈《原性》云:"性也者,与生俱生也。情也者,接于物而生也。"在他看来,人的本性是原生的一种本能,而人之情因外在的事物触发而生,所谓触景生情,是也。即情是因触感而发的东西。故王夫之《读四书大全说》中指出:"古人制字,先制得心字,性与情皆从心。性即心之理,情即心之用。"不过,情与欲相通仍被后人所接受。清黄宗羲就有"情所欲居"之说。现代日常用语中,也常将"情"与"欲"合用,固有"情欲"一词。四是"情"字常取之意曰感情、情绪。《白虎通·情形》云:"人情者,圣王之田也。情者,阴之化也。"五是指常情、心愿之意。如宋苏轼《超然台记》:"夫求祸而辞福,岂人之情也哉?"此外,还有风土人情之意。《周易正义·系辞下》卷八(下)云:"总明易道之美,兼明易道爱恶相攻,情伪相感,吉凶悔吝由此而生,人情不等,制辞各异也。"因此,世人之情,多起于物欲、贪恶,其皆因不起于爱者,均为偏离。若情起于爱,则日常生活中皆多懂克制、懂尊重。不懂得克制自己贪念的人,不懂尊重的人就是不懂情,至多对情的理解是似是而非的。

总之,自古以来,在中国文化中"情"就是个多义词。依此,当今社会,学术界对"情"的理解多有分歧，但也有共识。李泽厚认为，"情"是情感与情况的相互交叉，是"非常现实非常具体而且具有历史客观性的人与万事万物相处的状态"。① 在他看来，"情"是人与人、人与自然的互动中达成的相处状态，人与人之间的交往会产生情感，出现各种情况；人与自然的交往也会产生情感，出现各种情况。总之，"情"是人与万物相互动产生的复杂而具体的历史的情感和交互的形态。因此，"情"不仅存在于人之间，也存在于人与物之间。只要存在着互动，互动的主体间、主客体间就会有"情"，从而在哲学的层次赋予"情"的人本的普遍存在意义。霍存福则认为："'情'是单独的、个体的、私人的成分居多，是大体对等的相互性的要求，如友情之相待以倾诉、互助、互谅等，亲情之相待以抚养（扶养、赡养）、互相关照、一体对外，等等。其次，'情'有对象固定、不可选择等特征，如亲情——父母子女、兄弟姊妹等；友情也有个交际圈子问题，同龄交、忘年交、同好交、近邻交等；同事、同业之情也大抵如此，它有个'圈子'性。最后，'情'多感情因素，如热爱、好感、信赖、期待、依赖，等等。"② 在此，霍存福主要从"情"的人的属性来解释"情"。在他看来，"情"有如下特征：个体性，独特性，固定性，情感性。从他对"情"的特征的分析来看，"情"是人有之"感情"或"情感"。在总结他人研究成果的基础上，有学者总结道："情"共有四个义项："第一是指人之常情。第二是指民情。第三是指实情。第四是指人情或者亲情等感情。"③ 其中，"情"的第一、第四义项更具有普遍意义，而最为众人所接受。恰如寺田浩明所说：在一般人眼里，"情"是一种自然感觉、想法和习惯，具有使良好的人际关系得以维持或恢复的工具价值的一个概念。④ 实际上，在日常话语中，从具体的日常生活到抽象的社会与国家，"情"又可指人情、民情、社情、国情。故日常所言之"情"，既"包含了具体的'情势'考

---

① 李泽厚：《历史本体论·己卯五说》（增订本），北京：生活·读书·新知三联书店 2008 年版。
② 霍存福：《"合情合理，即是好法"——谢觉哉"情理法"观研究》，载《社会科学战线》，2008 年第 11 期。
③ 汪雄涛：《明清判牍中的"情理"》，载《法学评论》，2010 年第 1 期。
④ 寺田浩明：《日本的清代司法制度研究与对"法"的理解》，见王亚新、梁治平：《明清时期的民事审判与民间契约》，北京：法律出版社 1998 年版。

量,又蕴含着特定的'情感'取向"。① 亦恰如李泽厚先生所言,"此'情'是情感,也是情境",是"人间关系和人生活动的具体状态"②。概言之,从人的属性来解释,日常生活中,"情"盖指"情感"和"情势"。正是由于"情"的多义性,所以在日常生活中正所谓"打你是情""骂你也是情"。这就需要研究者和工作者善于在具体的处境中去诠释"情"。

由于农村社区"微治理"主要关注农村社区日常生活发生的"微事件",因此,更需要关注日常生活世界对"情"的阐释。由于日常生活中人们更关注交往中所生之"情"及其价值,因此,需更多地将"情"理解为"人情",有时也将其理解为"情势""常情"。即使将"情"仅仅理解为"人情",不同的处境下"人情"所指亦不同。所谓"人情",首要的是指日常生活基于血缘而产生的"亲情"、基于地缘的乡情、基于学缘的师生之情和同门之情、基于业缘的同事之情或友情、基于趣缘的友情或交情,这里的所有对"情"的解释皆指向"情感"或"感情"。其次,是将"人情"解读为交往媒介和交往行动。翟学伟指出:"人情"是"中国人际交往中包含血缘和伦理成分的交换行为"。③ 在此,翟学伟先生主要是从"人情"的工具价值来界定,将其视为社会交往的媒介。不过,作为媒介的"人情"是建立在情感或感情之上的,并通过不断地往复交换得以维持和强化。再次,是将"人情"理解为规则,"人情"并非简单地指人之情感或感情,也并非简单地视为交往或交换媒介,它需要人们去理解、去领悟,并正确地按照约定的规则去行事。如果你做到了,那就叫"懂人情",否则就被骂作"不懂人情世故"。当一个人被众人视为"不懂人情世故",那他就会遭到排斥和鄙弃,这在"熟人社会"或"半熟人社会"的农村社区尤其如此。实际上,作为规则的人情被赋予了道德的意蕴,违反了规则,就会被贴上不道德的标签,而遭到否定性评价。因为时至今日,大多数乡村社会仍然是基于血缘和地缘建立的松散的共同体,这里的人们仍然对这种共同体存在着较高的或起码的认同和依赖,并希望在此建立长期稳定的、和谐的人际关系。为此,他们必须以大家认同的方式进行人情交往或交

---

① 凌斌:《法律与情理:法治进程的情法矛盾与伦理选择》,载《中外法学》,2012年第1期。
② 李泽厚:《实用理性与乐感文化》,北京:生活·读书·新知三联书店2005年版。
③ 翟学伟:《中国人行动的逻辑》,北京:社会科学文献出版社2001年版。

换，否则将有被孤立的危险。即使常年在外，或者早已不属于这个村籍的人也会因为生于此、曾经长于此而保留着一定程度的认同，并努力维护在此的人际关系，而维持这种人际关系的唯一途径依然是人情交换。否则，有朝一日你回到乡里，他们会给你难堪，让你很没面子。在乡村社会，断绝关系的基本方式就是断绝人情往来。在社区内，人情构成了日常生活的重要组成部分。正如阎云翔所言："没有人情，生活就不成其为生活。"①

2. 人情的基本特征

综上所论，可以总结出人情有如下特征：第一，情感性。情感性是人情的基本特征，狭义的人情指的就是人之情感或感情，它是人们在日常生活中的频繁交往逐步培养起来的，离开了情感或感情就无所谓真正的"人情"。第二，工具性。工具性是人们在日常交往中产生的、对"人情"工具价值的认同和确认，并利用其价值进行交换行动，能够达成个人或群体的目的，人际交往中的"打感情牌"就是将人情赤裸裸地工具化。在市场经济背景下，人情的过度工具化，使得原有的关系和人情发生了异化。第三，经营性。人情是需要经营的，这种经营表现为日常生活的反复往来，并需要在反复往来中不断地投入情感、时间、精力和物质。正是在这种反复的投入中，既有的人情得以维系，新的人情关系得以建构。第四，纠缠性。古训"来而不往非礼也"，人情正是在这种往来中存续。在这种往来中，你欠着我的情，我欠着你的情，彼此相欠着，保持着人情的反复，从而使得各路人情纠缠在一起，难解难分。第五，心理契约性。人情的往来没有实体的契约，但受心理契约的制约。人情交往中，"各人心里都有本账"，这本账既糊涂又明确。糊涂在于人情来往不能斤斤计较，斤斤计较就会破坏人情来往；明确在于人情来往彼此心中都有心理预期的底线，跨过了底线次数达到一方难以忍受的程度，人情往来就有中断的危险。第六，投入回报的不确定性。人情的往来需要投入，有投入就会有回报，不图回报那就不是人情，因为人情总是在往来中得以表现的。不图回报的投入，往往会被人们解读为"别有用心"或"虚情假意"。按照中国的交往规则，回报

---

① Yunxiang, Yan. The Flow of Gifts: Reciprocity and Social Networks in a Chinese Village. Stanford: Stanford University Press, 1996, pp. 122–146.

应具有增量性。等价的回报意味着后者不愿继续往深处交往,只愿做普通交往;低于前者的投入,意味着不愿继续原有的交往,甚至是断绝关系,或不愿建立一种人情关系。第七,情境性。人情是在往来中得以实现的,这种往来的互动具有建构性,特别在一个家庭"办大事"如婚丧嫁娶、建大屋等,人情的情境性就被突出出来。在这样的情境下,办事的家庭是要记人情账的,后来者,在递上人情前往往要看前面送人情的分量,然后权衡送出人情的多少。同时,参与人情往来的人会根据互动的情势,选择参与的方式和投入的程度。第八,差序性。人情的差序性是建立在亲缘和情缘之上的,形成亲缘差序性和情缘差序性。亲缘差序性是基于血缘形成的,按照血缘关系的远近安排人情。情缘差序性是基于交情的深浅形成的,并按照交情的深浅安排人情。在具体的人情往来中,主人会吩咐主事人根据人情的差序性原则安排座次,并据此决定与之交流的方式、频次和投入。此外,人情的差序性还与社会身份有关。在农村社区,往往把参与人情的人分为"有福的人""有势的人"和"一般人"。"有福的人"是指身体健康、儿孙俱全、后辈争气(或为官,或富人,或为学)之人,这些人在人情交往中会被高看一眼。如在农村婚娶"大事"中,他们会被请为新婚夫妇铺床、抱被子、陪新婚夫妇吃饭,以便让新婚夫妇沾沾"福气"。"有势的人"是指本人为官、为学、有前途,并被人们看重的人。在家庭办"大事"时,这些人往往会被安排坐在重要席位上,以示尊重。基于人情的上述特征,人情行动(交往或交换)须遵循以下基本原则:情感原则,工具原则,经营原则,互欠原则,预期原则,回报原则,情景原则和差序原则。人情交往中如果违反上述原则,则会生气、积气,当"气"积累到一定程度的时候,就会"打翻算账",从而引发"微问题"。这些"微问题"如果解决不好,轻则断绝人情往来,重则会"捅出天大的篓子"。为了避免此类情况的发生,凡是因人情而起的"微问题",在农村社区一般都首先采取讲人情的方式来解决。

(二)讲情之术:基于故事的分析

在农村社区日常生活中,凡事都是要讲情的。所谓讲情,即讲人情,是指在日常互动中替别人或自己求情,以情感博取宽恕或谅解的活动与过程,它是化解因人情而引起的"微问题"解决的基本方法。农村社区讲情之术主要体现在话语表达、程序和策略的选择上。

农村社区日常生活中发生的"微问题",大多是因为人们在社区日常生活中直接或间接违背"人情"行动的原则引发的。因此,这类"微问题"的解决常采用的方法就是讲情。在农村社区"微问题"的解决过程中,讲情会根据对象或情境的不同,选择不同的话语表达和程序。如家庭内部纠纷的调解主要讲亲情,邻里之间的纠纷调解主要讲乡情、友情和交情,朋友之间的纠纷调解主要讲友情和交情。并且会根据对象的不同、场景的变化,采取不同的讲情策略、程序和方法,即讲情的策略、程序和方法是没有定式的。

故事一　兄弟纠纷的调解

这个故事发生于20世纪80年代。胡氏兄弟虽然分家,但仍住在同一屋檐下。纠纷起因于弟媳被怀疑取走了大伯家鸡下的蛋,大伯找弟媳讨要,弟媳不承认。于是,大伯与弟媳产生争吵。争吵中,弟媳妇骂大伯,骂得很难听,大伯气不过,动手打破了弟媳的头。大伯自觉理亏,主动将弟媳送到医院,交了医药费,并在其住院期间主动承担了她家的农活(弟弟在外务工)。

事情发生后,胡家弟弟从外地回来,找我,要我评评理,讨个说法。我当时从部队转业没几年,因为有当兵的经历,又有一定的文化,便当了大队书记,与胡氏兄弟同住一个村,论起辈分来也是本家兄弟。因为职责所在,再加上我对他们家知根知底,我便承担起了这起纠纷的调解。一开始,分头去胡家老大家和弟媳家进行劝说。我先去老大家对老大进行劝说。指出:"你是大伯伯,我看你平时人也不错,是个讲情讲理的人,这次你怎么这么糊涂,同你的弟媳动手呢?还把人家的头给打烂了,等你弟弟回来了,你怎么解释。""你看看你们兄弟俩分家才几天(实际是几年),同一锅吃饭,锅还没凉呢""人和鸡蛋比哪个更重要,你为了一个鸡蛋就把人家头打烂了,多伤感情,值得吗?""这一架打了以后,你们兄弟两家怎么处""怕不怕人笑话""你还是老大呢,当老大就要有个当老大样""再说,俗话说:'好男不跟女斗',更何况,她还是你的弟媳""不是我说你,你这事干得差劲,你先想想这件事怎么个了法"。

然后，我再到胡家弟媳那里进行劝说。我说："弟媳妇，我看你是个明白人，我看你家孩子大伯平时对你们也不错，这次你们是怕（怕是）误会了。""弟媳妇也是的，他讲你拿了鸡蛋，你说你没拿就是的，何必骂得那么难听，不怕伤感情啦。"等等。

后来，胡家弟弟听说自己的老婆被哥哥打了，还住了院，从外地赶回来。毕竟是兄弟，打自己媳妇的是自己的哥哥，虽然不高兴，也未过分追究。但在后来的补偿中，两家较上了劲。由于老小（弟弟）和老小家媳妇提出的补偿要求不符合地方上的情理，我们没有同意，第一次调解失败。

于是，我便让他们各自回家想想，先降降火气，并告诉他们兄弟之间不要把事情闹大，闹大了伤感情，对谁都不好，并让他们好好回家想想再来谈补偿的事。过了大约10天，我把他们叫到一起，又把前面的道理再说一遍，试图化解他们之间的矛盾，但在补偿问题上仍未能达成一致。因为我们在纠纷调解时，如果没有大的伤害，一般只认医药费和部分误工费，营养费从来就不承认，因为这是一个无底洞，最好的办法是让纠纷双方自己协商。还有一个理由：我们一般认为，打架的双方都有问题，不能让一方承担的太多，这也不公平。

这次调解失败后，我也觉得没面子，我便让这件事冷了下来，他们不找我，我就不找他们。直到腊月二十四，兄弟俩主动找上门来，因为在我们这里有一个风俗，不能把不好事带到年后去解决，那会触霉头。他们找上门来就好办了，这次我就硬了起来，在处理之前，我就申明这次得听我的，否则我就不给你们处理。兄弟俩答应"行"，我才给他们处理，这次除了之前协商时基本达成的住院费和部分误工补偿外，弟弟家降低了营养费补偿要求，提出了1600元的营养费补偿的要求（当时务工费15元/日），我没有答应。我提出让老大家过年送给弟弟家20个鸡蛋，再加800元钱。最后商定的补偿费大约在1000元钱，并商定，老大在腊月二十八发了工资后马上结清。协商好了之后，我便写了一个调解协议，让他们签字画押。因为这件事两家还是伤了感情，还是显得有些生分，弟弟家在20世纪90年代搬了出去，很长时间，两家除非办大事，来往不多。但这几年两家的孩子都大了，走动又多了起来，必定人家是

兄弟俩。(依 HYX2016 - 7 - 19 陈述整理)①

这是发生在皖南一个(胡氏)主姓村的故事。从这个故事来看,调解人的话语表达似乎显得有些零乱,但细细分析,其始终是在围绕一个"情"字说道,且用的都是熟人社会听得懂的语言。如"同一锅吃饭,锅还没凉""多伤感情""兄弟两家怎么处"等。同时,按照当地的人情世故,男人是不可以与女人动手的,常言道"好男不跟女斗",大伯动手打了弟媳,再有理,也会显得理亏,评理中是占不到便宜的。同时,村庄舆论对男人打女人也多持负面评价,故调解人在调解纠纷时,更多地对大伯提出批评。但在谈到赔偿问题时,调解人对弟弟家提出营养费补偿不太赞同,所以,对营养费的数量一压再压。因为,在农村社区,特别在熟人之间因为纠纷造成轻微伤害而索要营养费,也是不近人情的表现。一般的处理方式,造成他人伤害的一方,提上营养品上门看望,并再说些道歉的话就了事,更何况是大伯与弟媳之间呢?记得小时候,两个小孩打架打破了头,一般情况下,伤害了小伙伴的家长将被伤害的孩子包扎一下后,家长打三个荷包蛋送过去,并代孩子赔不是就了事,从来没有营养费之说。虽然,签字画押表示这件事形式上了了,但是并非这么简单。大伯打破弟媳的头,弟媳家的气是不可能一下子就消了的;而弟媳家向大伯家要营养费也是很伤感情的,大伯家也会堵了一口气。故纠纷处理之后,两家显得有些生分也很正常。一般情况下,调解人还会做一些善后工作,比如,时不时找机会撮合他们,让他们尽快把气消了,重归于好。俗话说"亲兄弟,打断骨头连着筋",兄弟之间的矛盾,时间会充当矛盾的稀释剂。在农村社区日常生活中,家庭和邻里纠纷造成的矛盾的缓和,晚辈往往会发挥重要作用,在这个故事中也有所体现。

故事二　家庭养老纠纷的调解

一位母亲因子女不养老,听律师怂恿要控告儿媳妇。我(唐先生)得到

---

① 文中故事讲述人或访谈者都做了匿名处理。下同。

消息后,为了阻止此类事情发生,主动前往调解,说服她撤诉,并劝说成功。下面是我同这位母亲的对话:

我:"婶子,你平时是个明白人,现在怎么这么糊涂呢?俗话说:'虎毒不食子',你就真忍心告你的儿媳。你告你儿媳一告一个准,但法院裁定下来无法执行,你还是拿不到生活费。就是你告赢了亲情也就没了,你和儿媳就成了外人。还有,你真的这样做,你儿媳的名声就坏了,以后就没脸见人了,你就真的忍心看到他们这个样子。"

那位母亲:"大侄子,你不是不知道,这些东西就跟畜生一样,这么多年都不给生活费,前几年身体还硬朗,自己还能种粮食,保自己吃,自己还种种菜,拿到街上卖卖(地方方言,习惯用叠字),买个油盐,日子将就着过,他们不给,我也没强要。现在身体真的不行,自己干不动了,向他们要了几次,他们都不给。你们到我家都说了几次都不行,他们不给我生活费,我就没办法活了。我现在实在是走投无路了,没法子了,只好狠狠心了。"

我:"婶子,你先别急着告他们,我来去做做他们的工作,不过你现在这样做吓唬吓唬他们也好。我现在就去他们家,说你要告他们,看他们的意思。"

于是,我便赶紧赶过去把她的儿媳都招到老大家进行劝说。

我是这样劝说的:"我想你们都不是糊涂人,也好面子,平时我们关系不错,我来劝劝你们。你们母亲要告你们,我帮你们落下来(按下来的意思)了。如果告上去,一告一个准,你们是明白人,真的被告了,你们多没面子,以后人家怎么看你们。再说,你们这么多人,真的一个老母亲都养活不起,百善孝为先,养儿防老天经地义,你们不养老,婶子真告你们,虽然不近人情,也说得过去。首先,因为你们的做法太差劲了,你们不养活你们的妈妈,太不近人情了。现在你们看看,你们的孩子都不小了,都懂事了,你们也有老的时候,将心比心,到时候你们的儿女们不养活你们,你们会怎么想。话说回来,我是个外人,因为平时关系不错,我也觉得你们是讲情讲理的人,我不希望你们家出事,要是换一般人家,我才懒得管事。不看僧面看佛面,看在我的情分上,看在我为你们家跑前跑后的份上,你们得给我一个面子吧。×××你在家是老大,你先表个态。"

这一家的孩子还算是比较明白的人,只是平时觉得自己的母亲有些磨牙

(挑剔)，身体还硬朗，他们的父亲死时还留一些家底，认为老太太还能过。经过一番劝说之后，老大先表了态，表示愿出生活费，接着老二、老三表态。后来，我根据他们家庭的经济情况，确定每个孩子拿多少，经济状况好的就多拿点。最后，在我的劝说下，那位母亲没有告她的儿媳们，避免了亲情断裂的悲剧。(依TDL2017-8-25陈述整理)

这个故事发生在皖北的一个农村社区。从这个故事来看，现代中国法治已经渐成主流话语，国家通过"送法下乡"，广大农民对法治的知识已经有了一定程度的了解，这才有了母亲告儿媳未遂事件的发生。但是，从这个故事来看，涉及亲情的纠纷，乡村社会还是主张无讼的。所以，调解人唐先生用了"怂恿"一词来表示对律师做法的不满。在劝说中，劝说人用了"虎毒不食子""告赢了亲情没了""你真忍心""百善孝为先""不近人情""讲情讲理""情分"等说辞，围绕着"情"字来展开劝说，可谓"动之以情"。此外，唐先生还多次运用"面子"一词进行劝说。在乡村社会，很多时候，面子是通过近人情获取的。"做事不怕人说"，就是指不要脸面，不近人情，这样的人就会被村庄中的人视为"没里子没面子"的人，而遭到不同程度的排斥。

讲情的过程中，调解人不仅要选用恰当的话语表达方式，还要注意讲情的策略和程序。在策略上，劝说人一般采取先夸后抑。故事一和故事二中，调解人进行调解时，首先都夸当事人是"明白人""讲情讲理的人"。在熟人社会或半熟人社会，被夸为"明白人""讲情讲理的人"是最好的褒奖。因为，对大多数心智健康的人来说，都自认为自己是"明白人"，不希望被外人贴上"糊涂人"的标签。在农村社区，一个人一旦被贴上"糊涂人"的标签，他(她)在熟人中的说话就会变成"耳边风"，没分量，甚至被无视，也就失去了话语权；而被外人夸为"明白人"，可以强化自我承认和肯定。一般来说，"明白人"就是"讲情讲理的人"，但也不全然是，有些"聪明出了格的人"，往往是最不"讲情讲理的人"。在农村社区，一个人一旦被贴上"不讲情，不讲理"的标签，在人际交往中就会被孤立、排斥。最严重的情况，用皖西地区乡间的话说，与这样的人打交道"拉屎也要隔72道田埂"。在程序上，首先，调解人在纠纷调解时，总是先找"明白人"和"讲情讲理的人"进行劝解，争取他们的支持。然后，才找另一方进行说和。一般情况下，这种分开调解是在私下进行的，以免造成不必要的麻烦。因为一旦泄密，后接受调解者就会心里不悦，话也就变得难讲（变得不配合）。等调解得差不多时，再让双方见面进行面对面调解，这样成功的机会要大得多。在乡村社会，无论家庭内部还是邻里之间发生纠纷，如果没有人愿意出面调解，往往就表示这家人中没有"明白人"，或者家中的主人是"不讲情理的人"，或者这两家至少有一家的主人不是"讲情讲理的人"。这样，纠纷的调解就需要通过"公家"，村庄中的人会把这事当笑话看。在乡村社会，在家庭内部纠纷发生于男女之间时，一般是先说服男方，后说服女方，如故事一。因为，在乡村社会，一般认为，男人应该比女方明白些，男方就应该多让女方。因此，男女之间发生纠纷，女方会受到更多的保护和包容，这是约定俗成的规则。其次，纠纷的调解遵循伦次的原则。如故事二中，调解人是先说服老大家，然后再说服老二、老三家。因为，在乡村社会成员看来，年长者就应该比年轻者多明白一些事理，多承担一些责任，要做表率。

（三）结论与思考

综上所论，"情"在中国文化中是多义，在人们的日常生活中占据着首要的位置。梁漱溟先生曾将中国社会视之为"伦理本位"的社会，它强调"人伦"的中心性，而中国社会的人伦是建立在亲情之上，并由此延伸开来形成差序的、扩展的人情网或圈子。由于人情网或圈子外显为人与人交往的关系，关系具有维护和建构人情的价值，关系的远近也能调整人情的交往和投入，甚至认为，人情的交往更在于维护和建构关系，这样关系具有了中心性，故曰中国社会是"关系本位"。不过，这种关系的维护和建构以"人情"为纽带的。无论是"伦理本位"还是"关系本位"的社会，人情在其中都发挥着至关重要的作用。所以，在更具保守的农村社区日常生活中纠纷的调解，讲人情仍然为主流。讲情表面上是修复介入纠纷中的当事人的情感，恢复人情，本质上是在修复当事人之间的关系，使人与人之间的关系恢复正常状态，从而进一步修复家庭间或家庭成员间的关系，使得社区的日常生活重归常态。

不过，现代中国农村社区，毕竟经历过革命的涤荡，"文革"的浸染，市场的嵌入，传统的人情味正在趋淡，"伦理本位"或"关系本位"正在趋向"法理本位"和"利本位"。"法理本位"的社会是以"利益+权利"为纽带的，追求利益和权利被视为合理的诉求。近年来，农村社区日常生活中争利、诉权的纠纷逐年增多。但乡村社会毕竟是处于转型阶段，人们的观念，包括管理者都无法跳出传统的影响。基层管理中，"小事不出村，大事不出乡镇"，不仅仅是对便民服务的回应，也是对基层矛盾纠纷处理的基本要求。可见，追求"无讼"仍是基层治理的基本要求。因此，农村社区日常生活中，纠纷的调解仍以"讲情讲理"为首要，法律更多的是起到"托底"的作用。

俗话说，家不是一个讲理的地方，那更不是讲法律的地方，更多的是讲情。所以，故事一中调节人主要讲的是"兄弟之情"，故事二中讲的是"母子之情"。在农村社区日常生活中，讲情不仅仅适用于家事纠纷的调解，邻里纠纷的调解同样适用。可以说，凡是发生于熟人间的纠纷都需要运用"讲情"之术，只不过"情"在不同的情境下，所占的分量有异。因为在农村社区日常生活中，"情"与"理"是混沌的，"理在情中"，"情亦是理"。所以，熟人之间的纠纷调解人皆习惯奉承当事人为"讲情讲理的人"。虽然这是两个发生在不同地区、不同性质的纠纷调解案例，但是两个调解人的调解主线是基本相同的：情中透着理，理中透着情，情理交融，以情为主。

总之，乡村社会的情理特质，决定了农村社区"微问题"的解决首选"讲情"之策略，"动之以情"方能起到化解矛盾之良效。"讲情"既需要一定的策略，也需要合理的程序安排，如果程序安排不合理也会"事倍功半"。不过，策略的选择、程序的安排，包括调解人的选择，均要因人、因情、因事、因时等做出权宜的、灵活的、精细的、处境化的处理。故，"讲情"实际上是乡村社会适用的本土化的治理术。

二、论理

中国社会是建立于伦理本位的"情理社会"。在中国文化中，词组中汉字先后次序的安排是很有深意的。一般来说，同位结构的词组的安排，实际上是有所偏重和伦次的。如"情理"一词，这样的安排，一是强调理由情生，情是根源性的，理是派生性的；二是说情即是理。与之类似，"讲情讲理"强调：一是先讲情后讲理，情在理先；二是讲情即讲理。因此，在农村社区发生"微问题"时，其解决首先讲情，其次论理或评理。那么"理"如何论，体现着乡村社会的智慧。而要讨论这一问题，首先必须理解乡村社会的"理"为何物，其次分析农村社区论理之术。

（一）"理"的处境化诠释

何谓"理"？在中国古汉语中，理最初是指雕琢玉石之意，后引申为剖析、天理、治理、分理、肌理、文理、条理等。如，清段玉裁注《说文解字·玉部》云："理，治玉也。从玉里声。良止切。《战国策》：郑人谓玉之未理者为璞，是理为剖析也。玉虽至坚而治之得其鰓理，以成器不难，谓之理。凡天下一事一物，必推其情至于无憾，而后即安，是之谓天理，是之为善治，此引申之义也。戴先生《孟子字义疏证》曰：理者，察之而几微，必区以别之名也，是故谓之分理。在物之质曰肌理，曰腠理，曰文理。得其分则有条而不紊，谓之条理。郑注《乐记》曰：理者，分也。许叔重曰：知分理之可相别异也。古人之言天理何谓也。曰理也者，情之不爽失也。未有情不得而理得者也。天理云者，言乎自然之分理也。自然之分理。以我之情絜人之情，而无不得其平是也。"此外，"理"还进一步引申为：道理，规律，原则，法则。如《孔雀东南飞》："兰芝仰头答：理实如兄言。"《六国论》："胜负之数，存亡之理。"《伶官传序》曰："自然之理也。"这种对"理"的理解一直被继承着。所以，滋贺秀三在研究清朝诉讼制度时指出，"理"是"思考事物所遵循的，也是对同类事物普遍适用的道理"。[①] 不过，后来人们根据"理"产生的社会文化基础的差异，日常生活中将"理"区分为情理、事理和天理，这就是乡村社会日常生活中对"理"的基本理解。

1. 情理

何谓情理？从中国文化的造词习惯来看，首要强调的是"理"由"情"

---

① ［日］滋贺秀三：《清代诉讼制度之民事法源的概括性考察——情、理、法》，见王亚新、梁治平：《明清时期的民事审判与民间契约》，北京：法律出版社1998年版。

生。在古人看来，人之理顺达人情，即使属于天理的自然之分理也须在人情层面"得其平"。滋贺秀三的研究指出，"理"是指"欠债还钱"，或"父在子不得自专"等古代中国文明中不成文的种种原则，它们是为人们所广泛承认的强调相互公平的原则。这些原则嵌融于"情"，可以理解为是社会生活中健全的价值判断，有一种"衡平感"①。在滋贺秀三看来，"理"是一种与"情"结合的"平衡的感觉"，即符合人情的公平感或正义感，这使得"理"成为一种抽象而具体的存在。所以，在乡村社会，"村民心中有个衡量的尺度：相互之间应当大体持平、基本相同。超越他们认为平等、相同的尺度，就是不合乎道理的、正义的，就是'欺负人'"。② 在农村社区，"欺负人"是不讲理的代名词，对这样的人，人人惧而远之。霍存福认为，"理"是"情"的提炼与升华。首先，它是具有超越性的集体性、公共性的"大情"，而非小"圈子"的"小情"，它被更大集团或集体所认可或确定；其次，"理"已抛弃了"情"的具体性的、对象性的情感成分。与"情"相比较，"理"是一种更宏观、更抽象、更具理性的概略性规则。理、情关系表现为："情"是"理"之基，否则"理"就失去产生理由；"理"于"情"具有统御作用，否则"理"就会屈就"小情"而远离"大情"。③ 可见，理与情有着千丝万缕的联系，理寓于情之中，但又超越情，故理发挥作用的领域，是超越亲情的领域，更多发挥作用于"外人"的场域。当然，亲人之间一旦生分了，也就被"外人化"，就需要纯粹"理"的介入。

由于"情理"是建立在人情之上的，是对人情概括的抽象的结果。因此，"情理"是人伦之理，它主要讲述的是人与人交往的准则，它是基于亲情、友情、乡情之伦理，是情感上当为之事的道理，如传统社会中"父为子隐、子为父隐"的人伦，养儿防老的孝道，父债子偿之义理，为朋友两肋插刀的义气等。由于乡村社会的相对保守性，传统中的情理文化仍滋润着这里的日常生

---

① ［日］滋贺秀三：《清代中国の法と裁判》，东京：创文社1984年版。
② 吴英姿：《"乡下锣鼓乡下敲"——中国农村基层法官在法与情理之间的沟通策略》，载《南京大学学报》（哲学·人文科学·社会科学），2005年第2期。
③ 霍存福：《"合情合理即是好法"——谢觉哉"情理法"观研究》，载《社会科学战线》，2008年第11期。

活。在乡村社会，首先，"情理"包含着人与人之间的感情，即人情。其次，"情理"是根据民间习俗认定的是与非评定之理。第三，"情理"意味着人情是受理约束着的情感。第四，"情理"是人情交往规则，又是能够直接影响着人们日常的是与非判断之理。① 实际上，"情理"是建立在情感，以及以情感为基础形成的人伦准则之人之常情。它"作为人类所特有的主观体验，情理对人的思想和行动起着带有决定意义的指导作用，情理一旦表达人类的共同要求、愿望、心理和认识等，便能引起强有力的情感共鸣，从而改变人的思想和行动"。②

概言之，"情理"是由社区、家庭共同体和类家庭共同体范围内社会成员共同生活所形成的、基于人情之上的、概括性的人情交往的人伦准则，它是有别于"大道理"的"小道理"，因而是一种多具地方特色的地方性知识。相对于一般的道理而言，它具有情感性、灵活性和差序性等特征。所以，在乡村社会出现了"公说公有理，婆说婆有理""乡里鼓乡里擂"的现象。

2. 事理

何谓事理？张岱年的研究发现，哲学上"事理"的观念早已有之，在古代典籍中，常以"事"和"理"对举。③《荀子·大略篇》云："凡百事异理而相守也。"三国王弼《论语释疑》曾曰："夫事有归，理有会。故得其归，事虽殷大，可以一名举；总其会，理虽博，可以至约穷也。"上述观点表明，战国至三国时代，"事理"的观念已初步形成。后来的学者进一步发展了这一思想，深刻论证了"事"与"理"的辩证关系。北宋程颐《河南程氏遗书》卷25论"事理"云："至显者莫如事，至微者莫如理。而事理一致，微显一源。古之君子所谓善学者，以其能通于此而已。"在他看来，"事"与"理"是显与微的关系，即外显于事，内隐于理，两者同于一源，故两者既有区别又相互统一。朱熹《朱子语类》卷44曾释《论语》"下学而上达"时云："下学者事也，上达者理也。理只在事中。若真能尽得下学之事，则上达之理便在

---

① 吴英姿：《"乡下锣鼓乡下敲"——中国农村基层法官在法与情理之间的沟通策略》，载《南京大学学报》（哲学·人文科学·社会科学），2005年第2期。
② 梁根林：《刑事政策：立场与范畴》，北京：法律出版社2005年版。
③ 张岱年：《中国哲学中理气事理问题辨析》，载《中国文化研究》（春之卷），2000年。

此。"朱熹又云:"下学只是事,上达便是理。下学上达,只要于事物上见理。"进而云:"下学是事,上达是理。理在事中,事不在理外。一物之中,皆具一理,就那物中见得个理,便是上达。"这些话都肯定了理在事中,要求在事中见理,理是对事的抽象。基于上述之论,张岱年用更清晰的现代话语充分论证了"事"与"理"的关系。他认为,"自人之所经验言之,有事斯有理,未尝遇无理之事;有理斯有事,未尝睹无事之理"。① 故"事理浑然共在,未尝相离""人之思维能析别事与理为二,析别为二,亦无伤于事理之实然"。② 关于"事"与"理"孰为根本,张岱年认为:"凡统领其他者可谓所统领者之根本。事理之诸关系中唯有一个关系为非交互的关系,即事可涵理,而理不可云涵事,事可谓能涵,而理可谓所涵,事可统领理,而不可谓理统领事。是故理可云事之理,或事中之理,而事不可言理之事,或理中之事。亦即事为表现理者,而理非表现事者,理在于事,而非事在于理。……就统领与表现而言,事理可谓主宾之分,两者未尝相离,并无先后。然事可统理,理不能统事,如必求一本,当以能统之事为所统之理之根本。"③ 在此,张岱年进一步发展了朱熹的"理在事中"的思想。他认为,理不仅在事中,而且事是理之根源。可见,在"事"与"理"的关系中,理是用来说事的。在现实生活中,"事"与"理"的关系是一事对一理,或一事对多理。这是因为,表面上同样一件事,但造成这件事发生的根源是不一样的,当事人会各执己见,局外人也有不同的理解,即"事"发生具有情境性。因此,就"事"论"理"要针对情境来展开。

在古代,"事"与"理"合用,也并不少见。《管子·版法解》云:"审察事理,慎观终始。"南朝梁刘勰《文心雕龙·杂文》载曰:"仲宣《七释》,致辨于事理。"明朝鲜李民宬《敬亭先生续集·朝天录》记载:"(天启三年六月)十六日乙亥,留登州。早牌诣军门(袁可立)。将张昂信牌中事理,呈辨于军门(袁可立)。军门(袁可立)令李膺传语曰:'呈内曲折,从容看过'。"清恽敬《答蒋松如书》曰:"谓敬不屑为足下作序,则甚非事理也。"

---

① 张岱年:《张岱年文集》(第3卷),北京:清华大学出版社1992年版。
② 张岱年:《张岱年文集》(第3卷),北京:清华大学出版社1992年版。
③ 张岱年:《张岱年文集》(第3卷),北京:清华大学出版社1992年版。

在这些表述中，事理指的是事物的道理。这一思想一直被后人所接受。正如有人所言："现实世界是由事、物、人组成的复杂系统。事有事理，物有物理，人有人理；通晓事理以便'理事'，懂得物理以利'理物'，明白'人理'方能'理人'。"① 唐君毅在梳理中国哲学中"理"的含义时，指出"理"有六义：一曰文理，二曰名理，三曰空理，四曰性理，五曰事理，六曰物理。其中，事理是指历史事件之理。② 并进而指出："求知事理，或是要思一事所以成之历史之原因，或是要完成吾人所要做之事。"③ 在此，唐君毅所说的事理特指"历史事件之理"。不过，对于如何"求知事理"又指出："求知事理"其中就包括"要完成吾人所要做之事"。由此可见，事理还可指"所要做之事"之理。这一点，与我们日常生活中所言"事理"之意较为接近。

日常生活中常用"明事理"一词，讲的是为人做事要"明白为人做事的道理"。此中的"事理"是指日常生活中人们为人做事的基本道理。因此，在农村社区，"明事理的人"就是"明白人"；"不明事理的人"就是"糊涂人"。在农村社区中，一个人只有"明社区生活之事理"，方能在为人做事中"懂分寸"，才能"知进退"。反之，如果不明社区生活之"事理"，不"懂分寸"，不"知进退"，社区"微问题"就会因他而发生，他将会在日常生活中陷入困境。如在熟人社会中特别强调"打人不打脸""骂人不骂娼"，前者关乎人的脸面，后者与人的声誉有关，如果一个人违反了这样的规则，就会麻烦缠身。

3. 天理

何谓天理？天理、人情、国法曾是调节和规制国人行为的三大基本准则，其中"天理"排在第一位，可见其在调节和规制国人行为的首要价值。关于什么是天理，中国传统文化中有汗牛充栋的论述。基于文献的梳理，可将古人所说的"天理"归结为四种含义：其一，天理指的是伦理道德。朱熹云："今

---

① 孙根年：《事—物—人"三理和谐"与复杂地理问题研究》，载《自然辩证法研究》，2005年第1期。
② 唐君毅：《中国哲学原论·导论篇》，北京：中国社会科学出版社2005年版。
③ 唐君毅：《中国哲学原论·导论篇》，北京：中国社会科学出版社2005年版。

天下之事莫不有理。臣之事君便有忠之理，子之事父便有孝之理。"① 朱熹又云："合道理的是天理，循情欲的是人欲。"② 在这里，"合道理"就是指符合"礼"，"礼者，天理之节文也，为仁者所以全其心之德也。盖心之全德，莫非天理"。③ "非礼勿视听言动，便是天理；非礼而视听言动，便是人欲。"④ 在此，朱熹将天理和人欲相对举，将天理和人欲区别开来，"存天理，灭人欲"正是在此意义上说的，实际上是强调天理对人欲的驾驭，而非常人所理解的灭绝人欲。其二，"天理"是指人之本性、常情、常理。这又与情理相通。《礼记·乐书》载曰："人生而静，天之性也。感于物而动，性之欲也。物至知知，然后好恶形焉。好恶无节于内，知诱于外，不能反躬，天理灭矣。夫物之感人无穷，而人之好恶无节，则是物至而人化物也。人化物也者，灭天理而穷人欲者也。于是有悖逆诈伪之心，有淫泆作乱之事，是故强者胁弱，众者暴寡，知者诈愚，勇者苦怯，疾病不养，老幼孤独不得其所。此大乱之道也。"这段文字讲明了一个基本的道理：物欲横流的社会，必然会泯灭天理，天理泯灭，则生活失常，天下大乱。南朝梁江淹《知己赋》云："谈天理之开基，辩人道之始终。"程子说："能尽饮食言语之道，则可以尽去就之道。能尽去就之道，则可以尽死生之道。饮食言语，去就死生，小大之势一也。故君子之学，自微而显，自小而彰。"⑤ 朱熹亦云："饮食者，天理也；要求美味，人欲也。"⑥ "欲富贵而恶贫贱，人之常情，君子小人未尝不同。"⑦ 在程朱看来，天理并非不可捉摸，它存在于日常生活饮食之中，其产生是一个"自微而显，自小而彰"的过程。其三，"天理"是指合乎规律的自然法则之义，犹言天道。《庄子·天运》曰："夫至乐者，先应之以人事，顺之以天理，行之以五德，应之以自然，然后调理四时，太和万物。"庄子用最美妙、最高贵的音乐为喻，阐释了人的行为应该遵循天道。韩非子认为，古之全大体者能够做到

---

① 黎靖德：《朱子语类》卷64，长沙：岳麓书社1997年版。
② 黎靖德：《朱子语类》卷78，长沙：岳麓书社1997年版。
③ 黎靖德：《四书集注》，长沙：岳麓书社1985年版。
④ 黎靖德：《朱子语类》卷40，长沙：岳麓书社1997年版。
⑤ 黄宗羲：《宋元学案》，北京：中华书局1986年版。
⑥ 黎靖德：《朱子语类》卷13，长沙：岳麓书社1997年版。
⑦ 黎靖德：《朱子语类》卷13，长沙：岳麓书社1997年版。

"不逆天理，不伤情性"。朱熹云："天地之间，有理有气。理也者，形而上之道也，生物之本也；气也者，形而下之器也，生物之具也。"① 朱熹的"理""气"之辨阐明"理在气先"的道理，将"理"视为生物本性之天道。其四，"天理"还包含有思维规律之义。朱熹云："盖天理者，心之本然，循之其心则公而且正。"② 此处所说之"心之本然"，即指天理是属人的本然的思维规律，人们如果按照本然的"天理"进行思维，就会公正地处事。"人莫不有是形，故虽上智，不能无人心；亦莫不有是性，故虽下愚，不能无道心。二者杂于方寸之间，而不知所以治之，则危者愈危，微者愈微，而天理之公，卒无以胜夫人欲之私矣。精则察夫二者之间而不杂也，一则守其本心之正而不离也。从事于斯，无少间断，必使道心常为一身之主，而人心每听命焉，则危者安，微者著，而动静云为，自无过不及之差矣。"③

概言之，形而上地，古人所说的"天理"实际上指的是天道之自然规律、人伦道德、人之本性以及人类的思维规律。任何人和群体只有寻天道，才能不乱方寸，则危者自安，微者自著。一般地"天理"与"惩罚"有关，如成语天理难容、天理昭彰、天理昭昭、天理良心等，都强调"天理"的透明性、可知性和不可违抗性，违反"天理"都会受到谴责。在中国乡村社会，形而下地将"天理"理解为对日常生活中的伦理道德的承认和肯定，并常常将其等同于良心。所以，日常生活中村民们赌咒发誓时，常这样来表达："天理良心啊！如果我做过某事或说过什么话，将……"即在乡村社会说话做事不讲良心就是违背"天理"。概言之，"良心"即乡村社会日常生活中的"天理"，违反了"良心"就是违反了"天理"。

实际上，情理、事理和天理既相互关联，又相互区别。"情理"在乡村社会日常生活中，具有"元理"的特质，解释乡村社会日常生活的所有的"理"，归根结底是由"情理"衍化而来的，如行事之理的事理、内心遵从的天理都与"情理"有关。如过年的时候先给长辈拜年，这是最起码的规矩——事理，而这个规矩就是由情理衍生的；如"养儿防老天经地义"是

---

① 黎靖德：《朱子全书》，北京：中华书局1936年版。
② 黎靖德：《朱子语类（卷十二）》，长沙：岳麓书社1997年版。
③ 黎靖德：《朱子全书》，北京：中华书局1936年版。

"天理"。但是情理、事理和"天理"还是有较大区别的，因此不能同一论之。如"事理"还包括自然之法则，像传统乡村社会农业生产和社区生活依据二十四节气来安排，这叫作"不误农时"。如"天理"还包括"王法"或现代法律，"王法"或现代法律又强调"法不容情"，这又使得"王法"与"情理"相区别。

（二）论理之术：基于故事的分析

农村社区"微问题"的出现，往往是由人的违理行为造成的，因此，"微问题"需要通过论理的方式来解决，即通过论理使得涉事双方知道理亏，明白道理，心平气和，心服口服，从而达到息争的目的。论理的实质就是通过讲情理、摆事理、别天理，实现个人内心的平衡，彰显社区内公认的公平正义。所以，在农村社区，把通过调解来息争叫作"摆平"。在农村社区日常生活中争讼的目的大多并非是"为权利而斗争"，而是为"争个理儿"。人输了钱可以，但不能输了理。输了理，就会被贴上"不讲理"的标签，就会丢了面子；一旦丢了面子，在熟人社会的农村社区往往会被人瞧不起，从而抬不起头来做人。因此，一旦涉事双方发生摩擦，总会找人来论理，在"理"上扳个输赢。在农村社区论理是需要智慧和技巧的，否则论理人会得罪人，或两边不落好，而落得个"两边都不是人"的局面。所以，论理人需要有智慧、有技巧、有担当的热心人。那么，农村社区论理人选择的标准是什么？论理人如何论理？

1. 论理人的选择

在农村社区，能够经常被社区成员请为"论理人"是一种荣耀，因为这本身就是村民对他个人的一种承认和肯定，是声誉和地位的象征。关于论理人的选择标准，通过访谈达成了较为一致的结论：第一，论理的人要是正派人，这是最根本的标准。所谓正派人是指德高望重、办事公正、说话公道的人。因为人们相信，正派人才讲公道话。反之，不讲公道话的人就意味着不正派。第二，"会办事""会说话"的人。"会办事"是指掌握了"做工作"技巧的人。论理最终总是面对面的，即在涉事人1—论理人—涉事人2之间面对面地展开（见下图）。理想的论理，必须形成三方均衡互动，要达成这三方的均衡互动，论理人在决定参与到纠纷的调解时,首先要做铺垫性的工作,即通过与涉事方分别沟通,了解事发的原因,套问各方诉求的底线等。这是个细活,这样论理的时候,才能做到心中有底。"会说话"即通过说话的技巧的运用,将话说到人的心坎上,让涉事双方听了之后有一种"心里像熨斗熨了似的"衡平感,从而达成涉事人双方"心服口服"的效果。第三,热心人。这是指愿意为别人排忧解难的人。第四,不怕得罪人的人。既然是论理就要论得公道合理,有时就要分个对错,或给个公道的说法、公正的处理。但很多情况下,当事双方往往各执己见,"公说公有理,婆说婆有理"。此外,社区内发生的事可能会成为社区内的"重要新闻",深受社区成员的关注。这时,论理人不仅要说得或处理得使涉事人心服口服,而且要让旁观者觉得公正。要做到让涉事人双方绝对心服口服很难,这时论理人更关注旁观者的评价。因为,这关乎他在众人中的声誉和威望。这样在论理或处理问题时,难免会得罪涉事的某一方。大多数情况下,这是不得不付出的代价,否则就是"和稀泥",就失去了自己在众人心目中的"形象",也就渐渐失去了做"论理人"的资格。不过,在为一些无关紧要的"微问题"论理时,插科打诨式的"和稀泥",可以博得当事人双方一笑,"微问题"也能很好地解决。

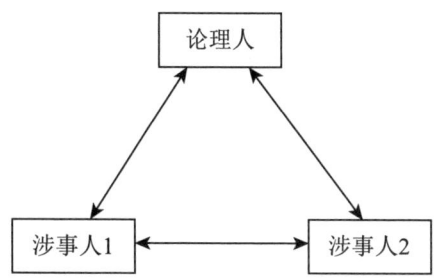

2. 论理的策略

在农村社区,论理是需要技巧的。一是说话的技巧。俗话说"一句话说得让人笑,一句话说得让人跳"。也就是,会说话的人说出的话让人听了觉得舒服,有时对方虽然不认同;不会说话的人,说出的话让人听了觉得很不自在,即使话说得有道理。二是善后的技巧。论理人在论理的时候,很难做到让涉事双方都心服口服。这时要使得处理的问题有个好结果,论理人还必须做一些善后的工作，让自己觉得处理不公正的人得到一定的补偿。这种补偿既可是物质的，也可以是精神的。下文将通过具体的案例来透视农村社区"微问题"解决的论理之术。

故事　土地纠纷调解

纠纷涉事人：胡明（化名）、胡彬（化名）。

纠纷的起因：胡彬买了汪家的一块宅基地，宅基地后有一斜坡。建新房时，胡彬准备将斜坡整治一下，胡明知道后前来阻止。胡明认为自己曾在斜坡上种过南瓜，这块地应该是自己的，胡彬要整这块地要先通知他，但胡彬却没有这样做，纠纷由此引发。于是，胡彬要求村委会予以调节。

纠纷调解人：村主任胡元（化名）、村民组长胡兴（化名）。

调解过程：接到胡彬的请求之后，当天晚上我便与村民组长一道将胡彬和胡明叫道一起进行说和。首先，我们让胡彬和胡明各自陈述理由。胡彬说："我买汪家的宅基地，庄子里的人都知道，但胡明并没有说这块斜坡地是他家的。当我整这块地准备动工的时候，胡明提出来斜坡地是他家的不让我整地，这不是胡搅蛮缠吗？还是要触我霉头？再说，胡明说他曾经在这个斜坡上种过南瓜，但近几年也没看见种啊。还有当初生产队在分地的时候，也没说这块斜坡地分给他家。"胡明认为："这块斜坡地我种了多年的南瓜，庄子的人都知道。我之所以在胡彬买汪家宅基地时没说，我就是看你胡彬跟不跟我说。如果当初他跟我说了，乡里乡亲的，这也不是大不了的事，拿去就拿去。他明明知道这块地我在种却不跟我说，他就是不把我放在眼里，瞧不起我吗。"

等他们陈述完之后，我们便开始调解。我们认为，大家"头顶一个字"①，关起门来还是一家人，有事好商量。再说，这也不是大不了的事，两家闹到这个份上，说实在的划不来，就像胡明说的，大家都是乡里乡亲的，抬头不见低头家，有什么事商量不好的。你们都是明白人，你们自己说说怎么个处理法。我们的话刚停下来，胡彬和胡明又争执起来，莫外乎将各自的理由语无伦次地

---

① 皖西、皖南等地的方言，意思是大家同宗同姓。

反复说，互不相让，但谁也没有给个说法。农村工作经验告诉我们，这时我们拿出任何一个处理意见，会遭到双方或一方拒绝，剩下的事就难办了。于是，我同村民组长商议一下，宣布：今天的事就讲到这里，你俩各自回家冷静冷静，再同家里人商议商议。等你们商议好了，我们再来处理。

等他们走后，我把村民组长留下来，一方面了解问题的根子出在哪里，一方面征求他的意见。据村民组长介绍说，他两家的问题根子不在这里，这件事只是个由头。他俩家以前在一些鸡毛蒜皮的事情上结了怨，胡明想通过这件事把这个"疖子的毒气出了"，以解"心头之恨"。实际上这件事很好办，胡彬提两瓶酒去胡明家串个门，把以前的事说道说道，给胡明一个面子，让他解解气，再赔两个钱就结了。于是，我们决定第二天晚上我去胡彬家"做工作"，胡兴去胡明家"做工作"。

第二天，我提前同胡彬约好晚上去他家串门子，胡彬答应了，并约我晚上到他家喝一杯，我同意了。到了他家之后，我同他边喝酒，边聊天，胡彬讲到了他与胡明的恩恩怨怨。我在酒桌上是这样说和的："兄弟哎，你是明白人，我一讲你就明白了。在我们乡下造房子是大事，做大事有时候就比别人要矮一截，该求人时还得求人。做大事求人，外人不会讲你怂，而认为你是懂分寸、知进退的人，你是个聪明人。我看这件事这么办，你抽空提两瓶酒，我和胡兴陪你去他家，他不会不让我们进门，我们在一起把事情说开了，不就行了吗？这事不丢人，也不会小了你。"与此同时，胡兴也在给胡明"做工作"。

过了几天，我和胡兴约了胡明哪一天到他家串门，胡明答应了。于是，我们便带着胡彬一起到胡明家串门子。在酒桌上，胡彬和胡明把过往的鸡毛蒜皮的事都说开，我们趁机从中进行说和，最终两人的心结解开，所有的事都不是事了。最后，我们按照农村社区"谁种谁所有的原则"，承认胡明对这块地拥有所有权（实际是经营权），胡彬愿意给予适当的经济补偿。当胡彬真的说要给予经济补偿时，胡明起初不愿意要，他认为，事情讲开了，补偿就算了，如果他收了钱就见外了，但胡彬坚持要给予补偿。当他们争执不下时，我们支持胡彬给予胡明适当补偿，以表示他的意思，如果胡明不接受，也就不够意思了。最后，胡彬给予胡明1600元补偿了事。（根据HQY陈述整理201707）

从这个故事来看，这场土地纠纷的调解人是村主任兼村民调解委员会主任胡元和村民组长兼村民调解委员会会员胡兴。这两个人长期从事社区民事纠纷调解工作，已经具备了一定的工作经验。同时，由于他们是村委会干部，实际上拥有了社区内"正式权威"。从整个调解过程来看，他们也"会办事""会说话"，这些都使得他们具备了充当调解人的基本条件。在调解过程中，他们遵循着先讲情理、后讲事理的论理逻辑，进行说理。如，"大家头顶一个字，关起门来还是一家人""乡里乡亲的""抬头不见低头见"，讲的是亲情、乡情、友情等情理；"这也不是大不了的事，两家闹到这个份上，说实在的划不来"，讲的是事理。其中，也隐约着"天理"的逻辑。如争执双方提到"触霉头""瞧不起人"，实际上隐含着"欺侮人"的意思。在乡村社会"欺侮人"就意味着"不讲良心"，"不讲良心"就是违背了"天理"。在这个故事中，我们还发现农村社区民事纠纷的解决，大量的工作要做在正式调节之外，采取的是正式工作用"非正式运作"的方式来做。在这场纠纷的调解中，村主任胡元和村民组长胡兴采取农村社区熟悉的"串门子"的方式，让问题以吃饭聊天、叙旧的形式得以解决，这就是乡村的"地方性智慧"。

（三）结论与思考

在中国传统文化中，"理"与"情"一样有着丰富的内涵，也是一个多义词。按照与人关系的远近，"理"可以区分为情理、事理、天理，以及现代意义上的法理。其中，情理与人的关系最密切，因为情是发自于人的，情理是指人与人关系的道理。在农村社区日常生活中，理往往由情所生发，情就是理。如，在农村社区日常生活中，有一句俗语"老子（父亲）无理让三分"，因此，不管父亲对不对，父亲打骂儿子，儿子不可还嘴，更不能还手。情理更多讲的是做人的道理，讲情就是讲理，不讲情就是不讲理。在农村社区日常生活中，事理是指说话做事应该遵循的程序、仪式、规则等。一个人平时说话做事，遵守"事理"会被赞赏为"懂事"，又叫作"明事理""懂分寸"；不遵守事理则叫"不懂事""不明事理""不懂分寸"。

在农村社区日常生活中，天理即良心，不讲天理就是不讲良心。如：在熟人社会，是不能倚强凌弱的，若此，会被骂作不讲良心，或者被骂作"良心被狗吃了"。虽然在日常生活中，施恩者不图回报，但如果受恩者在恩人遇到困难时不出手相助，会被外人骂作不讲良心。子女不养活父母也是不讲良心的行为等。因此，这里的天理或良心更多地指向俗民生活中"俗民正义"，谁违背了这种俗民正义，就是违背了天理，就是违背了良心，而与至高无上的"王法"没有多少联系。

法理是现代社会的产物，是因法而生成的道理。由于法是舶来品，大多不为日常生活所需要，很多时候是远离日常生活的，所以，法理的常识不为一般的俗民所熟悉。除非社区内出了杀人、放火等违背天良的事，人们才会与法理联系起来，但这样的法理又不是俗民所要论的，所能论的。所以，农村社区日常生活中，俗民论理主要论的是情理、事理和天理。虽然有时也论法理，但由于他们对法理的常识不懂，论法理时也仅仅作为晓以利害的说辞。

论理是一种权威实践，同时，它既是一种技术，更是一种艺术。在农村社区日常生活中，充当评理人更多的是一种荣誉，它反映了一个人在村民心目中的分量。评理人的行为不是逐利行为，而是一种逐誉行为，它既是一种权威的运作过程，也是一个权威的维护和再生产过程。评理人之所以被邀请，是因为在当事人看来他是值得信任的、有威望的人。

三、释法

在农村社区日常生活中，"微问题"的产生大多是因为违"情"、违"理"，所以日常生活中"微问题"的解决大多依据俗民熟悉的"情"和"理"的"地方性知识"，运用"讲情"和"讲理"，或者"讲情讲理"的方式，基本做到了问题不出村。但是，也有少数"微问题"存在着违法的后果。对于这些"微问题"的解决，既涉及农村社区日常生活中俗民对法律的理解，也涉及执法者对法的诠释，更重要的是涉及法律人与非法律人如何沟通的问题，这些都会关乎这些"微问题"解决的有效性。

（一）法的多维诠释

从发生学的视角来看，在中国古代，法是以"刑"为中心的。如，上古三代之法分别称之为禹刑（夏）、汤刑（商）和九刑（西周）。① 故许慎《说文解字》曰："法，刑也。"《辽史·刑法志》曰："刑也者，始于兵而终于礼者也。"可见，法意味着惩罚，而法又是统治者制定的，是为他们的统治服务的工具。所以，早期的法强调刑以治夷，礼以服士，故《左传·僖公二十五年》曰："德以柔中国，刑以威四夷"，"刑不上大夫，礼不下庶人"。彰显了法的集团性和血源性，排斥了法的社会性和正义性。② 借此，有西方学者言，"中国的传统观念并不排斥法，但是据说，只用于对付野蛮人：无视道德和社会的人、不可救药的罪犯、异姓以及对中国文明有不同看法的外国人"。③ 故"中国古代人形成这样一种传统的看法，即凡犯罪——不管是刑事犯罪，还是政治犯，抑或其他人犯——都是坏人，好人不会犯罪。一个社会，法律越多，意味着问题越多。最理想的社会是没有法律，或法律设而不用，达到'无讼'的境界"。④ 由此可见，中国古代的法是战争的产物，是私法，而不是公法，它具有血缘性、集团性、压迫性、与权利和正义无关的特殊法。不过，到后来，"出礼则入刑"，说明法在理念上慢慢成为一种具有普遍性的规则。《淮南子·主术训（下）》有云："法者，天下之度量，而人主之准绳也。县法者，法不法也。设赏者，赏当赏也。法定之后，中程者赏，缺绳者诛。尊贵者不轻其罚，而卑贱者不重其刑。犯法者虽贤必诛，中度者虽不肖必无罪。是故公道通而私道塞矣。"在此，淮南王刘安阐释了"王子犯法与庶民同罪"的朴素的公正思想。但在实践中，由于中国古代法的特性，决定了法在使用时很多时候仍然体现为"刑不上大夫"。由于法即是刑，造成了人们对法的恐惧，而不是敬畏，导致了中国文化对法的贬斥。"犯法的都是坏人，好人不会犯法"就是中国文化中对法的普遍而朴素的认识，至今还存在着较大的影响。

从中国古汉字构成的角度看，"法"即古字"灋"。《说文解字》释法云："灋，㓝也。平之如水，从水。廌所以触不直者去之，从廌去。"段玉裁《说文解字注·八部》注曰："㓝者，罚罪也。《易》曰：利用㓝人以正法也，引

---

① 张中秋：《中西方法律文化比较研究》（第四版），北京：法律出版社2009年版。
② 张中秋：《中西方法律文化比较研究》（第四版），北京：法律出版社2009年版。
③ [法] 勒内·达维德：《当代主要的法律体系》，漆竹生译，上海：上海译文出版社1984年版。
④ [法] 勒内·达维德：《当代主要的法律体系》，漆竹生译，上海：上海译文出版社1984年版。

申为凡模范之称。木部曰：型者，铸器之法也。竹部曰：范者，法也。土部曰：型者铸器之法也。从水之意，张释之曰：廷尉，天下之平也。从廌之意，法之正人如廌之去恶也。"受《说文解字》的启发，武树臣认为，古"法"字当在商末西周之初期形成。"'灋'字是古人对'法'这一社会现象的真实记录。古'法'字由三个部分组成。其中，'水'源于远古禁忌和流放，……从而使得'水'具有了行为准则的文化含义；'廌'即蚩尤、皋陶，是世代执掌军事和司法之职的部族图腾，……是'法'的象征；'去'是源于争讼的证据制度，由'弓'和'矢'二字构成。'去'与'夷'字字义正相反，'夷'是弓、矢相符，'去'是弓、矢相背。……在古人看来，'法'是一种活动，即当人们产生纠纷时由法官来评判的一种审判活动；又是一种行为准则，即通过审判来宣布、通过刑罚来保障人们必须遵从的行为准则。"① 由此可见，法是一种带有强制性质的公共规则，如水般平直，内蕴着公平的含义。但是，在中国伦理本位所形成的以情理为纽带的关系社会中，法总变得不那么直观的平直，"法不容情"只是存在于理念之中的乌托邦式的设想，实践中"法外开恩"是法运作的基本逻辑。

从法律的性质和功用来看，法是一种规则，是历代王朝治理的工具之一。法家代表人物管子云："法者，天下之程式也，万事之仪表也。吏者，民之所悬命也。故明主之治也，当于法者赏之，违于法者诛之。故以法诛罪，则民就死而不怨。以法量功，则民受赏而无德也。此以法举措之功也。故《明法》曰：'以法治国，则举措而已'。"此处的"程式""仪表"指的是准则和规范之意。"法者，天下之程式也，万事之仪表也"，即言明法是一种具有普遍主义特质的规则和规范。又云："法度者，主之所以制天下而禁奸邪也，所以牧领海内而奉宗庙也。私意者，所以生乱长奸而害公正也，所以壅蔽失正而危亡也。故法度行则国治，私意行则国乱。明主虽心之所爱而无功者不赏也，虽心之所憎而无罪者弗罚也。案法式而验得失，非法度不留意焉。故《明法》曰：'先王之治国也，不淫意于法之外'。"在管子看来，法是君王颁布的用来进行

---

① 武树臣：《寻找最初的"法"——对古"法"字形成过程的法文化考察》，载《学习与探索》，1997年第1期。

赏罚臣民的准则和规范。有了它，君王就可以制衡作奸犯科者，所以就能统帅国家、保护宗庙社稷。管子还认为，私是祸乱、奸邪滋长的根源，因而会使得社会公正受到伤害，也会使君王被蒙蔽而迷失正道，致使宗庙社稷处于危亡的境地。故如果法度能够正常运行并被人们所遵守，则国家将会得到良好的治理，而呈现出治世的景象；反之，如果私意猖獗，则国家将得不到好的治理而天下大乱。明君虽然面对自己心爱的人，也会做到无功不赏；虽然面对自己内心不喜欢、憎恶的人，也会做到无罪不罚。君王应严格按照法度来检验治国的得与失，凡是与法度无关的行为或事项大可不必在意。管子将"法度"和"私意"对举，实际上赋予了"法"公共规范的性质，进一步阐释了法的普遍主义的特质，并指出其功用在于通过这种公共规范的严格执行，以抑制私意，而实现国家大治。同时，管子的法治思想也包含了"法无禁止皆可为"的朴素观点。另一位法家的著名人物韩非子曰："故当今之时，能去私曲就公法者，民安而国治；能去私行公法者，则兵强而敌弱。故审得失有法度之制者，加以群臣之上，则主不可欺以诈伪。审得失有权衡之称者，以听远事，则主不可欺以天下之轻重。"在韩非子看来，如果君王能抛弃私意，坚持秉公执法的原则，那么百姓就能安居乐业，国家也就能得到良好的治理。如果君王能摒弃私行，并能奉公执法，那么国家就会兵强马壮，外敌就会相对弱小而不敢觊觎。故如果君王颁布了用以明察得失的法度，用来约束群臣，那么君主就不会被虚假的东西所欺骗。如果君王有了明察得失的衡量标准，来判断远方发生的事情，那么君王就不会被天下错乱复杂的假象所欺骗。与管子相似，韩非在此将"私曲"与"公法"对举，强调"公法"在君王治国理政中的价值。儒家的代表人物之一荀子云："有乱君，无乱国；有治人，无治法。羿之法非亡也，而羿不世中；禹之法犹存，而夏不世王。故法不能独立，类不能自行；得其人则存，失其人则亡。法者，治之端也；君子者，法之原也。故有君子，则法虽省，足以遍矣；无君子，则法虽具，失先后之施，不能应事之变，足以乱矣。不知法之义，而正法之数者，虽博，临事必乱。故明主急得其人，而暗主急得其势。急得其人，则身佚而国治，功大而名美，上可以王，下可以霸；不急得其人，而急得其势，身劳而国乱，功废而名辱，社稷必危。故君人者，劳于索之，而休于使之。"其意是：世上只有让国家混乱的君王，没有天生混乱的国家。有能让国家得到良好治理的人，而没有能让国家得到自然治理的法度。在荀子看来，法的有效性在人，而不在法律本身。再好的法律，如果拟法的人不能领会法的要义，不能因地制宜的适用法律，也会造成混乱，而国家不得良治。因此，国家的良好治理必依据于法，但得到能够治理国家的君子更为重要。君子才是法的本源，也是国家得以获得良好治理之根本。故为君之道在于发现并善于任用君子，尚贤使能，方才国得治而能使自己美名远播。与法家将法视之"治之本"不同，荀子只将法视作"治之端"，而将君子视作"治之本"。随着儒家获得了正统地位，儒家的法治思想获得了统治地位，而呈现出"儒表法内"的态势。这些都是从公意的角度来释法的。

在日常生活中，古人对法的诠释又是另一番模样。管子云："尺寸也，绳墨也，规矩也，衡石也，斗斛也，角量也，谓之法。"子墨子云："百工为方以矩，为圆以规，直以绳，……故百工从事，皆有法所度。"管子和墨子皆以日常生活中打工做事需要"标准"为喻，表明法是衡量天下人日常生活言行是非、功过、曲直的客观标准和必须遵守的行为规范。故《孟子》云："不以规矩，不能成方圆。"这一方面表明古代人对法的理解是多义的，它可以是具体的规矩，也可以是抽象的法度；另一方面也表明法是一种普遍的存在，社会之所以有秩序，国家之所以得治，皆与法相勾连。但无论是法家还是儒家，更看重的是法的工具价值，而不是其形式价值。在中国传统文化中，法从来没有被看作是具有超越性的、至上的规则，这是与现代法的根本区别。所以，在中国传统文化的语境中的法治指的是"以法治国"，而不是现代意义上的"依法治国"。

综上所论，在中国古代，"法"既是具体的，也是抽象的。民间法研究专家苏力曾认为，中国传统的"法律"具有"家族相似"，但并非指同一个东西。它们所指可能是正式的法典，也可能是家庭法、习惯法、法官创造的法等，它们仅仅名称相同，但其本质相异。"法律的'本质'实际上是由使用者加入'法律'这一对象的。因此，应当抛弃人为虚构的'本质'，将语词从形而上学带入日常生活之中。"① 强世功借用他人之口说出了法律的本质，即使

---

① 强世功：《法律的本质：一个虚构的神话》，载《法学》，1998年第1期。

用者的建构。因此，当把法律带入日常生活时，其解释和运用必须与情境相结合，而体现出法律的适用性。刘星也提出类似的观点，他指出："法律话语不单是一种出自成文的法学论说，更是一种在法律生活中自然环流于各类社会角色的思维与行为里的意识形态之潜流，或曰知识状态。"① 进而，他进一步指出，"中国的法律语境是独特的，人们使用'法'字也是多变的，'家法''宗法''族法''习惯法'……，无一不是时常出现在人们的言谈话语之中，硬给'法律'一词定个内涵，说它只是国家法律的别名，似乎是种过时的本质主义。'法律'这字儿，像其他各个字儿一样，有个语境的问题，在不同地方总会有个不同的意思，对它'宽宏大量'一些，便可使我们看到更多的'语词用法'，以及语词用法背后的观念企图，从而，更加丰富多彩地观察众多中国人心目中的'中国法律'的现实"。② 可见，在中国传统语境下，法是具体的，又是抽象的。法的具体性，使得人们对法的理解具有了情境性，所以有了家法、宗法之说；法的抽象性又使得人们对法的理解具有了相对稳定性，所以就有了"杀人偿命，天经地义"之说，与之相对应就有了"国法""天理"之说。这种"法"文化在传承中不断被强化，已经构成了社会基因重要的DNA片段，存在于社会的血脉里。

因此，在当今中国社会，一方面法治国家建设强调"依法治国"，另一方面在实践中却践行着"以法治国"。在农村社区日常生活中，人们习惯对法做具体的常识化的理解，并且将其看作是惩罚的依据。如小孩子调皮捣蛋、不守规矩，就叫作"无法无天""没有王法"，然后通过惩罚让他们知道"王法"，这种做法长此以往养成了对法的恐惧和畏惧，而不是敬畏。同时，基层调研发现，农村社区日常生活中，对法的理解和运用又是"致用主义"的，带有明显的工具性。而国家层面对法的理解则是"文本主义"的，"送法下乡"的逻辑起点就是农村社会对法律是无知的，或者需要法律援助，"送法下乡"的目的是解农村社会对法律的"饥荒"。这就造成了国家话语与民间话语的紧张，致使法律下乡出现了"微效"。这种"微效"在农村社区日常生活中，人们对

---

① 刘星：《法律的隐喻》，广州：中山大学出版社1999年版。
② 刘星：《法律的隐喻》，广州：中山大学出版社1999年版。

法律的运用可略见一斑。

（二）释法之术：基于故事的分析

农村社区中发生的"微问题"亦有违"法"。对于法的理解，既有来自国家层面的文本诠释，也有来自日常生活层面的解释。由于日常生活是农村社区"微治理"的论域，所以，需要更关注法在农村社区日常生活中的在地化诠释及其运作。农村社区日常生活中，对法的理解是多义的。在不同的语境或情境下，对法的解释是权宜性的。如，小孩子调皮捣蛋做错了事，家长或村里的人会责骂他"无法无天"，必要时对其进行惩罚，使之知道"王法"。在这里的"法"和"王法"，并非指国家层面的文本的"法"，而是指各种"规矩"，如家规、族规、习惯、民俗、村规民约等。在相对封闭的农村社区，日常生活中人们触犯的主要是这些规矩。这种对法的理解，形成了法律在农村社区日常生活中的实践逻辑。在传统中国的村庄内，违反了家规或族规动用的一般是"家法"，即使触犯了乡村社会的大忌，家族内或村庄内出于"家丑不可外扬"的考虑，会动用家法或村规民约，并用私刑来处理。这种现象即使到今天，在农村仍然存在。

故事一 退婚纠纷的调解

这是一起发生于2018年春节前后的退婚纠纷。许某（男）和王某（女）同是FY组的村民，许某是城关镇一理发店的理发师，王某长期在外打工。自小在一起长大，算是熟人。两人都到了谈婚论嫁的年龄，经媒人牵线，于2018年10月18日在庄子办了结婚酒席，两人便算是结了婚。

仪式举办后，小两口便到泰国度蜜月。在此期间，女方发现男方手机里的暧昧短信，便和男方大吵起来。男的不会说话，更不会哄女的。两人从泰国回来后，便找来媒人、村干部和双方亲戚，协议退婚。当时女方退给男方9.5万元，并在媒人、村干部的主持下签了协议。因为男方有把柄被女方抓在手里，觉得理亏，虽然订婚前后花了约24万元，也就接受了这个协议。

但是，春节前，男方的父亲被查出肺癌晚期，治疗花了大笔费用。春节后,男方父亲自觉治疗无望,再加上男方经济压力比较大,便开始反悔,要求女方按男方实际花费的清单赔偿所有花费,女方不同意。于是,男方的父亲仗着自己生病活不了多长时间,便到女方家中闹,打砸女方家中的东西。见状,女方报了警。接到报警后,派出所就派出两位民警和我一起赶赴现场,首先将场子稳住,不让打砸。由于牵涉到财物损坏已经触犯了相关民事法律,由镇综治办出面协调,决定由司法所牵头,派出所、警民联调室的调解员、村干部组成纠纷调解小组。

由于这是由退婚赔偿引起的纠纷,关键是要解决好赔偿问题,拿出双方都能基本接受的赔偿方案。因此,首先,我们要求男女双方各自列出从订婚到结婚前后所有的开支,并要求女方列出被损害的财物明细。其次,我们找来媒人、村干部和相关知情人进行查证,认定事实,事实不清的、数额不大的一般不予承认,并根据认定的事实要求双方签字画押。在事实认定清楚之后,便进入调解协商阶段。男方的父亲十分固执,认为女方首先提出退婚,应全额按他所列的清单赔偿24万,一分不能少。女方认为,男方过错在先,从订婚到结婚也花了不少钱,况且男方父亲依仗自己是快死的人,多次到家里闹腾,砸坏东西,闹得不得安生,钱已经赔过了,都签了协议,男方不能讲话不算话,不愿再多陪。面对这种情况,我们找男方的父亲谈,首先告诉他打砸人家的东西是犯法的,也是要赔偿的。你觉得以前的赔偿不合理你可以找女方讲理,不行你可以找村干部,找我们,找司法所来讲理、评定。男方的父亲依仗自己年龄大,又患肺癌晚期,多次做工作不买我们的账,反正就是为要钱而要钱,大有不达目的不罢休的意思。男方的父亲年龄比较大,又患有重病,不适于治安处理。最后实在没办法,便让村干部找男方的亲戚来做男方父亲的工作,跟他讲情、讲理,最后碍于亲戚的面子,愿意做出让步。与此同时,我们对女方开展工作,希望他们做出让步,主要跟他们讲人道,要求女方同情并原谅男方的父亲。讲情理,告诉他们大家住在一个村庄,没发生这件事之前,两家的关系应该都不错,不然两家也不会结亲,看在以前的情分上也要让一步。再说,虽然男方有过错,以前的赔偿的确少了点。讲利害,我们分析给他们听,你们不再补偿一点,他一个快死的人,也不怕死、不怕事,断不断就到你家吵闹,你们也不利落(麻烦缠身的意思),花一些钱买平安也值得。从接警到事情处理

完，我们来来回回跑了近 20 趟，花了两个月的时间。（安徽 G 镇派出所 W 教导员口述 201908）

在农村社区日常生活中，退婚是不同于离婚的一种特定现象。退婚是指已经订婚但还没有领取结婚证的一方提出终止婚约的事件。在这个故事中，许某和王某虽然按照农村的风俗举办了结婚仪式，并且出国旅行度蜜月，但由于没有正式领取结婚证，他们的婚姻是不受法律保护的。当王某提出解除"婚姻关系"时，实际上是指提出解除婚约，是不能通过法律诉讼的程序来解除"婚约"的，只能通过调解方式予以解决。按照农村的习俗，如果是男方首先提出解除"婚约"，在过错的情况下，女方将不会返还订婚期间男方所有的开销，并且男方要承担青春损失费等。如果是女方提出悔婚，而在男方没有过错的情况下，女方当返还男方所有花费；在男方有过错的情况下，女方可以酌减返还部分礼金。在这个案例中，男方犯有过错在先。所以，初次赔偿中，男方虽实际花费 24 万元，女方只返还礼金 9.5 万元，并在相关人员公证下签订了协议。

按照农村社区日常生活中的习俗，这样的协议一旦签订如同"吐出的吐沫，不能往回添"，否则就会被人看扁了。任何一方反悔，都会被熟人笑话，用当地人话叫作"不顶浓"（即不明事理），正常人一般不会干反悔这样的事。但后来情况有变，男方的父亲在春节前查出得了肺癌，且是晚期，治疗花了不少费用，经济压力加剧，这时，男方家庭开始反悔。在这个案例中，男方父亲扮演的是"非正常人"——一个行将就死的人的角色，他的闹虽然不合情理，但由于他是"特殊人"往往会获得人们的原谅和同情，有理的一方如果跟这样的人斤斤计较反而会变得理亏，用当地话说"你跟死人较什么劲"？因此，女方在多次调解之下，做出让步，增加了补偿金额。

在这个事件中，虽然惊动了派出所和司法所，但是基于男方父亲的特殊情况，治安处罚程序无法启动，派出所主要扮演维护秩序和调解中介人的角色；司法所主要职能是就赔偿部分进行核算，辅助进行调解。也就是说，法律在这起事件中，更多的是一个说辞，而不起太大的作用。在这个事件中，男方实际上玩了一个小聪明。男方明知理亏，通过正常的手段难以实现自己的诉求，便利用其父的特殊情况为借口，狮子大开口，索要赔偿金，其中当然也有其父的主意。在农村社区日常生活中发生纠纷时，利用老人做挡箭牌的事时常发生，这是一种民间驾轻就熟的伎俩，以此来获得利益的最大化。

在这个故事中，许某和王某是闪婚闪退，原因是许某婚外还有暧昧关系，被王某发现。若是改革开放前，许某和王某同住一个村庄，从小一起长大，知根知底的，应该不会发生这样的事。但由于两人一人在城关镇打工，一人在外地打工，实际上他们变成了"熟悉的陌生人"，彼此虽"熟"，但由于缺乏频繁的交往互动，彼此并不十分了解。

改革开放后，特别是20世纪90年代中后期，农村社区的流动性增强，同一社区的人往往工作生活在不同的地方，很少接触，也就变得越来越陌生。这样，"后乡土中国"① 实际上已变成了一个"熟悉的陌生人社会"。同时，从该故事还发现，农村社区日常生活中"有理"和"理亏"转换的独特逻辑：有理的人如果"得理不饶人"，也会变得理亏；"理亏"的人也会因为令人同情的特殊情况的出现，而使得常态下不合理的行为变得"合情"而"合理"。

故事二　意外伤害赔偿纠纷调解

这件事发生在2017年5月的一天傍晚，具体哪一天不清楚。事情的起因是：胡某和周某两家的菜园地临界，胡某的妻子在整自家的菜园时，有意侵占了周某的部分菜园地。周某找胡某的妻子理论，两个人就吵了起来，在打嘴仗的时候，胡某的妻子说："你没有儿子，你要那么多地干什么？你要再多的地也是好了别人。"（周某妻子早年已去世，留下两个女儿，没有儿子，招了个养老女婿）在农村这是骂人的话，是笑话周家断子绝孙，周某听了十分生气，便与胡某的妻子推搡起来。那天，胡某正好歇工在家，胡某发现之后也赶过来，三个人就你推我搡的，互不相让。在推搡的过程中，胡某的妻子摔倒在水泥地上，不能起来。

事情发生后，村干部赶来调解。因为情况比较严重，村干部就报案了。接

---

① 陆益龙：《后乡土中国》，北京：商务印书馆2017年版。

到报案后，我们尽快赶到现场，并安排人就近送到乡卫生院进行诊治，确诊为粉碎性骨折。由于当地医疗条件差，派出所就协助安排胡某的妻子到安医住院治疗。周某和胡某夫妇都是60岁以上的老人，处事能力不足，也没有经济承受能力。派出所就让村干部联系双方的子女赶回来处理。

周、胡两家的子女赶回来之后，派出所、司法所和村干部联合就赔偿问题进行调解。当时胡某的妻子住院治疗花了12万。农村人不懂法，庄上人就嗾他（周某女婿），医药费一定要拿，周某的女婿是个养老女婿，是憨厚人，也认为拿这12万是应该的，就东拼西凑凑足了12万，就给了胡家。到了他赔偿的时候，胡家的子女主张周家总计应该赔偿29万。胡家的子女很精，从外面回来之后就咨询了律师，这是律师给算出来的价。计价理由是：胡某的妻子虽然60多岁，仍是家里主要的农业劳动力，丈夫和孩子长年在外面打工，家里七八田地都由她来种收，闲时还打些临工。按照每年劳动收入1万元×10年+营养费等，合计需另外补偿17万。司法所按照当地标准计算：护工费+误工费+营养费，建议周家另赔偿7万元，合计赔偿19万元；派出所酌情考虑，建议少1万，给6万。周家人说拿不出再多的钱，没有同意。

这个案子的处理我全程在场，我从事纠纷调解已经12年，我对农村的情况十分了解，对这两家也十分了解，我建议减半只能另再给3.5万。我向派出所和司法所做出了解释：第一，周家在路西村是小户，胡家是大户，在这件事上是胡家在欺侮周家人老实。事情的起因在胡家侵占周家的菜园地在先，辱骂周老头在后。第二，周家的女婿事发后不问缘由积极补偿医疗费，也是个老实人，我们不能让老实人吃亏。第三，胡家的经济状况比较好，少一点没有什么影响，周家经济状况比较差，对他们来所这笔钱就是很大的负担。经我这么一讲，派出所和司法所同意我的意见，并将这件事的说服任务主要交给了我，另外两位辅警协助。

根据多年的调解经验，我明白这件事能否处理好，关键在做通胡家儿媳的工作。接到这个任务之后，我们首先来到胡家做工作。首先我们来软的，跟他们讲道理、讲人情。讲理：告诉他们事情的起因并不在周家，是他们的母亲占地在先，骂人在后。骂人没有儿子，在你们年轻人听来没有什么大不了，但对上了年纪的人是天大的事。再说你们的父母和老周互有推搡，所以责任不全在周家，你们应该明白这点。讲情：老周没有儿子，招了个养老女婿，有两个外孙，由老周带着，都在小学上学，女儿身体也不好，全家就靠女婿一个人干苦力维持，他是个实诚人，知道伤了你们的母亲二话没说，东拼西凑地拿了12万已经很不容易了。人家是讲情讲理的人，你们也要体量人家。老周也为这件事，怕家里负担太重，都上吊自杀了，幸亏被邻居看见，才没有发生。我们也刚刚同老周的家人和邻居把老周安慰好了，要为这事闹出人命，不值得。就这样，这次说服还是失败了。临走，我们丢下一句话：你们在家里商量商量，过两天我们再找你们。与此同时，我们让村干部找村庄上跟胡家搭得上话的人和村民组长做工作。

大约两三天后，我们打电话将胡家的儿媳们约到派出所谈这个事，让他们算给我们听。这次我们说话比较硬，我们只承认于情于理于法讲得通的，于情于理于法不合的一概否决。最后提出只给3.5万，多的没有。一开始胡家的儿媳比较强硬，坚决不同意。于是，我们就给她讲利害：如果你不同意，可以走法律程序，告老周，这是民事案件不是刑事案件，老周大不了被拘留一段时间。但你们要知道，老周已经60岁以上，你们告赢了，按照治安管理条例，也不能拘留。既然你们告老周，他女婿就可以不承担赔偿责任，最终你们一分钱拿不到。你们回家跟家里其他人商议商议，然后你们给我们一个答复。

过了一天之后，胡家给了答复，同意3.5万元结案，当事人双方在我们的公证下签订了调解协议。处理结束后，周家人十分感动，他们的赔偿底线5万，结果只赔了3.5万。后来，胡某在我的一个亲戚家做瓦工活，跟我亲戚说："这次我家的事让派出所费了神，责任也不完全在对方，（我家）妇女没有道道（不明白事理），现在农村两个女儿的多的是，你为什么笑人家没儿子。"据胡某说，事后，他媳妇想想也觉得理亏。（安徽T乡派出所童调解员口述201908）

这是一起地界纠纷引起的意外伤害事件。由于伤害比较严重，且涉及医疗赔偿问题，所以当地派出所和司法所皆参与到事件的处理中。伤害事件的发生已经既成事实，问题的焦点就变成了经济赔偿问题，周、胡两家为此展开了拉锯战。

由于纠纷当事人周某本身不具备经济赔偿能力，案件处理中就牵涉到代际赔偿问题。但按照相关法律，周某是具有民事行为能力的人，其行为所造成的一切后果应由周某自己负责。因此，在这个故事中，周某的女婿（上门女婿）不应该承担民事赔偿责任。但派出所和村干部为了达成赔偿，以达成息讼的目的，分别通知当事人双方的子女回来参与纠纷处理。周某的女婿是个老实人，一听说自己的岳父伤了人，自己也慌了神。回家之后，村庄中的人按照过去的生活常识而不是法律常识，主张周某的女婿要代为赔偿医药费，他自己也根据常识认为代岳父赔偿医药费是应该的，于是在事情还没有处理的时候，便尽自己最大努力凑足了医药费。而与周某的女婿不同，胡某的子女一回来便咨询了律师，以谋求最大的赔偿。前者缺乏最基本的法律常识，其行为更多依据的是习惯和常识——"父债子偿"的良心而不是法律，受到道德的支持。后者，虽不具备法律的常识，但具备法律意识，咨询律师以谋求利益最大化，其行为受法律的支持，但过分的要求不为熟人社会的"良心"所支持。

实际上，从法律常识来看，这件事情的处理有违基本的处事程序。我们便问参与调解的资深调解员童某，为什么事情还没有分清责任，就让周某的女婿全额赔偿医药费呢？从访谈了解到，事情的起因是胡某的妻子先割占周某的菜园地在先，并恶骂在后，且争吵中双方互有推搡，从因果关系推论，胡某的妻子在这场纠纷中应该负主要责任，周某只应承担部分责任，不应该让周家全额赔偿医疗费。当时童调解员给出的解释是：当时周某的女婿积极赔偿，我们也不好说，农村很多事说得太明白了，反而难处理。可见，在这件事上基层采取的是一种"模糊"处理，这种处理方法方便了问题的处理，但有违法律精神和公正。

在整个事件的处理过程中，派出所扮演着秩序维护者和纠纷调解者的双重角色，只不过这个调解的任务最终落在了调解员的身上；司法所更多地扮演的是按照法律程序计算赔偿损失的角色；村干部主要配合调解员动用各种关系，运用讲情和讲理的方式做胡某一家的工作。这当中虽然也涉及法律的运用，但调解者更多地从利害的比较中说服纠纷当事人放弃运用法律程序来解决问题，其基本的逻辑是"小事不出村，大事不出乡镇"。

在访谈中，T乡派出所是将这个案例作为成功化解纠纷的典型来介绍的。

但从现代法律的角度来看，这种调解既没有遵循法定程序，也有违法律公正。首先，这起人身意外伤害的处理就没有认定清楚双方的责任，而是利用周家人的法律无知，来达到了"大事化小，小事化了"的目的，这不仅没有遵循法定程序，也彰显了执法者和执法者职业上的道德缺失。其次，明知胡家理亏，周家势弱，却最终做出了有利于胡家的赔偿方案，这种不公正在明眼人看来是明显的。同时，这种处理也助长了农村社区日常生活中"倚强凌弱"的不良风气。如果这种风气得不到纠正，可能会在乡村社会产生一种"破窗效应"[1]。虽然，童某的力争让人看到些许"公正"，但这只是建立在不公正之上的"公正"，或许可以弥补良心上的些许亏欠。

可见，在农村社区日常生活纠纷调解中，调解人总是"在法律人与乡土人之间转换身份，甚至利用当事人对法律的误解，在法律的名义下，交替使用法律的推理方法与伦理、道德的正当性资源，为乡土人们解决纠纷提供一种模糊的法律产品，并根据实际需要展现出不同的'法律面目'"[2]。这种法律运用的方式与"送法下乡"初衷相违背，与国家"依法治国"的战略初衷相违背。但由于这种做法又是合乎习惯、合乎民情的，所以是有效的。

（三）结论与思考

在农村"微问题"的解决中，"法"是除"情"和"理"之外的重要选择，是农村社区"微问题"解决的重要理据，但相对于"情"和"理"则处于次要的地位，大多数情况下起着托底的作用。在中国传统文化中，法即意味着惩罚，造成了人们对法的恐惧。在农村社区日常生活中，人们对法的理解是具体的，如家法、族规、风俗、习惯、乡规民约等，甚至类似于"心理契约"的东西。因此，农村社区日常生活中对法的理解是权宜的、特殊的，不同于现代法的规定性、普遍性。并且，改革开放以来，我国的法律体系的建构是模仿西方法系，而西方的法系是建立在西方文化之上的，具有其自身文化的适应性，当把它移植到另一种文化中，必然会出现文化上的不适应，而难以被认

---

[1] Wilson, James Q and George L. Kelling. *Broken Windows*: *The Police and Neighborhood Safety*, The Atlantic Monthly, vol. 249, no. 3（March 1982）, pp. 29–38.

[2] 强世功：《调解、法制与现代化：中国调解制度研究》，北京：中国法制出版社2001年版。

同，从而造成国家的正式法与民间的"正式法"之间的紧张。在司法实践中，司法调解人为了调和国家的正式法与民间的"正式法"之间的紧张，使得司法调解获得乡村社会认同，往往对法律做工具化的使用，调解的目的在于"息争""息讼"，而不是通过司法调解强化人们对法律的认同；将正式法律做非正式操作，使之"合情合理"，而不刻意追求合法。故事一中男方的父亲打砸女方的财物，本来就是违法行为，但是在事件的处理上，只做一般赔偿的处理，是与现代法治相违背的。不过，从"息争""息讼"方面考虑，为了不使矛盾扩大化，降低调解的难度，司法人员利用了人们的"无知"，采用"大事化小，小事化了"的策略，进行非正式操作。故事二中，在没有进行责任认定的情况下，任由一方私下采取赔偿行动，违反了最起码的司法程序，这实际上也利用了当事人的法律陌生。

从这些故事的分析来看，一方面国家在积极推动"法律下乡"，来丰富农村社会的法律知识，增强人们的法律意识，最终实现依法治村的目的；另一方面又提倡"小事不出村，大事不出乡"，并将其纳入基层考核之中，在此压力之下，"息争""息讼"就成为合理的追求，消解了"法律下乡"的效果。

不过，从中国农村社区日常生活的实践来看，农业文明时期乡村社会日常生活自有一套调节日常生活的"微规则"，这些"微规则"包括家风、家训、家规、族规、风俗、习惯和乡规民约等。这些规则多数时间多数情况下，足以解决日常生活中的"微问题"，处理日常生活中的"微事情"，满足日常生活的"微心愿"和促进"微参与"。所以，在农村社区日常生活中，这些"地方性知识"仍然是人们行动的基本依据，其中优秀的元素也是值得现代社会借鉴和提倡的。

虽然这些"微规则"在国家政权建构和市场经济嵌入过程中出现了式微，但是作为一种文化的"地方性知识"是不可能彻底退场的，它们仍然在农村社区日常生活中对"微问题"的解决、"微事情"的处理和"微心愿"的满足中发挥着重要的作用。所以，农村社区日常生活中"微问题"的解决，讲情、讲理和讲情、讲理仍是基本的方式，有时比机械地运用法律的效果更好。反而，农村的司法实践中机械地运用法律会带来恶劣的效果。佩雷尔曼认为，法律适用并非是要追求绝对真理，而是基于价值判断和利益，法官基于让自己的判决能够获得公众的认可的考虑，往往会做出迎合大众的判决结果。即"听众在修辞中起着至关重要的作用，因为所有的论证都旨在说服，它们必须被听众所接受。因此，论证必须建立在听众已接受的信念之上，从而确信后面的话语也能稳固地以此为基础，进而获得听众认可"。[1] 即法律并非以追求真理为旨归，而是以追求大众价值的认同和结果的认可为目的，它所追求的公平实际上是大众的内心感受。这就要求，法律必要的时候必须与地方性"微规则"达成一致，才能达成法律自身不能达成的目标。更何况，"法律是用有限的规则把握无限世界的一种方式，当有限的规则不足应对无限的世界时，总要诉诸真情和至理，真情和至理是法律最高和最后的一条，是法律规则不敷运用时可供援引的最后依据，也是法律规则取之不竭和用之不尽的源泉，只有它们才能填补法律规则的漏洞和空白以克服其有限性和局限性"。[2] 因此，在具体的司法实践中，"将善良的民俗习惯有条件地引入审判领域，在不与现行法律冲突的前提下，运用善良风俗解决社会矛盾纠纷，将民俗习惯的合理运用作为对法律适用的一定补充，是转变司法观念、创新工作方式的一个具体体现，也是人民法院有效化解社会矛盾、促进社会和谐的一个重要举措"。[3] 这就要求我们必须在制度层面明确什么是良善的民俗，什么是恶俗。如果这两者很难区分，我们也可以仿照市场经济的规则，列出习俗的"负面清单"，然后按照"俗无禁止皆可为"的原则，在司法实践中在不有损法律尊严的前提下，做出尊重习俗的选择，这可最大限度地降低民俗与法律间的冲突。

由于农村社区日常生活中发生的诸多纠纷，虽然或多或少会触犯法律，只是暂时性地扰动了日常生活的秩序，打破了日常生活的平静，但对社区日常生活并不会造成根本的破坏，即不伤事体。因此参与调解的司法人员需要创造性地适用法律，使之更合民意。对此，梁治平曾指出："如果拿不伤物情，不害事体做一项标准，执行法律这件事情便是一种艺术，必须创造，不能照搬。这

---

[1] Ch. Perelman. *The New Rhetoric And The Humanities*, Holland / Boston：D. Reidel Publishing Company, 1979, P15.
[2] 邱本：《法学应是一门最讲理的学问》，载《清华大学学报》（哲学社会科学版），2008年第4期。
[3] 汪晓东：《善良民俗引入民事审判》，载《人民日报》，2007年10月30日。

时，法官的人格与识见，就像艺术家的修养与趣味一般，乃是他们创造活动中最重要的一些因素。"① 即司法人员在创造性地运用法律的时候，就需要从人们的日常生活体验中理解现实生活里的种种冲突和困惑，体悟人们日常生活的苦恼、生活智慧与生存哲学，进而提炼出其中真正的生活"微问题"，并努力以俗民的角度来重新理解这些"微问题"及其成因，从而在解决"微问题"的同时，最终造就社区日常生活的善。

上述两个案例都不同程度地涉及违法行为的认定和处理问题。许父的打砸行为实际上已经构成了违法，但整个事件的处理中并未对其做出司法上的处理，这种处理彰显了人情的一面，却有违司法精神，司法实践陷入了"情—法"的两难困境。要克服这一困境，在依法治国的战略前提下，关于涉法"微问题"的解决，必须坚持法律的底线思维。在"道"上由传统的"法外开恩"向"法内容情"转变，实现"法、理、情"有机融合；在"术"上坚持释法优先，兼顾讲理、讲情。

四、用力

从分析来看，农村社区"微问题"的解决中，讲情、论理和释法过程中，人们都会运用"力"来增加说服的效果，"力"用得恰当往往可以起到事半功倍的效果。那么，农村社区中人们是如何理解"力"？又如何巧用"力"来解决"微问题"？

（一）力之诠

何谓力？"力"是一个物理学的概念，经典解释为："力是物体对物体的作用，物体间作用是相互的。"早在春秋战国时期，墨家的代表人物墨子就提出"力，形之所由奋也"，即力是使物体奋起的原因。当自然科学中的"力"被嫁接到社会科学中时，"力"主要是指：一是能力，如领导力、执行力、创新力、权力等；二是力量，如公信力、品牌力、号召力、影响力、压力等。在

---

① 梁治平：《法意与人情》，北京：中国法制出版社2004年版。

农村社区治理中，关于"力"的运用主要聚焦于权力、影响力和压力如何被巧妙地运用。

1. 权力

关于权力的界定，韦伯的观点为多数学者所接受。韦伯认为："权力是在交往中一个行为者即使在遇到抵抗的情况下，也能实现其意志的可能性，而不管这种可能性以什么为基础。"① 这种对权力的界定，实际上是将物理学里的作用力成功地引入了社会科学研究领域，正如安德鲁·S. 麦克法兰（Andrew S. McFarland）所言："力的基本观点本质上是一种推动的动因，权力的界定是一种力与另一种力作用与反作用时产生的力的差异。较强的推力或较强的力量就是较强的动因，也可以说是更有力量的行动者，或者说是有更大的权力。"② 受韦伯的影响，约瑟夫·奈将权力界定为在社会结构中"一个行为者把自己的意志强加于另一个行为者的能力"。③ 并将其分为"硬权力"和"软权力"。在他看来，"硬权力"是一种命令的权力，即是一种借助压制和劝诱改变其他人行为的带有压迫性的控制力。"软权力"是一种诱惑性权力，即是一种建立在文化和价值的吸引力之上的，并通过策划政治日程，影响其他人所想要的，以控制他人的偏好表达的能力。但他对权力的二分并非机械的，而是将其视为权力谱系的两端，"命令和诱惑是沿着一个系列从命令到诱惑而排列的，即硬权力和软权力之间不存在截然的界限，而是一个渐进的过渡，或者说都存在于同一个权力'光谱'之中"。④ 可见，"硬权力"和"软权力"处于权力谱系的两个极端，相较于"硬权力"，"软权力"是"使其他人想要你想要的后果——诱惑，而不是强制他人去做"⑤ 的能力。

---

① Max Weber. *The Theory of Social and Economic Organization*, London: Free Press, 1947, p. 152.
② Andrew S. McFarland. *Power and Leadership in Pluralist Systems*, Stanford: Stanford University Press, 1969, p. 13.
③ Joseph S. Nye, Jr. *Bound to Lead: The Changing Nature of American Power*, New York: Basic Books, Inc., Publisher, 1990. pp. 25 - 26.
④ Joseph S. Nye, Jr. *Soft Power: The Means to Success in World Politics*, New York: Public Affairs, 2004, p. 8.
⑤ Joseph S. Nye, Jr. *Soft Power: The Means to Success in World Politics*, New York: Public Affairs, 2004, p. 5.

我国著名社会学家、人类学家费孝通先生在探讨权力时认为，讨论权力的人一般可划分为两派，社会冲突派和社会合作派。在他看来，从社会冲突的视角来看，"权力表现在社会不同团体或阶层间主从的形态里""它是压迫性质的，是自上而下的"，是一种"横暴的权力"①，它实际上是一种政治权力。从社会合作的视角看，权力表现为基于分工基础上、基于权利和义务的维护的平等关系里，是"共同授予的"，其"基础是社会契约，是同意"，故称之为"同意的权力"②，它实际上是一种社会权力。此外，他认为，还有一种既非同意又非横暴的权力，即教化的权力，它"发生于社会继替的过程"③中，是指通过教化使得他人"能在这些众多规律下，从心所欲而不碰着铁壁"，从而保证他顺利地进入"同意秩序"④。这种权力是以稳定的文化为前提的，因此，教化的权力实质上是一种文化权力。因此，费孝通总结道：在乡土社会的权力结构中，"虽则有着不民主的横暴权力，也有着民主的同意权力，但是在这两者之外还有教化的权力，后者即非民主又异于不民主的专制，是另有一工的"。⑤

从约瑟夫·奈和费孝通对权力认识来看，两者存在着一定的差异，但也有着共通之处。费孝通所说的"横暴权力"与"硬权力"是相通的，而"同意的权力"和"教化的权力"与"软权力"有相似之处。基于前面的分析，农村社区"微治理"中大多数情况下，"同意的权力""教化的权力"等"软权力"更多地被运用，并发挥更大的作用。

2. 影响力

关于影响力，一般可以指个人或组织因自己的优势有意或无意地对他人或群体及组织的信仰、思想、情感、态度、预期状态和行为施加影响，并能使之发生改变的力量或能力。这个优势可能是正式的政治权力、经济权力、文化权力和社会权力等权力因素，也可能是品格、才能、知识、感情、有感召力的信

---

① 费孝通：《乡土中国 生育制度》，北京：北京大学出版社1998年版。
② 费孝通：《乡土中国 生育制度》，北京：北京大学出版社1998年版。
③ 费孝通：《乡土中国 生育制度》，北京：北京大学出版社1998年版。
④ 费孝通：《乡土中国 生育制度》，北京：北京大学出版社1998年版。
⑤ 费孝通：《乡土中国 生育制度》，北京：北京大学出版社1998年版。

仰和价值观等非权力的因素。因此，影响力一般可分为权力影响力和非权力影响力。权力影响力是基于制度而赋予个人的职务、地位和与之相关的权力而形成的，具有正式性、法定性、强制性的特征，为少数人所仅有的影响力。这种影响力只与职位权力相关联，离开了职位，权力就会丧失或减少，影响力就会随之丧失或减弱。非权力影响力是基于个人的品格、才能、知识、感情、威望或威信等因素，以及有感召力的信仰和价值观等而产生的，具有非正式、非授权和非强制的特征的影响力。

权力影响力和非权力影响力构成影响力谱系的两端，两者是互相渗透的、互嵌的。两者既相互区别，又相互勾连。权力影响力依赖于权力而存在，而权力来源于外界赋予，依据现行的行政体系和组织原则获得某一职位。一般地，职位越高，权力也就越大，权力影响力就越大。非权力影响力则是自致的，它是人们在长期的学习、工作、生活、互动中逐渐形成的，与职位无关的，是一种能够作用于他者内心深处及潜意识层面的人格力量，在乡村社会体现为一种内在的、无形胜有形的威望，具有主动性和不愿违抗性的特征。比较而言，权力影响力产生影响的机制是"命令—服从"，非权力影响力产生影响的机制是"感染—顺从"。权力影响力会因为非权力影响力得到强化，而非权力影响力也会因为权力影响力而产生并得到强化。在农村社区"微问题"的解决中，介入"微问题"协商解决的中间人，大多数人并没有制度赋予正式职位，其权力影响力也就不存在，其参与协商解决"微问题"的效果主要取决于日常生活中在与村民的朝夕相处中形成的非权力影响力，其影响力体现为威望而非权威。威望是在长期的生活中自然地逐步形成的威信和名望，它不依赖于强制，而是基于同意。权威因权而威，是依赖于权力而存在的东西，离开了权力，它将不存在或者降低。虽然丹尼斯·朗认为，领导者个人权威有两重含义：一是掌权者的特殊性格和能力，另一是被领导者对掌权者独特的个人品质的感觉和评价。[1] 但在这里，首先，领导者就是一个权力的拥有者。在这个前提下，领导者要提高权力的运作效力，需要非权力因素的介入，如个人的性格、能力、品质等，以及权力的支配对象对权力拥有者的感觉和评价。这些因

---

[1] [美] 丹尼斯·朗：《权力论》，北京：中国社会科学出版社2001年版。

素增加了权力的合法化,而不是决定性的因素,决定性的因素还是权力。即使是魅力型领导,他的魅力发挥作用,也是以权力为依靠的。个人魅力是建立在他人的认知之上的主观感受和评价,故豪威尔和科斯特利将魅力型领导定义为:"下属所认为的具有特定个人特性、能力和行为,并且对下属的情感、价值、信仰和行为有强烈影响力的领导者的某种特性。"① 个人的魅力要让别人体察,就必须有平台来展现其魅力,而这个平台就是其获取的职位,并通过职位赋予的权力进行有效的角色表演来表现。因此,离开了职位权力,也就失去了角色表演的平台,其魅力就无法展现。因此,在农村社区"微治理"中,中间人的影响力只能是一种非权力影响力,其作用的发挥也就只能依赖日常生活逐渐获得的威望。

3. 压力

关于压力,社会科学中主要指的是心理压力和社会压力。心理压力是指在日常生活中个体因外部环境要求与自身应对环境要求能力不平衡而产生的,并通过非特异的心理和生理反应表现出来的一种身心紧张状态。一般地,心理压力是压力源和压力反应共同构成的一种心理感知和与之相伴随的行为体验。这个压力源一般有两个:一是来自外部环境的人和事,二是来自个体自身气质、性格等。由外部环境的人和事对个体或全体施加的压力,又叫作社会压力。它作用于个体或群体,会使个体或群体产生心理紧张,而迫使个体或群体的思想、观念和行为发生约束或改变,从而达成社会性的目标的社会力量。因此,首先,社会压力是一种基于社会要求而形成的对个体或群体的约束力量。它源自:第一,社会所制定的正式规范,法律、规章制度和行为规范等;第二,人们长期生活中逐步形成的非正式规范,风俗、习惯和道德等;第三,日常生活中形成的社会气氛、社会舆论以及社会风尚等。其次,社会压力是一种试图改变个人或群体的思想、观念和行为,使之走向特定社会目标的社会力量。麦基佛尔认为,社会压力有两种表现形式:一是指社会秩序对个人冲动的约束力,一是指团体对个人的非正式约束力。在农村社区中,社区成员不仅仅是经济

---

① [美]乔恩·豪威尔,丹·科斯特利:《有效领导力》,付彦等译,北京:机械工业版社2003年版。

人,更是社区人、道德人,其关注自身在社区中的声誉,从而做出符合社区要求与规范的行为。因此,农村社区成员的行动不仅仅受利益的驱使,更多地受日常生活中逐步形成的社区非正式规范,如风俗、习惯和道德的规制和驱使,还会深受社区日常生活中形成的社会气氛、社会舆论以及社会风尚等的影响。这些因素共同作用,能够保证社区成员按照社区期望去行动。

农村社区"微治理"中,如果能够巧妙地运用权力、影响力和社会压力,则将能够更有效地解决农村社区"微问题",从而有利于农村社区"微秩序"的维护与建构,也会有利于农村社区"微福利"的维持和促进。

(二)用力之术:基于故事的分析

任何社会问题的解决都要借助一定的社会力量。这种社会力量,可以是来自国家层面的宏观的社会力量,可以是来自组织层面的中观的社会力量。还可以是来自社区层面的微观的社会力量——社区力量,社区力量包括社区权力、社区和个人的影响力、社区压力。农村社区"微问题"的解决也不例外,它更多地依赖于社区力量。在农村社区"微问题"的解决中,运用好这些力量是需要地方性技巧和智慧的。

故事一 协助道路清障

2017年7月19日,在经过宅坦村的县道上有一棵大树横在路上,阻碍交通。县交通局将电话打到镇上,镇上便打电话给胡某,要求胡某协助镇政府和交通局的工作人员尽快解决这个问题。接到电话后,胡某立马赶到现场。在弄清树的主人之后,立即电话联系树的主人,但树的主人在外打工,便说打电话给他姐夫,让他姐夫来处理。过了一会,胡某便打电话给(主人)姐夫,过了大约半个钟头(主人)姐夫来了。一开始,镇上和交通局用好像命令口气要求他将树砍了,从路上挪开。(主人)姐夫不愿意砍,并提出,砍树可以,但要给补偿。可是,交通局不同意。为了避免问题闹僵,胡某便将(主人)姐夫拉到一边,开始给他做工作——给他递烟、讲好话,诸如"不看僧面看佛面"等,并承诺:"今天给我个面子把树砍了,你就算帮我把树从路中挪开,哪天你们家有困难,或有什么事要帮忙的,我也会帮忙的,今天说话算数。"这样大约跟他讲了差不多半个钟头的好话,(主人)姐夫终于答应砍树。后来,在胡某的帮忙下将树挪开了,恢复了交通。(本故事是笔者在宅坦村访谈时,根据HQY的口述整理201707)

这是一个巧用权力来解决农村社区"微问题"的故事。从这个故事来看,当事件发生时,县交通局将电话打到镇上要求镇政府协助解决。从行政级别上来看,县交通局与乡镇政府属于同一级别,不存在隶属关系,但在中国的国情中,县直机关往往垄断了部门资源,乡镇上的事还需要县直机关帮忙。所以,掌握部门重要资源的县直机关实际上拥有更多权力,表面上交通局打电话到镇上要求协助解决,实际上仍然是居高临下的,虽不是命令,但显得很强势。而镇政府直接将电话打到村委会,要求胡某协助镇政府和交通局的工作人员尽快解决问题。表面上是要求协助解决问题,实际上就是命令。所以,胡某接到电话后,立马赶到现场,这样就形成了实质上自上而下的"硬权力"的运作。起初,镇上和交通局用近乎命令的口气要求树主人的姐夫将树砍了,从路上挪开。可见,在农村,地方政府还是习惯于运用"硬权力"来解决问题的。在计划经济年代,或在农村税费改革之前,这种权力的运用是有效的。但是,随着联产承包责任制的实施,特别是后税费时代,农民对基层政府依附度降低,运用"硬权力"来解决"微问题"变得越来越失灵。因为大多的"微问题"并不触犯法律,游走在规则的边缘。因此,基层工作中那种"来硬的"已经难以行得通,这就凸显了"软权力"的价值。在这个事件的处理中,村干部胡某通过"讲好话"并允诺以利益交换的方式对树主人的姐夫产生了诱惑力,由此使得"微问题"得以解决。

该故事中,胡某作为村干部,不拥有或较少拥有"硬权力",也就不能运用命令的方式解决这个问题,但胡某是村委主任兼民事调解员,这样的角色地位实际上就赋予他在社区中一定的"软权力"。因此,他只能巧用"软权力"来处理这件事。解决这件事的焦点在于该不该给经济补偿的问题。交通局认为,树倒了横在路上,阻碍了交通,应该由树主人自己来清理,谈不上补偿问题;而树主人的姐夫认为:砍树应该给误工费,因为他是在为县道清障;树砍掉了会带来一定的经济损失，应该给予一定的补偿。论"大道理"，理在交通局。但依据"乡里鼓乡里擂"的原则，树主人的姐夫也有一定的道理。因为这件事属于民事事件，采用乡村的"软办法"处理往往会事半功倍。作为"老江湖"的胡某深谙此道，所以他采取"讲好话""卖面子""允人情"等方式诱惑树主人的姐夫，从而使之做出让步，使得问题得以圆满解决。

从这个故事的分析来看，农村社区"微事件"的解决与处理，主要依赖的是"软权力"，巧用"软权力"是农村社区"微问题"解决的基本技术。概括地，在"微事件"的解决与处理过程中，"软权力"运作的基本逻辑是："微问题"出现，影响正常日常生活秩序，迫切需要解决和处理；利益相关方寻求解决办法；"微问题"的解决和处理不宜用"硬权力"，而是掌握有"软权力"的基层干部介入"做工作"——依据情理规则讲情讲理、讲好话、卖人情等；"做工作"所施展的诱惑力产生了效果；最后"微问题"得以顺利解决或处理，恢复日常生活秩序。

故事二　重大事项的关键参与者和民事纠纷的最后评判者

董某，1949年前参加工作。新中国成立后，一直在省直机关工作，在董庄和周边地区可谓是"赫赫有名"的人物，因为董庄和周边村庄的村民看来，他是他们那里最大且最有实权的官。所以，村民遇到困难时总会找他帮忙。董某是一个很念乡情的人，只要是他能办到的，总会想办法帮忙。所以，每当他回到老家的时候，总会有许多人来看望他，这种情况一直到他退休也没有改变。这是因为，一方面这里的人一直念他的情，另一方面感服他的声望。在某种意义上，他被董庄人和附近村庄的人看作是靠山、主心骨。

在董庄，人们一直传着这样一个故事，20世纪60年代初，因"大跃进"和"三年自然灾害"引发了农村大饥荒，上面派工作组到董庄调查，大多数人对调查组的提问三缄其口，但董庄一位老人说了真话，这事被大社干部知道后决定停董庄人一个月的伙食，那就意味着董庄的人有可能会被饿死。于是，董庄的人商议派两个知情的人前往省城找董某。这两个人步行三天三夜赶到省府找到了董某，说明了情况，董某便将家乡发生的情况向省委汇报。那时正赶上上至中央下至地方正在开展"大跃进"后期的纠错工作，于是省委便派董某回家乡解决问题。接到委派后，董某便带一个工作人员回到家乡。董某一到家，大社的干部便赶到他家，以他常年不参加大社的生产劳动为名要逮捕他（那时的大社干部有生杀予夺的权力），同董某一起来协助工作的工作人员出示省府的文书，公开了董某的身份。大社的干部又是赔礼，又是道歉，并当场决定取消之前的停伙决定。20世纪70年代，董庄在董某的帮助下，成为所在公社第一个带上电的村庄。为此，董某进一步确立了在董庄和附近村庄人心目中的地位和声望。

20世纪50年代，董某积极响应当时国家的政策让家属下放回老家务农，直至1979年根据国家政策妻儿才回到省城落户。在这期间，大多数时间董某实际上成了董庄的"准社员"，每当他回到老家的时候，家里就成了董庄的"会议厅"和重大疑难纠纷"调解所"。因为村庄内"重大决策"大多会征求董某的意见，村庄内发生的难以调解的民事纠纷往往会请董某来调解。

自从董某一家去了省城以后，董庄的人遇到疑难的事就常常打电话或上门找他。而且董庄的人只要到省城有事或经过那里，大多会到他家吃上个一顿饭，或住一两晚是常有的事。据村民反映，董庄的大人小孩几乎都去过他家吃过饭的。

离休之后，董某一直居住省城，但每年总要回老家几次。因为董庄还有他的亲戚朋友，生于斯、长于斯的他总是对家乡念念不忘，一度曾萌生回老家养老的想法，但由于种种原因未能成行。

董庄在龙镇是为数不多的几个大自然村之一，人民公社时期董庄有两个生产队，后来乡镇改革原来的两个生产队分为4个村民小组，现有人口接近500人，均为同宗，但属于五个不同的房派。由于人口多，家庭内部、家庭之间、不同房派之间经常发生纠纷。在这个自然村里发生纠纷时，往往大多是宗族内部解决。如果不能解决，便等董某回家时，再行裁定。因此，每当回老家时，来探视的、来评理的，常常挤满了屋子。经过他调解后，大多纠纷都能解决，有时虽有人不满意，要么不敢说，要么不好意思再提。他凭借自己在村民中的威信，长年来为村民们排忧解难，数十年来董村没有发生过一起重大不良事

件。(根据 BZS 陈述整理 201602)

　　这是借用影响力解决农村社区"微问题"的故事。董某自小生于斯长于斯。再加上,其在位之时仍与董庄的村民保持着长期的感情联系,他对村庄中的风土人情十分熟悉,对村里的大事小情也了如指掌。因为,据村民介绍,村庄中的人只要到省城就会顺便去他家吃上一顿饭,或住上个一两晚,是常有的事,董某一家总是不厌其烦地予以周到地接待,在这个过程中,他们之间总会聊到家乡发生的事。董某之所以能成为董庄重大事项的关键参与者和民事纠纷的最终评判者,是因为其影响力使然,这种影响力是典型的非权力影响力。

　　从这个故事来看,董某的非权力影响力的形成与如下因素相关联:第一,董某有着特殊地位。董某在省直机关工作,在农村人看来就是一个"大官",能当上大官的人,比一般人就更明白事理,而且见多识广。第二,董某能够热心地为村民办实事。在董庄人眼里,董某是一个没有官架子的人,是一个能热心帮人的人,是一个有名的大好人。所以他们对他十分尊敬,只要他一回到老家,来看望他的人就络绎不绝。第三,他对村庄内的地方性知识十分熟悉,并能运用自如。

　　从上述分析来看,董某在董庄和附近的村民眼里是一个"大官",拥有一定的权力,这种权力对其在村民心目中地位和声望的形成产生了重要的影响,但决定性的影响因素关键在他能否利用其资源为村民办实事。在董庄,村民总是将董某与另一位被村民认为在地方上"身居要职"的本家相比较,后者虽拥有资源,但很少为村庄人办事,也不关心村庄事务,对这样的人,村民往往敬而远之。因此,董某在董庄所形成的非权力影响力是在与村民的长期交往中、在为村民办实事中形成并得以维持的。正是依靠这种非权力影响力,使之成为董庄治理的重要主体之一,并无形中担当了老家村民保护人的角色,成为乡村社会秩序维护的一种重要力量。但并不是所有在外工作的人都能对村民小组直至乡村社会的治理产生重要影响,这主要取决于他们与乡村社会的关联性,以及他们日后的生活面向。如果他们有着割不断的亲戚关系和良好的人缘,如果他们退休还希望回老家定居或常回老家住一住,那么他们就会给乡村更多的关注,从而成为影响一方社会秩序的一种力量。

总之，这种力量是农村社区"微治理"乃至乡村社会治理的一种重要的力量。这主要是因为：第一，比一般村民，他们具有知识的优势，因为这种优势，会使人们相信，他们更明白事理。第二，他们有着不同于一般村民的经验优势。丰富的生活和工作经历，让他们见多识广，使得村民们相信，他有解决问题的能力。第三，他们有着村民们尊重的社会地位。这种受人尊重的社会地位，会给他们带来居高临下的社会优势。上述要素使得他们获得了优于一般村民的政治和社会资本，从而容易赢得村民的尊敬和信任，威望因此而树立。自古以来，乡村社会十分尊重有威望的人，这正是他们对乡村社会产生影响力的文化根源。农村社区"微治理"深受村庄内外各种力量的影响，其中，村庄内的力量是主要的，但村庄外的力量也不可忽视。如何利用好村庄外的力量来达成农村社区"微治理"的目标，是一个值得深入探究的重要课题。

故事三 家庭纠纷的调解

胡某夫妇育有两男一女。女儿出嫁，大儿子结婚后在中人的见证下分了家，并约定两位老人一个儿子各赡养一个。胡某由大儿子赡养，胡某的妻子由小儿子赡养。分家时，小儿子还没有结婚，在农村没结婚成家就是没有成人，父母还要帮衬着点，直至结婚成家。于是，胡某夫妇便按照当地的习俗与小儿子住在一起，帮他打理家务，当时也得到了大儿子和大儿媳的认可。

胡某是个手艺人，平时做玩具收入可观。同小儿子一起过日子，小儿子多少会沾点光。在这期间，小儿子盖了新房子。这下子，老大夫妇火了眼（红了眼的意思），认为父母偏心，平时没少找父母和弟弟的茬儿。本来说定，老大要承担父亲的日常开销（柴米油盐），但当时胡某还能挣钱，生活上没有什么问题，也就没向大儿子索要。前几年，大儿子逢年过节还给父母送点东西，但后来随着矛盾的积累，逢年过节也不送了。虽然，胡某夫妇有怨言，也没把事情吵开。

后来，小儿子结婚成家了，按照以前的约定，小儿子提出让父亲到哥哥家住，这时哥哥不愿意了，并与父亲胡某发生争吵。于是，胡某的小儿子便找到我们来评理。当我们赶过去时，老大正举着凳子（试图）砸他的父亲胡某，我们赶忙予以制止。后来，我同另一位村干部分开做两边的工作，我做胡某大儿子一家的工作。老大是个很不讲理的人，不管怎么说，总是油盐不进。后来，我同另一位村干部一起做老人和小儿子的工作，小儿子一家同意父亲继续同他们一起生活。小儿子夫妇并非真心要让老父亲到老大那里住，因为母亲还健在，不能把老两口分开，只是老大这多年也不管父母的事，气不过才这么做的。

过了几年，胡某生病去世。按照当地的风俗，胡某的灵堂应该设在老大家，当老小提出这一要求的时候，老大死活不同意。这时，村庄上的人和前来奔丧的亲戚炸开了锅，纷纷谴责老大一家。但老大是个倔脾气，不讲理，不听人讲，也不怕人讲。这时，在外务工回家奔丧的大孙女出面讲话了，狠狠责备了她的父母。她说：过去的事谁是谁非，我作为晚辈不好讲，这件事是父亲做得不对，死者为大，就是爷爷在世时有什么不对，这时也要放下，灵堂放在我家，理所当然。不然，不仅理讲不过去，影响也很大，以后我们这家还要不要住在这个庄子，人家怎么看我们。胡某的大孙女的一通话，受到了在场人的赞许，很多人为她竖大拇指。胡某的大儿子基于舆论的压力和女儿施加的压力，同时，他女儿的话也让他有个台阶下。于是，他便同意他父亲的灵堂设在自家，丧事也得以顺利地举办。（根据JYH陈述整理201707）

这是一个借助压力解决农村社区"微问题"的故事。在农村，一般来说，多兄弟的家庭，只要结婚成家，大部分会分家过日子，父母一般与未成家的孩子一起生活，帮忖着他们尽快成家立业。在老人看来，这是他们的义务，不然会觉得没法向他未成家（在父母的眼里，没有成家就是未成年的孩子）的子女交代。但分家过日子的长兄有义务协助父母完成他们的使命，并需要尽一定的赡养义务。在农村有句俗语"长兄如父，长嫂如母"。就是说，长兄和长嫂要像父母一般照顾未成家立业的弟妹，与此同时也应得到其弟妹的应有尊重。否则，就会违背家庭人伦，而让外人看笑话，指脊梁骨。因此，该故事中，老大成家之后便分家过日子，父母同未成家的小儿子一起生活，并帮忖着点，符合农村的习俗。在父母的帮忖下，其未成家的兄弟建了新房，应是值得高兴的事，但老大夫妇红了眼，觉得父母偏心，说出来就是理亏。按照分家约定，老大有赡养父亲的义务，但分家后基本没有承担这项义务，这事老大是实实在在的理亏，鉴于情面和"家丑不可外扬"的俗见，此事并未对外张扬。其弟成家后，提出父亲到老大家住一起生活，合情合理。但老大拒绝，并动手（试图）打自己的父亲，这是大逆不道。故在村庄人的眼里，老大就是个十分不讲理、不要面子的人，这在后面的丧事活动中得到了进一步证明。在丧事活动中，老大不讲情理、不要面子表现得淋漓尽致。但在众多的舆论压力之下，他只能自讨没趣，下不了台阶。后来，其女儿的责备既对他产生了更大的压力，也是给了他一个台阶下。于是，他便"借坡下驴"，使得丧事活动得以继续。

此外，在村庄内，还有一种力，俗称狠力，与费孝通先生所说的"横暴的力量"意思相近。在具体运用中，即是指用力量说话，俗称用"狠"。在乡村社会，用"狠"还是有一定市场的。如在乡村，黑社会组织就是一种横暴的力量，践踏着乡村秩序；还有利用家族或宗族优势垄断村庄权力等。横暴权力运作的逻辑就是让力量来说话，因此，它是一种压迫性的力量，往往也是不得人心的。在横暴的力量面前，多数人表面变成沉默的羔羊，但在内心充满着诅咒。因此，这些人一旦势衰，会变得十分失落，并被村庄人孤立。

故事四　落寞之人

程氏兄弟被程村视为两大恶人。1949年程村解放，程氏兄弟虽然不精农务，也"不认活"①，但由于是贫雇农出身受到农会的重视；经过几年的历练，他们成为程村的积极分子。20世纪50年代初，年轻力壮的老二报名参加了志愿军，虽未参加抗美援朝战争，但作为退伍军人还是受到地方政府的重视，由于没有文化，最初被大队安排当民兵营长。老大虽然体弱，但为人机灵圆滑，被地方政府所重用。程氏兄弟之所以被程村视为两大恶人，是因为他们在村庄掌握有一定的权力的时候，横暴地使用权力，伤害了程村很多社员和村民的人身和财产安全。老大在程村"扫四旧"时就大显身手，并侵吞了村庄人家抄没的部分财物，特别是在"大跃进"时，老大成为大社的主要干部，在村庄

---

① 当地方言：不喜欢农业劳动，游手好闲的意思。这样的人，在当地被称为"小混混"。

中掌握了生杀予夺的大权，其将横暴的权力用到了极端。有一次，本族一个社员因为生病没有出工，他便上门以"偷懒"为名将其捆绑起来送到大社关押起来，连饿三天之后，在至亲长辈说合求情下，此社员才被放回来。60年代初，在纠正"大跃进"错误时，他和另一位大社的干部被撤职。但由于其八面玲珑的做派，最后他还是被安排在公社的集体企业内当了厂长，直至退休。虽然在当厂长期间，他常常也为程村的人做些好事，但由于他在"大跃进"时作的孽，一直没有被程村人原谅。因此，在其百老终身时，程村人大多未参加他的葬礼，让他的晚辈们很没面子。

老二在没有掌握程村实权之前，并没有什么劣迹。但20世纪70年代末，原大队书记退休之后，他掌握了程村的实权。掌握实权之后，他做的第一件事就是撤掉程村明清时期建立的程氏祠堂，说是将撤下来的木材用来建大队的小学校舍（在这之前，大队的小学就设在祠堂里）。实际上，他是想将祠堂占的那块地变成自家的宅基地。因这件事，程村的人暗地里骂他，但拿他没办法。特别是80年代后，他为了完成村里"三上交"、农业税和计划生育的任务，他指挥人拉牛、扒房、抱被，侵吞计划生育罚款，无所不用其极。而且，其妻是程村著名的泼妇，把村庄的人家都骂了个遍。尽管如此，程村的人为了讨好他，家里办红白喜事的时候，都会争相请他吃饭（这样的吃饭是不要掏礼钱的）。90年代退休之后，将其子推到村干部的主要岗位上，其子如其父，为达目的不择手段。后来，因为伙同其他村干部贪污建校款和计划生育罚款，被程村人集体上访举报而被罢免。现在，程氏老二退休在家，但村里人并不待见他，春节拜年的时候，大多数人不去他家拜年。（依CCS口述整理201708）

在农村社会，人们对横暴的权力往往无能为力，横暴的力量虽然能够一时得势，但人们相信"人不可能红一辈子"，总会有走下坡路的时候。特别是那些借助横暴的力量仗势欺人的人，是不会有好报的。在中国的基层体制中，人一旦离开了职位，也就失去了横暴的力量和权力，其势也就不存在。失势的他们就会成为曾经被侵害的对象或家人，或明或暗的清算对象。在皖西龙镇一直传着这样一个笑话：龙镇的一位镇干部曾经是镇上呼风唤雨的角色，有一次，他向曾经的好朋友诉苦说，"我以前走在大街上的时候，见面的人都同我打招呼，十分客气。现在走在街上，怎么街上的人变得都不认识我了。"为此，他觉得被过去的街坊邻居们孤立，感到十分失落。程氏兄弟的遭遇实际上与龙镇的这位镇干部是一样的，他们曾经滥用体制赋予的权力，当他们失去了体制的支持，就为乡民提供了"冷报复"的机会。实际上，数千年来，只要有这种横暴的力量存在，中国乡村社会就存在着这种"欺压—报复"的循环宿命。

（三）结论与思考

一般地，农村社区日常生活中，所运用的力主要有权力、影响力、压力和力量（狠力）。在农村社区"微问题"的解决中，用力一般嵌入于讲情、论理和释法之中。这四种不同的力的运作逻辑是不同的，产生的作用也存在着差异。

权力是农村社区"微问题"解决中惯用的力，约瑟夫·奈将权力区分为"硬权力"和"软权力"。在农村社区日常生活中，"硬权力"更多的是指一种来自体制的权力，是一种体制赋权，由于有体制做依靠，其运作的基本逻辑是"命令—服从"。这种权力运作方式，在体制内的问题的解决和计划经济年代的农村社区"微问题"解决中，效果比较明显，但在农村税费改革后，这种权力运作的效果日渐式微。而"软权力"虽与体制有一定的关联，但更多的来自日常生活的累积，其运作的机制是诱惑，而非强制。这种诱惑往往是通过讲情讲理、面子交换、允利被生产出来的，它是农村社区"微问题"解决中惯常运用的权力，并能更好地发挥作用。"硬权力"和"软权力"的运作及其效果，在故事一中得到了较好的体现。

从故事二来看，影响力在农村社区"微问题"解决中的作用较为明显。一般地，学术界根据影响力的来源，将其划分为权力影响力和非权力影响力。其中，权力影响力是一种由体制的权力生产出来的影响力，其影响力的大小与权力的大小呈正相关，其运作的机制即是权力的运作机制，在运作过程表现为"权威"。非权力影响力是来自于组织或个人在日常生活中所树立的正面形象所产生的，其影响力的大小与组织或个人的魅力成正相关，其运作的机制是一种"感染—顺从"的机制，在运作过程表现为威望或威信。不过，在农村社区"微问题"的解决中，权力影响力和非权力影响力并非孤立地起作用，两者可以相互强化。

故事三展现了压力在农村社区"微问题"解决中的作用,压力主要表现为心理压力和社会压力。在农村社区日常生活中,社会压力表现为舆论压力。压力是在日常生活中累积的结果,是通过某个特殊事件集中爆发而表现出来的。其运作的逻辑是:特殊事件的发生—关联对象的非合情合理行为的发生—舆论指向关联对象的否定性评判—社会压力被生产出来作用于关联对象—对关联对象产生心理压力—关联对象改变行为—趋向采取合情合理的行为,从而使得"微问题"得以解决。

虽然在农村社区日常生活中,"用狠(力)"多被赋予负面评价,但"用狠"解决问题,在乡村社会仍有一定的市场,如中国现代国家建设过程中,基层治理的"混混"现象。陈柏峰的研究发现,"有利益的村庄就会有乡村'混混'的身影,乡村'混混'积极介入乡村治理事务,形塑着基层治理生态",且"混混"的介入多以"暴力和暴力威胁为基础"。[①]"混混"的存在于市场和社会中形成了灰色地带,甚至发生了与基层政府的桥接,完成了基层政府难以完成的任务,如征地拆迁等,"混混"的作为使基层政府置于超然的状态,并有效规避了不良后果的直接责任。实际上,"混混"现象并非改革开放的独特现象,在革命政权建设、巩固时期和社会主义建设早期,一些"混混"就披着"合法化"的外衣,利用体制赋予的权力,运用"横暴的权力"解决革命、建设时期以及改革开放时期的"微问题"。实际上,故事四中程村的程氏兄弟,当初就是"不认活"的"小混混",后来被体制所吸纳,提供了他们"用狠"解决问题的机会。但是这样的"用狠"的人,一旦离开体制,就会遭到村民的"冷报复"。

五、明利

从社会交换的角度来看,其动力在于参与交换的各方期望从别人那里得到期望的回报,交换中产生的余额是权力或影响力的来源。日常生活中的社会交

[①] 陈柏峰:《乡村"混混"介入的基层治理生态》,载《思想战线》,2018年第5期。

换，包括情感交换，情换情、心换心；利益交换，实利和荣誉；支持交换，获得对方的支持；资源交换，物质资源和信息。在社会交换中，付出多的一方将获得较多的权力或较大的影响力。日常生活中，责任、感激和信任感正是由社会交换唤起的。可见，利益交换是社会交换的一种重要的形态。马克思曾说："思想一旦离开利益，就会使自己出丑。"① 与之相呼应，实践一旦离开利益，就会使得实践流于形式，而难获正果。在现实生活中，"社会以利益（实利）或荣誉（精神利益）对于道德行为进行的有力干涉或调控"。"道德的奖赏给予人们一种道德荣誉感，而道德上的谴责则给予人们一种道德上的羞愧感。"②农村社区治理中"微问题"的解决是一种基层实践，同样离不开利益。这种利益可以是实实在在的实利，也可以是荣誉等精神利益。农村社区"微治理"实践中，通过明之以利，可以助益农村社区"微问题"的解决。

（一）利之喻

何谓利？在中国，自古至今，始终存在着争论。这种争论，实际上根源于中国古代的"义利之争"，后来逐步地衍生出"公私之争"。在这种争论之中，"崇公抑私""公而忘私"被强调，长期以来"利"或"私利"多成为贬抑的对象。然而，现实生活难免利益之争。因此，实践中"利"或"私利"成为桌下之交易，万万不可拿到桌面上来说，这种状况直至改革开放后才有所改变。在发展经济的背景下，利益之争才堂而皇之地登堂入室，赢得了话语权。

1. 古代的义利之辨

古代的"义利之争"肇始于孔子的"君子喻以义，小人喻以利"。在此，孔子将求义还是逐利视作划分君子与小人的道德标准和社会分层标准。从道德层面来看，君子当重义，小人则可以以逐利为生活目的。从社会结构层面来看，社会成员可以划分为君子和小人。由于君子处于社会的上层而衣食无忧，他们应该重义，否则就会失去君子做人的本心，故孔子要求君子"见得思义"。可见，孔子的"义利观"中强调追求私利应以义为前提，以义制利，即

---

① 《马克思恩格斯全集》（第2卷），北京：人民出版社1957年版。
② 龚群：《论道德赏罚》，载《云南社会科学》，2009年第5期。

"重义而不贱利",并非后人所理解的"重义轻利";而小人处于社会的下层,谋求生存是其生活的中心,谋利方可好好地生活下去,为上升为君子做好物质保证,其强调"重利而不轻义"。所以,孔子又曰:"因民之所利而利之,斯不亦惠而不费乎?"这种思想,被荀子和孟子所继承。《荀子·荣辱》曰:"先义而后利者荣,先利而后义者辱。"荀子主张君子取利当符合道义,不可取不义之财,强调义对利的引领作用。可见,荀子的思想中已有了"贵义贱利"的倾向。孟子答梁惠王亦曰:"王何必曰利?亦有仁义而已矣。"在孟子看来处于君子地位的君王,不能张口闭口都是利。除了利之外,还有仁义,仁义比利更重要。可见,早期儒家的"义利之辩"并没有把"义与利"绝对割裂开来,而是认为义与利在君子身上是可以并存的,只不过基于君子的地位不能以贪利为目的,否则会君民因争利而反目,甚至造成民不聊生,则大义失矣。所以,先秦时的儒家并非彻底否定利,而是强调利要合义。

自汉儒始,出现了对早期儒家思想的误读,而视"义与利"为冲突双方,不可并存。汉儒董仲舒云:"夫人仁者,正其谊(义)不谋其利,明其道不计其功。"即是说,人中之君子,言行当合乎正义而不以谋利为目的,明白了道义就不会计较个人得失。后来,宋代的程朱学说继承了这一思想,并将义与利推向彻底的对立面。宋程颢曰:"大凡出义则入利,出利则入义。天下之事,唯义利而已。"其意是,一般来说抛开了义,利则乘虚而入,放弃了利才能成就义。天下的事归根结底就是区分义利,做出选择。可见,程颢和程颐将义与利看作水火不相容的对立面。与程颢和程颐相比,朱熹和王阳明似乎走得更远。朱熹就主张"革尽人欲,复尽天理",王阳明亦主张"去得欲,便识天理"。他们所讲的"人欲"指的是私利,而将义上升至天理的终极存在。如此,利因"人欲"的恶而失去存在的合理性,当革尽;义因成为至善的天理,而成就其形而上的终极存在。

总之,儒家的"义利之辩"由"重义而不贱利"向"重义贱利"转变,而且后者逐步转变为主流话语。由君子当"重义"的特殊要求向做人当"重义"的一般要求转变,并由此衍生出"崇公抑私"的"公私之辩"。但自古至今的"义利之辩"并非一家之言,儒家之外,也有不同的声音。墨家的墨子就认为"义,利也",即主张义和利是一致的,两者是同一个事物。南宋的陈亮、叶适发展了墨子的这一思想，认为道义和功利并非矛盾的对立物，功利自在道义之中，离开功利也就无所谓道义，从而形成了义利的功利说。叶适曰："古人以利与人，而不自居其功，故道义光明。既无功利，则道义乃无用之虚语耳。"其意是，古代君子让利于人，而不贪功，故发扬光大了道义。如果没有功利而只让渡，那么道义就成为虚妄之语，而变得没用。后来，清颜元也提出"义利并重"主张。他反对董仲舒的观点，故将董仲舒的话改为"正其谊以谋其利，明其道而计其功"。即是说，谋利者当符合正义，谋求功利目的的人当明白其中的道义。可见，颜元的"义利观"是对古典儒家"义利观"的复兴，对我们当下正确地理解义利的关系具有重要的价值。

2. 1949年后的"公私之辩"

1949年，中华人民共和国成立之后，"义利之辩"突出地表现为"公私之辩"，这一点，在农村人民公社时期表现得尤为突出。那时"公私之辩"一边倒地强调"崇公抑私""公而忘私"，"私"彻底地失去了话语权，并且付诸实践。这里的"公共利益"是指国家利益或集体利益；这里的"私"是指私利，它具有相对性。相对于集体利益，个人利益就是私利；相对于国家利益，集体利益就是私利。"公利"与"私利"的关系是"私利"必须绝对服从于"公利"，所谓"弃小家顾大家"即是这两者关系的通俗表达，任何不顾"公利"而谋求"私利"的思想和做法都要受到无情的批判。为了"崇公抑私"，农村确立了人民公社体制，农村务农居民成为公社社员，而失去一定的个人自由；生产资料成为集体所有，农民除了从公共劳动生产中分得必需的生活品外，几乎没有私人品。而在思想方面，为了使"崇公抑私""公而忘私"成为思想的主导，开展了社会主义教育运动，其实质就是集体主义教育。在行动方面，开展"割资本主义尾巴"运动。通过这些运动，集体主义意识似乎变得根深蒂固。但是在实践中，农村的集体所有制并未能解决农民的温饱问题，也无法解决全国的温饱问题。为了化解这种困局，在农村允许农民保留部分自留地，事实是自留地里的庄稼总比生产队地里庄稼长得旺。同时，集体主义实践中也衍生出"集体的个人主义"[①]。由于集体与集体之间没有横向的联系，它们皆是

---

① 包先康：《社会工作视域下的社会治理创新》，载《中州学刊》，2016年第5期。

向上利益的竞争关系，因此，为了本集体的利益不顾甚至不惜牺牲其他集体的利益。在农村，集体主义年代，大队与大队之间，或者生产队与生产队之间，旱季常常出现争水械斗。同时，集体主义教育与实践极端地压制了个人利益，物极必反，它也就培养了其对立面"自利主义"，这在改革开放初期表现得淋漓尽致。

改革开放后，市场经济背景下的"公私之辩"主要发生于意识形态层面，实践层面的"公私之辩"的声音变得十分微弱。在农村，自实行联产承包责任制以来，过去的实质的"公"被形式的"公"所取代，特别在欠发达地区，"集体"已经成为一个虚拟的存在，"私"才是实实在在的。利益驱动是市场经济的内在本质，而这种利益要么是实质的个人"私利"，要么是集团的"私利"，呈现出利益核心化和利益集团化的趋势。利益核心化是指个人或群体将利益作为主要的追求，道德和价值退居其次。因此，乡村社会出现了个人或家庭"养老失责"、过度使用化肥和农药让"毒粮食""毒蔬菜"流入市场，人与人交往时"不见兔子不撒鹰"等现象。利益集团化是指掌握有公共资源或垄断了优势资源的人最大化集团利益，从而堵塞他人上升的渠道，形成阶层固化的过程。

总之，在中国古代的"义利之辩"中，"利"是指功利、利益、私利、好处之意，提倡"君子好财，取之有道"；1949年至改革开放的"公私之辩"中，"利"被分为"公利"和"私利"，主张"崇公抑私""公而忘私"，"私利"被严重压制；改革开放后，利益成为社会的主要驱动力，追求个人利益被合法化，提倡和保护私人利益，赋予私人财产合法地位，在利益的驱动下，社会价值和道德被撕裂，呈现出利益核心化和利益集团化的趋势。然而，受传统文化影响，在乡村社会，特别是熟人社会，赤裸裸地谈"利"，总会使人有些脸红，利益往往只能作为"桌子下的交易"；受人民公社体制的影响，在乡村社会，过分贪图私利也为村民们所不齿，宁愿穷死也不贪图不义之财；受改革开放影响，在乡村社会，"人不为己，天诛地灭"的思想获得了一定的市场，追求个人利益成为生活的主要目标，从而引发了一系列"公德"和"私德"问题，部分的引发了农村社区的"微问题"。但由于"利"已经成为社会的驱动力，农村社区"微问题"的解决必须借助于利益的交换。不过，"微问题"解决过程中，言利是要讲究技巧的，需要根据具体的对象和场景，选择不同的策略。

（二）明利之术：基于故事的分析

尽管"利益"已经成为多数人行动的内驱力，但是在农村社区，由于人际关系的熟络，直接言利还是让人感到不舒适的，而使得问题变得难以解决，事情变得难办。若是公私之间牵涉利益问题，言利则会是赤裸裸的。因为，在农村信奉"蛆往肉里拱"，"公家"就要让利于老百姓。在农村社区日常生活中，涉利纠纷一般需要"中人"在场。"中人"一般是指双方都熟悉的人，最好是双方都信任的人，这样有利于涉利纠纷的调解。有中人在场的涉利纠纷调解的效果取决于中人被双方接受的程度，接受程度越高，调解的效果越好；反之，调解的效果往往较差。当然，还要看中人调解纠纷的能力和参与的意愿。在涉利纠纷的调解中，中人的关键作用是弄清纠纷双方利益诉求的底线，并对其合理性进行分析，最后在协商的基础上形成合情合理的利益分割。无中人在场的涉利纠纷的解决，取决于涉事双方对待利益的态度、解决问题的意愿和说理的能力。若涉事的任何一方比较看轻利益，并认为不值得为此争得面红耳赤，则纠纷就变得容易解决，看轻利益的一方容易做出妥协而推动纠纷的解决。因为，在中国乡村人们信奉"吃亏是福"的朴素主张。若涉事双方都具有强烈的利益诉求，那就取决双方解决问题的意愿。如果双方都具有强烈的解决问题的意愿，双方会坐下来讨价还价，最终总会找到双方都能解决的方案；如果其中任何一方想把事情闹大，纠纷就难以解决，直至诉诸武力或法律。在乡村社会人们信奉"熟人好说话"，故涉利纠纷的调解总会找中人来说合。说合人会根据对象和情景，选择直接言利的方式和含蓄的言利方式。如果言利的方式失当，调解将会陷入困境。

故事　不是钱的事

早在1991年，董某兄弟四人和母亲皆分家过日子。分家时，董某与母亲合住三间瓦房，其中一间归母亲所有。刚结婚时，董某一人外出做工。在外做工前几年,董某要么被欠薪,要么打工的钱在火车上被盗,弄得有两年过年费都没有。幸好还有在外教书的哥哥接济,勉强渡过难关。董某夫妇育有一男一女,当两孩子上学后,夫妇俩决定让母亲照顾两个孩子,夫妇两人一起外出打工。这样分家过日子的母亲又与董某合伙过日子,这样持续了六七年。

2004年,董某夫妇在外面打工挣了钱回家翻盖新房,兄弟间的矛盾由此激化。董某是在原宅基地上翻盖新房,最初拆老房子时未告知其他兄弟,便与母亲商量将其住房一同拆掉,并答应房子建好之后留一间房子让老人住,老人糊里糊涂地就答应了,也没有同其他儿子商量。等其他兄弟知道情况之后,房子已经拆了。基于兄弟的情谊,其他兄弟虽有意见也未多说,心想只要老母亲日后能有房子住就行。

2004年放寒假,在外工作的兄弟听说兄弟要建楼房十分高兴,便同妻子商量决定资助兄弟5000元钱,名义上说是借给他,实际上也没打算让兄弟还。因为父亲去世得早,自己能考上大学多亏兄弟们的支持,由于董某有手艺外出打工早,他的直接帮助最大。为了感这个情,他们夫妇决定帮董某一把。未曾想夫妇俩从外地赶回来,当着庄子人的面说明来意,董某不但不领情,反而将夫妇俩数落了一番,说是不缺这两个钱,夫妇俩悻悻而回。此事还没了。后来,房子建成之后,董某夫妇失信,不让老人住新房,致使老人居无定所。董某并让人传话给在外工作的兄弟,说是要他的好看。兄弟矛盾由此激化,经过多方调解无效。其实,董某并非不想要钱,而是觉得兄弟夫妇当着那么多人的面给他钱不妥,这是兄弟间的私事,没必要让外人知道。但兄弟夫妇认为"亲兄弟明算账",当着外人的面给钱,是向外人表示做兄弟是个知恩图报的人,这样做没什么不妥。

一次,与董某关系很密切的朋友私下告诉董某的兄弟,董某并非不想要这个钱,而是觉得给少了,他认为至少得给两万。董某的朋友觉得这个要价有点不合情理,不愿给董某传这个话,因为,2万元不是小数目,2004年相当于一个一般工作人员3年的工资总收入,有点狮子大开口。后来,迫于内外舆论压力,董某决定在其已建成的楼房前建一间平房给母亲住,其意思他出工,让其兄弟出材料费、人工费,但碍于面子,以及过去与兄弟闹得不愉快,不便张口。于是,便在与其朋友聊天时含蓄地表达了他的想法,朋友知会他的意思,便将其意告知了董某的兄弟，董某的兄弟接受上次的教训，乘着假期回老家一趟，以赞助侄子上学的名义送去了5000元钱，这才堵住了董某的嘴，并让其母住进了平房。（根据DSM讲述整理201607）

在这个故事中，董某要建房子，其兄弟夫妇怀着感恩的心，准备资助董某。但兄弟夫妇长期在外工作，没有想那么多俗套，当着众人的面要给董某赞助费，结果被董某当着众人的面拒绝。之所以出现这种场面，首先，董某兄弟夫妇违背了亲兄弟间内部交换规则。在农村，亲人间凡是涉及钱的事是不便在外人面前说的，这是亲人间的私事，对外人应该保密。其次，在农村，一方面强调沐恩者当知恩图报，另一方面强调施恩者不图回报。因此，如果董某当面欣然接受兄弟夫妇的钱，那就会让外人质疑董某过去做法的道德纯真性。再来看，董某并非不想要这个钱，而是觉得给少了，这与他当初的投入所期望的回报有较大的心理差距，但迫于道德压力不好开口。董某提出两万元的要求，是当时在中部省份一般工作人员差不多3年的毛收入，这有些不合情理，故董某的朋友不帮他传话。再说，兄弟间的情不是简单地用金钱来衡量的，情是在长期的交往中慢慢还的。如果兄弟间的情用金钱来量化，并要求对方一次性还清，那最终的结果可能就是情断义绝，老死不相往来。无论亲人之间还是朋友之间，情是在交往中不断地麻烦彼此中得以维持和积累的。人情的交往是循环往复的，而不是一次性买断。由此可见，虽然在农村流行着"亲兄弟明算账"，但如果熟人之间把账算得十分明白，也就变得生分了，一旦变得生分，熟人间的游戏规则就会失效，而使得问题变得复杂化。故为了使得问题能得以圆满地解决，明之以利，特别是亲戚朋友间"何必言利"，若言利，当含而不露，而使得对方感到自己不是在贪利或贪便宜。

在这个故事中，董某的朋友实际上充当的是中间人的角色。在农村，人们常言"亲望亲好，邻望邻好，友望友好"。当董某与他的兄弟发生矛盾时，他不能不管，这不符合做朋友的道义。同时，在农村一般认为兄弟的朋友就是自己的朋友。故，董某的朋友也就具备了当中间人的条件。作为朋友，董某的朋友做到了作为朋友该做的事——为朋友化解家庭纠纷。所以，他明白什么话该说，什么话不该说。当董某提出2万元资助费的诉求，他认为不太合理的时候,就没有及时把这话传给董某的兄弟,避免了兄弟间矛盾的进一步激化。后来,董某建平房时又说出了他的意图,董某的朋友觉得要求不过分,也是董某的兄弟感恩并缓和矛盾的机会,于是便将董某的意思传给了董某的兄弟。董某的兄弟便假借资助自家侄子上学的名誉予以回报,避免了兄弟间关系的进一步恶化,并使之得到一定程度的缓和。

(三) 结论与思考

农村社区日常生活中"微问题"的解决过程中,利益总是直接或间接介入其中,"明利"是一种重要的策略与方法。根据是否有利益介入,农村社区"微问题"可分为涉利型、非涉利型和混合型三种。涉利型"微问题"是指单纯由利益直接引发的"微问题",这些"微问题"主要表现为经济纠纷类,一般直接运用合法的经济手段来解决问题,也有运用灰色的手段解决的,甚至有运用黑社会手段解决的,这不是本书要研究的问题。本书要研究的是那些不是主要由利益引发的,但为了解决问题变相地许以利益的"微问题"解决策略和方法,即"明利"。

从该故事来看,亲人之间的"明利"应该采取含蓄、隐蔽的方式。因为这是亲人之间的私事,私事只能私下解决,这是基本的日常规则。故事中,董某兄弟夫妇违反了这一基本规则,结果把好事弄砸了。按农村俗语的说法,董某兄弟夫妇是"书读到腿肚里去了,不懂人情世故";说得好听点,是"洋墨水喝多了"。但董某对上门的兄弟夫妇甩脸子,又违背了"好汉不打上门客"的规则,而把人情标价并要求一次性还清,那又违背了人情交往的规则。所以,董某的朋友们知道董某提出过分要求时,为了缓和兄弟间的关系,不愿给他代为转达。

实际上,很多情况下,农村社区"微问题"需要采取"明利"的方法和技术辅助解决,如道路清障的故事中,为了保证道路清障工作的顺利开展,村干部胡某除了讲情、买面子、讲好话,还采取允利益的方式,寻得帮助。在农村社区微问题的解决中,明利或允利往往是一种口头协议,有时就是一个缓兵之计,或是找个台阶来缓和冲突,最后能不能兑现并不是当事人所关注的。如果事后当事人认真地追究这件事,允利人往往以"当时随口一说,不可当真"来搪塞。

六、解气

农村社区"微问题"的成因最终归因为"气"。其产生、发展和解决一般经历"气生—气积—气泄—气解"的过程。在农村社区,无论是熟人社会还是半熟人社会,"气"是在日常生活中因为互动中的成员一不小心言语不当、行事不妥违反了当地约定俗成的禁忌规矩或利益而产生的。在交往中往往是"言者无心,听者有意;行者无忌,视者有戒"。所造成的误解、猜忌,但碍于情面不便明言,于是就会忍下这口气或生闷气;或者在纷争中一时落于下风,但又无可奈何,于是便记下这笔账。忍下的气和记下的每笔账,如果得不到及时疏解和清算就形成了气的积累。气积累到一定程度,超过其心理承受能力时,就会寻机发泄。这个机会可能是对方还不知道哪里得罪了他,于是交往时还跟往常一样,言行比较随便,其不当言行就会被"气积"者抓住并放大,便借机将日积月累的怨气一下子发泄出来。也可能是对方已经知道了"气积"者对自己多有怨气,于是日常交往中言行小心谨慎,不给对方抓住把柄的机会,或者采取规避的方式,但是"气积"者已经到了忍无可忍的程度,于是便会通过"找茬"来发泄怨气。在农村社区常年的打交道中,难免磕磕碰碰而结下小小的怨气,如果长期得不到疏解就会积累越来越多,最后可能变得"怨气冲天"而不得不发。一旦怨气发泄出来,问题也就由潜在状态向显性状态转变,最初的问题可能是"微问题"就可能由"微问题"演变为"宏问题",造成恶劣的后果。因此,农村社区"微问题"的解决关键在于如何及时疏解怨气,解决得最好结果是有气的一方能"解气",理亏的一方能"服气"。

(一)气的处境化诠释

何谓气。在中国传统文化中"气"是一个具有本色且丰富内涵的概念,它"不属于一家一派,不是时兴于某一个特定的历史时期,也不局限于某一、二个学术领域,而是赋予整个中国文化以生命的一个要素"。[①] 李存山将其概

[①] 刘长林:《说"气"》,见杨儒宾:《中国古代思想中的气论及身体观》,台湾:巨流图书股份有限公司1993年版。

括为"一气涵五理",即"气"概念中包含着物理、生理、心理、伦理和哲理等方面诸多内容。① 物理之气,如空气、大气、气体等;生理之气,如人之元气;心理之气,如浩然之气、生气;伦理或道德之气,如正气、邪气等;哲学之气,是将气理解为万物的本原,西周末伯阳父有"天地之气,不失其序"之说;战国时庄子认为"通天下一气耳""人之生,气之聚";东汉王充认为"天地合气,万物自生",提出元气自然论;北宋张载以太虚释气,初建"元气本体论"。南宋朱熹则以理释气,提出"有理便有气,流行发育万物"之说。因此,在中国文化中,"气"具有广泛的解释。同时,大传统的"气"在进入小传统之后,又生发出更接地气的"气"的意蕴,其产生、酝积和释放对小传统的村庄的行动产生深刻的影响,成为诠释村庄行动的地方逻辑之一。

在村庄内,关于何谓"气",陈柏峰认为,"气"是"人们在村庄生活中,未能达到期待的常识性正义衡平感觉时,针对相关人和事所生发的一种激烈情感。'气'对于当事人是一种极大的心理负担,对于村庄也是一种社会负赘,在很大程度上需要排遣、宣泄、释放"。② 应星则认为,"'气'主要是指中国人在蒙受冤抑、遭遇不公、陷入纠纷时进行反击的驱动力,是中国人不惜一切代价来抗拒蔑视和羞辱、赢得承认和尊严的一种人格价值展现方式"。③ 在陈柏峰看来,村庄的"气"是一种情感激烈宣泄,它是一种破坏性的力量;而在应星看来,村庄的"气"是一种非理性的斗争方式,因此,"气"需要节制。由此看来,他们主要是从心理学的角度来解释"气"的,"气"即心理之气,这种心理之气通过情绪之宣泄外化为人的行动。其实,他们对村庄的"气"的理解是片面的。在中国农村,在不同的处境下"气"的内涵是不同的,它一方面继承了古代关于"气"的要义,另一方面也会做出处境化的诠释,从而赋予了新的意义。

其一,在村庄内,"气"被认为是一种机体的根本,这个机体可以是人之身体,也可以是社会肌体。如,一个人生了一场大病或肢体受到了比较严重的伤害,人们称之为"伤了元气",意指这个人伤了身体之根本。伤了元气的人

---

① 李存山:《"气"概念的几个层次意义的分殊》,载《哲学研究》,2006年第9期。
② 陈柏峰:《"气"与村庄生活的互动——皖北李圩村调查》,载《开放时代》,2007年第6期。
③ 应星:《"气"与中国乡村集体行动的再生产》,载《开放时代》,2007年第6期。

是需要修复的，这不仅是个人和家庭的责任，也是那些曾经有过人情往来的亲戚和乡邻的责任，他们会送上一份合理的人情；有时，即使不曾有过人情往来的人们也会出于同情或其他原因予以援手，送上一份人情。这不仅有利于伤了元气的人康复，而且通过这种人情的耕织强化着村庄内部的有机关联。当然，在另一种语境下"元气"又有另一种含义，如一个人或企业做生意亏了本，也可以叫作"伤了元气"。同样，一个国家如果战争连连也会"伤元气"，即动了国之根本。因此，"元气"既具有生物学意义，也具有社会学意义。

其二，"气"内蕴着村庄关系和社会势。比如，在村庄内人们常常说：某某有"人气"，某某有"气场"。前者指的是"人缘好"，并具有较大的影响力，即这个人善于交际、联络而形成对他人较大影响的态势；后者是指这个人由于聚拢了"人气"，或由于人格魅力而具有的震慑力和影响力，是一种超越他人的"社会势"。在这里，笔者将物理学上"势"的概念引入社会学研究之中。"势"是物理学中一个基本概念，如引力势、电势等，是一个系统中相对某一参照系而言所形成的位差，这个位差可正可负。与之相类比，村庄内的社会势是村庄这一系统中相对某一参照群体而言所形成的位差，这种位差可能是"力差""地位差""声誉差""财差""德差""才差"等，它更多的是这些位差的综合产物，并由村庄的文化伦理所决定。因此，如果一个人"势大欺人"，就很难获得"气场"的。在村庄内，一个有"人气""气场"的人，可以更方便地调动村庄内的资源。一个人的"人气""气场"可以继承，是父辈荫蔽的产物；但更多地需要个人的维护或建构。"人气"是通过日常生活的互动中聚起来的，因此，"人气好"又叫作人脉广。村庄内，影响"人气""气场"形成的因素关键在于对他人的给予。

总之，在中国村庄语境下，"气"不仅具有生物学和心理学意义，也有社会学意义。"气"主要表现为情绪之气，它在村庄日常生活层面具有主导意义，这种"气"往往是由于生理失衡或心理失衡造成的。如，当一个人生病或身体感到不适时，比较容易生气或发脾气；而一个人心理上受到伤害时，更容易生气或发脾气，常言道"哀莫大于心死""气由心生"。因此，村庄日常生活层面所言的情绪之气，大多是由羞辱、不公、道德失范或陷入现实的纠纷而造成的心理失衡引起的。陈柏峰的研究认为，"生气磨牙"是造成村庄内纠纷的重要原因，但他并未能很好地解释为什么"生气磨牙"，只是借用滋贺秀三的"常识性的正义衡平感觉"[①]来进行抽象地解释，并没有跳出"利益冲突—行动"的范式窠臼。同样，应星的研究也没能跳出这一范式。他们的研究至多在"利益冲突—行动"的二维范式的基础上加了一个中介环节"气"，因此，他们的研究范式可以概括为"利益冲突—气—行动"三维范式。

其实，在村庄层面，利益分配的不公只是导致"生气"或"伤了和气"的一个方面的原因，而多数情况下是由于人们在日常互动中的感情伤害、羞辱造成的。在村庄内部，伤感情的事主要发生在至亲、朋友之间。一般来说，交往的双方关系越密切、感情越深，一旦发生了伤感情的事，造成的伤害就越深，更容易"伤和气"，甚至出现"老死不相往来"的状况。在农村社区调研时，常常发现兄弟姐妹等至亲间老死不相往来的个案。在皖西农村社区调研中，发现了这样的个案，兄弟之间因为父母赡养问题发生了争吵，彼此都讲了"过头的话"，而伤了感情与"和气"，从此兄弟间形同陌路。

（二）村庄中"气"的生产与释放

一般来说，村庄中"气"的生成与释放是一个渐渐的过程，即使表面看似"毫无由头的气"，实际上可能已经经过了较长时间的郁积。"气"的生成一般要经过三个阶段。第一，置气，即"气"的积累过程。在这个阶段，由于与自己关系密切的人的不当举止、言行伤了自己的感情，或者关系不太密切的"外人"给自己带来了羞辱，或者由于自己或家人的不当行为给自己带来心里的不快，但又不便发作，或不能发作，或不敢发作，只好"生闷气"。因为如果一个人因一些小事就生气，人家会说你"小气""没肚量"。在村庄内，一个人一旦被贴上"小气""没肚量"的标签，会被人瞧不起，就会没有"人气"，也就缺乏"气场"。第二，生气，即"气"的释放产生的情绪体验和异常行为。这时"气"的积累已经达到了一定的量，但还没到压抑不住而需要剧烈释放的程度。此时，生气人遇到置气的对象，会表现出不同以往的冷淡，

[①] 滋贺秀三：《中国法文化的考察》，王亚新译，见王亚新、梁治平：《明清时期的民事审判与民间契约》，北京：法律出版社1998年版。

将不快挂在脸上,听到对方跟自己说话也爱理不理的,并会显得不耐烦;或者说一些看似不着边际的讽刺挖苦的话,或者有意地躲避对方等。在村庄内,一个人的"气"是在日常生活中日积月累形成的,"每个人心中都有一本账",会把一件件置气的账记得清清楚楚,积累到一定程度会"蹲下来慢慢算""一笔一笔算得清清楚楚"。第三,"气"的剧烈释放。当"气"积累到"咽不下这口气""所有的账"必须清算时,就会剧烈释放。这时生气人情绪的剧烈释放有两种情形:第一是"一点就着"式。即当一个人的"气"积累到一定程度时,哪怕一个鸡毛蒜皮的事也会成为导火线。外人可能看不懂,但村庄内的人会根据日常生活中对矛盾双方的脾性的了解也能"猜个一二三四",当然冲突双方最清楚就里。有时,被生气者也会被突如其来的事弄得"摸不着头脑",但在后来的争执中会慢慢想起并弄清原委。二是"生疮生癞"式。即生气一方的"气"积累到一定程度不得不发时,自己一时又找不着对方的把柄把气"撒出来",自己身上就像生了疮一样浑身感到不舒服。于是,他就会想着法子找对方的茬来激怒对方,以达到释放自己情绪的目的。面对这种情况,潜在冲突的另一方往往会采取以下两种策略:一种是消极的策略——规避,但这种策略只能"躲一时是一时",如果对方的"气性小",等对方的气慢慢消了也就没事;如果对方的"气性大",可能是"躲得了初一,躲不了十五",这时如果还一味地躲,他的气会越来越大,事情就难以收拾。另一种策略——谈判,如果冲突不是很严重,双方可以选择坐下来心平气和地谈,把各自的想法都说出来,以消除误会化解冲突,以"消气";如果矛盾比较大,直接面对面可能会因为一方火气还很大,很容易爆发直接冲突,进一步激化矛盾,最好的做法是找一个合适的中人说合。

关于"气"的释放带来的后果,无论是应星还是陈柏峰的研究皆认为,"气"的释放具有负功能。程柏峰认为,"气"的释放方式有:一是"通过身体暴力解决",二是"借助语言暴力来解决,俗称'骂大街'或'耍泼'",三是"上访、诉讼等"。应星认为,"气"的释放会带来"不惜代价的"的反抗而呈现"非理性的"特征。但是,现实生活中,"气"的释放也具有正功能,即"争气"。"争气"并非应星等人所讲的"为气而斗争"之意,而是产生积极向上行动的一种内在动力。乡间俗语云"人争一口气,佛争一炷香"。在皖西地区村庄内,当自家孩子做错了事,父母会骂孩子是"不争气的东西";反过来,如果村庄里人说"某某很'争气'"是对其最高褒奖。"争气"的行为,总是与上进联系在一起的。诸如"人活一口气""做人要争气",讲的也是这个意思。在村庄内"争气"既是一种内驱力,也是一种行为。如果一个人家庭境遇比较差,他努力地做事,并使得家庭境遇得到改善,那就被视为"争气"的行为。在皖西地区的村庄内有一个信条:一个人无论是家庭境遇较差,还是曾经受挫折或失败,只要"争气"就能改变一切。同时,皖西地区B庄内一个真实的故事也演绎着"困境(或挫折)—争气—成功"的逻辑。C君中学读书时,由于家境困难,历经艰辛,最后考中了大学,并演绎了"勤能补拙"的不老神话。大学毕业工作之后,通过考研实现了成功的转型,现已成为大学教授,活跃在学术界。同时,C君也成了B庄人口中"争气"的典范之一。

概言之,"气"在村庄内总是以真实的社会事实存在着,它生成与释放本身既是行动的内驱力,也是行动本身,实实在在地影响着村庄的行动。"戾气""匪气"对村庄生活和村庄共同体会产生破坏性的后果,而"争气"则能形成健康的村庄生活和村庄共同体,激发村庄活力。因此,村庄内需要发现可能会对村庄产生破坏作用的"戾气"加以制衡的智慧,让"争气"等正气成为村庄的主流,这个智慧就是村庄道德与理性。

(三) 解气之术:基于故事的分析

农村社区日常生活中,难免会出现各种不经意的磕磕碰碰的"微事件",这些"微事件"往往是"当讲不当提",而这会使得怨气慢慢积累。如果这些怨气得不到及时化解,会产生一定的破坏力而解构社区日常生活秩序,影响社区生活质量。从根本上来说,农村社区"微问题"的解决过程就是有效化解怨气,并借此维护和恢复农村社区日常生活秩序,提高社区生活质量。解气的过程就是"纾解戾气、乖张之气,化解怨气,张扬正气"的过程。严格说来,解"气"没有单一之术,而是讲情、论理、说法、用力、明利等方法的综合运用,从而达到解"气"而解恨,使纠纷得以解决的目的。

第二章 农村社区"微问题"解决的在地逻辑

故事 因气而起的纠纷的调解

纠纷当事人：HL、HQ。

纠纷发生时间：2012年5月

故事讲述人：HXL

讲述时间：2015年7月

纠纷当事人关系：邻居、本家。

纠纷的直接原因与过程：HQ家的鸡跑到HL家院子里的菜地吃菜，HL发现后用棍子扑打鸡。HQ发现后，开始与HL争吵。在争吵过程中，HQ把自家的狗放出来咬了HL，这就使得矛盾进一步激化。这当中HL开口骂人，骂得十分难听。这一下激怒了HQ，旧账新账一起算，两人就动起手来，HL的头被打破。于是，HL的妻子哭着跑到村委会，请求我们出面调解。

调解过程：参加这次调解的人是村委会胡主任和我。胡主任和我首先将两人召集到一起，让他们各自陈述完事情发生的原委和过程。陈述完毕，胡主任首先对HQ说：鸡吃HL家菜园的菜，鸡不是人，这不怪你，是HL有点过分，HL骂你也有他的错。后来吵嘴，你把家里的狗放出来咬了HL，你还打破了人家的头，就是你再有理，打人也是理亏。接着，胡主任对HL说：HQ家的鸡跑到你家院子里的菜地吃菜，你猛打人家的鸡，这你做得有点过分。在我们这儿，每家都养鸡，鸡都是放养的，保不准你家的鸡也吃别人家的菜，人家猛打你的鸡，你会怎么想。HQ把你的头打破了肯定不对，但话说回来，你骂人还骂得那么难听，再说，你也打了他。

最后，胡主任和我商议了一下，给出以下处理意见：HQ再有理，打破了HL的头，要付医药费。HL在医院里也查了，没什么大不了的，营养费的事就不要提了。我想吵嘴打架一个都没有好的，有一个好的就打不起来。然后，胡主任对他们说："这次你们打架，打的是轻伤，万一在气头上，手上没有轻重，闹出人命怎么办？你们想过后果吗？再说都是头顶一个字，又是邻居，没有那么多深仇大恨。你们两家的'小九九'我们都清楚，事情都过去这么多年了，也不是什么大不了的事，冤家宜解不宜结，把过去的小事放一放，大事化小、小事化了不就行了吗？日子还要过，抬头不见低头见，两家和和气气地过日子多好。"

事情的根源：村主任说的两家"小九九"是指发生于1998年的事。那一年，HL在自家的宅基地上翻盖新房。按照当地的规矩：建筑房屋时，干沿间相距不少于40厘米，邻居间要各放20厘米；水沿每家各需预留50厘米；围墙各家需预留30厘米。HQ家先建房，并按照当地习惯预留了20厘米干沿；HL家后建房，结果预留的干沿不足20厘米。于是，HQ便找到HL希望他将已经下好的墙根角挪一挪，HL以墙根角已经下好为由拒绝了HQ的要求。为此事，他们两家也闹到原来的村主任那里，但是协商未果，从此两家小吵小闹时常发生。为此，HQ便把这笔账记在心里，心里也就装了气。HQ家的鸡跑到HL家菜园里吃菜，实际上不是事，HL扑打鸡也不是大不了的事，但由于两家有积怨，这才变成了事。

此故事中，这场看似因鸡而起的纠纷，实际上这起纠纷只是一个借口，真正的根源在于两家过去的矛盾没有很好地解决而积了怨气，而且怨气一直没有得到合理的释放。于是，这个怨气就不断发酵、膨胀，当膨胀到一定程度，"针眼大的事"引发"气"的释放，造成了不同程度的危害。当危害发生之后，纠纷调解人要做的事就是解气。从表面上看，胡主任在处理这个纠纷时，采取的是"各打五十大板""刀切豆腐两面光"的方法。但细细分析，其处理问题是分轻重的。在此案例中，胡主任首先数落HQ，指出HQ的种种不是。因为常言道"君子动口不动手"。在日常生活的小摩擦中，人们基本上遵循此原则，谁在口角中先动手谁就不占理。更何况HQ还打破了邻居的头，这时即使HL以前或现在有一千个不是，也是值得同情的。但胡主任也未像法官一样非要明辨出是非，数落完HQ之后，也指出HL不对的地方。之所以如此，是为了防止一方占理后得理不饶人，按村庄中的俗语，就是防止得理的一方"乘风上"提出过分的要求，而使得问题复杂化。那样只能使双方的积怨越来越大，不利于社区与家庭和谐。在一番晓之以理之后，胡主任又动之以情，讲族情、乡情，论危害。从这个故事，也能看到："气"的发泄一方面激化矛盾，另一方面也为解气提供了一个机会，从而有利于"微问题"的解决。

在农村社区日常生活中，解气有多种方式，可以概括为两种，消极方式和积极方式。消极解气的主要方式有：1. 破坏财物，如发闷气时，摔自己或自家的东西、打骂自己人；发明气时，直接破坏对方的财物。2. 毁人声誉，通过造谣或揭人污秽的隐私的方式使得对方名声扫地。3. 骂大街，采用指名道姓的方式谩骂对方，或者指桑骂槐的方式谩骂对方。4. 打架，通过拳斗或械斗的方式伤害对方。5. 借用外力报复对方，即雇佣他人来伤害对方。

积极的解气的主要方式有：1. 直接对话，是指摩擦或矛盾发生后，当事双方或一方认为是一场误解，需要当面把问题说清楚，以消除误解，误解消除了，气就解了；或者当事双方皆意识到自己有理亏的地方，或一方认为自己理亏，秉承"冤家宜解不宜结"的古训，愿意通过当面沟通化解怨气。这种解气的方式主要发生在"明白人"之间。对大多数人来说，往往会出现"一时糊涂"的现象，而错过通过直接对话的方式来化解怨气，从而结上"梁子"。2. 间接对话，是指摩擦或矛盾发生后，当事一方意识到自己理亏，但碍于面子不便直接道歉，而是通过他人带话的方式表达自己的歉意。如果对方怨气不太重，或者对方比较大方，这种方式往往比较有效。但是，如果对方觉得他这样做缺少诚意的话，可能适得其反。一般来说，这个带话人一定是对方信得过的人。3. 他人斡旋，是指摩擦或矛盾发生后，涉事双方或一方有意和解，但鉴于双方或一方怨气太大，不适合采取直接对话或间接对话的方式来解决。于是，双方或一方谋求通过中间人从中说合，以达到解气的目的。

在实践中，消极的解气方式一般只会使得某一方得到暂时"出一口气"的目的，但由于对他人造成了伤害，而只能加剧矛盾，使得怨气越积越多，结果往往会由"解气"变成"斗气"，而彼此造成更大的伤害。最终只能借助积极的解气方式，甚至诉诸法律。在农村，诉诸法律来解决问题往往是作为最后的选择。但如果法律适用不当，未能遵从农村社区的情理，可能使得积怨暂时潜伏下来而成为隔世仇怨。

（四）结论与思考

在中国传统文化中，"气"有着丰富的内涵。从哲学的层面来看，"气"是万物的起源；从物理学的角度来看，"气"是一种自然现象；从生物学的视角来看,"气"是生命之根;从心理学的角度来看,"气"是一种心理现象与活动;从社会学的角度来看,"气"是一种社会势,如气势,也是一种社会行动,如斗气、争气。在农村社区日常生活中,人们对"气"的理解主要局限在心理学和社会学层面。具体地体现在日常生活中,当内部因素或外部因素导致个体或群体的心理失衡时,往往会"生气",继而因"生气"发展至采取行动的"斗气",并试图通过这种"斗气"来谋求恢复内心的平衡。在现实生活中,"斗气"可能会产生以下结果:一种是"斗气"的一方觉得理亏,服了软,占理的一方懂得适可而止,从而"斗气—出气—服气",实现了解气或消气的理想结果。一种是通过"斗气",一方实现了"出气"的目的,但另一方只是暂时表面上服输,而实际上积下了怨气,而"结上了梁子",并时刻想着寻机"出气",如此形成"斗气—出气—结怨—斗气"的恶性循环。还有一种就是进入"斗气—斗狠"的模式,而产生现实的恶果。后两种"斗气"是需要第三方的合理介入,才能化解彼此的怨气,实现"斗气"双方内心的衡平感。

农村社区日常生活中,"微问题"的最终解决就是"解了气"或"消了气"。如何解气?如何消气?没有统一的模式。解气本身也不是一种独立的策略,而是因人、因地、因时、因事、因情等,综合运用讲情、论理、释法、用力、明利等策略,其调解技巧就在于把控双方"斗气"行为的度,只要双方"斗气"的度在可控的范围,调解者往往可以放任他们的"斗嘴",甚至"纵容"他们"斗架",使得双方在"斗"的过程中将怨气释放。因为,有调解者在场的时候,"斗架"双方也会控制好自己的度,以便在后来的评理中获取优势。调解者采取以静制动的策略,等到双方"斗"累了,"气"也出得差不多了,再进行调解,往往会取得意想不到的调解效果。

第三节 农村社区"微问题"
解决的道与术

农村社区"微治理"中"微问题"的解决,是道与术的统一。道中有术,术中寓道，最终统一于民间正义。

一、农村社区"微问题"解决之道的根基

农村社区"微问题"解决之道，除了包蕴于情、理、法、利、力、气等地方性知识之中，还包蕴于传统文化的"治事防微"之中。农村社区"微问题"是渺小的，所以传统社会将其统称为"细故"，放任基层酌量处理而不上达。但是，如果这些"细故"没能很好地解决，有可能造成必须上达的"宏事件"而震惊世人。如，在社会领域，农村社会的黑恶势力最初多源于乡村中的微小越轨行为，渐至形成灰色地带，最终演变为黑恶势力。[①] 日常生活中的"微问题"得不到关注，并加以及时解决，往往会造成积习难返或积重难返，而"闯下天大的祸"。所以，日常生活中，治事要防微杜渐。对此，古人的智慧值得我们借鉴。"老子曰：事者难成易败，名者难立易废，凡人皆轻小害，易微事，以至于患。""心欲小者，虑患未生，戒祸慎微，不敢纵其欲也。""福之起也绵绵，祸之生也纷纷，祸福之数微而不可见，圣人见其始终，故不可不察。"故"道者敬小微，动不失礼"；"圣人之于善也，无小而不行；其于过也，无微而不改"。庄子亦曰："美成在久，恶成不及改，可不慎与。"与之相近，《淮南子》云："福之萌也绵绵，祸之生也分分，福祸之始萌微，故民嫚之。"合言之，古代先贤认为，祸福始发时总是细小微弱，但必须对其保持清醒和明察。所以，为人处事要"防患于未然"，必在"防微"。韩非子曾有言曰："有形之类，大必起于小；行久之物，族必起于少。故曰：'天下之难事必作于易，天下之大事必作于细。'是以欲制物者于其细也。故曰：'图难于其易也，为大于其细也。'千丈之堤，以蝼蚁之穴溃；百尺之室，以突隙之烟焚。故曰：白圭之行堤也塞其穴，丈人之慎火也涂其隙，是以白圭无水难，丈人无火患。此皆慎易以避难，敬细以远大者也。"韩非子举具体事例说明重视处理好"细故"的道理。因为一开始就谨慎地对待容易的事，先把一件件容易的事处理好，才能更好地避免更大更多的困难事发生，慎重地对待

[①] 陈柏峰：《乡村江湖：两湖平原"混混"研究》，北京：中国政法大学出版社2011年版。

细节性的小事，才可以避免大祸临头。韩非在总结老庄思想的基础上，进一步阐释了"治事"当"慎易""防微""敬细"的思想和价值。此后，老庄的"防微"的思想被法家和儒家继承光大。

实际上，发生在日常实践中，恰恰是不计其数的"微小"违规而产生的"微问题"，具有"重大"的后果。[①] 故，农村社区日常生活中"微问题"的解决，重在防微杜渐。

二、农村社区"微问题"解决之术的选择

农村社区"微问题"是复杂的，其复杂性首先体现为多样性、琐碎性，涉及农村社会日常生活的各个角落。其次，产生原因的隐晦性，故"清官难断家务事"；再次，解决依据知识的地方性。地方性要求在处理"微问题"时，要入乡随俗，而不能仅仅依靠一般性的国家知识。最后，解决方法的灵活性。不能机械地仅运用国家法律来解决"微问题"，这样会出现"按下葫芦，冒出瓢"，使得问题变得更加复杂、严重。

因此，农村社区"微问题"的解决，需要综合运用讲情、论理、释法、用力、明利、解气之术。其中，解气是农村"微问题"解决的根本之策，解气方能泄恨，泄恨方能实现"微秩序"和"微福利"的重构。所以，一些基层干部在解决农村社区日常生活的"微问题"时，并非直接进入主题，而最初是让当事人尽情地数落着与案件无关的"题外话"，必要时放任当事双方当着他们的面继续吵下去，而自己扮演倾听者角色。在基层干部看来，倾听当事人双方"无关的数落"，放任他们当面继续吵一段时间，是在维护和建构一个适宜的、可控的"解气"的场域和纠纷调解的缓冲时间。同时，通过这种倾听，调解人可以进一步弄清问题产生的真正症结所在，并容易获得当事人的信任，便于问题的解决。在当事人通过数落和争吵，"气"消得差不多的时候，便进入纠纷调解的时间和程序。因为"当事人只有'消气'了，才可能心平

---

① Pearce, Frank and Steve, Tombs. "Policing Corporate Skid Rows: A Reply to Keith Hawkins", British Journal of Criminology, vol. 31, 1991, pp. 415–426.

气和地坐下来谈论纠纷的实质问题"。① 实际上，解气之术不是一个独立的技术，它是讲情、论理、释法、用力、明利等"微技术"的综合运用。这些"微技术"中蕴含着丰富的民间"微智慧"，这些"微智慧"包括情与理、有理与理亏的转换，以及具体情境中"微技术"种类的选择运用等。

在当前依法治国、依法治村的主导语境下，探索出一条有利于农村社区日常生活"微问题"解决的路径，而不破坏乡村社会基本秩序，需要吸收民间的"微智慧"而成就大智慧。

从上述案例可知，农村社区"微问题"解决实践中，法律更多地起托底的作用，体现了以"法治谋保障"的功能，与当下在强调的"以法治强保障"还存在着很大的差距。要解决这一问题，一方面，需要在现代中国法律体系建构中，充分吸收传统文化的合理因子，真正彰显文化自信。因为任何脱离自身文化的法律体系，必然会引发文化的适应问题，而降低其文化的认同，法律也就难以发挥其预期的效用。简言之，一个国家的法律体系只有生发于自身文化之中，才能真正地树立起来，发挥法治的强保障功能。另一方面要借鉴国外先进的法治理念，推动执法理念由传统的"法外开恩"向现代的"法内容情"转变。中国传统"法外开恩"的理念很容易造成法律实践中"法有例外"，法律之网因人情、关系而被撕开缺口，使法律失去应有的效用。而"法内容情"作为现代执法理念坚持"法无例外"，可以有效防止人情、关系对法律的侵蚀，坚持在法律范围内解决问题的前提下，彰显人道主义，体现法与情理的相融。从而做到"合法、合理、合情"之上"三治"融合，并持之以恒，方可逐步实现乡村治理中传统与现代的有效衔接，乡村社会治理有效的局面将会逐步形成和巩固。

三、农村社区"微问题"解决的伦理正义

任何问题的解决必须坚持正义原则，农村社区"微问题"的解决也是如此。中华人民共和国成立以来，特别是改革开放以来，乡村社会的传统秩序尽

---

① 陈柏峰等：《治理论还是法治论——当代中国乡村司法的理论建构》，载《法学研究》，2010年第5期。

管遭到了政治设计的人为冲击和市场渗透的自发冲击，但因文化中 DNA 的稳定性，乡村社会的伦理秩序并未根本改变，体现在农村社区更是如此。任何社会秩序的建构与维护必须以社会认同的正义为基石，作为基层社会治理单元的农村社区的伦理秩序的维持和建构，也就必须以民间正义为基石，这种民间正义，即伦理正义。故，以维护和建构农村社区日常生活秩序为旨归的农村社区"微问题"的解决，必须遵循伦理正义。

"差序性"是农村社区日常生活人际互动的基本特征。农村社区日常生活中伦理正义，首先表现差序正义。这种差序正义不仅仅表现在人与人的关系上，还表现在农村社区"微问题"解决的讲情、论理、释法、明利、用力和解气方法选择的差序性。如，在农村社区"微问题"的解决中，按照关系的由近到远、依据交情的由深到浅的差序原则，依次选择讲情、论理、释法的解决方法。

在农村社区日常生活中，"报应"依旧是人们遵循的基本原则，也是人们的基本信仰。因此，农村社区日常生活中伦理正义，其次表现为补偿正义，如"吃亏是福""输了面子，赢了里子"，就是乡村社会朴素的补偿正义。正是这种包含着差序正义和补偿正义的伦理正义的实现，使得涉入"微问题"的相关主体获得内心"衡平感"，而达到解气之目的。

第三章 农村社区"微事情"处理的社区动员与场域建构

农村社区日常生活中,总会存在因意外而产生的意外事件,如果这些意外事件扰动了农村社区平静的日常生活,并造成个人、家庭或社区日常生活秩序的紊乱和福利的降低,但不造成日常生活的根本破坏,那这些意外事件就属于"微问题"的范畴,它们是要社区内成员努力去解决的。农村社区日常生活中也总会存在着意料事件的发生,如生老病死、婚丧嫁娶等,这些都是个人、家庭和社区日常生活中必然会发生的生命历程事件,这些事件是不同于"微问题"的"微事情",它们需要人们去妥善处理,以维护和建构常态化的日常生活,否则就会引发"微问题"。可见,"微问题"和"微事情"是两个不同而又紧密关联的概念。为此,界定"微事情",并探讨"微事情"处理的道与术是本章的两大重要主题。由于农村社区"微事情"的处理是一个完整的过程,故本章写作采取过程性的思路,通过"微事情"处理过程的展示,来揭示农村社区"微事情"处理的道与术。

第一节 农村社区"微事情":日常生活中的意料事件

在日常用语中,问题和事情往往是同一事物或现象的不同表述,故问题和事情通用。如"不要造事情"意思是不要制造麻烦,或不要制造问题;又如

"事情闹大了",意指出了大问题了;再如"有事情慢慢说",这里的事情是指意见或问题。但,日常用语中问题和事情还是有区别的。如"做事情"是指做饭、洗衣等日常生活中要处理的事情,就与问题无关。此外,事情需要去做或处理,问题需要去解决,可见"做或处理事情"与"解决问题"的道与术是不同的。因此,在农村社区"微治理"研究中,需要将"微问题"与"微事情"相区别。

所谓"微事情",是指日常生活中发生的,与个人、家庭生命周期密切相关的,或者与社区生命周期相关的,需要他人或众人参与处理的意料中的必然性事件,如婚丧嫁娶、日常照料、生日庆典、节日仪式、社区公共品的内部提供等。而"微问题"是指日常生活中发生,对个人、家庭或社区生活造成障碍,需要加以排除或解决的事件。"微事情"和"微问题"的相似之处主要在于:它们都是发生于个人、家庭或社区日常生活中的"微事件",对个人、家庭或社区会产生深刻的影响。两者的本质区别在于:"微事情"是发生于个人、家庭或社区生命历程中的意料事件,具有必然性,且必须去应对的,每一个"微事情"的妥善处理都是对个人、家庭或社区的生命历程的完善;而"微问题"是发生于个人、家庭或社区日常生活中的意外事件,具有或然性,它的出现因对个人、家庭或社区的日常生活造成了障碍,而不得不去解决。

"微事情"具有以下特征:第一,"微事情"是个人、家庭或社区的完整的生命历程中必然发生的事件,具有必然性和客观实在性;第二,"微事情"发生具有情境性。不同的个人、家庭或社区同样的"微事情"的发生时空存在着差异,同样的"微事情"因个人、家庭或社区的差异,处理的依据和方法也不同;第三,"微事情"的处理大多需要内生的"微参与",这使得"微事情"具有"微公共性"及关联性。正是这种关联性,使得琐碎的日常生活变成一个生动的有机体。依据"微事情"涉及主体、范围和性质,可划分为涉及个人或家庭的私人性"微事情"和涉及社区公共生活与生产活动的公共性"微事情"。

因此,农村社区"微事情"是指农村社区日常生活中发生的,与农村社区成员个人和家庭生命周期密切相关的,或者与社区发展相关的,需要他人或众人参与处理的意料事件,如婚丧嫁娶、日常照料、生日庆典、节日仪式、社区公共品的内部提供等。农村社区"微治理"中处理的"微事情"大多具有私人性，其处理需要众人的"微参与"而体现出"微公共性"。这里的众人是一个特定的群体，即与"微事情"当事人或家庭有密切，或比较密切的关系的，或者试图与当事人或家庭建立关系的一群人；这里的"微公共性"在农村社区日常生活中表现为关联性，这就使得很多"微事情"既是私人性的，也是非私人性的，从而使得农村社区日常生活变成生动的、有机的关联体，而把他们联系起来的就是"关系"。"关系"在中国社会是一种客观存在，更是一种文化，深深扎在日常生活中，这在农村社区日常生活"微事情"的处理中表现得淋漓尽致。从本质上来说，农村社区"微治理"中"微事情"的处理过程就是关系动员的过程。关系动员是指个人、家庭或社区的生命历程中发生了"微事情"，为了事情的圆满处理而动员一切可动员的关系资源的活动与过程。

根据事情发生的领域，农村社区"微事情"可划分为结构性微事情和生活性微事情。农村社区"结构性微事情"是指农村社区结构层面发生的，对社区生活产生重要影响，需要社区层面加以处理的社区现象，包括社区公共品和服务供给等。农村社区"微治理"关注的焦点是社区日常生活，故"生活性微问题"才是研究的重点。农村社区"生活性微事情"是指农村社区日常生活中个人和家庭生命历程中必然会发生，需要社区部分成员或全体成员参与处理的事情，它包括婚丧嫁娶、生日诞辰、乔迁建房、祭祀、节庆等。因婚事和丧事是农村社区日常生活中个人和家庭生命历程中最重大的两件事，其处理也最为烦琐、复杂，最具仪式性，所以选择这两件事为突破口，以故事说事的方式，探索农村社区"微治理"中"微事情"处理的道与术。

第二节　农村社区婚事处理：
关系动员、仪式动员与周旋

结婚历来被个人、家庭乃至家族视作头等大事，现代国家对婚姻的关注也越来越高。对个人而言，结婚是一个人一辈子的大事，关乎新家庭的建构与未来；对原生家庭乃至宗族而言，关乎原生家庭乃至宗族的"香火"传递；对国家而言，关乎民族国家人口的再生产，关系到国祚。但由于它是发生于日常生活中的"细故"，故其又属于"微事情"的范畴。在中国古代，结婚被视为人生"四大喜事"——久旱逢甘霖、他乡遇故知、洞房花烛夜、金榜题名时之一。因此，婚事的处理十分郑重、慎重又充满喜庆、仪式感。目前，学术界相关研究主要集中于婚礼习俗的研究，而且这些研究多是碎片化的，很少有人把结婚当作一件完整的事情来研究，来探讨婚事如何妥善处理，使之郑重、慎重、充满喜庆和仪式感，并揭示其道与术。这正是社会学与文化人类学在研究此类事件的区别所在。基于此，将结婚视作一个完整的事件，来探究农村社区日常生活中婚事处理的逻辑和技术具有重要的学术价值和现实意义。农村社区日常生活中，婚事的处理是烦琐而复杂的，但又必须处处充满喜庆。因此，婚事的处理，关键在于将相关人员动员到婚事活动中，并保证婚事举办的整个流程有序而充满喜庆。尽管不同地区、不同文化中婚礼习俗千变万化，但婚事举办的主要环节是基本一致的，即定亲—结婚—回门①三个主要环节。在这三个环节的处理中，主要涉及关系动员、仪式动员与周旋。下文根据皖北刘寨村的田野调查，探究婚事处理中关系动员、仪式动员与周旋的逻辑和技术。

一、定亲过程中的关系动员、仪式动员

定亲是婚姻缔结的起点，是具有缔结婚姻意向的男女双方及其家庭为了谋求婚姻确定性的活动和仪式，即是婚姻缔结由意向性向确定性过度的重要活动和仪式。在皖北刘寨村这一环节，包括相亲、压帖和相家三个基本环节。

刘寨村位于安徽省阜阳市与河南省的交界处，与河南省的尹庄属于邻村，因为距离河南省较近，村庄之间的交往也比较频繁，居民之间比较熟悉。因此，刘寨村深受河南文化的影响，生活和习俗相近，婚俗也与河南基本一致，体现出中原文化的一些特质。刘寨村是个颇具规模的村落，大概有 500 户人家。由于刘寨村人多地少，村民仅仅依靠务农是无法完成养家糊口的，绝大多

---

① 回门，地方方言，指女子结婚后第一次回娘家。

数村民都外出做生意。村民大多吃苦耐劳,以收废品、卖小吃为主要营生,收入也比较可观。所以,刘寨村民整体来说算衣食无忧。随着村民外出见世面,眼界提高,生活水平的提高,婚姻成本也水涨船高。

LYT 是刘寨村一位老实本分的农民,吃苦耐劳,为人厚道,口碑很好。早年,家里有个残疾的老母亲,还有两个儿子上学需要照顾,所以一直在家做泥瓦工,月收入 4000 多,基本够贴补家用。他老婆花花很贤惠,平时生活十分节俭,农闲时便去附近的废品厂打零工赚钱。夫妻二人辛辛苦苦 20 年,直至 2018 年,攒下了 19 万。这时候大儿子到了适婚年龄,村里很多人家都建起了二层小洋房,也有很多人家建三层,LYT 为了让儿子有不比别人差的婚房,拿出全部积蓄并借了 7 万给儿子建了个"有面儿"的三层小洋房。建完房装修完毕,算是有了说媳妇的筹码。由于皖北农村男女性别比例差距较大,男性青年要在本地娶上媳妇比较难。因此,特别是有两个儿子以上的家庭,在儿子接近婚龄时,便开始寻亲之旅。寻亲的过程就是关系动员的过程,寻亲一般依据传统习俗由有即将成年或已成年的男性子女的家庭发动。关系动员从亲缘关系开始,其次是朋友关系,再次就是邻居等熟人。不知根知底,一般关系人不愿帮忙,而这主要取决于这一家人的口碑和人缘了。口碑好的,人缘广的,朋友就多,亲戚朋友和邻居才会帮忙。由于 LYT 平时为人不错,也很孝顺,老婆花花在村里的口碑也比较好,儿子 LJB 长相出众,人品也不错。所以,村里邻居 ZAQ 主动上门给他们提了她邻村的侄女 JJ,愿意结这门亲。

可见,在农村社区日常生活中,个人和家庭能否在村庄行动中获得更多的便利,不仅要重视关系的建构,更需要建构自己好的口碑和人缘。关系、口碑和人缘是互构的关系。血缘关系虽然是先赋的,但这种关系是需要维护和建构的,而这种维护和建构与个人和家庭的口碑好坏密切相关。口碑好,血缘关系会变得更加融洽,否则亲戚会越走越疏、越远。至于自致性的关系更需要好的口碑来建构与维护,口碑不好的个人和家庭,别人会绕着他走,而不愿意亲近,害怕走得近,影响自己的口碑,人们信奉"近朱者赤,近墨者黑"的信条,即俗话所说的"跟好人学好人,跟马虎学咬人"。一个人和家庭的口碑不仅会影响关系资源的积累和动员,也会直接影响人缘,口碑好的人缘就会广,反之,人缘就比较窄。而人的口碑是在日常生活行动中树立起来的。

由于 LYT 夫妇为人不错，也很孝顺，这些良好的行为，为他们家庭树立了较好的口碑，所以平时就积累了较好的人脉。正因为邻居觉得这一家人不错，才主动将自己的侄女介绍给他们当儿媳妇。由于是熟人介绍，这门亲事很快就进入定亲的程序。

1. 相亲

相亲是指男女双方在媒人的介绍下择日见面，并通过相互接触了解对方的活动和仪式。相亲是走向婚姻确定性的开始。尽管恋爱婚姻是一个大的趋向，但在刘寨村婚姻的缔结大多仍需要通过媒人来介绍，即使是通过恋爱结识的，结婚时也需要添媒人。由于是 ZJJ 的姑姑 ZAQ 介绍的，ZAQ 自然也就成为这场婚事的介绍人。于是，在 ZAQ 的安排下择了个好日子，LJB 和 ZJJ 在 ZAQ 家见了个面，相谈比较投缘。LJB 便邀请 ZJJ 到自家吃个午饭，ZJJ 一番客气之后，便在姑姑的陪同下到 LJB 吃了午饭。LJB 父母对女方比较满意，吃过饭后，便包了个 2000 元的红包作为"见面礼"。下午，两人到镇上逛了一圈之后，LJB 将 ZJJ 送到家门口便回来了，相亲活动结束。相亲环节是男女双方通过面对面的接触，彼此了解对方的活动与仪式。由于男女双方都到了谈婚论嫁的年龄，双方也比较了解，双方见面达成缔结婚姻的意向之后，便就开始了订婚的程序。于是媒人便安排双方父母见面。

2. 压帖

压帖是男方表达愿意与女方缔结婚姻的活动和仪式，即为女方定亲。2018 年 10 月 1 日（农历八月 22 日），LJB 和自己的父母、大伯大娘、一位叔叔共 6 人，外加一个媒人，带着"四色（sai）礼"（烟、酒、果子、羊腿。烟、酒是任何喜事性仪式必备品，果子象征成功，羊腿代表勤走动、常来往）去 ZJJ 家。到了 ZJJ 家门口，ZJJ 家便放大炮一盘，其有三层寓意：一是表示喜庆和欢迎；二是告诉本村里，自家闺女说好了，都不要给张罗了；三是通知门子里的人①及村里人都来看看自家未来的女婿，并给"掌掌眼"（提供参谋）。吃饭时，女方也相应找了 ZJJ 的大伯大娘、房里的叔叔，加上 ZJJ 共 6 位陪客的同

---

① 门子里的人，皖北方言，意指同宗且血缘关系比较近的人，一般在"五服之内"。

辈或长辈，以示尊敬和庄重。一般来说，到了压帖这一步，男女双方及其家庭基本确定缔结婚姻的意向。压帖这一仪式，实际上是女方及父母邀请本家至要亲戚在吃饭聊天过程中，进一步在细节上考察男方本人及其家庭是否懂得基本的礼数，然后确定这门亲能不能结。如果见面后双方及父母和至要亲戚都没有什么意见，接下来的事情就顺理成章了。当地办喜事一般不取单数，取双数人，拿双数礼。吃完饭，ZJJ的妈妈给ZJB包了2000块钱红包，也叫给小孩的见面礼，然后放盘鞭炮送男方返程。在这个仪式活动中，男女双方都是依据血缘来进行关系动员的，鸣炮是基本的仪式动员方式，关系动员和仪式动员比较简洁。压帖的主要目的：一是表达男方结这门亲的诚意；二是把自己的儿子送给女方父母、亲戚和邻居看看，也顺便了解女方家庭的经济状况、为人等。

3. 相家，又叫看家

相家是女方动员前往男方家庭，实地考察男方的家庭状况，并进一步考察男方口碑的活动和仪式，即为男方定亲。日子定在2018年10月5日（农历八月二十六）。定亲前一天，LYT就问媒人女方来几个人，确定来6个女的后，LYT开始和老婆商量，合计陪客人选为LYT的嫂子、弟妹、房里的嫂子和弟妹、两个侄媳妇，并且前一天晚上亲自挨家挨户地通知，让她们第二天不要有别的安排，JB相家要她们陪客。她们都很开心地答应了。在农村，喊谁陪客是对她很大的肯定，是一种荣誉，说明她能说会道，做事周全。而且这也是约定俗成的规矩，如果没有特殊原因，必须是这些人，不喊的会不开心。10月5日早上，媒人带着ZJJ、ZJJ的母亲、嫂子、姑姑、大娘、婶子6人一起去LYT家。LYT见车到来，首先放了盘鞭炮（俗称炮迎），女方家下车后，众婶子大娘迎上去打招呼，然后JB的妈妈招呼大家一起去看家，于是大家例行公事地楼上楼下挨个看了一遍。看房过程中，没有一个人说不好，都是夸房子好，JB家人好，以后JJ有福了（有奉承的意味）。看完房，LYT家的饭也基本准备好，安排座位，地方规矩女方家庭坐正位，今天JJ最大坐主位，其他随便坐，所有男同志都不上桌，加上媒人13人就开始吃饭。JB婶娘和门内嫂子们招呼着、寒暄着。前面炒菜、凉菜都正常吃，到开始上整菜（整鸡、整鱼或大菜）

时，大家都似乎在等着什么，不敢动筷子了，直到 JB 大伯端上来一盘蒸鱼（这里必须是长辈端），嘴上喊着"这鱼不动，留着养"，大家一起点头说"好"以后，才又开始继续吃饭。因为当地习俗，若女方家庭不打算让孩子近期结婚，定亲的鱼就不能吃，"留着养"意味着再留闺女在娘家住一段时间。吃完饭后，LYT 拿着 22000 的红包给了 JJ，娘家的其他 5 个陪来的一人一个红包，里面装着一条烟一袋喜糖。结束后，ZJB 点了一盘炮（俗称炮送），伴着鞭炮声 ZJJ 家所有人乘车离开。

一般地，相家更多的是一种仪式，因为通过相亲、压帖的活动和仪式，缔结婚姻的意向已经十分明确了，如果不出现意外，相家就标志着男女双方的婚姻缔结由意向变为确定。但是，如果在相家过程中出现意外，如出现不祥的征兆——像摔坏东西、仪式活动中出现差池、引起女方重要亲戚不满、发现和听说男方或女方有重大的品行不端等，男女双方或一方还可以反悔。相家是定亲的最后环节，相家活动顺利完成，男女双方就可以以准夫妻关系进行深度的交往。如果交往顺畅，也就向婚姻的殿堂迈出了坚实的一步。相家的主要目的：一是进一步确认男方的家庭经济状况；二是通过正面接触，进一步了解男方家长的为人，以及未来女婿的为人处事，从而正式决定是否结这门亲。相家过程中的关系动员，是基于家族内亲缘关系的动员，压帖是由男性参与的活动，相家是由女性参与的活动，仪式动员形式主要是鸣炮。

二、结婚过程中的关系动员、仪式动员

虽然男女双方是通过媒人介绍的，但是毕竟两村离得很近，彼此了解起来比较方便，且媒人是女方的姑姑，这又增加了一重保障，可以说，男女双方是知根知底的。所以，定亲之后，男女双方很快就进入谈婚论嫁的程序。

1. 彩礼议定

彩礼又称聘礼，是婚姻缔结的首要条件和重要仪式，古来如此。早在周朝，就规定了婚姻缔结的主要环节和仪式。《仪礼》中写道："昏有六礼，纳彩、问名、纳吉、纳征、请期、亲迎"，下聘礼是必不可少的环节和仪式。

第三章　农村社区"微事情"处理的社区动员与场域建构

《礼记·曲礼上》云："非受币，不交不亲。"① 秦汉时期强调"嫁娶必多取资，索重聘。"②《唐律疏议·户婚律》中说："婚礼先以聘财为信，故礼云聘则为妻，虽无许婚之书，但受聘财亦是。"③ 可见，自古以来彩礼都以财物许，这是一种程式。只不过，近些年来随着农村经济水平的普遍提高，农村的彩礼也水涨船高。在某种意义上，结婚环节的彩礼议定是结婚的重头戏，结婚前男方摸清女方的彩礼价码是极其重要的一环，以便早做准备。所以，定亲后，LYT 开始主动找媒人，问女方打算要多少彩礼，有哪些条件。媒人就跑去问女方的哥哥，她哥哥一开始说 28 万（现在阜阳地区农村彩礼的起价是 26 万），一辆大众凌渡（约 17 万），三金（金镯子、金戒指、金项链）折合人民币两万。媒人听了后觉得 LYT 可能承受不了，毕竟他还有一个儿子，但是当时也没说什么，赶紧跑去告知 LYT。LYT 听后直挠头，说："我去哪搞这么多钱，我给 16 万行不行，16 万都不知道怎么凑呢，我还得想办法给买个车"。媒人又去了 JJ 家，告诉 JJ 爸爸："男方愿意出 16 万，一辆车"。JJ 的爸爸气坏了，说："现在谁家闺女彩礼 16 万，又不是我家闺女配不上他家儿子。况且他家俩儿子，不要白不要，我得为我闺女考虑，不行就算了，让他再找一个吧。"媒人就这样两头跑，最终以 20 万彩礼、一辆车、三金（两万）谈妥。但是，JJ 的爸爸很不开心。彩礼谈妥后，LYT 就开始四处凑钱。据说，跟哥哥、弟弟各借了 10 万，又借了高利贷，还办了贷款，东拼西凑买了一辆车，也凑够了 20 万彩礼。在皖北农村彩礼费用比较高，而且攀比较严重。再加上，有两个以上的儿子的家庭，结婚就意味着分家析产。如果女方不体谅，就会比独子家庭要的彩礼更多。一般家庭仅仅依靠自己的经济实力难以应付一场婚事，大多需要举债。举债的过程，也是一个关系动员的过程。在这个过程中，LYT 通过关系动员以低于当地彩礼的价码议定了彩礼，这当中媒人起了关键的作用；然后又通过关系动员获得了借款和贷款。关系动员比较成功，这也进一步说明，LYT 一家在当地的人缘和口碑是不错的。彩礼议定之后，结婚就开始进入以仪式动员为主的程序。

---

① 李学勤：《十三经注疏·礼记正义》，郑玄注，孔颖达疏，北京：北京大学出版社 2000 年版。
② 鲍宗豪：《婚俗与中国传统文化》，桂林：广西师范大学出版社 2006 年版。
③ 曹漫之：《唐律疏议译注》，长春：吉林人民出版社 1989 年版。

2. 过帖

当地把下聘礼称为"过帖",即双方初步达成婚约时要下聘礼,开始进一步的仪式性程序。2018年12月22日(农历十一月十六日),LYT带着家里同门的长辈和JB总共6人,("6"象征着吉利,长辈代表庄重和重视)开着两辆车,前往JJ家下聘。长辈中有两个不是房里的人,但是聪明伶俐、办事周到,会说话,能喝酒,也就是LYT所谓的"场面人"。车上带了20箱酒、20条烟、20斤点心、半头猪、20斤糖果、柏树枝一束(象征长命百岁、百年好合),还有三金、衣服、红布包裹的20万彩礼等。在离JJ家不远的时候,LYT电话通知JJ的爸爸,JJ的爸爸安排人放炮迎接,也有招呼村里人的意思,因为这里"过贴"全村人都要过来要喜糖,沾沾喜气。在农村社区日常生活中,"沾喜气"是一种独特的分享方式,人们相信"沾沾喜气"会给自己和家人带来好运。LYT一行下车后,开始卸下聘礼,JJ家的亲戚也纷纷伸手帮忙。20万彩礼钱由LYT亲自交到亲家公手里,JJ家的叔叔、大伯、堂哥等都来陪客,聊天说话。这时ZJJ的爸妈也早已备好酒席,在JJ爸的指挥下各自就座,大家你推我让,两位爸爸坐在一起(正位),同辈的年轻人按习俗自觉地坐在了一起,女人、孩子不许上桌。全场两位主角爸爸没说什么话,全靠那两个"场面人"暖场,就这样大家都很拘束地把饭吃完。吃完饭,JJ妈妈给所有人倒了茶水,喝完茶就开车返程。在发动车之前,JJ的爸爸又点燃大盘鞭炮,礼送亲家。同时,鞭炮声也是通知村里人,亲家走了来要喜糖。不一会,村里的妇女儿童老年人开始三三两两来到JJ家,JJ妈妈就把亲家带来的喜糖倒在大盘子里,端出去一人一大把地分发出去,就这样断断续续、热热闹闹,一直到晚上都有来要喜糖的。

过帖之后,男女双方就进入紧锣密鼓的结婚准备阶段。其中,男方"套喜被"是颇具寓意和仪式感的活动。"套喜被"是男方为新婚夫妇准备的、结婚当天用的被子。"套喜被"不是谁都可以参与的,需要找三辈人帮忙,最好是有儿有女、健康、家庭幸福的"全乎人",家里有人去世三年内的不可用。JB妈妈找来了JB大娘、奶奶,还有JB堂嫂,这些人是符合条件的"全乎人",主要是希望新人未来儿女双全、健康幸福。套被子并不是真正帮忙套,多是象征性地扯扯被角意思一下，JB 妈自己套。问："都不帮忙，喊她们干啥？"答："不喊人不好，人多福气多，对 JB 好"。其中，有一床被子四个角必须放上棉花籽，有一角不能缝合，意味着多子多孙多福气，这床被子是接亲时带到女方家的。JJ 发嫁前，椅子上放的就是这床被子；发嫁后，这床被子也要放在 JJ 的婚车上，JJ 一路坐着它；直到结婚完毕，JJ 自行把那一角缝合。当地缝被子叫"引被子"，"引"意味着生，意思也是表示对新婚夫妇早生贵子的期望。

3. 定日子，即确定结婚的日子和时辰

在刘寨村定日子需要两个程序：要生辰和送年命。要生辰，方言又叫开年命。过贴后三天，2018 年 12 月 25 日，LYT 和哥哥、弟弟、媒人一同带上果子（点心，方言叫果子，是结婚专用红色礼盒装，上面写有喜字）去会亲家，要生辰八字。表示男方想求娶，女方父母同意后，红纸写上生辰八字交与 LYT。LYT 一等拿到生辰帖后，带着自家儿子的生辰八字帖，找当地的老神仙合日子。这位老神仙是村里的一位老人，据说他有一本书，上面记载着婚丧嫁娶的禁忌适宜，他会看风水，村里人都说他是会算命的老神仙。当地人比较迷信，所以他具有超乎寻常的影响力。他 70 多岁了，村里的所有婚丧嫁娶日子都是他合出来的。据调研询问，每个村都有一个大家相信的老人，也有很多村民找他帮忙当"主事人"，喊拜天地。这位老神仙合出的日子是 2019 年 2 月 2 日早上 5 点拜堂。并且算出，婚礼拜堂之时忌猪猴两种属相，上轿时忌狗。LYT 拿到合出来的帖子后，好像得到神仙指点一样，回家准备。

送年命，即男方将合出的良辰吉日告知女方的活动和程序。送年命的仪式程序比较简单。2019 年 1 月 11 日（腊月初六），JB 本人拿着老神仙写的年命帖子送到女方家。这时，男方家里开始有声势了，LYT 开始借婚礼用的"盒子""门帘钩子"等物品，并变相告知村里人，他儿子要结婚了。这样一传十、十传百，村里人几乎都知道了。这样，平时有人情往来的家庭就会在早上来送礼钱，也叫份子钱，每天早上都有人陆陆续续地来，直到结婚前的上午。LYT 统计所有送礼钱的人，然后写上请帖，让儿子 JB 挨个送，并告知婚礼举办的时间和喜宴举办的时间、地点，邀请他们准时参加婚礼和婚宴。

4. 下请帖

这里的请帖主要指"媒人亲家帖"。由于结婚当天会有娘家人来送亲，所以必须下请帖，以示尊重。此外，当地媒人也有举足轻重的地位，所以这两张请帖并在一起称"媒人亲家帖"。这种请帖总共有 6 张，分别送给 JJ 的爷爷奶奶、爸爸妈妈、媒人两口子，每人各一张；这 6 张请帖有别于普通帖，比普通请帖精致上档次。本地习俗是婚事举办前一天下午，这六人都在家等着。亲家帖要一起发，同时发给 JJ 的爷爷、奶奶、爸爸、妈妈，媒人帖要单独送到媒人家。2019 年 1 月 31 日下午，LYT、LYT 的哥哥、媒人、两个侄子去女方家送帖。两个侄子抬着"盒子""四色礼"，实物是个大木箱子（全村传着用），男方叫抬"明盒"，鱼肉果子都是放在外面，给别人看到，箱子里面装着请帖。LYT 觉得媒人是新娘的姑姑，并且跟男方一起去的，为了方便，索性就直接把媒人帖和亲家帖放在箱子里一并抬过去了。到女方家里，女方的妈妈赶紧给两个抬盒子的小辈包红包，拿着红包后，两个小辈负责开箱。打开箱子，LYT 把亲家帖交给亲家后，转手又拿媒人帖，只见媒人脸色骤变，拒绝接帖。媒人说："我是男方的媒人，我给你 LYT 说儿媳妇，你不给我单独下帖，还送到别村里来了，这不是看不起我吗？"当时场面很尴尬，LYT 的哥哥赶紧出来解围说和："YT 认为亲家是你哥，所以都一样，是他不对，马上回去重新请您。"LYT 也赶忙道歉，说是他考虑不周全，媒人才不吵。结束后，JJ 的妈妈拿了牙膏、牙刷、粉丝、水壶、发酵粉等放入"盒子"里，意味着给闺女送去了日用品和口粮。抬回来的盒子叫暗盒，是给闺女用的；抬去的盒子叫明盒，是男方给亲家和自己撑脸面的。回来后，LYT 赶紧带着妻子和儿子 JB 一起去媒人家下请帖，赔礼道歉，给媒人全了（方言，挽回的意思）个面子，这事才算结束。也有村民把盒子放在接亲当天，让盒子头里跑，算准时间，盒子到女方家男方车队才放炮出发接亲，到女方家里后盒子立刻往回走，计算盒子到男方家了然后接亲才完成，发车返回。几个晚辈抬盒子，也叫领路。

下请帖是婚礼举办的前兆，前来吃喜酒的亲戚、朋友、邻居和帮忙的人在这一天也都赶到了，为婚礼的举办做准备、"暖场"。这天中午，所有房里和左邻右舍及 JB 的朋友，都会跑来帮忙布置婚房，搭戏台，准备婚礼当天要用的物资。有什么活干什么活,人多办事效率高,很快就没啥事了,大家就在那三三两两一桌打起了"斗地主",热热闹闹,一直到吃饭时间。这里,结婚头一天不吃大席,是吃大锅饭,JB妈妈、大娘等烧了一大锅"大锅烩",一人一碗菜、一个馒头站着吃。吃完后又在那待命,有事忙事,没事闲聊。

5. 办事前的会议

结婚前一天晚上,事主召集族内信得过的人或亲戚开一个家庭会议,就主要事项和人员安排商定妥当,当地俗称"商量事儿"。第一,事主LYT首先要安排的两个最重要职位,一个是"放炮的",一个是"主事人"。"放炮的"是其亲哥哥LYY,也是最信得过的,是接亲过程中最能代表事主做决定的人,也是婚礼顺利进行的把关人,到女方家所有事情周到与否都会直接找"放炮的"。接亲时,以他放炮作为出发信号,每逢桥必停车放炮,每拐弯必停车放炮;接亲过程中,女方有意见第一时间是找"放炮的";还有,到了良辰吉时"放炮的"说"发嫁"就必须走,不能耽误了吉时,并且也是以他放炮作为发车信号。"放炮的"手上还掌握烟和几万块钱,以备不时之需。"主事人"主要负责主持拜堂仪式,同时负责撒喜钱、喜糖。LYT安排他一个家族中最亲的房里叔叔,LYT本来还有个大伯,但是大伯一身病,大家商量着喜事让他喊不吉利,才定下让他叔叔喊,这事还闹得大伯不高兴。"主事人"比"放炮的"关系要稍远点。第二,安排婚车发车时间是凌晨两点,接亲结束时间必须是四点,因为年命帖上说凌晨五点拜堂最好,必须赶在四点半之前回来,赶在良辰吉时拜堂。第三,安排发车路线,画圈走,走大圈,坚决不走回头路。确定路线后,安排一辆车提前走一圈,每经过一个桥放上一张红纸并压上石头。一是为了采路线,二是为了给明天接亲车队作线路指示。接亲时必须东出西进,就是婚车车队必须从村东边出村,回来时必须从西边进村,并安排侄子LWT带车队,在前面压阵,缓慢前进。第四,安排接亲抬东西的人,负责把新娘家的陪嫁装车带回,并回来后卸下嫁妆放到婚房里。第五,安排扛喜竹的人。LYT侄子LYW负责扛"喜竹"。竹子绑上红布红气球,意味着万年长青,婚后日子红红火火。第六,跟媒人确定娘家来多少人,然后安排去多少人,娘家人共来十人送亲,都是长辈或同辈,所以总共安排长辈或同辈十人去接亲,他们主要是房里房外的大伯、叔叔,还有同辈的堂兄弟。

同天晚上,LYT家按当地习俗要搭戏台,安排"吹响戏",吹响戏就是唢呐班子敲锣打鼓、吹拉弹唱表演节目,以烘托喜庆的气氛。结婚前一天下午五点开始演出,中间吃个饭,继续吹。戏台下面坐着老老少少一百多口人,人越多,唢呐班表演越起劲,歌曲、舞蹈、小品、杂技等节目迎来阵阵掌声。LYT拿着盘子,里面放的散烟和喜糖在台下不定时地发放一轮,一直到晚上十点多才结束。在这个地方,家里遇有喜事都会请个唢呐班子,搭台唱戏,图个热闹喜庆,老百姓最喜欢说的一句话是"媳妇是喇叭号子娶回家的"。实际上,"吹响戏"不仅是为了图个热闹,更重要的是为男女双方挣了面子。从社区层面来说,为社区生活建构了一个新的公共空间,在这个空间中大家快乐着、沟通着,使得生活变得情趣盎然。

6. 接亲

由于年命帖上指示必须凌晨五点拜堂,所以婚车在2019年2月2日(腊月二十八)凌晨两点就出发了。"放炮的"LYY带上了20条烟、20箱酒、20条鱼、3万块钱等物资,安排侄子LYW扛"喜竹",在最前面车上,并且带领车队,防止车队速度不一致,场面不好看。LYT先给每辆婚车发了一条喜烟,一切准备就绪,LYY鞭炮一点,便开始敲锣打鼓,迎亲车队出发。按照前一天踩的路线,一路遇桥放炮(敬桥神、水鬼。也可以说是吓它,防止它们干扰迎亲队伍),共停下来放炮4次。到JJ家村西头时大概2:40。车队停下来,"放炮的"点了一盘炮,意思是通知女方,迎亲车队来了。然后就听到女方那边鞭炮声响了起来,表示欢迎(炮迎)。接着,车队敲锣打鼓继续前进,一直到JJ家门口。虽然迎亲队伍声势浩大,但是由于是夜里,还是寒冷的冬天,所以没有任务的村民没有一个起来凑热闹的。下车后,JJ的妈妈首先找"放炮的",问怎么安排,几点走。交代完之后,拿了个红包塞给扛"喜竹"的人。接着JJ一家就开始合照全家福,JJ坐在正门的椅子上,椅子上垫个大红被子(男方带来的)。照完相后,JJ的嫂子端来了一碗拌了香油的米,让JJ一口尽量多地吃到嘴里,不咽下去,然后一半吐在她哥哥的衣服口袋里,一半吐在JB衣服口袋里,说是回去放入粮仓,来年大丰收。上面的仪式结束之后,

第三章 农村社区"微事情"处理的社区动员与场域建构

便开始闹新郎的环节，先有人拿来搓衣板让JB跪上去，这是一种嬉闹的仪式，JB不得不跪。这个仪式结束之后，人们开始想着法子要红包，如果不愿掏，要红包的人就会尽情地戏耍新郎，大有不达目的不罢休之势。嬉闹中，吉时快到了，"放炮的"喊了一声，"不要闹了，时间到了，不能误了吉时"。这时，所有人都不闹了。JJ的大娘开始"装柜"，把JJ的衣物放入柜子中，再放入糖果和2000块钱，然后把柜子锁上，中途不准打开，直到男方家里才能打开。婶子是"打扮上轿的"，帮JJ穿婚纱。一切准备完毕后，"放炮的"凑上来给这两个人一人一个红包。按照当地习俗，上轿前男方要掏"上轿礼"，"放炮的"便根据事前商定的掏一万块钱，给JJ作上轿礼。由于在彩礼问题上，JJ的爸爸闹得不愉快，他临时改变主意，决定"上轿礼"临时增加一万，说必须两万，否则不发嫁。这时，媒人赶紧找"放炮的"，商量怎么办。"放炮的"当时很气愤，事前说好的突然变卦，但从大局考虑，还是给他弟弟打电话商量，最终同意给两万。（事后我问JJ爸爸为啥突然变卦，JJ爸爸说"前面不想出钱，关键时刻我杀他一把，这不乖乖地听我的，这叫下马威"。仿佛农村人认为这是展现他能耐的时刻，也是娘家人"拽"的表现）。上轿礼的问题解决之后，JJ穿着他哥哥的鞋子就上了车，其意是"嫁出去的闺女泼出去的水"。JJ穿哥哥的鞋上轿意味着不带走娘家的一尘一土，即不能带走娘家的财气。上轿毕，"放炮的"鞭炮一响，敲锣打鼓，婚车开始从村东头出发徐徐前进，JJ四个房里的兄弟分别站在婚车的四个角，跟着婚车走，表示送姐姐出嫁，一直出了村就不送了。女方送亲的共有十人，分别是两个叔叔、大伯、四个堂兄弟和两个侄子。两个侄子也是有"身份"的，一个是"拿门帘钩子的"，一个是"端灯盆的"，这两个人到男方家是有红包的。门帘钩子和灯盆是本地一直沿袭的习俗，是嫁妆的重要组成部分，侄子拿代表娘家人丁兴旺、后继有人。这十人是女方开车，在后面压阵，遇桥停车，男方放炮，女方放馍。因为人们认为水里有水鬼桥神，放炮、放馍是因为走它地方经过，敬点东西，鬼神们忙着抢着吃，就没时间干扰迎亲队伍。

"放炮的"在接亲过程中，也早已确定女方来十个送亲的人，并赶紧通知LYT。因为当地规矩，男方必须找相同数量的人陪女方送亲的。LYT在家已经做好准备，等待婚车归来。车队到了村西头路口时停下车，"放炮的"放炮；

家里听到后，也放炮呼应；车队听到呼应后，继续前进，直到门口。这时凌晨四点二十，"放炮的"冲到最前头，掏出一万块递给JJ，这也是事先约定的"下轿礼"。然后，JB的大娘、婶子一人拿一把麻秸秆，点燃交叉着绕婚车走，正三圈，倒三圈（有驱邪的意思）。与此同时，"主事人"拿着醋浇在烧得通红的犁耙钩子上，只听见"吱吱啦啦"的响声，并嘴里念叨着"各路小鬼都走远"一类的话，据在场村民说这是驱鬼避邪的。这些具有巫术色彩的仪式，实际上是在为新人建构一个排除鬼神世界干扰的安全环境，以保新人平安之意。一切妥当之后，JB在车前三鞠躬后，JJ下了车，媒人引导必须从车后走。这主要沿袭了很久以前的习俗，以前农村条件差，结婚都是用木制架车子接亲。据说新娘从前面走对娘家不好，走后面对婆家不好，所以当时新娘都是从侧面翻下来。但是，现在都是用轿车了，就让新娘从车后面，绕远点走，这样对娘家、婆家都没有影响。"主事人"走在新娘前面，一边走一边撒喜糖、喜钱。走到屋里，等待凌晨五点。这时，所有娘家人被带到堂屋，喝茶聊天，并且有人专门负责招呼娘家人。JB妈妈在媒人的指引下，把红包交到两个小孩手里。这时，JJ把她的柜子打开，示意让大家拿糖。当地习俗，喜糖被拿得越干净越吉利。由于凌晨没有很多人，最终喜糖被JB堂哥LWT拿完了。

7. 拜堂成亲、闹洞房

凌晨五点到了，拜堂的场面也已经布置完毕，两根点燃的蜡烛，一个装满小麦的斗子，斗子里面还插着松树枝、一杆秤、一个秤盘。秤盘里面放的秤砣，秤砣用黑布盖住，据说是秤砣代表太阳，称勾代表月亮，秤砣用黑布盖住了，就代表天黑了。在"主事人"的主持下，一是拜天地，二是拜祖先，三是拜高堂，最后是夫妻对拜。这是跨界仪式，由表达对自然神的崇拜、祖先崇拜，转向现实对父母的敬重和对自己良好姻缘的祝福。拜堂的结束标志着夫妻关系获得了地方性承认。在经过一系列复杂的程序之后，新郎一手抱着斗子、一手牵着新娘，在亲朋好友的祝福声中被送入洞房。然后，把斗子里的粮食撒在床上。这时，一些不安分的人，其中大多数是JB同学及老表，开始了闹洞房的恶作剧，他们给新郎新娘出各种各样的难题，为难新郎新娘，洞房里的气氛紧张而幸福。这是一种带有戏剧性的嬉闹仪式，旨在进一步烘托喜庆的气氛，是亲戚朋友等用揶揄诙谐的方式表达对新人婚姻的良好祝福的仪式。闹完洞房，天渐渐亮了。因为酒席是承包给别人的，所以也就没有什么事了，大多数人都各自回家等待中午吃饭。到中午开席之前，LYT亲自放礼炮、烟花、大盘炮，一是标志着开席了，二是招呼大家前来就座。大部分人都会自觉过去，并且按照安排就座，但一小部分人因各种原因未能及时到场。为了防止漏了一些没来吃饭的人，而引来事后怪罪，"放炮的"拿着礼单本子挨个对照排查，勾出没来的，由JB挨家挨户去请。这天娘家人是贵客，被安排在堂屋，专门为娘家人开的两桌在室内，并且找了十个相应辈分的人陪着，其他人都安排在院子里就餐。吃到一半，JB的爸爸带着JB、JJ开始敬酒，从娘家人那两桌开始，然后是敬媒人和"主事人"，剩下的桌就从前向后挨个敬，每桌都是先敬长辈。最后，LYT代表全家对大家表示感谢，以集体举杯结束。婚礼基本结束，"主事人"突然想起来，忘记让新娘吃"娘家面"了，就是"盒子"里抬来的粉丝。于是，找JB的堂嫂给补下两碗粉丝，一碗稀、一碗稠，用红布盖住让新娘选，说是选到稠的就是福命好，一般都会指示让新娘一起掀开，吃了那碗稠的。最后是安排送娘家人，来送亲的每位娘家人一人一个包，每包都有一条烟，一包喜糖，一条红毛巾。娘家人来了两辆车，LYT又找了一辆车送他们回去，在鞭炮声中送走了娘家人，婚礼算是结束了。

8. 会媒人亲家

结婚的第二天，即2019年2月3日，按照当地习俗，男方父母及直系亲属是要宴请亲家和媒人的，以示感激之情。一则感谢亲家把女儿培养得如此优秀，并且舍爱让她嫁到男方家；二则感谢媒人舟车劳顿，费心烦神促成这段婚姻。上午，LYT喊来了他的哥哥、弟弟加上JB，去接亲家和媒人，JJ家来了四个人，分别是JJ的爸爸大伯叔叔哥哥。吃饭过程中，有三次JB给在座所有人磕头，有个人喊着口号，"LYT会媒人亲家，感谢……一叩头"。在座每个人都得给红包，两个爸爸每次都得掏，其他人只需要掏一次即可。就这样饭前一次，中间一次，饭后一次。然后，送媒人、亲家回家。

三、回门过程中的关系动员、仪式动员

回门是指按照习俗婚后第三天新娘要带着新郎回娘家。由于这是新娘第一

次以客人身份回娘家，仪式也就显得比较隆重。按照习俗，娘家要派人来接的，而且必须三辈人去接，4人或6人。其中要有一个小孩压车，小孩一般是娘家的侄子，这个小孩也是第一次到姑姑家做客，按规矩男方是要给小孩包红包的，以示重视。同来三代人，这既是规矩礼节，实际上也是向男方示威的意思。其意思是说，新娘娘家有人，不要欺侮自家姑娘，当地有句俗话"娘家侄，出气的儿"。2019年2月4日，按照当地习俗，新娘JJ要带着新女婿JB回门。回门时，JJ的大伯、哥哥，还有侄子等一行4人来接。JJ娘家人来了之后，JJ的大伯代表娘家人在酒桌上同亲家寒暄，诸如"俺小孩不懂事，该说就说，该干活就让她干活"等类的客套话。这看似客套话，但客套话中体现了家庭伦理。临走时，JB妈妈把结婚那天的羊腿又给带着了，说是兴（方言，表示应该的意思）带的，羊腿比喻人腿，意味着回家走路快，且要常来往。JB一行人刚到娘家，JJ的妈妈就告诉她，不能出门，进了屋就不许出去，也不能串门，到谁家谁都会很反感甚至生气，说晦气。JJ也就乖乖待在卧室，大约中午11:30就开饭了，JJ大伯、哥哥都在一起吃的饭，但没喝酒。因为JJ妈妈说，吃过饭立刻回婆家，越利落越好，走的时候家里人不许挽留，JJ不许回头。吃完饭后，JJ的妈妈拿了两个馒头，分别掰开后夹一块肥肉，递给了JJ，再带上她带来的羊腿，让小夫妻头也不回地离开了。到家后，JJ把这两个馒头分别拿给JB的爸妈，二老一人吃一个，意思是儿媳妇吃肉也不忘公婆，是个孝顺儿媳。这才算一场婚礼真正的结束了。

四、婚事处理中的周旋

婚事是个人及其家庭生命历程中重要事件，婚事的准备和举办也就变得十分慎重，尽量不要出现"意外"。然而，婚事准备和举办总是显得十分庄重而不乏诙谐。"意外"总是在诙谐之中不经意而至，大多的"意外"多是嬉闹的"意料之中"的事，但是当这样的"意外"发生时，必须予以妥善的处理，以不影响喜庆气氛为底线，必要时为增加喜庆的气氛还会人为地制造"意外"。因此，"意外"的处理需要恰到好处，这就需要有人为保证婚事顺利进行周旋。

第三章 农村社区"微事情"处理的社区动员与场域建构

周旋是指通过反复地奔走活动以保障事情得以顺利处理的活动与策略。在农村社区日常生活中,"微事情"的处理需要周旋。周旋者可以是当事人本人,也可以是当事人委托的第三方。

在农村缔结婚姻中,首先,是寻亲过程中的周旋。寻亲的过程一般需要家长通过周旋进行关系动员,因为现在的农村由于青年人大量外出务工,要想在本地寻找合适结婚对象已经变得越来越困难了。皖北农村大多人还是信奉本地婚,认为本地婚稳定,且可以扩大家庭社会关系、增加社会资本,农村话叫"本地姑娘好,孩子有亲戚走,有人疼"。上述事例中,JB 的寻亲过程算是比较顺利。这是因为,JB 的父母在村庄中口碑较好,小伙子也长得比较帅气。可见,在子女寻亲过程中,难易程度除了与一个家庭的基本物质基础有关之外,父母在当地的良好口碑也很重要。良好的口碑是优质的社会资本,它会使得家庭行动变得顺利,寻亲更是如此。其次,是彩礼筹措中的周旋。彩礼的筹措是婚事举办的重头戏,也是一件难事。现在的皖北农村,订婚之前家里必须为准备订婚的男孩子准备一幢小洋楼,这是标配;结婚时必须要买一辆 10 万元以上的小轿车,这也是标配;这些花费需要 40 万左右。结婚时的彩礼 20 万以上,举办婚宴及其他开支也在 10 万以上。一场婚事举办下来,费用平均在 70 万元上下,这在普通家庭是难以依靠自家的力量来解决的。大多需要举债 30 万元以上,举债就需要周旋。故事中,LYT 娶儿媳妇总共花了 70 万(车+房+各种折合现金+物资消耗+酒席),负债 35 万左右。这 35 万元是 LYT 通过关系动员周旋来的。再次,是彩礼议定中的周旋。这次周旋的主角是媒人。一般情况下,彩礼议定是男方通过媒人询问女方的要价,媒人询价之后告知男方。通常是女方的要价不低于当地彩礼的平均水平,这不仅仅是彩礼的多少问题,也是面子的问题,也体现了女方女儿的身价问题。故事中,JJ 的爸爸要价是彩礼 28 万(现在阜阳地区农村彩礼的起价是 26 万),一辆大众凌渡(约 17 万),三金(可折合人民币两万)。JB 的父亲给出彩礼的价格是 16 万。当媒人把这报给 JJ 的爸爸时,JJ 的爸爸气坏了,说:"现在谁家闺女彩礼 16 万,又不是我家闺女配不上他家儿子。况且他家俩儿子,不要白不要,我得为我闺女考虑。不行就算了,让他再找一个吧。"从 JJ 爸爸的话语透露了以下信息:第一,JB 的父亲给出彩礼的价格是 16 万元,远低于他的要价 28 万元,也远低于当地的平均水平 26 万元，与其女的身价不符，贬低了自家女儿的身价，这是他生气的主要原因；第二，有两个儿子以上家庭娶儿媳妇时要拿出更多的彩礼，正如 JJ 的父亲说"不要白不要"，彩礼具有家庭财产分配的性质和功能。好在故事中的媒人是 JJ 的姑姑，且很体谅 LYT 一家的难处。媒人两头跑，最终以 20 万彩礼、一辆车、三金（两万）谈妥了彩礼。最后，是结婚过程中的周旋。由于从结婚相关事务的准备到结婚仪式的举行是一个复杂的过程，既需要隆重、郑重，也需要慎重。这时，所有重要的主角都要登场，参与到具体事项的周旋中。如，"过帖"中需要请来"场面人"，"套喜被"时请来"全乎人"，下"媒人亲家贴"操作不合规引起媒人不满的调解和弥补；"上轿礼"的事项上亲家的临时变卦等，都需要相关人员出场周旋，以保证婚事办得妥妥当当。

周旋是婚事举办过程中重要的活动，它不仅能起到关系动员和仪式动员的作用，更在于它能够起到润滑剂的作用。它既是一种智慧，也是一种技巧，其智慧寓于日常生活的情理规则中，其技巧来自日常生活的经验。

五、结论与思考

婚事处理的过程，就是关系动员和仪式动员的过程。在这个过程中，难免会出现"好事多磨"的各种处境。怎样通过"多磨"将好事做成，这就需要根据场景的不同，不同的角色扮演者出场进行周旋，发挥周旋的润滑剂功能。无论是关系动员、仪式动员，还是周旋，目的在于为婚事的举办提供一种适宜的场域，保证婚事处理得圆满。概括地说，婚事处理涉及以下几件事：

第一，婚事处理中的信息发布。婚事处理中的信息发布贯穿在婚事处理的过程中。故事中，LYT 在自家的宅基地上建好了三层还算比较有档次的小洋楼，实际上是在向熟人或半熟人社会发布这样的信息：我家有子到了婚娶的年龄，并且具备了为儿子婚娶的基本条件——小洋楼，这是一种无声的动员，这才有了媒人上门说媒的事情发生。在婚事处理过程中，放炮是一种有声信息发布，且是信息发布的重要手段。压帖时，女方放炮是告诉本村人，自家闺女说

第三章 农村社区"微事情"处理的社区动员与场域建构

好了,都不要给张罗了;同时告知门子里的人及村里人都来看看自家未来的女婿,并提供参谋。相家时,男方放炮是为了告知村里人女方来相家了,自家的儿子马上就能娶上儿媳妇了,并招呼村里人来捧捧场,沾沾喜气,显示自家人缘好。过帖时,女方放炮,是告知门里人和村里其他人,过来要喜糖、沾喜气,也有显示自家人缘好的意思。接亲出门时放炮,是告知接亲队伍吉时已到,立马启程,乐队班子开始表演。接亲队伍到女方家村西头时放炮,是告诉女方接亲的队伍马上就到;这时女方放炮是对接亲队伍的回应,告知对方已经做好了准备。故事中,村庄借用婚事举办的道具是一种不用言明的行动动员。平时与当事家庭有人情往来的人自然会打听婚事举办的时间,并适时地送来礼品和喜钱,并做好喝喜酒的安排。

第二,婚事处理中的情境场域建构。婚事处理总是在一定的情境场域中进行的,情境场域的建构是婚事处理的核心,其建构包括情境时间建构和情境空间建构。所谓情境时间是指因人、因时而异,因性别、因属相、因婚房门的朝向等不同,而产生的吉日吉时。因此,婚事举办时日的确定是一种情境时间的建构。婚育年龄时间的产生是个生理过程,"男大当婚,女大当嫁",天经地义。但男大女大能否适配,那还需要适宜婚配的情境时间的建构。在农村社区日常生活中,遵循着"吉事吉时"办喜事的习俗,时间的安排十分慎重。一般情况下,相亲、相家和压帖情境时间的确定会选择双日子(日子的尾数是2、4、6、8,取6和8的比较多),因为人们相信好事成双,以讨个吉利,其中6有"顺"的寓意,8与"发"谐音。这些的日子确定比较随意,有时是双方约定,郑重些的也就是翻翻黄历来确定。但是,接亲的日子是不可随意的,这关系到男女双方乃至整个家庭命运,也可叫作"命运时间"。所以,找专门的人来择日子。在皖西地区,人们找能掐会算的盲人来择日子。故事中,LYT家接亲的日子是由当地的"老神仙"算定的。这些人被认为是地方上懂天干地支,并能根据天干地支算出吉日吉时的"专业人士",他们在婚事的情境时间的建构中拥有绝对权威。有时也选择国家的正式节日,如国庆、元旦,人们认为这样的日子是国家的大日子,相信正可以压邪。同时,选择这个日子,也方便外出务工人员有比较充裕的时间来处理和参与这样的大事。不过,即使如此,大多数家庭还会请能掐会算的"专业人士"算吉时的。所以,结婚仪式举办前,"合日子"是一件重要的活动和仪式过程。"合日子"就是婚事举办中情境时间建构的仪式过程。

　　婚事处理的情境空间的建构是为婚事处理提供一个临时性的活动展开和仪式表演的权宜性的空间,它包括实物空间的建构和仪式空间的建构。其中,实物空间的建构涉及婚房的布置、洞房的设计、堂屋的合适摆设和院落的合理利用等,为仪式活动展开提供一种特定的物质的情境空间。婚房的布置要突出喜庆;洞房的设计既要显得喜庆,又要具有神秘感,让人产生联想;堂屋摆设要彰显庄重而神圣;院落的布置要显示其功用性。仪式空间的建构是为仪式的表演而做的空间上的准备,它的主要内容是:接亲道路的设计与选择,弄清要通过桥的数目,搭建吹响戏的舞台,迎亲过程中的乐队的参与,跪拜仪式和闹洞房的道具准备。接亲道路的设计与选择是要成就"画圆"的仪式空间,弄清要通过桥的数目是为"敬神"和"驱鬼"仪式建构若干个场域,搭建吹响戏的舞台是要为参与婚礼的亲朋提供一个互动的娱乐化仪式场景,迎亲过程中的乐队的参与是要建构一种将婚姻仪式的娱乐化进一步外化的场景,跪拜仪式道具的准备是要烘托该仪式的庄重,闹洞房的道具准备是要建构一个"闹洞房无大小"去"人伦式"的嬉闹场景。正是通过上述情境场域的建构,使得婚事的举办既庄重、喜庆、热闹,而又不失诙谐、打趣,张弛有度,相得益彰。

　　第三,婚事处理中神秘化仪式表演。婚事处理中的信息发布和情景场域的建构,为婚事活动中的神秘化的仪式表演做足了人和空间的准备,因为任何表演都是由演员、观众和舞台、道具构成的。婚事处理中神秘化仪式表演,根据其性质和功能,可划分为命运型仪式表演和神秘化象征型仪式表演。命运型仪式表演是指通过神秘表演以实现当事人及其家庭,乃至其他活动参与者,命运的维护和建构的仪式活动,它包括吉日选择表演、敬神和驱邪表演等。吉日选择表演是通过婚姻当事家庭和"专业人士"的互动来问吉卜凶的表演,通过这种表演以精准化地设计出吉日吉时,建构婚姻当事人及其家庭避凶趋吉命运共同体,同时避免损害其他参与者的命运。这是一帖婚姻当事家庭和"专业人士"通过互动合出来的"喜庆婚书"。在这个婚书里合定结婚的佳日(农历)吉时,摹画了上轿(车)和下轿(车)时脸部朝向,以避凶趋吉,并告

第三章 农村社区"微事情"处理的社区动员与场域建构

知哪些属相的人避免接亲当天在新娘上轿（车）和下轿（车）正面相对，以避免犯冲，而影响自己的命运。敬神和驱邪表演可以说贯穿着婚事处理的始终，因为婚事处理过程中"放炮"贯穿了仪式的始终，"放炮"原初功能就是"除邪"，即驱邪。过桥时男方放鞭炮、女方放馒头的仪式表演旨在敬鬼神，避免鬼神对婚事的干扰；新娘下轿时烧麻秸绕车正三圈、反三圈，以及用醋浇烧红的犁头发出吱吱的声音的表演，意在驱邪。这一系列的神秘化仪式表演，为新婚夫妇排除一切未知世界可能的风险，以祈求新婚夫妇未来有一个好的命运。象征型仪式表演是旨在展现仪式表演的象征功能的活动与过程。贯穿婚事始终的放炮除了工具性功能之外，也具有象征功能。放炮表演象征着喜庆；婚礼上拜天地、拜祖宗、拜父母、夫妻对拜的仪式表演象征着对自然的崇拜、祖先崇拜、感恩与尊敬、夫妻相敬如宾；闹洞房仪式多象征夫妻同心、共渡难关等；新郎一手抱着斗子，一手牵着新娘入洞房后，把斗子里的粮食撒在床上的仪式表演象征着多子多福、子孙万代；在皖西地区，女方陪嫁的被子里、鞋里、箱子里皆放有枣子、花生、桂圆等，寓意早生贵子。总之，命运型仪式表演倾向于趋利避害，强调给新婚夫妇及其双方原生家庭带来好运的同时，不给其他人的命运带来危害，以维持生活共同体命运的和谐。象征型仪式表演多寓意吉祥、喜庆和美好祝福等。

第四，婚事处理中的传统与现代。无论对个人还是家庭，缔结婚姻皆是个人和家庭生命历程的重大事件，也是家族或宗族的大事，所以年轻人结婚历来受到家庭、宗族或家族的重视。在中国农业文明时期，历朝历代都在宏观上采取鼓励生育的政策，以保证农业生产对劳动力的需求，但在微观层面很少关注年轻人的婚育问题，而归为家庭、宗族需要处理的事情。中华人民共和国成立之初，政府也采取鼓励生育的政策，"人多力量大"是那个时期国家人口政策的通俗表达，但国家并未在微观层面干预年轻人的婚育问题。直到20世纪70年代，由于放任的人口政策导致人口的增长大大快于经济的增长，而给经济社会和环境带来了巨大压力，所以国家层面开始干预微观层面的婚育问题。同时在"移风易俗"推动下，基层政府也一度干预农村社区日常生活中的婚事处理的具体事情，试图通过这种干预剔除农村社区日常生活中庸俗的婚俗，建立"积极向上的新风尚"。传统婚俗中一些被视为糟粕的东西被抵制，节约办婚事,"新事新办"被提倡,在一定程度上改变了农村的婚俗。改革开放以后,虽然在较长时期内仍然执行着严格的计划生育政策,但是放松了对婚事处理的微观干预。婚事的处理重回家庭、宗族或家族,重回农村社区日常生活,重回传统。这就告诉人们,传统是扎根在日常生活的集体记忆之中的,它无论遭受多少挫折,只要春风一度它就会从日常生活的缝隙里探出头来,重新唤醒集体记忆。因此,现代化不是要抛弃传统,而是要在传统中探寻前进的动力,让传统焕发出现代之光,在现代之光中承继传统的因子。

但是在对待传统问题上,我们要正确区分一般民俗与庸俗、民间信仰与迷信的区分。比如,订婚和结婚的彩礼是千年来流传下来的礼俗,它的核心是"聘礼","聘礼"的本意是双方相互赠送的表示敬意的象征性礼物。但是,在后来的发展中,不同时期出现了不同程度的异化。在市场经济条件下,当聘礼异化为高额彩礼时,就严重偏离了"聘礼"的本质,"进而出现一系列'微问题',如,致使很多贫困家庭男子无法婚配,债台高筑从而陷入生活危机、养老危机等。"[1] 本故事中,由于攀比和高价彩礼所导致的高价婚姻,是当今乡村社会的一种"非常态"的"常态",它是造成乡村社会日常生活失序和生活福利降低的根源之一。因此,需要对乡村社会出现的高额彩礼进行有效治理。而要实现有效治理,需要建构多元共治的机制。首先,国家层面需要加强立法工作,运用法律的手段规约索要高额彩礼的行为,同时在舆论上倡导移风易俗。其次,发挥乡村自治组织和其他社会组织的作用,开展倡导移风易俗行动,将治理高额彩礼以通俗的语言写进村规民约。再次,教育鼓励社区居民从我做起,转变婚俗价值观,自觉抵制攀比,积极参与这项移风易俗行动,发挥熟人社会舆论的积极作用,从而在源头上治理高额彩礼。至于本故事中出现的婚姻仪式中的迷信活动,则需要在乡村社会加强马克思主义的信仰教育,引导人们区分健康的信仰和迷信,让健康的信仰扎根乡村社会的日常生活,营造健康精神生活常态。

---

[1] 刘桃、包先康:《农村聘礼的异化与治理——基于微治理的视角》,载《青岛农业大学学报》(社会科学版),2021年第3期。

第三节　农村社区丧事处理：
关系动员、仪式动员与善后

中国传统文化极其重视生命的价值和意义。尽管改革开放以来，传统文化出现了一定程度的式微，但对生命价值和意义的重视并未改变。处于人生命历程两端的生与死的仪式，最能体现人们对生命价值和意义的重视。而作为生命的终结的死亡仪式，一方面昭示着一个生命体的终结，但也期盼着来世的重生，死亡仪式也尽可能地极尽"哀荣"。农村社区作为传统文化的坚守域，丧事的处理极富传统意蕴，但也嵌入现代的工具价值。在国内，人们多从人类学视角研究丧葬活动，深描不同地区、不同民族丧葬仪式，以揭示丧葬仪式中的不同文化结构及其反映其结构的文化差异、特点等。有人从批判的视角分析丧葬仪式中的陋习，并主张将丧葬仪式的陋习根除；有人关注丧事活动中情感的表达及其功能；有人将丧事活动的变化与社会结构的变迁联系起来。然而，学术界很少将农村社区日常生活中的丧葬活动当作一个完整的事件来研究，也就造成了从多维度的视角探讨丧葬活动的研究成果的稀缺。同时，农村社区中丧事的处理是一个"大家庭"的大事，也是一个社区的大事，在这个过程中需要有效的关系动员、仪式动员与善后。为此，我们的研究试图将丧事视作一个完整的事件，并在事件的处理过程中揭示结构、事件、行动、文化之间的互动，进而揭示农村社区日常生活中"私—公"的转换逻辑。

一、农村社区丧事处理中的关系动员

在农村社区日常生活中，丧事从来既是一个大家庭的大事，也是社区里的大事。既然是大事，对于大家庭来说，要把丧事尽可能办得体面，不让外人看笑话；对于社区而言，丧事要办得不让外村人说闲话，否则这一大家子的人和社区里的人都会没面子。但是，丧事的处理是一个临时组织的活动，需要进行家庭动员和社区动员，才能保证丧事活动的有序进行。而这些动员中首要的是

关系动员，有效的关系动员是保证丧事活动顺利进行的前提。

农村社区中的关系动员，是指在社区内以关系为纽带或中介调动相关成员有效地参与到某项事件中去的过程。中国绝大多数农村社区是建立在伦理本位之上的一个关系本位的实体，其人际关系的模式是基于"人伦、人情、人缘"来建构的，而"人伦、人情、人缘"中无不体现出关系的重要性。因此，绝大多数农村社区家庭中大事的举办无不以关系动员为前提，丧事活动当然也不例外。下文将通过一个具体的故事来分析，丧事活动是如何进行关系动员的。

故事（上）

2019年1月15～30日，课题组调研人员一行在皖西龙镇J村开展为期半个月的田野调查。恰逢J村L庄一户人家在举办丧事，课题组一行全程参与丧事举办的过程。

J村L庄是个典型的主姓村，以X姓为主，另有两个ZH姓和P姓小姓。其中，ZH姓是外来户，刚解放时入户L组，P姓是基础户，村庄是用P姓来命名。为了在L庄站住脚跟，ZH姓与X姓一大家子有联姻，形成了姻亲关系。ZH姓家族中有女嫁到X家，X家也有女嫁到ZH家，W姓兄弟（ZH家的养子）的老二就娶了X家的姑娘为妻。

L庄地处龙镇次中心地带，交通十分方便。由于离龙镇中心地带较近，女性村民多以种植时鲜蔬菜来贴补家用，男性村民一小部分人利用地缘优势在集镇做生意，相当一部分人主要在本地从事传统建筑业，相对于远离集镇的其他社区相比，L庄属于比较富裕的村庄。

办丧事的这一户兄弟二人，另有两位同母异父的妹妹。亡者Z氏，先嫁W家育有两子，因前夫早亡，后改嫁到J村L庄ZH家，育有两女。吴家兄弟年幼，随母来到ZH家，ZH家体谅未改其姓，兄弟俩出于感恩让其子女皆用ZH姓。

Z氏老太于2019年1月19日仙逝，享年90周岁。自从儿子们成家、女儿外嫁之后，老夫妇俩相互扶持着过日子，生活还过得去。十几年前丈夫去世，Z氏老人一直单居，住在小儿媳隔壁。前几年，还耳聪目明，身体很健朗，只

第三章 农村社区"微事情"处理的社区动员与场域建构

是近两年身体渐衰。长子前两年因建筑事故身亡，晚年的养老和日常生活照料主要由大儿媳和小儿子夫妇轮流照料。小女儿嫁在邻村，离娘家近，平时多有照顾，老人的晚年照料还算比较周到。2018 年，小女儿不幸得了重症，且到了晚期，自顾不暇，老人的日常生活照料就全部落在大儿媳和小儿子夫妇身上。大儿媳和小儿子夫妇平时为家务和生活所累，没办法贴身照顾，平时也就是送些饭菜。刚开始老人还能自理，基本生活还能维持。到后来，老人自理能力越来越差，虽然一日三餐的饭菜都送来了，也是饱一顿饿一顿的。再到后来，大小便失禁，弄得满屋子臊臭味。据村里人说，1 月 19 日早晨，小儿子来给老人送早餐，发现老人已经断气，尸体已经冰凉，至于什么时间死的，无人知晓。

当 Z 老太的小儿子早晨发现母亲去世之后，家庭动员和村庄动员也就开始了。小儿子第一时间将死讯告诉家人——自己的妻子、大嫂和堂弟 ZHQ。在农村遇到操办大事需要别人帮忙时，家人并不只是指狭义的家人，而是指较为广义的家人，即同族中不出五服的族人、姻亲等。ZHQ 在镇上做生意，在一大家子当中是一个见多识广、人缘好的人，所以只要有什么大事需要操办，都由他来主事。Z 氏老太是他的三妈（三婶），Z 氏老太的丧事自然由他来主持操办。

接到这个任务之后，ZHQ 做的第一件事是"报丧"，即把老人的死讯通知老人所有的至要亲戚。传统社会，报丧遵循这样的规则："孝子按'爷亲有叔，娘亲有舅'的伦理，叩请他们前来主持丧事。"① 不论向长辈和平辈为老人报丧，报丧者必须跪地叩头，现在一般依旧。这些亲戚包括：Z 氏老太的娘家至亲（兄弟姐妹、侄男侄女）、儿媳妇娘家的至亲、亲家和女儿女婿、夫家的兄弟姐妹和侄男侄女等。这些信必须一一送到，不可有遗漏，否则日后会被没有收到信的人怪罪，甚至会影响相互间的关系。过去由于信息不发达，主事人要安排人挨家挨户地把信送到，并告知对方重要事项举办的时间地点，以便让对方做好准备。过去，接到死讯的人都要哭答送信的人，以尽其哀。现在信

---

① 曹漱丞：《旧社会的婚丧庆吊》，见范基民《文史资料选编》（社会卷），北京：中国文史出版社 2002 年版。

息发达了，主事人便安排人通过电话、微信、QQ、手机短信等方式迅速通知相关人员，哭答尽哀的仪式就免了。这件事ZHQ交给了自己热心的二姐。这是大事，信息就是命令，接到信息的人会在第一时间予以回复。亲戚当中即使平时有矛盾，甚至不怎么交往，接到信息之后，也要不计前嫌，前往奔丧，因为"死者为大"，不能跟死者过不去。

第二件事，请山人（道士），为老人找墓穴和超度亡灵。由于超度亡灵的环节简化了，山人的主要职责是寻找墓穴、确定坟向和下葬的时间。这件事ZHQ请求邻居一位年长者去办。

第三件事，是安排抬重的人，一般是8个人（又叫"八大山人"），这些人的主要任务是挖墓穴、抬棺材。这是一件苦力活，而且抬重这件事，人们总觉得有些晦气，并有可能犯冲，一般关系的人是不愿意做的。于是，ZHQ便带着堂兄上门请那些与自己关系不错的人来帮忙，ZHQ平时在村庄里为别人办事也很热心，人缘好，所以这件事办得比较顺当。

第四件事，请厨师。请厨师和帮厨比较容易，因为现在请厨师和帮厨是给工钱的。过去，厨师一般都由村庄里的人充任，只给礼品，不给工钱。现在一般请的是专业厨师，需要给工钱，且相关礼品不可缺少。帮厨，一般由厨师自己带来。打杂的人仍由村庄中的人担任，不给工钱，只给礼品，这是要上门请的，这就要看平时的交情和人缘了。一般情况下，这样的大事只要有人上门来请，是不会拒绝的。但也有特殊情况，平时人缘差、人品差，特别不孝敬老人的，也有人拒绝帮忙的，以示惩罚。

第五件事，送灵饭。这件事很讲究，处理不好会在亲戚之间闹矛盾。龙镇习俗是以下成员有资格送灵饭：老人的娘家、老人的儿媳妇娘家、女儿婆婆家。至于最终由谁送饭，需要通过商量决定。如果送饭超过两桌，且有女儿的话，死者脚头的饭应由女儿送。由于Z氏老太儿媳妇娘家的主要成员，以及大女儿一家也在外打工，小女儿虽然在家，但身染重病，最后只安排了一桌饭。这桌饭由Z氏老太娘家的侄子们来操办。

第六件事，请乐队。一般死者家庭要安排一支乐队，来迎送客人。过去这样的乐队都是请村庄中的人，或附近村庄的人来临时组队，现在一般请专业的乐队。在龙镇，这样的乐队并不稀缺，稀缺的是"带礼人"（司仪），只要请

第三章 农村社区"微事情"处理的社区动员与场域建构

来了合适的"带礼人",其会自带乐队。由于Z家送饭时需要乐队,所以ZHQ就通过Z家请来了"带礼人"。由"带礼人"主持丧事仪式开展的流程,"带礼人"必须是精通当地丧事习俗、仪式的人。

第七件事,安排"上礼单"(记礼单)的人。因为涉及钱的事,一般安排可靠的亲戚来做此事,ZHQ就安排了自己的二姐夫。

最后,安排送丧的车队。除了殡葬车和礼炮车外,ZHQ在Z氏老太亲戚中安排自带车辆5辆参与送丧。

就这个故事来看,ZHQ是这场丧事总调度。在事情的处理上,他把丧事具体地细化为7件要做的事,然后一件件地落实,并通过这7件事将相关人员动员起来,将私事转化为"公事"。

在整个动员过程中,ZHQ作为Z氏老太丧事的主事人就成了丧事活动的主要动员者。他主要借助Z氏老太生前结成或建构的人际关系网络,以及自己的人际关系网络进行关系动员,为后续的仪式动员提供了保证。整个关系动员中,ZHQ首先借助建立于"人伦"之上的亲缘关系进行动员。在农村社区,亲缘关系是最重要的人际关系,这是构成农村社区互助关系的根本,即"亲帮亲"是一种民间最基本而有效的互助形式。所以,当得知Z老太去世之后,ZHQ第一时间安排自己的二姐通过电话、微信、QQ、手机短信等方式迅速通知郑老太生前的至亲;"上礼单"的事也安排自己的二姐夫来做;送丧车动用了Z老太生前的旁系亲属的车,且安排他们中的人来开车。在农村社区的丧事活动中,死者的直系亲属是丧事仪式的直接参与者,他们主要参与哭丧、丧礼仪式上答谢前来吊唁的人等,其他具体重要事务由自己的旁系亲戚来处理,因此,ZHQ的二姐和二姐夫等Z老太生前的旁系亲属最合适。

其次,是利用建立在"人情"之上的情缘关系进行关系动员。在农村社区,人情是重要的关系资源,它是建立在情缘之上的,这种情缘是在平时的人情交换中形成的,在某人或某家有大事要办的时候就会发挥作用。在Z老太的丧事举办过程中,ZHQ主要动员那些与老太生前及其子女互欠人情的,以及与自己有人情交往的邻居和村庄中的其他人来打杂。由于存在着人情交往或人情互欠,这些打杂的人做起事来会认真负责,实际上这也是一种感恩和强化人情的过程。

最后，动用建立于"人缘"之上的事缘关系进行关系动员。在农村社区，"人缘"是日常生活中"结交"而形成的。所谓"结交"指以个人或家庭在社区日常生活中通过热心的助人，特别是他人或家庭遇到难事的时候提供帮助的行动而建立起来的交情。一个人或家庭与村庄中的人或家庭建立的交情越多，"人缘"就越广。ZHQ平时在村庄为他人办事热心是出了名的。在调研中，我们就看到同时有位老人就为ZHQ的热心办事竖起了大拇指。还有位村民给我们讲述了ZHQ曾经帮邻居家救火的故事。当时火已经烧上了邻居屋顶，村庄中很多人害怕危险不敢上屋顶救火，而ZHQ二话不说从家里端来了梯子，第一个提上水桶上了屋顶，其他邻居看到ZHQ这样做，纷纷行动起来，使得一场大火得以及时扑灭。此外，村庄其他家庭只要有事需要帮忙，他总是乐于帮忙。正因为如此，村庄的人都对他高看一眼。后来，他到镇上做生意，村庄中的人都愿意照顾他的生意，现在生意做得红红火火。可见，在农村社区，"人缘"是因事而结。正是由于ZHQ"人缘"好，所以他在请"抬重"的人时，没遇到拒绝。正是基于"人伦""人情""人缘"的关系动员，在主持丧事活动过程中，ZHQ才能把事情安排得妥妥当当，保证了丧事活动的有序进行。

可见，在这场丧事活动中，整个关系动员的过程是以"人伦、人情、人缘"为中介，通过关系的再动员，使得丧事这一私事演变成村庄内的"公事"，并造成了围绕丧事活动的"再结构化"，形成新的临时性结构。实际上，在农村社区日常生活中，村庄内发生任何一项起于家庭内的私事，通过关系的再动员，使得私事转变为"公事"，并实现村庄结构的再造，而且每一次成功的再造，都会强化村庄内的认同，实现村庄团结；反之，不成功的再造，会造成"去结构"的后果。

二、农村社区丧事处理中的仪式动员

在农村社区，丧事处理是一个仪式化的集体行动，需要进行仪式化行动动员，并通过此动员来保证丧事活动按照符合当地习俗有条不紊地进行下去。仪式化行动动员的过程，本质上是秩序的再造过程。

第三章 农村社区"微事情"处理的社区动员与场域建构

故事（中）

龙镇丧事习俗如下：1. 停丧。人正常死亡一般需停丧 3 日，让亲朋好友、邻居等瞻仰，特殊情况像"恶死"，或者死者赶上"大日子"或"日子不清"是需要立马下葬的；停丧期间，需要安排守灵，守灵人一般安排亡者的直系后人，如子女、女婿，以男性为主。停丧 3 日，实际上是头尾 3 天，真正停丧的时间只有 1~2 天。因为零点之前亡故的，哪怕时间很短也算一天，第三天出丧，一般都比较早，这样停丧的时间满算也只能是一天一夜。停丧日期的安排，主要是为生者和死者之间建构一个互动的时空。同时，也是在为亡者建构一种由生向死的过渡的时空。

2. 拜灵和哭丧。拜灵主要是前来参加葬礼的人，在"带礼人"指导下向亡者三叩首，之后便上三炷香。与此同时，安排哭丧的人开始哭丧，安排行跪拜礼的人对前来吊唁的人行跪拜礼。哭丧一般由女儿和儿媳妇来执行。哭丧一般表现为哀悼式哭丧和表演式哭丧，前者以表达对逝者的哀思，是真实情感的表达，述说着生者与死者生前的关系、死者生前施于的恩情，表达着自己对亡者的追思，是一种强烈的感情宣泄。后者是一种仪式化的表演，有人来吊唁死者时，作为礼节，死者的女儿和儿媳妇必须进行表演式哭丧，等祭拜完毕，哭丧便结束。这种哭丧与其说是表达对死者的哀思，倒不如说是对来者的交代，表演大于悲哀。由于哭丧是仪式化的，有请人代为哭丧的现象，或者干脆放哭丧的录音。这个仪式环节是必不可少的，否则既是对死者的不尊重，也是对瞻仰或奔丧人的不尊重，会闹出矛盾的。行跪礼是拜灵和哭丧重要环节之一。当有人来看望死者，或者奔丧人赶来奔丧时，死者的儿孙辈、女婿外孙辈必须行跪拜答礼。一般按照长幼亲疏和辈分进行排序，第一排是死者儿子和女婿，第二排是孙子辈，第三排是曾孙辈。行跪拜答礼是表达对前来看望或奔丧人表达谢意，这个环节是必不可少的。如果前来吊丧的人祭拜亡灵，而亡者的晚辈不行跪拜礼，按照当地的说法，会给前来吊丧的人带来晦气或霉运，所以这件事马虎不得，否则会引发不愉快的"意外事件"。所以，"带礼人"的重要作用之一，就是当有客人来吊唁亡者时，就会用自己熟练的仪式化、程式化的语言提示来保证这项活动的顺利进行，而不出现差池。

3. 关灯趟殿。这是仪式化行动动员的极其重要的环节，也是最隆重的仪式环节。这个环节交由道士（或者山人）来指挥，W家是普通人家，也就不讲究这些，仪式就由"带礼人"来指挥，整个仪式活动是在"带礼人"的念念有词中进行的。其意主要是对亡人的尊颂及哀悼，并安排仪式的程序。关灯趟殿的主要程序是安排前来吊唁的人按照亲疏远近的顺序绕棺三圈，最后一次瞻仰亡人的遗体，向亡人告别，并祈求亡灵的保佑。关灯趟殿有着严格的时间安排，前来奔丧的人必须严格按照算定的时间赶到，时间到了，再重要的亲戚或客人也不能等。如果有谁因迟到缺席这样的场合，是不能原谅的，甚至让人在背地里责骂，按照当地的说法"除非家里也死了人"，或者被当面指责。有人遇到这种情况，要么选择干脆不来奔丧，要么第二天送灵的时候灰溜溜地夹在人群队伍中。

4. 送灵。现在这个仪式环节分两个步骤：第一，安排火葬仪式。W家是普通人家，只安排了5辆送丧的车，车里主要乘坐者亡者的主要亲戚，这些车都是前来参加丧礼的亲戚自带的车。另外两辆车，一辆是"带礼人"自带的车，车上乘坐的是乐队成员和路上放鞭炮、撒纸钱的人；还有一辆车就是灵车，用来运输亡者尸体或骨灰的。以上合计7辆车。每辆车车头上都戴白花一朵。根据下葬时间的安排，那天送灵的车特别早。按照当地习俗，送灵到火葬场的路上不放鞭炮、不撒纸钱。火葬回来时，车不能走原路返回，车路过村庄和街道时，乐队要奏哀乐、放鞭炮、撒纸钱。如果有亲戚住在路边的，要摆上祭品接祭，熟悉的人在车路过家门口时会放挂鞭炮，这时"带礼人"带着Z老太的二儿子下车行跪拜礼答谢，并递上一包烟和一个白毛巾。第二，安排下葬仪式（送葬）。下葬的时间是在老人死后找人算准的，不可更改。如果不能准时安葬，在当地人看来是不吉利的。送葬时，首先安排好谁捧骨灰盒、谁捧遗像、谁拿白幡，这是十分讲究的，弄错了就会家内闹矛盾，一般都是头一天就已经定好了的。为此事，那天在送葬的路上还出现了一个小插曲，本来安排好二儿子捧遗像、长孙捧骨灰盒、次孙在前拿白幡引路，不知何故，拿白幡的却是长外孙女，这事被老二媳妇看到了极不高兴，二话不说一把就从外甥女手上把白幡夺过来，让自己的儿子拿。下葬之前，一般也开追悼会，但这个程序

第三章 农村社区"微事情"处理的社区动员与场域建构

省了,只是由"带礼人"在坟前做了一个简单的悼词,Z老太骨灰便在哭丧声中、鞭炮声中、纸钱燃烧的浓烟中下了坟。这时,烧纸特别要另外烧一摊,以祭奠新坟周边的孤魂野鬼。骨灰盒下坟之后,"带礼人"便依序安排郑老太的至亲后人捧一抔土洒向墓穴,主要亲戚再一轮哭丧之后,最后依序行跪拜礼,剩下做坟家的事就交由"八大山人"(抬棺材的人)去处理。回来的路,也不能走回头路。因此,来回的路是早就安排好的,回来的时候由熟悉路的人带路。

5. 送客。从坟地回来之后,便开饭(吃早饭),远道来的、要赶路的先吃,近的、不急着赶路的人等前一批人吃完了再吃。客人是一批一批走的,每走一批人,乐队都要奏乐,事主都要安排人放一挂鞭炮。整个仪式都在"带礼人"主持下开展的,所以"带礼人"及其乐队只能最后吃饭,最后离开。离开时,事主家要奉上事先谈好的酬金和约定俗成的礼品,如烟、白毛巾等。

6. 烧家子和送七。"烧家子"安排需要选择合适的日子,一般是由道士选定的,或者道士根据事主的意愿择定日子。如果没有"犯冲",下葬的当天就可以"烧家子",因为这样既可以为事主省时、节约开支,保证参与丧礼活动的人都能参加这项重要仪式,从而为人们减少奔波的麻烦等。也有在亡者下葬以后,另择日子再"烧家子"。这是必不可少的环节,因为只有烧完了家子,才真正标志着逝者在另一个世界有了固定的安家之所,也彰显了生者的孝道。W家并没有安排丧事期间"烧家子",想必另有安排。

此外,戴孝也是丧葬活动的重要仪式,贯穿丧礼的始终。龙镇地区的习俗是:传统的做法儿媳妇们要披麻戴孝,现在这个习俗已经改了,只是儿子和媳妇、侄子和侄媳妇、女儿和女婿、侄女和侄女婿等这一辈分的人需戴白帽子,不过尺寸和戴法不一样,体现出男女有别、亲疏有别。儿子和儿媳妇、女儿和女婿是至亲,他们的白帽子需直戴;侄子和侄媳妇、侄女和侄女婿等是旁系亲属,白帽子需横着戴。孙子辈发给红毛巾,扎在头上,因为上了年纪的人老了(死了)也是喜事,俗称白喜事。曾孙辈发给绿毛巾扎在头上,绿色象征着后继有人、寄寓兴旺发达之意。隔壁邻居等一切参与丧事活动的人一般发给白毛巾,白毛巾一般需扎在头上,不做强制要求,只要带在身上就行。丧葬仪式结束后,所有参加丧礼的人都依习俗把戴孝用的白布、毛巾等,放在正在燃烧的纸钱火焰上绕上三圈,以去晦气和辟邪。老人的儿孙们、女儿女婿和外孙们需要为老人"送七"的,还必须把孝帽留着,侄男侄女们如果要参与"送七"活动,孝帽也必须留着。孝帽不能下水洗,直至丧事的所有仪式结束。

故事展现的仪式化表演的行动动员,是"带礼人"来执行的。早期,像这样的动员是在民间道士的指挥下进行的。近些年来,在龙镇及附近乡镇,这样仪式化的行动动员皆由专业化的"带礼人"来操持。

据我们对"带礼人"访谈得知,"带礼人"必须具备以下的条件:第一,熟悉当地丧事的习俗。一般来说,邻近地区的丧事习俗基本一致,这是建立在相同的生活生产方式上的。如果邻近地区生活生产方式上稍有差异,丧事的习俗就会有差异。如与龙镇接壤的阙乡、干镇丧事习俗就有差别。就是在龙镇区域之内,接近镇中心地带的平畈与丘林的习俗皆稍有差异。所以,"带礼人"对这些习俗上的差异必须了如指掌,必要时还需要提前做功课。第二,熟悉当地丧事举办的仪式程序。由于临近地区的习俗上的差异必然会反映在程序上,所以"带礼人"必须在熟悉基本程序的基础上,掌握不同地方的程序差异,否则会闹笑话,"出洋相"。第三,能够与时俱进地编讲"带礼词"。首先"带礼词"必须朗朗上口,不能出现间断;其次,"带礼词"要极尽表达对亡者的哀思,恰当地表达对前来吊唁者的尊重和谢意;再次,"带礼词"既要符合当地的语言表达习惯,也要让外来人能知晓其意,因此,"带礼人"还需要具备临场应变的智慧。第四,"带礼人"还必须具有善于临场化解意外事件的能力和技巧。因为,丧事活动是一个严肃而庄重的活动,整个活动的开展不能出现差池,一旦出现比较严重的差池,就会使得丧事难以开展下去。要保证在出现一些意外事件时,丧事也能继续进行下去,"带礼人"就要进行临时的角色转换,由仪式的操持者转变为意外事件的处置人。只有具备了以上4个条件,"带礼人"的"活路才能打得开(有活干)"。

之所以对"带礼人"提出这样苛刻的要求,是因为丧事活动中仪式化的行动动员,实际上是一次特定秩序的再造。这些秩序再造,包括参与丧事活动者行动秩序的再造,生人与死人互动秩序的再造和意义秩序的再造。"带礼人"的能力会对这些秩序的再造产生重要的影响。但其中一些仪式环节的增减,主要取决于事主的决定。只要不影响仪式意义的完整性,也不影响其声誉,"带礼人"是不会坚持的,这毕竟是事主的家事。整个仪式活动的安排,留给生者与死者充分互动的时间和空间,如停丧三日、守灵和哭丧,并通过这种安排彰显生离死别的悲苦、孝道和生死轮回等民间信仰。同时,通过守灵人员的安排再生产了基于血缘的秩序安排,而哭丧队伍先后位次安排再生产了生人世界的空间维度的"差序秩序",并通过一系列的"差序秩序"再现了香火的传递和丧葬文化的传承,也佐证了"空间依赖亲属制度"[①]的观点。

整个丧葬仪式办得较为简单,可以说是"删繁就简"。丧事简办,是国家所提倡的。但是,像Z老太这样90岁高龄的人,在一些讲究的家庭会办得十分隆重,以极尽其哀荣。而其后代的简办,也就成为外人说这一家人"不懂事"的口实之一。因为,在知情人看来,凭事主家的经济条件,办一场隆重丧事是可以做到的。这件事,也能让我们从一管之中看到传统文化之渐微,这是结构转型使然。

三、农村社区丧事处理中的善后

在农村社区"微事情"的进行过程中,总会出现一些意外事件,这些意外事件得不到善后就会引发"微问题"。所谓善后,就是对日常生活中正常开展的活动出现意外事件或微问题加以解决或处理的过程。ZHQ在主持Z老太的丧事中出现了三件意外事件。

故事(下)

在丧事活动进行中,发生的第一件意外事件:在丧事活动中,关灯趟殿是一件十分隆重而重要的事。按照当地的习俗,前来吊丧的人必须在规定的时间之前赶到。如果是重要的客人,因某种缘故耽搁了,不能按照预定的时间赶到。主家为了表示对客人的尊重,会适当延迟时间等待贵客。但是,等待的时

---

① [英]埃文斯·普里查德:《努尔人》,褚建芳、阎书昌、赵旭东译,华夏出版社2002年版。

间不能超过确定的最后时限。Z老太二儿媳娘家的弟弟说好了前来奔丧的，但由于路途遥远，再加上路上堵车，没能按照预定的时间前来吊丧。此人虽不是重要客人，主家出于尊重，也出于对Z老太二儿媳的忌惮，仪式迟迟不能举行。旁边与Z老太二儿媳弟弟关系比较好的亲戚一直通过手机同他保持联系，下午五点多钟得到确切的消息，Z老太二儿媳弟弟晚上七点以后才能赶回。出于多方面的考虑，"带礼人"与事主商量，决定不再等，仪式在Z老太二儿媳弟弟"缺场"的情况下完成了。本来这件事也就这么过去了，但有人就此在私下里议论。因为，按照当地的习俗"亡者为大"，重要客人迟迟不来吊丧，是对亡者的不尊重，也是对主家的不尊重。因此，当仪式结束时，Z老太的二儿媳大闹起来。她大闹的说辞是：自己娘家的姐姐和弟弟们没有人看得起她，这样重要的场合都不能及时参加，让人家说闲话，让她在亲戚和庄子人面前很没面子，并扬言等他弟弟回来时跟他拼个你死我活。但据邻居们说，她这种做法是"枪从他头上打，血从别人头上冒"（这里的他是指Z老太二儿媳娘家的姐弟们，别人是指那些说闲话的人，即指桑骂槐的意思）。二儿媳的本意在于：第一，是对众人议论的回应，表明自己的态度；二是表达她对关灯趟殿这样重要的事未等弟弟的不满。这事在众人的劝说下，也就暂告一段落。

丧事进行过程中的第二件意外事件：XLZ是ZHQ请来帮忙的，他的主要任务是：第一帮忙买菜，第二负责开车接送"抬重"的人往返坟场。这两件都是辛苦事儿。由于XLZ是与ZHQ从小玩泥巴长大的邻居和好朋友，所以ZHQ请他帮忙时，他便停下手头的活计，欣然答应。在丧事活动进行中的第三天，XLZ起早开着自己的车帮忙买一天用的菜，菜买回来的时候，自己从车上往下搬菜。看到XLZ搬菜搬得很吃力，Z老太二儿媳妇的弟弟便顺手前来帮忙。这事被其姐看见了，她硬生生地甩出一句话："这事不要你插手，这是打杂的人干的事。"听了这话，XLZ当时愣住了。他觉得Z老太二儿媳妇的话太伤人了，因为他只是来帮忙的，不拿一分钱。当时他很生气，但迫于是一个庄子的人抹不开面子，也就没说什么。等事情闲下来的时候，他把这件事跟他的同龄人说了。有的人火上浇油地说："要是我，当时我就把菜一扔，我就不干了。"有的人就开导他说："×××是我们本家姑娘，你也不是不知道，平时说话做事就不懂分寸，没必要跟她计较，看在ZHQ的面子上，还是把事情给

第三章 农村社区"微事情"处理的社区动员与场域建构

圆满了。"这事暂时就搁下了。

第三件事是丧事经费的分摊。丧事结束之后,主持人 ZHQ 要做的一件重要的事就是商议丧费分摊。当 ZHQ 提出丧费分担时,话音未落,Z 老太的二儿媳妇就用手指敲桌子说:"我娘家来的礼钱多,这个礼钱应算作我家出的丧费,算下来,我家就不要承担丧费,剩下的应该是大嫂子家补齐。"ZHQ 对她的做派,十分生气,说道:"这事我不管了,就你两家自己去解决。"ZHQ 甩手就走。见状,Z 老太的二儿子马上就赔不是,前来圆场,并将其妻支开,ZHQ 才返回来处理这件事。Z 老太的二儿媳妇自知自己的做法失当,也就悻悻地离开了。后来,ZHQ 觉得 Z 老太的二儿媳妇说得有道理。因为这是当地兄弟间在分担丧费时的基本做法,她不说 ZHQ,也会这样处理。但 Z 老太的二儿媳妇是个"吃不得眼前亏的人",生怕自己在这件事上吃亏。本来 Z 老太的大儿媳妇在这件事上也不打算跟老二家的计较,既然老二家的提出这件事,她便说:"她家亲戚来的礼钱多,来的人就多,开销就多些,那我也要算算。"这时,ZHQ 开导郑老太的大儿媳说:"你说的也有道理,但话说回来,如果真要算的话,相差不到一两百块钱,大嫂子你不是小肚鸡肠的人,庄子人都知道。当老二的面,我就讲二嫂子不太讲理,你就不要跟她计较,你就吃点小亏就算了,省得为了这么两个小钱争得面红耳赤,让外人看笑话。就按照二嫂子刚才说的,你补足剩下的丧费,这事等会我打电话跟大侄子和大侄媳妇说,他们是通情达理的人,就按照我说的办。"后来,ZHQ 将丧费处理意见通过电话告知了大嫂的儿子和儿媳,他们表示接受小叔的处理。本来按照当地的习惯,当天晚上主家还需要请村庄中主要帮事的人吃一顿,以表示感谢,这个费用也应公摊。但在当天中午,Z 老太的二儿媳就表示这桌饭不需要请。为了避免村庄上的人说这一大家子的人都"不懂事",Z 老太的大儿媳的儿子和媳妇在丧事结束回城务工前就准备了些菜,由他家来招待这些人。当晚在饭桌上,XLZ 把发生在自己身上的事放在桌面上讲了,一起吃饭的人都对 Z 老太二儿媳的"不懂事"表示不满,ZHQ 也只好借酒说些道歉的话,也就把这件事按下了。

从发生的这三件意外事件来看,事件的焦点人物是 Z 老太的二儿媳妇。基于其所作所为,她就是村庄中所说的"不懂事"的人。"不懂事"是一个具有地方特色的微域中的俗语，在皖西龙镇地区，它具有丰富的内涵。一般地，"不懂事"是指对未成年的小孩谴辞，特定的语境下也可是对调皮捣蛋孩子荒唐做事的原谅，甚至其中还表现出丝丝爱意。但如果用于评价成人或一个家庭，那就只有贬义，是蔑称。因此，说某一个成年人或某一个家庭"不懂事"，就是将其或家庭降格为不正常的人或家庭，而做出只有小孩子才会做或说的荒唐事、荒唐话。一个人或一个家庭一旦被有了"不懂事"的风评，就会被村庄中的人瞧不起，并被孤立起来。甚至会让他们的亲戚觉得没面子而少与之往来，免得也被贴上"不懂事"的标签。"不懂事"对其个人或家庭而言，也并非没有一点好处。例如，由于"不懂事"，村庄中的人在不得不与之打交道时，说话做事总会顺着或让着他们；他（她）或他（她）们做出什么荒唐不经的事、说出什么荒唐不经的话，如果没有大的伤害，人们一般不会与之计较。因为如果你与之计较，人们反而会说你"也跟他（们）一样不懂事"。实际上，如此做法往往会使这些人变本加厉，更加变得"不懂事"，长此以往会毒化地方良俗、良行和良心。从理论上来说，对于这些人的行为不应该过度包容，过度的包容会造成"破窗效应"，破坏地方良俗。

故事中，丧事活动中三个意外事件都是Z老太的二儿媳挑起的，因此，她就成了这次丧事活动的挑事者，在这样的"重大事件"中挑事就是"不懂事"。通过上述几件事，我们调研组成员对Z老太二儿媳的平时为人发生了兴趣，并就此展开了访谈，事实证明了Z老太二儿媳平时为人做事就显得极"不懂事"。

后来，调研组成员就丧事中发生的这三个意外事件对"带礼人"进行了访谈。"带礼人"认为，在丧事活动中难免会发生一些这样的意外事件。像Z老太这样90岁高龄的人死亡，属正常死亡，在农村也是一件喜事，一般是不会有人挑毛病的。像Z老太丧事上发生的事都不是难事，好处理。怕就怕老人是"非正常"死亡。在他看来老人的"非正常"死亡有两种情形：第一，老人在世时儿女不孝顺的。第二，老人受到儿媳虐待自杀身亡的。老人在世时，老人的重要亲戚对此不好多说，或不敢多说，生怕给自己或老人带来更多的麻烦。但当老人一旦去世，这些亲戚也就没什么顾忌，大不了亲戚以后就不交往了，或者在老人去世后也就不认这门亲了，这时，亡者非常重要的亲戚会站出来说话，给亡者的后人制造些麻烦，要他们好看。由于丧葬场合，亡者的后人一般不敢放肆，也只能忍着，只有赔不是。如果"非正常"死者是女的，那么老人娘家人就会借此事发难；如果"非正常"死者是男的，那么老人兄弟姐妹就会就此事发难。据"带礼人"介绍，一旦遇到这样的事，老人的儿媳们就要"遭罪"了，不知要多磕多少头，多赔多少"不是"，有的人把裤子的膝盖部位都跪烂了。遇到这样的事，主事人和"带礼人"为了把"这台戏唱下去"，"不知要说多少冤枉话，不知要跑多少冤枉腿"。这也考验着主事人和"带礼人"的办事能力和办事的智慧。

四、结论与思考

死亡是个人和家庭生命历程中一个极其重要的生命事件，与生俱有同等重要的生命价值，甚至在仪式化的行动中，"白喜事"的参与要超出"红喜事"。在农村社区日常生活中，一般地，"红喜事"是有人情交往的亲戚和邻居参与的结构化准公共事件，而"白喜事"是所有亲戚（不管是否还有人情来往）和村落居民（包括过去没有人情来往的，甚至与死者或家庭成员有小过节的）都会来参与的结构化公共事件。因此，丧事的处理更能引起人们的关注，而更需慎重。丧事的处理主要包括两个重要的环节：一是关系动员，二是仪式动员。

关系动员的过程，本质上是把私事转化为"公事"的过程。首先，主事人通过报丧的方式将死者生前所有的亲戚纳入行动中来。这种动员是以死者的原生家庭为核心，以内亲为基本力量，基于"人伦"的"差序"动员。整个丧礼活动中，死者生前的家庭成员是仪式行动的核心，以符合"礼"的方式参与仪式化行动中，如哭丧、行跪拜礼等。因此，内亲如侄子、侄女、侄女婿等是保证丧事顺利进行的中坚力量。其他亲戚是丧事处理的辅助者，是丧礼仪式的参与者。其次，主事人通过请人的方式将"外人"动员到丧事活动中来。这里的外人相对于家人和一般亲戚而言的，这些外人包括邻居、民间道士（带礼人）、乐队、"八大山人"。其中，邻居中的一部分是被请来为厨子打下手的，如帮忙买菜、洗锅、刷碗等，其他邻居虽未请，但丧事不仅是一家子的大事，也是村庄中的大事，他们也会以不同的方式参与进来。请来"八大山人"主要是在道士的指导下开挖坟穴，现在是火葬，不用棺材，否则他们还需要抬重（抬棺材），这是苦力活，没有特别的交情，不好请。这两类人本来就是熟人，是不付工钱的，他们的动员主要是基于"人情"和"人缘"的动员。民间道士（或带礼人）、乐队是基于市场化的"利益"动员过来的，由于这些需要一定的专业知识，再加上村庄的"空心化"，这些人成了稀缺资源，他们的动员往往也需要借助"人情"和"人缘"来进行有效动员。最后是工作的安排。这里讲的工作安排，主要是针对一般的亲戚和邻居而言的。对内亲来说，服从主事人的安排是义务。而对一般的亲戚和外人的邻居来说，服从安排是"人情"，是"给面子"。因此，工作安排的过程是主事人和事主的"面子"和"人情"运作的过程。工作能否顺利地安排下去，并且有效地开展，就要看主事人和事主的"面子的大小"。主事人和事主的"面子大"，人家愿意"给面子"，事情安排起来就比较顺利，工作也会有效率；主事人和事主的"面子小"，人家不愿意"给面子"，事情安排就不太顺利，即使勉强安排下去，工作也会是低效的。而一个人的"面子"的大小是他平时在与人的交往过程中"挣来的"。在这个故事中的主事人 ZHQ，由于平时为人比较慷慨，跟人打交道时不让人吃亏，且在村庄中能热心帮人，积累了"人情"和"人缘"，也就比较"有面子"。因此，丧事处理中，保障工作安排得比较妥帖，较好地保证了丧礼仪式的开展。

　　从上述分析来看，关系动员实现了"关系行动"的双重建构。关系动员强调以"关系"为纽带，调动相关成员采取一致或协调行动，从而实现了关系对行动的建构；反之，众人的一致或协调行动又维护或巩固了既有关系，或重构新的关系，从而实现了行动对关系的建构。而"关系行动"的双重建构，必然会再生产出丧事活动中生人世界的秩序建构或新的秩序结构，这为丧事处理中关键性的仪式动员的有效性提供了结构前提。

　　仪式动员是丧事处理的中心环节，是丧事处理得是否成功的关键。仪式动员强调以仪式作为动员的手段，将所有参与者调动起来投入仪式活动中，建构生人与生人、生人与亡灵互动的场域。停丧仪式的安排，主要是建构一个丧葬仪式的时空结构，保证丧葬仪式的充分展开。停丧时间一般是3天，这是一种

第三章 农村社区"微事情"处理的社区动员与场域建构

时间的结构安排。一方面为远道而来奔丧的人提供比较充裕的时间,更重要的是,另一方面,首先,为丧亲的家庭和村庄因成员死亡带来对现实生活秩序的破坏,以及因此而产生的紧张和恐惧,提供调和期,从而接受成员死亡的现实。因为,日常生活中,死亡往往"被视为一种危险、一种损失,或者对应然秩序的违反等"[1]。时间结构的安排,为新的生活秩序的安排提供了必要的准备。其次,为生人与生人之间、生人与亡灵间的互动空间,以及逝者在另一个世界的未来生活空间有一个合理的安排,做充分的准备。停丧期间的守灵安排,主要是死者的至亲参与守灵,彰显的是孝道。拜灵和哭丧的仪式,是丧葬仪式的中心环节之一,通过这种互动建构新的关系模式和行动模式。所有前来奔丧的人首先都要拜灵,拜灵是一种生人与亡者沟通的象征性仪式,表达对亡者的敬仰、哀思、祈祷亡者的保佑等复杂的感情和情绪;哭灵分为表达性哭灵和非表达性哭灵,表达性哭灵倾注了真实的感情,充分表达对亡者的不舍、惋惜、内疚等等,非表达性哭灵更多的是一种表演式的,是表演给生者看的,"通常是强制性的"[2],是按照仪式不得不表演的,很少有真实感情的介入,如丧礼上的干号。关灯趟殿是丧事活动中另一个中心环节。对亡者而言,关灯趟殿的结束,意味着完成了由生至死的过渡,意味着在仪式中的自然生命的终结;对生人而言,关灯趟殿是对死者死亡事实最后确认的过程,并借此实现生者与死者关系的重构,由自然生命和伦理生命关系过渡到单一的伦理生命关系。送灵是丧葬仪式的最后一个环节。过去在棺材出灵堂之前,要开棺让亲人看最后一眼。现在是火葬,这个环节也就免了。亡者的尸体由灵车直接运到火葬场火化以后,再运回灵堂。祭拜之后,按照择定的时间将骨灰送到坟场,经过最后的仪式化表演,骨灰下葬。如果说关灯趟殿仪式完成了亡者由生到死的过渡,送灵仪式则标志着亡灵正式离开自然生命的家,去过另一个世界的生活。这时的哭丧表达更多的是孝子孝孙们对亡者离去的不舍,其他的参与者是在为亡者送上最后一程,并做最后的拜别。下葬仪式的结束,就表征着活着的

---

[1] Catherine Lutz and Geoffrey M. White. *The Anthropology of Emotions*, Annual Review of Anthropology, 1986, vol. 15, pp. 405–436.

[2] [美] 克利福德·格尔兹:《文化的解释》,韩莉译,南京:译林出版社1999年版。

人和亡者从此阴阳两隔，完成了活着的人和死亡的人之间关系的新建构。这时，村庄曾经被结构的现实结构，通过一系列仪式化表演生产出新的再生结构，恢复日常生活的常态。但对于死者的家庭而言，解构的家庭关系仍处于重构的过程中，因为还有一个重要的仪式环节——"烧家子"需要完成。"烧家子"是生人按照现实世界生人的日常生活为死者打造与阳间同样式的生活场景，为生人与亡灵之间的沟通建构一个平台，是孝道的体现，也是生人世界的最后一次正式救赎，并通过这一系列的仪式化表演，交换来自另一个世界的"保佑"。戴孝贯穿于丧葬仪式的始终。戴孝突出的是一个"孝"字，就是尽"孝心"、表"孝道"，是中国传统孝文化的一部分。从深层次上讲，葬礼过程中以亡者为中心，通过"孝具"差别再生产出生人与亡者、生人与生人之间的"差序秩序"①，参与者在这样一个"差序秩序"中扮演不同的角色，进行着"差序表演"。丧葬仪式的结束，标志着生人与亡者分处两个不同的世界的自然生命关系的断裂，但并不标志着生人与亡者关系的彻底决裂，亡者仍然会被生人放在家庭伦理生命谱系的适当位置，通过日后的祭奠保持着伦理生命的联系。对一个家庭而言，伦理生命是永恒的。

综上所论，仪式动员是丧事处理最复杂的环节，具有重要的文化意义和社会意义。仪式动员实现了"仪式—行动"的双重建构。仪式动员以"仪式"为载体，在仪式所建构的"差序秩序"中进行程式化表演行动，实现了仪式对行动的建构。反过来，众人程式化的表演行动强化了丧事活动的仪式和仪式感，使得仪式的表演性和象征性更加逼真，从而实现了行动对仪式的建构。

总之，尽管"丧礼可谓形形色色"，②"全国的葬礼当然无法整齐划一，具体的表达方式可以无限变化，葬礼的执行与组织可以有差别，但是整体结构是一致的"。③ 自"清代以来的丧葬仪式，应视之为国家与儒家精英所创造的产物……（乡村专家）的存在使帝国晚期和当代中国不仅在仪式动作，更在背后

---

① 赵旭东、张洁：《"差序"秩序的再生产——围绕皖南一村落丧葬仪式的时空过程而展开》，载《民俗研究》2019 年第 3 期。

② 岳庆平：《中国民国习俗史》，北京：人民出版社 1994 年版。

③ [美] 华琛：《中国丧葬仪式的结构》，湛蔚晞译，载《历史人类学学刊》，2003 年第 2 期。

的信仰系统方面，呈现出显著的一致性"。① 其一致性主要表现在丧事所要处理的总体事项和仪式表演的基本环节大体相同，主要仪式环节所表达的象征意义、基本信仰，以及仪式所表达的文化底蕴、社会底蕴及其功能基本一致。其中差异性，主要表现为每个仪式的具体细节上，如在徽州地区和皖北地区的丧葬仪式上，死者的儿子和儿媳妇必须要披麻戴孝，而在江淮之间的很多地方虽然也戴孝，但披麻戴孝没有严格的要求，逐步淡化。还有，在皖北地区，有侄子给姑父穿孝衣的揶揄表演，并且要求姑父给红包，甚至会请戏班子进行灰色表演，来烘托"喜庆"的气氛。

数千年来，中国文化和社会是以"人伦"为底蕴的，至今未有根本改变。而"人伦"的底蕴即彰显出关系的重要性，关系动员也就成为农村社区日常生活中，如丧事这样的大事处理的基本动员策略。仪式本身就是文化的，是要反映"人伦"的，仪式动员进一步强化了人们对文化的认同和建立于"人伦"之上的关系和秩序的认同，并同关系动员一起，保证丧事处理的有效性。至于善后，是对丧事活动中出现的意外事件的事后处理，以修复意外事件对生人世界秩序的破坏，使之恢复生活常态。

第四节　农村社区"微事情"处理的道与术

根据生命历程理论，个人和家庭的生命历程是由生命时间和生命事件构成，而且生命事件和生命时间以及生命事件之间具有极强的关联性。如果个人和家庭生命事件按照正常的生命时间依次发生，则个人和家庭就会获得健康的成长；如果生命事件未依序发生，则会阻碍个人和家庭的成长。而"微事情"就是个人和家庭生命历程中必然会发生、需要妥善处理的事件，处理好了对个人和家庭健康成长具有积极的价值，反之，会对个人和家庭健康成长造成消极

---

① ［美］罗友枝：《一个历史学者对中国人丧葬仪式的研究方法》，廖迪生译，载《历史人类学学刊》，2004年第1期。

的影响。所以，在农村社区日常生活中，对生命历程中发生的生命事件处理十分谨慎、郑重。家庭是构成社会的细胞，它是构成社会基本单元的社区的细胞。因此，发生在个人和家庭的"微事情"也会波及社区的日常生活，并产生影响，也就很容易演变为社区日常生活中的公共事件或准公共事件。如，发生在社区内的丧事就具有公共性，而婚事则具有准公共性。而无论是公共事件，还是准公共事件，其处理都要进行有效的关系动员、仪式动员和表演，以及处理技术的有效运用。

一、关系的价值

"关系"在华人社会是一种客观存在，更是一种文化，深深扎根于日常生活中。这在农村社区日常生活"微事情"的处理中，表现得淋漓尽致。农村社区日常生活中，关系无处不在，正是这种无处不在，才造成了人们对关系的熟视无睹。实际上，"关系构成了他们本土的小世界，在其中有他们自己的道德规范，人与人之间以此为依据相互交往"。[①] 也就是说，日常生活中，关系因为人们的熟视无睹而处于"潜伏"状态，一旦"有事"就被激活，这种情况称为"关系动员"[②]。可以说，"微事情"的处理过程就是"关系动员"的过程，体现为以关系为本的行动逻辑。在个人和家庭生命历程事件的处理中，利用关系实现了行动的有效动员，进而实现了"关系—行动"的结构化与再结构化，并在此过程中彰显了关系为本的行动逻辑。

以婚事的处理为例，在婚事处理过程中，从定亲、结婚到回门的整个事件的各个环节，都是通过关系实现了行动的有效动员，充分体现了"关系—行动"的结构化与再结构化的过程。具体表现为，所有行动都是关系行动，把平时有亲缘、地缘、业缘和情缘关系的人，动员到婚事处理的总体行动中，协助共同处理好这一重要事件。如果妥善处理好了，大家面子上都有光，反之，大家面子上都没有光。从俗民社会的行事规则来说，本来参加这样的喜事也是为了"沾光""沾喜气"，以期实现"命运向上"的转变。可以说，关系促成

---

① 阎云翔：《私人生活的变革》，龚晓夏译，上海：上海人民出版社2016年版。
② 庄西真：《关系：一个学校社会学的分析框架》，载《教育理论与实践》，2005年第13期。

并建构了行动,并使行动落实于关系建构的场域,实现了关系对行动的结构化与再结构化。而婚事处理过程中的参与行动,皆是以"面子"和"人情"为媒介,并基于"面子"和"人情"的有效运作,以维护和增加友谊、加强情感,进而维护良好的关系,或实现关系资本的增量,或建构新的关系。被邀请参加婚礼的人是主家给"面子",而觉得有"面子";来参加婚礼的人是给主家"面子",如果是特别重要的客人会令主家"蓬荜生辉"。双方由此实现了"面子"的交换。参加婚礼的人都会送一份"人情",以继续或实现"人情"的链接,从而形成剪不断的彼此欠着的"人情链"。农村社区日常生活中,正是通过行动中"面子"的交换和彼此欠着的"人情链",实现了行动对关系的结构化与再结构化。可以说,关系正是通过日常生活中长期的"人情—面子"的经营来维护和建构的。可见,"关系是循环的,是互惠的"。① 正是在这种循环和互惠中实现了关系作为资本的价值。

实际上,农村社区日常生活中,个人和家庭生命历程中所有的生命事件的处理,皆是一个关系动员的过程,彰显了关系为本的行动逻辑。这是因为"中国传统社会是伦理本位、关系导向的社会,即使经历了近百年的现代化过程,关系仍然对中国人的社会行为有着重要的影响,关系支配性仍然存在,中国社会的性质仍是伦理社会"。② 这在熟人和半熟人社会的农村社区表现得更为突出,从前文婚事处理和丧事处理中,可以管窥一斑。

二、仪式的寓意与功能

为了凸显个人和家庭生命历程中发生的生命事件的重要性,并引起人们的关心关注,生命事件的仪式化是有效的形式。因为生命事件处理过程中仪式化的神秘表演,可以建构一种不同寻常的新秩序、新结构和新的意义,凸显生命事件的价值。

以丧事仪式为例,丧事仪式是丧事处理过程中的中心环节,具有很强的表演性。首先,丧事仪式实现了生人与生人之间在特定时空中的对话、互动和交

---

① 庄西真:《关系:一个学校社会学的分析框架》,载《教育理论与实践》,2005年第13期。
② 奂平清:《"关系社会学"研究反思》,载《科学社会主义》,2010年第1期。

换。一般情况下，亲戚、朋友以及邻里之间，平时无事的时候很难聚齐了进行互动，只有在有事的时候，才会被动员起来，聚到一起。丧事的处理建构了一种"有事境"，为生人之间的互动提供了难得的机会。如果死者是寿终正寝，这种"有事境"就成就了生人之间的欢聚、娱乐的场域，故在皖北地区遇到这样的"白喜事"是要安排戏场的。同时，拜丧和哭丧仪式，表面上看是生人与亡者的互动，但实质上仍然实现的是生人与生人的互动。前来拜丧或吊唁人的仪式化表演，是给生人捧场的和实现人情交换的；哭丧人的仪式表演，也是做给外人看的，通过哭丧向世人展现自己的孝道；也是做给子孙看的，让他们日后有所传承。同时，哭丧本身也"是对仪式参与者之间的社会团结纽带的肯定，通过唤起依恋之情来使他们意识到这种关系"。[①] 可以说，所有的仪式活动，本质上都是为实现生人之间良性互动准备的。其次，丧事的仪式神秘化表演为生人与死人的互动建构了神秘的时空结构。灵堂的设置为生者和死者的沟通建构了物质的空间，哭丧表演实现了生人与死者的话语交流，并通过话语的沟通和事件的回顾，而形成时间流、事件流、情感流，连接着过去—现在—将来，直至延伸到另一个世界，为死者由自然生命和伦理生命向单一的伦理生命的过渡做足了铺垫。再次，丧事仪式的神秘化表演，演绎人鬼之间的互动。烧纸钱和皖北地区流行的"送盘缠"的神秘仪式表演，是生人世界根据本身的生活逻辑，为进入冥界的鬼魂的安顿提供资金保障，以慰藉亡灵，并求得生人世界的自慰。"烧家子"的神秘仪式表演，是生人世界根据本身的生活逻辑，为进入冥界的鬼魂提供的安顿之所。最后，通过前面的一系列神秘的仪式表演，来"惊天地，泣鬼神"，以获得上苍的神和冥界的鬼魂庇佑，从而实现三界的均衡与和谐。

三、处理的技术

农村社区日常生活中，"微事情"的处理过程中，无论是关系动员，还是仪式动员，都需要娴熟的常人技术和神秘技术的运用，这些技术包括差序动

[①] [英]拉德克利夫·布朗：《安达曼岛人》，梁粤译，桂林：广西师范大学出版社2005年版。

员、程序化、周旋与善后、私与公的转换等技术。

第一,差序动员。农村社区日常生活中,一切"微事情"的处理都需要关系动员和仪式动员。参与其中的人都是以"人伦—人情—人缘"为中轴而生产出来的差序性的临时生活共同实体及采取共同行动和协调行动的行动单元。其中,人伦为基础,是差序的根源;人情是纽带,巩固着人伦,并实现人伦与人缘的链接;人缘是通过人情的交换产生的,是人伦泛化的结果,人缘好则拟似的亲缘或准亲缘关系多,这表现在日常生活中的"称兄道弟"。这种差序动员,表现在各个方面:任务分配时,总将最关键的任务交给关系密切的人。如婚事处理中临时掌管财务的人,皖北称为"放炮的",在皖西称为"掌银包的",一般选择自家最重要的亲戚。丧事处理记"人情账的"也是如此。在仪式动员中,总会分出主次,如在婚事活动中吃饭座次的安排,是主次分明、长幼有序;而在丧事处理中,孝服的着装方式、孝帽的尺寸大小及颜色上也能显示出差序来。还有,丧事活动中情感的表达也是差序性的,有研究发现:"参与同一葬礼的不同主体表达情感的多样性。这种依主体而不同的多样性体现在两个方面,一种是以死者或死者亲人为中心产生的社会网络,不同的社会距离会产生不同的情感依附,亲属关系结构中不同位置的人所表达痛苦的方式不同。"[①] 总之,人际关系中的差序格局,决定了农村社区日常生活的"微事情"处理中的关系动员和仪式动员具有差序性。

第二,程序化。程序化是根据完整的生命事件发生的自然进程,将其划分为若干有序的、待处理的事情,然后分步骤,利用分工协作来完成的过程。以婚事处理为例,婚事的处理按先后次序,先后要经历定亲、结婚、回门三个阶段。第一阶段要处理好4件事:一是寻亲,二是相亲,三是压帖,四是相家。第二阶段是婚事处理的核心环节,事情的处理最为复杂、慎重、隆重。在这个阶段,要处理好的事情有:一是议定彩礼,二是过帖,三是定日子,四是下请帖,五是接亲仪式,六是拜堂仪式,七是闹洞房仪式,八是会媒人亲家仪式。这是男方家庭表达感恩的仪式。第三阶段实际上是为婚事画上个圆满的句号仪式。上述这些程序化仪式是递进的、环环相扣的,且每个环节的仪式都与新家

---

① [英]马林诺夫斯基:《神圣的性生活》,何勇译,北京:知识出版社1998年版。

庭及男女双方的命运相关联，这些仪式是以命运的维护和建构为内核的神秘表演，其本质是一种"命运型仪式"，故仪式的表演不能有差池，必须谨小慎微。不仅婚事如此，个人和家庭生命历程中其他任何一个生命事件处理过程中的仪式，本质上都是一种"命运型仪式"。

第三，私与公的转换。由私向公的转换，是农村社区日常生活中"微事情"处理的一项重要的"生活技术"。"微事情"是个体和家庭生命历程中必然会发生的生命事件，因此它是私的。但相对社区日常生活共同体，它又是生活共同体内发生的事情，必然对社区日常生活产生一定的影响，如社区成员的生与死，意味着社区共同体的更替。更何况个体意义上的"微事情"的处理往往不是个人和家庭单独完成的，如丧事的处理就需要社区内的互助，它要求社区内的全员参与。有学者曾指出"对个体而言，无论身处何种文化，死亡是生理上不变的限制，但丧葬仪式却是多变的公共事件，不仅联系着死者亲属与社区，同时还关联着死者与生者两个世界。尸体处理、悼念形式、信仰体系、灵魂观念等体现文化特性的实践与观念，都可以通过丧葬仪式体现出来"。[①] 农村社区日常生活中，"微事情"由私向公的转化，主要是以关系动员为前提，并通过仪式的表演来实现的。关系动员将参与"微事情"处理的所有成员动员起来，采取集体行动；仪式表演是通过全员参与的方式，将私事以共同行动的方式展现为公事。

农村社区日常生活中，"微事情"处理过程中由私向公的转换，外在地是通过仪式动员来实现的，仪式动员的过程就是仪式时间和仪式空间的建构过程，私和公在这个时空结构中实现了有效的对接，模糊了村庄内公私的界限。以丧事的处理为例，停丧三日的仪式，实际上是在建构一个总体的仪式时间，这个总体性时间为丧事活动和仪式的展开做了限定，丧事的处理必须在这个时间结构内完成，需对所有活动和仪式进行周密安排，并由此对参与此事处理的人员做合理分工，以避免事情出现差池。鸣炮和演奏的过程是将总体仪式时间碎片化，通过这个碎片化过程，推动事情按时间的节点有序展开，从而使得仪式时间变成公共时间。灵堂的设置、墓穴的确定，实现了总体性仪式展开的物

[①] 孙璆玉：《丧葬仪式与情感表达：西方表述与中国经验》，载《思想战线》，2018年第5期。

第三章 农村社区"微事情"处理的社区动员与场域建构

理空间的建构,它为象征性仪式的开展提供了物质的载体。众人的参与,使得这个空间更具仪式感,从而使得仪式空间变成公共空间。正是在这样的仪式时间和仪式空间的建构中,实现了由私向公的转换,丧葬仪式活动成为一种社区内的公共事件。

丧葬仪式活动需要通过仪式准备动员和仪式动员,来调动着整个社区居民的参与,仪式上必不可少的人情往来也涉及整个社区,而表现出强烈的公共性,这种公共性又表现为社区居民的充分参与。村庄的参与表现在两个方面:首先,丧葬仪式的复杂性,决定了丧事仅靠自己人难以完成,需要外人甚至陌生人来帮忙才能圆满地办好,邻里之间相互帮忙成为一种义务。其次,平时社区内即使不存在人情往来的家庭之间,如果没有深仇大恨,在一方家庭有人去世时,也往往会带上鞭炮、纸钱参与吊唁和祭拜,这不仅是面子问题,也是一种信仰,更是乡村社会的人情世故。所以,在丧葬仪式的烘托下,人情的互动往往具有超越性,即超越社区固有的人情互动的层次和边界,人情边际得以重构。同时,对于农村社区村民而言,丧葬仪式往往可以为日常生活中因各种琐事而引发的纠纷和矛盾造成的关系紧张与隔阂,提供了修复、弥合的机会。反之,如果村庄内有人不参加丧礼活动,并不愿提供帮助,那么会受到村庄人的指斥,甚至可能被孤立。

在宿州市路湖村的调研中,课题组成员就发现了这样一种情况:一个人丁不兴旺的家庭的主人因车祸亡故,丧事活动中,大部分家庭都有人前来帮忙,唯独有一家人没有前来帮忙。这事被村庄的人知道后,便就这事议论开来。议论中,就有人说:"这样的大事你都不出来帮忙,你死后就让你儿子自己背上山。"正如有人所指出的,"仪式性人情在村庄中是一个公共事件,具有公开性和公示性,是村庄社会关系的集中展示,也是社会支持的具体体现"。[①] 相对于村庄内其他仪式性人情互动的特别之处,丧事的处理在村庄内具有完全公共性,平时有无人情往来的都得参与,除非两家之间有深仇大恨。其他的"微事情"的处理具有准公共性,例如婚事,在村庄内也只有平时有人情交往

[①] 陈柏峰:《农村仪式性人情的功能异化》,载《华中科技大学学报》(社会科学版),2011 年第 1 期。

的人家才会参与进来，如果平时没有人情往来，突然参与进来会让人感到是"别有用心"。

实际上，农村社区"微事情"处理由私向公的转化，依据"微事情"性质、村庄的类型、事主在村庄中的地位的不同，而显示出不同程度的公共性。

第四章　农村社区"微心愿"满足何以可能

农村社区"微治理"主要涉及"微问题"的解决、"微事情"的处理和"微心愿"的满足。其中,"微问题"的解决旨在维持和建构农村社区日常生活"微秩序";"微事情"的处理具有双重功能:维持和建构"微秩序"的功能与提升"微福利"的功能;而"微心愿"的满足意在预防"微问题"的发生,改进"微福利",具有预防和建构的功能。

农村社区"微心愿"的满足,是"微治理"的基本内容之一,可以有效地预防"微问题"的发生,也可以助力"微事情"的处理。从某种意义上来说,满足"微心愿"就是在解决"微问题"。那么,农村社区"微治理"中,由谁来满足农村社区日常生活中的"微心愿"?又是如何满足的?本章的研究将试图对这一问题做出回应。

第一节　农村社区"微心愿":日常生活中的"小期求"

心愿,简言之,就是内心的愿望、期求,是内心乐意的、想要的。它可以指个人的心愿、群体的心愿和社会的心愿,它既可以是复数结构,也可以是单数结构。在指个人的心愿和小群体心愿时,可以是复数结构,对个人和小群体而言可以有多个心愿,不同的人和不同的小群体有各自不同的心愿,这些心愿是微观的、具体的是可数的。根据期望心愿实现的规范性程度，可以将个体或小群体的心愿区分为：非正式的心愿和正式的心愿。非正式心愿是一种非结构性的心愿，往往是临时产生的、需要当下或很快就需要满足的心愿。如，自然灾害中出现的物资短缺，特别是粮食、水和医护的短缺造成的期求；受到委屈的留守儿童所期求的安慰，生病的老人想喝一口热水、想吃上一口热饭热菜等。正式的心愿是个体或小群体的结构性需求，如中学生期望考一个好的大学、老人期望老有所养等。在指社会心愿时，它就只能作为单数结构，是多个心愿的结合与抽象。一个社会同一个时期往往只有一个宏大的愿望，在不同的时期可以承继过去的宏愿，也可以根据社会结构的变化而变更宏愿。

"微心愿"是指微观层面的个人或小群体的内心愿望，是复数结构。根据吉登斯等人结构二重性观点，无论是微观层面的心愿，还是宏观层面的心愿，都深受结构的制约，即受文化图式和资源的影响。如，在不同的时代个人和社会的心愿是不一样的，都深深打上了时代的烙印。反过来，无论是微观层面的心愿、还是宏观层面的心愿，也是能动的，它们的变化还引发结构的变化，如社会的变革、技术的创新都受个人和社会的期望的变化的影响。因此，无论研究"微心愿"，还是研究"宏心愿"，都必须放在一定的结构中去探讨，从结构的变化去发现可能的心愿的变化，需要处境化地理解心愿。

农村社区"微心愿"是指农村社区日常生活中产生的社区居民个人、家庭等的内心愿望、期求，或者社区居民共同的内心愿望、期求，是复数形式。这些内心的愿望、期求是与社区的结构密切相关，也深受社会宏愿的影响，甚至是社会宏愿的投射与具体化。因此，农村社区"微心愿"包括农村社区居民个人、家庭等个体化的"微心愿"和社区居民共同的"微心愿"，此二者满足的主体、机制，可能一致，也可能有所区别，这要做出处境化的处理。

第二节 农村社区"微心愿"满足的主体

农村社区的"微心愿"往往随着结构的变化而变化，而结构的变化也会带来满足主体的变化。在中国,传统社会的农村社区"微心愿"满足的主体,区别于人民公社时期"微心愿"满足的主体,更区别于市场经济背景下"微心愿"满足的主体。

一、传统社会农村社区"微心愿"满足的主体

中国是一个具有悠久历史的农业文明社会。农业文明社会是一个定居社会,社会成员择地而居,除非出现重大的自然灾害或社会动荡,否则很少有流动性。首选聚族而居,从而形成村庄聚落,这就形成了原生态的农村社区。在中原地区,由于连连战乱,人口迁移相对频繁,出现了非自然态杂居村落。由于传统农业社会的习惯,这些杂居的村落很快就通过共同生活中的联姻、攀关系等方式形成类聚族村落,这些村落因此具有了滕尼斯所说的理想社区的特征:社区成员熟悉、守望相助、同质性、团体生活等。

在农村社区调研时,调研人员听到人们彼此称兄道弟,以伯、叔、婶、姑以及姐妹相称,但他们之间有时并非是有亲缘关系,他们只是根据年龄、甚至久远的关系的推演来相互称呼。在农村社区,仅根据村民彼此之间的称呼,陌生人很难确认他们之间的确切关系,只有深入日常生活才能了解。但,这些称呼并非毫无意义。首先,这些称呼可以拉近人与人的关系;其次,可以区别社区内的关系差序;再次,在一定程度上规定了每个人在村庄的定位,和据此定位而遵循的行事规则。比如,一个人与被自己称作伯、叔辈的人交往时,就不可太放肆,要依据尊卑的规则行事,否则,就会被骂"没大没小"或"不懂事"。最后,这些称呼标示着熟人社会的性质和共同体性。

实际上,传统的农村社区就是一个密切的生活共同体。在这样的生活共同体里,个人、家庭的"微心愿"基本能达到基于时代的相对满足。传统农村社区内存在着比较严格的差序格局,因此,个体和家庭的"微心愿"的满足也是差序的,由内向外,即依据"家庭—宗亲—邻里"等的差序。

1. 家庭

农村家庭是传统社会农村社区的实体单元,是社会的细胞。因此,家庭就

是一个"微社会",属于"微治理"的基本域,① 家庭"微心愿"的满足是农村社区"微治理"中"微心愿"满足的基本内容。在传统社会的农村社区,家庭"微心愿"满足的首要主体是家庭。在传统的农业社会中,是只有家庭没有个人的,个人的价值只能通过家庭来实现。在梅因看来,在人类社会的年幼时代,个人的特性和价值被集团——家族或家庭所淹没,是一个普遍现象。② 因此,个人的"微心愿"实际上是通过家庭来实现的。家庭既是生产单位,也是生活单位。因此,传统社会农村家庭概括地说具有两大功能:一是生产功能,二是生活功能。

生产功能包括:第一,经济生产功能,它主要满足家庭基本物质生活需要。第二,人力资源生产功能,可划分为两类。一是人口的生产与再生产,即生育功能,以满足家庭生产和社会对劳动力的基本需求。二是教育功能或社会化的功能。在传统的农业社会,由于教育不发达,知识的传授主要通过家庭来实现。这些知识的传授中,尤其是生产和生活的经验,以及为人处世的规矩等,可以帮助新一代家庭成员适应社会。

生活的功能包括:第一,爱和情感功能,以满足家庭成员日常生活对爱和情感抚慰的需求;第二,抚育的功能,以保证家庭子代健康成长;第三,赡养功能,以保证老有所养;第四,互助功能,以提升家庭成员克服困难的能力,增强其克服困难的信心;第五,人际交往的功能,以保证家庭及其成员避免被孤立;第六,再分配的功能,以实现家庭内部非公正的均衡。

家庭上述功能所需要的满足,放在宏观的社会结构中就是"微心愿"。可见,在"微心愿"的满足方面,传统社会的农村家庭是"万能的",是人们日常生活中"微心愿"满足的基本单位。为了保证家庭生产需要和生活的满足,治家特别强调勤,勤不一定能致富,但可避穷,正所谓"勤俭持家久"。传统农业文明社会是一个自给自足的社会,这不仅表现为产品的交换的对外关系上,也体现在责任承担上。对成人而言,除非是严重残疾,任何个人的"微心愿"的满足,首先需要通过自己的努力去满足,如果不能自我满足的话,

---

① 陈晓东:《以"微治理"汇聚社会正能量》,载《国家治理》,2015年第33期。
② [英]梅因:《古代法》,郭亮译,北京:法律出版社2016年版。

会被村庄中的人笑话，甚至被贬称为"没用的人"，或者被视为"懒王"（皖西地区方言，即懒惰的人）。这不仅会影响个人的声誉和发展，更重要的是会影响家庭的声誉和发展。

在面临个人"微心愿"和家庭"微心愿"的满足的选择时，家庭具有优先性。也就是说，在一个家庭中个人"微心愿"的满足，多数情况下只能是通过家庭实现的，在这个过程中，家庭具有内部资源再分配的功能。但这种再分配依据的不是正义伦理，而是生存伦理。传统农业社会遵循的是生存伦理，生存是第一位的。生存伦理下，在土地有限、人口不断增加的情况下，为了提高土地产出，精耕细作就变得十分必要，这就需要持续的投入劳动力，这就对个体的勤劳提出了要求。因此，在传统社会一些名人的家训中，勤劳皆是其训条之一，并将勤劳视为家风加以弘扬，放在至要的位置。曾国藩曾指出，勤方可使得个人和家庭生活有生气，[①] 个人的贫穷还是发达、家庭的兴与衰，皆由"勤惰卜之"，勤则家兴，懒则败家，"一定之理"。[②] 进而将勤俭视作君子之重要品质，他说："勤俭自持，习劳习苦，可以处乐，可以处约。此君子也。"[③] 关于如何做到勤，曾国藩认为"贵早起、贵有恒"，[④] 并强调"治家以不晏起为本"。[⑤] 在曾国藩看来"勤能兴家"。

实际上，勤俭已经成为中国传统文化基因的基本构成片段，家庭成员可以通过勤俭来实现家庭"微心愿"的满足，而实现家庭内个体成员"微心愿"的满足。

2. 宗亲

在传统社会的农村社区，宗亲是个人和家庭最重要的内部支持系统，是仅

[①] 曾国藩：《致澄弟沅弟季弟》（咸丰八年十一月二十三日），见邓云生：《曾国藩全集·家书一》，长沙：岳麓书社1985年版。

[②] 曾国藩：《致澄弟温弟沅弟季弟》（咸丰四年六月初二日），见邓云生：《曾国藩全集·家书一》，长沙：岳麓书社1985年版。

[③] 曾国藩：《谕纪鸿》（咸丰六年九月二十九夜），见邓云生：《曾国藩全集·家书一》，长沙：岳麓书社1985年版。

[④] 曾国藩：《谕纪瑞》（同治二年十二月十四日），见邓云生：《曾国藩全集·家书二》，长沙：岳麓书社1985年版。

[⑤] 萧守英等：《曾国藩全集·日记一》（咸丰十年闰三月十八日），长沙：岳麓书社1987年版。

次于家庭的满足个人和家庭"微心愿"的重要主体。宗亲是宗族与亲戚的合称。在中国,宗族是指以男系成员为依托的,具有较近的血缘关系同姓成员构成的初级群体,一般指"五服之内"的成员和家庭构成,在这个群体中存在着频繁的人情往来,事实上构成了基于血缘的核心交往内圈,也可称之为"内戚"。亲戚主要是指以女系成员为依托的,有着血缘关系的、异姓成员构成的初级群体,它主要是由舅、姑、姨为纽带形成人情交往的外圈,尽管在很多地区有着"姨亲不算亲,鸡蛋不算荤"的说法,姨亲仍是个人或家庭获得支持的重要来源之一,这些人在传统社会被称之为"外戚"。在传统社会,当个人的"微心愿"在家庭中得不到满足的时候,如果不是个人和家庭自身造成,在一个宗族组织比较完善的大家族,会通过宗族的力量加以解决。因此也就衍生出了相应的发挥宗族功能的制度,如过继制度是通过宗族的力量以满足孤寡老人的老有所养和香火传递的"微心愿",义仓制度是以宗族的力量来减少特殊情况下宗族成员陷入困境的制度安排,宗田制度是以满足宗族仪式性活动开展所需基本物资需求,保证宗族仪式活动的正常开展的制度安排。宗族举学制度,可以让那些有潜力、期望求学但依靠家庭的力量无法实现的、宗族成员的子嗣获得求学的机会。

总之,在传统社会的农村社区,在凭借家庭的力量无法满足的愿望的情况下,如果宗族组织结构完善,即可凭借宗族的力量得以满足。所以,在传统社会的农村社区,一个人一旦在外获得成功,那就成了"光宗耀祖"的事,而不仅仅是家庭的荣耀,并且会尽力修宗祠,捐宗学。一般情况下,在传统的农村社区,不会轻易投靠外戚的,否则会被外人耻笑为"房下无人",是对宗族的羞辱。但是,如果宗族力量比较弱,依靠宗族的力量没办法满足陷入困境的家庭期求时,求助外戚就是次好的选择,俗称投亲。

3. 朋友

现代汉语中,朋友一般是指除情人或亲属之外彼此有密切交往和交情的人。在中国古汉语中,早期"朋"和"友"是两个不同的概念。古人云:"同门(师)为朋,同志为友。"子曰:"学而时习之,不亦说乎?有朋自远方来,不亦乐乎?人不知而不愠,不亦君子乎?",这里的"朋"指的就是"一起学习的人",不能将理解为一般意义上的朋友。《礼记·学记》云:"独学而无友,则孤陋而寡闻。"这里的"友"是指"同志之人"。因此,"朋友"一词最初是指在一起学习志同道合的人,后来泛指人与人之间因交往而彼此之间建立了感情之人。因此,人们根据不同的处境下所产生的交情,区分出了不同朋友类型,如莫逆之交、患难之交、贫贱之交、布衣之交、金兰之交、八拜之交、肺腑之交、竹马之交、总角之交、舍命之交等。无论何种类型的朋友,由于真正的朋友之间交情深厚,友情是除了亲情、爱情之外最重要情谊,朋友往往被视为"类内部支持系统"或"拟亲缘"关系。故个人或家庭的"微心愿"不能自我满足时,若投亲不成,则选择靠友。

4. 邻里

邻里是个人和家庭最重要的外部支持系统,是毗邻而居形成的非正式群体。因为毗邻而居,所以日常生活中的交往比其他社区居民更加频繁,邻里之间免不了互相"麻烦",并且在交往中形成了非同一般的邻里关系。所以,在乡村社会一直流传着"远亲不如近邻"的说法。杨美惠曾言:"距离能够削弱亲属的'熟悉'带来的联系和义务。邻居变成了重要的关系来源,邻居之间存在着许多相互义务。"① 正是如此重要,历来明智之人十分重视睦邻关系的建构,如流传至今、成为佳谈的"六尺巷"的故事;在以《吕氏乡约》为蓝本的后世各种"乡约"中,皆将邻里之间应该"守望相助""患难相恤"写入其中。因此,邻里互助既是一种道德应当,更是一种乡村社会重要的生活方式,在满足个人和家庭的"微心愿"中发挥着重要的作用,邻里成为个人和家庭"微心愿"满足的重要的外部补充和资源。

5. 社区

传统社会的村落与滕尼斯所做的社区的界定最为相近。滕尼斯认为,社区是基于血缘关系的延伸,以及对亲属关系联结依赖而自然形成、具有同质性和强烈的归属感、彼此亲密无间的生活共同体。在中国,传统农村村落就是一种原生态的社区。在这里,"生于斯,长于斯"的人很少向外迁移,即使由于外

---

① 杨美惠:《礼物、关系学与国家:中国人际关系与主体性建构》,孙旭东、孙珉译,南京:江苏人民出版社2009年版。

出为官，或在外经商，也会心恋于此，或告老还乡，或荣归故里，落叶归根往往是他们理想的归宿。因此，无论是长期定居于此，还是远离家乡，人们都十分重视经营彼此之间的关系，互惠是社区居民日常生活中遵循的基本准则，进而成为一种生存伦理。在这种互惠伦理下，社区成为一种生活共同体，彼此之间通过互惠获得部分"微心愿"的满足。所以，在传统的农村社区常常有"吃百家饭、穿百家衣"长大的孩子。

二、集体化时期农村社区"微心愿"满足的主体

1949年至1958年全面实现集体化前一段时期，经过"一化三改造"，农村社会由自然形成的"原子团"化社会，向强制的"原子团"化社会转变。自然形成的"原子团"化社会，是指基于血缘或地缘而自发形成的密切结合的先赋性的生活共同体，其成员间彼此相互依赖、不可分割，是一种具有生物学意义的有机共生体。这个"原子团"可以是家庭、宗族等熟人圈。这种自然形成的"原子团"化社会，与传统的私人化小农经济存在着天然的契合。强制的"原子团"化社会，是指在强大的外力作用下基于经济、政治的意图而建构起来的非自觉的非生活共同体，在这个共同体中的成员被捆绑在一起，是一种具有物理学意义的机械联合体。在农村社会，这个共同体具体地是指人民公社、生产大队和生产队。这种强制的"原子团"化社会是与集体化小农经济相适应的。这种转变，使得农村社区的结构形态、性质皆发生了根本的变化，农村社区"微心愿"满足的主体及其功能也随之发生变化。

1. 家庭

集体化时期，传统社会作为社区日常生活"微心愿"满足的基本主体的家庭功能发生了较大的变化。这种变化主要表现为家庭功能的弱化，总体的表现为家庭既不是一个基本的生产单位，也不是一个完整的生活单位。家庭不再是农村社区完整的实体单元，缺乏独立性和自主性，不再是构成健全的社会细胞。人民公社时期，传统农村社区家庭的两大基本功能——生产功能和生活功能，皆发生了不同程度的转移和弱化。生产功能方面：第一，经济生产功能弱化，家庭不再是一个完整的生产单元，难以满足家庭及其成员的基本物质生活

需要。第二，人力资源生产功能中人口的生产与再生产——生育功能凸显，以满足集体生产和国家对劳动力的基本需求；教育功能或社会化功能大多已经转移，主要通过国家机构来提供。生活功能出现总体性弱化：第一，爱和情感功能，在集体生产中受到一定的冲击；第二，抚育的功能，因家庭的经济生产功能的弱化而弱化；第三，赡养功能，也因家庭经济生产功能的弱化和过继制度的式微而削弱；第四，互助功能，因经济生产功能的弱化、物质产品的不足也在减弱；第五，人际交往的功能，因集体化的生产和生活，以及对人之交往的约束而降低；第六，再分配的功能，因家庭不再是独立的分配单元而减弱。在人民公社时期，因家庭功能的弱化，在"微心愿"的满足方面，农村家庭已经变得"弱能"，不再是人们日常生活中"微心愿"满足的理想单位。

2. 集体

集体化对传统的家庭产生了一定的解构作用，家庭的大多数功能被弱化而转移到集体——生产大队和生产队。宗亲的力量，特别是宗族组织是被否定的力量，随着宗族制度的瓦解，宗亲已经基本失去了"微心愿"满足的功能。这个时期，集体，即生产大队和生产队，实际上替代家庭成为"万能的"农村社区日常生活"微心愿"满足的基本单元。与家庭相比较，生产功能方面，集体的主要功能是经济生产功能。不过，集体作为国家的延伸，其经济生产功能不仅仅是满足集体自身的需要，更主要的是满足国家对基本生产资料和生活资料的需要。在生活功能方面，由于集体本身只是一个完整的经济生产单位，主要承担的是经济生产功能，生活的功能被弱化。因此，从某种意义上说，集体不再是一种有机的生活共同体，而是一种机械合成的生产单位，它既不能很好地承担家庭的功能，也不能履行好传统社区的功能。也就是说，农村集体很难满足集体中生活性"微心愿"。但是，它能够较好地满足集体中结构性"微心愿"。所谓生活性"微心愿"，是指人们在日常生活中所产生的有利于个人、家庭的小愿望、小期求，如爱与情感的满足、生活中的互助等。所谓结构性"微心愿"，是指在社会关系结构中基于制度安排所形成的有利于集体生产、社员生活的"微心愿"，如集体道路的畅通、小型基本农田水利建设等。这些结构性"微心愿"既有利于集体的生产，也有利于社员的生活，它们属于集体生产和社员生活的基本公共品,公共品的私人供给存在着"搭便车"问题。因此,私人在提供这些公共品时存在着动力不足的问题,或者存在着责任推诿。集体可以借用集体利益的名义,运用强制力和激励进行动员,基本解决了农村微公共品供给问题。

3. 政府

集体化时期,实行的是"三级所有,队为基础"集体所有制形式。集体(生产大队和生产队)部分地履行的传统家庭、社区的功能,集体中个人、家庭及其自身需求的满足主要是通过集体来完成。为了基本满足那时"病有所医"的需求,以集体为支撑,举办合作医疗;为了满足孤寡老人晚年基本生活需求,建立了以集体经济为支撑"五保制度";为了基本满足青少年"学有所教"的需求,以集体经济为依托,举办中小学教育,诸如此类。总之,农村事,农民自己办。但由于自然灾害,以及其他的特殊原因,在满足这些"微心愿"时,集体也会出现力有不逮的情况,这时,国家在倡导和鼓励自救、自助的同时,也会积极救助。在对外封闭的年代,国家是唯一的依赖,国家就会动用自身的储备,其他集体和国有企事业单位也会在"一方有难,八方支援"的感召动员下,参与到国家行动中,以支援救助处于困境中集体及其成员的需求。

4. 邻里

集体化时期,由于存在着普遍的贫困,使得邻里的互助功能有所弱化。即使如此,邻里在农村社区"微心愿"满足中仍然发挥着重要的作用。在那个时代,在一年中"青黄不接"的时期,很多家庭都曾出现过不同程度的断炊现象,邻里之间通过相互接济的方式渡过难关。接济主要有两种方式:一种是邻里之间互匀。这种方式主要发生于邻里之间都存在着口粮不足的情况,但出现的时间有差异,于是邻里之间通过打时间差的方式将仅有的粮食匀分一下,以避免断炊。所以,在那个年代,今天我问你家借一碗米,后天你问我家借一碗米,正是通过这种互惠的方式解决断粮的问题。另一种方式是赊借。集体经济时期,在农村社区有一个特殊群体,叫"四属户",指家庭中有重要成员在外拿工资的农村家庭,即干部、工人、教师和军人的家属在农村的农户。由于农户有人吃国家粮，拿工资，一般条件比较好，家里往往有余粮或者粮票、布票等。这时，这些家庭往往会把自家一些余粮赊借给邻居，等到生产队分粮食再给还上。通过上述两种互助方式，农村社区基本缓解了"青黄不接"时期的吃饭问题。

这一时期，由于个人、家庭和集体"微心愿"满足的主体比较单一，再加上物质短缺，农村社会中个人、家庭和集体的"微心愿"难以有效满足。年复一年"微心愿"的落空，人们的愿望越来越干瘪，集体生产逐年失去内生的动力，动员越来越乏力，从而陷入了"贫困的恶性循环之中"。如何满足人们的"微心愿"，重新激发人们的内在动力，就成为迫切所要解决的治理难题。

三、新乡镇时期①农村社区"微心愿"满足的主体

改革开放，以及后来新乡镇体制的确立，试图对集体化时期农村治理难题做出有效的回应。农村改革，是从改变农村集体经济经营体制的变革开始的。随着联产承包责任制的实施，"三级所有，队为基础"的生产队集体经营方式被彻底瓦解，建立其上的人民公社体制也就难逃解体的命运，新乡镇体制应运而生。再加上，后来村民自治制度的实施，以及市场经济的快速推进，农村社会进入"市场化小农经济"② 阶段，农村社区"微心愿"满足的主体也应时而变。

1. 个人

无论是在传统农村社会，还是在人民公社时期的农村，个人都是被遮蔽的。在传统农村社会，个人湮没在家庭和宗族之中，是没有个人的。对未成年人而言，人们关心的是"是哪家的孩子"；对成年女性而言，人们关心的是"哪家的闺女，或哪家的媳妇，或哪家的人"；对成年男人而言，人们关心的是"哪家的"，这里的"家"不是指单个的家庭，而是指家族或宗族。个人的

---

① 新乡镇时期，是相对新中国成立初的乡镇时期而言的。
② 市场化小农经济，是指联产承包责任制是在某种意义上回归传统家户经营的小农经济形式，但不同于自给自足的传统小农经济，它被裹夹到市场当中，参与市场分工与竞争，承担市场风险。

一切言行,都是与家庭或家族相联系。一个人的不当言行,不仅会让自己处境尴尬,更重要的是会给家庭或宗族蒙羞,这在熟人社会的农村社区是不可原谅的。故,在传统社会的农村社区,从家庭到家族,乃至社区,都制定了较为严格的规矩,如家规、族规、乡规民约等来规约个人或家庭的行为。个人所做的一切都是为了家庭,而不是为了个人。所以,传统文化十分重视孝、悌等有利于家庭团结的文化教育。

人民公社时期,个人湮没在集体之中。人民公社时期的集体,生产大队、生产队,既是一个生产单元,也是一个控制单元,还是一个资源提供单元。作为生产单位,没有个人和家庭的独立劳动,也就没有独立的劳动收入,个人和家庭的劳动权和收益权只有通过集体劳动才能实现,个人和家庭的物质生活的基本满足也就只能通过集体来满足,从而形成了家庭对集体的依附。集体利益高于家庭和个人利益,甚至可以说,只有集体利益,没有独立的个人利益和家庭利益。为此,在文化上,强调集体主义教育,惩罚危害集体利益的行为,在那时,"割资本主义尾巴"成了一种时髦的文化。作为控制单元,国家可以通过集体实现对集体成员的全面监控,为农村社会实现超常态的秩序提供保证。作为资源供给单元,集体在满足国家建设对基本生产资料需求的前提下,以生产大队和生产队为单位提供基本公共品,如农田水利设施、道路建设、教育、救助等。

改革开放后,随着个人和家庭从集体劳动中脱离出来,个人和家庭获得相对独立劳动权益和收益权,个人和家庭的物质生活的基本满足也就只能依靠个人和家庭的努力来实现。但改革开放之初,受传统文化的影响,个人还未能从家庭中独立出来。直至20世纪90年代,随着市场经济深入农村,大量青壮年劳动力离开了家庭,以获取农业外的经济收入。这时,受市场经济影响的年轻一代独立意识增强,"各人挣钱各人花"已经获得高度的认同。这样,在农村社区中,个人才真正成为"微心愿"满足的独立主体之一。

2. 家庭

改革开放之初,随着联产承包责任制的实施,以及人民公社体制的解体,首先家庭从集体的束缚中解放出来,开始回归其本初的部分功能:生产和生活功能。

  在生产方面，由于改革开放之初，农村社区的居民迫切要解决的是温饱问题，与传统社会成熟的家庭不同，家庭的经济生产功能被强调，家庭成为重要的经济生产单位。与传统的家庭相比，此时的家庭逐步核心化，并成为独立的生产单位，实现经济上的自给自足，勤劳致富再次被唤醒。家庭成为满足家庭及其成员"微心愿"首选。人力资源生产方面，人口的生产在计划生育政策的影响下，实施有计划的生产，劳动力的无限供给受到了制约。教育功能或社会化的功能的实现，在基础教育方面，主要依托人民公社时期建立的乡镇中小学，以及后来通过集资举办的各类基础教育机构。生产方面，家庭不再是原来意义上的传统小农式的经济生产单位，而是成为以追求经济利益最大化的经济单位，为了实现经济利益的最大化，从比较利益来看，对一般家庭而言，青壮年劳动力选择外出务工是一种理性的选择，打工收入逐步代替传统的农业收入，成为满足家庭及其成员"微心愿"的经济支柱。生活方面，家庭的各项生活功能，如爱和情感功能、抚育的功能、赡养功能、互助功能、人际交往的功能、再分配的功能等得以回归，并成为人们日常生活中"微心愿"满足的基本单位。

  然而，进入20世纪90年代，随着市场经济的进一步确立，以及国家对农村劳动力流动的逐步放开，甚至鼓励，大量农村年轻力壮的劳动力外出谋生，农村家庭在经过人民公社之后的短暂修复再次面临着解构与重构，家庭的功能也发生了较大的变化。农村社区的物质生活有了较大的改善，温饱逐步地从人们的"微心愿"的清单中被清除，追求衣着得体、居住舒适、接受更好的教育成为很多家庭及其成员新的"微心愿"。也就是说，随着经济收入的增加，农村社区的"微心愿"也在转型升级。

  然而，人们在追求家庭经济功能实现的同时，虽然也带来家庭部分生活功能升级，如居住条件的改善等，但是家庭的部分生活功能遭到弱化。首先，大量青壮年劳动力的外流，家庭的抚育功能在弱化，出现了较为突出的留守儿童问题；其次，家庭的季节性"空巢"，使得很多老人的"老有所养"的心愿落空，引发了突出的留守老人问题。

3. 宗亲

改革开放之初,随着人民公社体制的解体,实现了家庭的回归,传统的小农经济重新回到农村社会,为宗族功能的回归提供了经济社会的基础。因此,宗族出现了"复兴"之势。因为,随着集体力量消解,人们脱离了对集体的依赖,也就弱化了人们对集体的认同,缺少了这种认同,人们的归属感就会降低,而宗族的复兴让人们再次找到了认同和归属感。同时,小农经济的回归,迫切需要生产和生活上的互助,而宗族的复兴为这种互助提供了一定社会基础。不过,这时的宗族已经没有可能回归到传统意义上的宗族,宗族也就无法再现其传统的功能。因此,宗族的"复兴"更多的是象征性符号。这一点,在20世纪90年代之后表现尤为突出。

在改革开放之初,亲戚特别是姻亲间的互助支持的功能得到了强化,尤其是农忙季节,因为已经核心化的家庭已难满足基本的农业生产的需要。20世纪90年代以后,随着打工潮的来临,一方面,减少了留守亲戚与外出亲戚间的交往而渐渐变得生疏起来;另一方面,打工过程中,亲戚之间的帮带强化了他们之间的联系。亲戚之间的互助,也由当初的帮工变成了直接的经济支持。

4. 邻里

新乡镇时期,家庭从集体中独立出来成为具有独立的经营权和收益权。随着家庭的独立,邻里的功能得以扩展。就互助的功能而言,由生产队时期通过互借口粮渡过难关,逐步向更广范围的互助转变。改革开放之初,由于农村社区实现了联产承包责任制,以及家庭的小型化,特别是缺少男劳力的家庭,仅仅依靠自家力量难以应付农忙。于是,邻里之间通过帮工和换工等互助方式来应对这一难题。20世纪90年代,随着打工潮的出现,农村社区的空心化和家庭的季节性空巢化,一方面弱化了邻里之间的互助功能,另一方面对邻里之间的互助提出了迫切的需求。在青壮年劳动力外流的情况下,如何实现留守成员之间的互助,对满足农村社区留守成员的"微心愿"具有重要的价值。

故事一 邻里帮助渡难关

张老太育有4男1女,老伴去世较早。和很多家庭一样,这些子女成家以后，为了谋生和自身小家庭发展，纷纷拖儿带女外出打工，留下了张老太一人独居。张老太生性乐观，虽年过80，但身体仍然比较硬朗，喜欢串门聊天，用当地人的话是个"热闹人""哪里热闹哪里赶"。平时，有个伤风感冒等小病小灾的抗一抗，或者自己在村私人诊室看看，吃点药就了事。2015年秋天，张老太感染了感冒，跟往常一样，她认为抗一抗就没事，但这一次却出乎她的意料，这次感冒让她卧床不起。这时，子女都不在身边，真是叫天天不应，叫地地不灵，自己也没法与子女取得联系，即使能取得了联系，也远水解不了近渴。当天，有个邻居在同其他两个人聊天时，突然发现大半天没有见到张老太，觉得很奇怪，便结伴来看望张老太，结果发现张老太卧床不起，早上和中午都滴水未进，而且还发着烧。于是，三人便分工协作，她们帮忙烧水熬稀饭、联系村诊所的医生，并且很快与张老太的子女中离家较近的二儿子取得联系。在张老太的二儿子未赶到家之前，三人约定轮流照顾老人。由于老人平时身体底子比较好，再加上生性开朗，在三位邻居的精心照顾下，三天后，当张老太的二儿子赶回家的时候，张老太的身体已经有了很大的好转，经过进一步医治之后，张老太很快就获得了康复。为了感谢邻居的帮忙，张老太的二儿子买了一些营养品送给她们，以表谢意，她们死活都不要。在她们看来，邻居有困难不帮忙，特别像张老太这种情况，"遇死不救，那都不是人（干的）"（地方语）。（讲述人 WSM201607）

这是发生在皖西董庄的故事。在皖西地区，由于地方经济相对落后，像董庄这样远离城镇的农村社区基本成为空心村。再加上近些年来，城市逐步放开了农民工子女就地入学的限制，绝大部分家庭出现季节性"空巢家庭"，这些农村社区留守老人日常照料问题就变得尤为突出，张老太就是一个典型的例子。这些老人都是经历过艰苦日子的，且左右邻居大都是本家，平时白天串串门、说说话也不觉得孤单，没灾没病的也还能自己照顾自己。一旦生病卧床不起问题就来了，用当地的话说，"床前都没个丢（递）茶水的，那就要命了"。可是，现在的状况，这些地区的老人们要过着儿孙绕膝的生活，对大多数人来说，是一种奢望。因而，像张老太的这样的遭遇时常发生，好在张老太的问题被及时发现，并在邻居的帮助下渡过了难关。

如何解决农村留守老人的日间照料问题，满足他们"老有所养""日有所顾"的心愿，是当下农村社会迫切需要解决的问题之一。同时，这件事也启示农村社区的管理者，充分利用留守老人这一人力资源，让他们老有所为，是解决类似问题的一个可取的办法，可以采取运用"时间银行的互助方式"，实现邻里互助，来解决留守老人日间照料问题。

5. 朋友

传统社会中，朋友大多因情相往、因义相交，交往重在情义，情义成为朋友之间交往的纽带和基础。改革开放以来，流动性和逐利性成为市场经济社会的重要表征。流动性增加了农村社区成员与外界交往的范围，因职业和生意上的往来而建立的业缘性朋友逐渐占据主流，朋友之间交往的纽带和基础也由比较单纯的情义向"情义＋利益"转变。正因为如此，朋友之间的关系变得更加复杂，朋友之间的互助往往夹杂着"利益交换"。虽然，朋友之间因利益之争而"翻脸不认人"的现象时有发生。但不能因此而否认，朋友联系作为一种可资利用的社会资本在满足农村社区"微心愿"中的作用。

故事二　朋友互助

谢某和程某是朋友关系，这种朋友关系的建立于20世纪90年代。当年，正处壮年的谢某有一门做挂面的好手艺，由于有了这门手艺，也就没有同其他人一样外出打工，而是留在老家。他时常担着挂面挑子到邻村换挂面（即用挂面交换麦子）。程某外出打工，把两个年幼的孩子丢在家里由母亲带着。程某的母亲是个热心肠人，谢某在程庄换挂面时，总会免费提供茶水，赶上中午吃饭时，时常留他吃个饭，谢某则留下一些挂面作为回报。一回生，二回熟，谢某便将程某的母亲认作"干妈"。谢某到程庄换挂面时，也常常从家里带些比较稀罕的东西给程某孩子，并且在程某的孩子生病时，也能提供及时的帮助。正因为如此，程某也就认了这个"干兄弟"。后来，谢某的女儿中学毕业后，外出打工也得到了程某夫妇的帮助和关照。程某也时常托谢某代自己在老人和孩子需要帮助时提供帮助，对此，谢某总能尽心尽力。（故事讲述人

XMY201607）

在农村社区日常生活中，朋友关系是在互动中产生的。一开始，这种陌生人之间的互动是建立在的物的互惠之上的。这个故事中，正是程某母亲的热心施茶、施饭的行为，引发了谢某"共情"的物的回报，频繁的"施与报"，为互动中情感的生成提供了物质基础。当人与人的互动不仅局限于物与物的交换而有了更多情感的介入，并变得知根知底的时候，相互间的信任也就产生了，朋友关系也就建立了。然后，随着互动的升级逐步转换为"拟亲缘"关系。这种关系的确立，对互动双方"微心愿"的满足具有重要价值。

6. 社区

人民公社时期，农村社区由传统的自然村落向强制性的组织（生产大队或生产队）转变，其也就由生活单位向生产单位转变，其功能也就随之发生变化。改革开放的新乡镇时期，随着生产大队向行政村转变，生产队或直接转变为村民小组，或分解后转变为若干村民小组，再加上联产承包责任制的实施，大部分地区的集体经济实际上已经虚置，家庭再度回归为生产单位和生活单位。在这样的背景下，作为农村社区形态的行政村或村民小组理应回归到基本的生活单位。但是，改革开放至农村取消农业税时期，行政村实际上成为"准行政管理单位"代为地方政府行使计划生育、税费征缴、义务工派遣、治安等管理职能，行政村或村委会在农村社区"微心愿"的满足中功能有所弱化。

随着农业税的取消，相对于农村社会而言，国家由过去的"汲取型国家"向"给予型国家"转变，行政村或村民委员会又成为"公共资源的分配者＋托管者"的角色。行政村或村民委员会借助不断下乡的公共资源再分配，影响农村社区居民"微心愿"的满足。在理论上，行政村或村委会是农村社区公益的代表，理应公平公正地分配公共资源。但在实践中，公共资源的不公平分配时有发生，这是激起"底层怨愤"的根源之一，使得农村社区"微心愿"的满足发生了偏离。因此，在资源下乡的背景下，如何保证公共资源在农村社区分配的公正性，以更好满足社区居民的"微心愿"，需要进一步完善农村社区公共事务决策、管理、分配和执行中的居民"微参与"。由于这种"微参与"是利益相关的,可以大大提高农村社区居民参与的有效性。制度的设计中,关键在于畅通"微参与"渠道,搭建"微参与"的平台。另一方面,需要充分挖掘农村社区的内部资源,激发社区内生动力,实现农村社区"微心愿"自我满足。只有实现自上而下的外供给和社区的内供给的有机结合,才能充分发挥现代农村社区满足其"微心愿"的功能。

7. 市场

改革开放以来,随着市场经济体制的确立,农村社会或被动,或主动地卷入了市场经济所建构的场域。在市场经济所建构的场域中,一切按照市场规则行事,大多数农村社区处于弱势的地位。但基于市场强大的控制力,农村社区"微心愿"的满足只能主要通过市场来满足。如,随着市场的主导地位的确立,农村社区的农业生产也不同程度地卷入市场分工之中,自给自足小农被迫向市场化小农转变,或者向规模化转变,农村社区居民基本物质的需求大多需要通过市场来满足。实际上,市场已经成为农村社区居民满足其"衣、食、住、行"等基本需求的最重要的主体,扮演着农村社区"微心愿"满足的关键角色。

8. 政府

市场在公共品供给中总存在着失灵的问题。虽然市场主体会基于社会责任在普惠型公共品供给中发挥重要的作用,但是在小众化的公共品供给终难有所作为。农村社区公共品的供给具有小众化的特点,因此,其供给往往为市场所忽视。在市场经济背景下,政府的重要职能之一就是参与公共品的供给,以弥补市场供给的不足。农村社区公共品的小众化特点,决定了政府在满足农村社区"微公共品"供给中发挥着重要的作用。例如,在偏远的农村社区,由于交通不便,低龄学龄儿童的教育无法实现规模化,这就需要政府提供适合低龄儿童需要的小众化的学校教育,"微学校"因此诞生;在社区文化服务方面,由于各地文化的差异性,地方政府需要鼓励和培育适应地方需要的文化机构和文化产品的创作,以满足不同地区、不同族群的文化需求。

在这些"微公共品"的供给中,政府可以采取不同的供给机制以满足农村社区对"微公共品"的需求,以满足其"微心愿"。这些机制包括政府直接供给和间接供给。至于采取哪种供给机制更有效,我们主张权宜从事,不能定规。因为不同的农村社区对"微公共品"需求差异较大、社区内不同的成员各有品味。

9. 社会

自古至今,在农村社区"微心愿"的满足中,社会都发挥着重要的作用。在中国传统社会,虽然没有现代意义上的社会概念,但是有社会之实。如,以农村社区为治理单元而成立的乡约组织、保甲组织、社仓和社学等,这些"社会"在满足村落和谐、平安、救助、有养、有教等"微心愿"的满足中发挥着重要的作用。

新中国成立之初,政府为了实现对农村的社会政治重构,在农村成立了农民协会,它"是一个带有明显阶级性的反封建统一战线联盟",其主要是"满足土地制度改革、建立和巩固农村基层政权、调整农村阶级和社会关系三项任务的客观需要"。① 随着"三大任务"的完成,加之小农组织的先天缺陷,以及后来互助组合作社的推进,在经济方面,农民协会原来的"组织农民生产,举办农村合作社,发展农业和副业,改善农民生活"② 的经济功能不再必要。在政治方面,随着国家借助农民协会的力量政权逐步获得了巩固,新的精英得以培育成熟,政权体系得以日益完善,农民协会的政治职能逐渐由乡村政府取代,农民协会骨干转为乡村干部,农民代表(大)会改为人民代表大会;在组织体系方面,由于国家政权借助农民协会实现了对农村社会深度介入,农民也被广泛地纳入农村行政组织的框架之中,成为高度的"组织人",农民协会作为群众团体的社会功能很快被农村社会国家化的趋势所淹没,从而初步完成了农村的"去社会"化。后来,随着人民公社体制的确立,最终实现了农村彻底地"去社会"化。国家在农村的基层组织充分行使着政治、经济和社会功能。

---

① 唐明勇:《试论建国初期的农民协会》,载《中共党史研究》,2005 年第 1 期。
② 中共中央文献研究室:《建国以来重要文献选编》(第 1 册),北京:中共中央文献出版社 1992 年版。

改革开放后,随着联产承包责任制的实施、人民公社体制为新乡镇体制所取代,以及市场经济体制的确立,国家的基层组织逐步地放弃了其经济职能,而权力的上收及其所产生的不良后果,使得农村社区再组织成为必要,农村社会的"再社会"化也成为一种必要。村民自治组织是农民自发组织起来的具有自治性质的社会组织,但经过国家改造,逐步演变为更具政治属性的组织,承担起农村社区的政治职能。它最初较好地满足了农村社区居民对秩序的需求,但由于其设计缺乏经济的灵魂,其在推动农村社区经济发展中的作用十分微弱。于是,经济合作组织应运而生,履行着经济服务职能,一定程度地满足了农村经济发展的组织化的需要。然而,无论是村民自治组织,还是经济合作组织,都无法满足农村社区日常生活中对社会的需要。虽然在村民自治组织中有老年协会、红白喜事会等具有"社会"性质的组织,但它们在满足基本社会需要中的作用是有限的。因此,为了满足农村社区及其居民的基本社会需要,需要努力发展农村社区社会组织,特别是志愿组织。

综上所论,在中国社会演变进程的不同阶段,农村社区"微心愿"满足的主体及其功能存在着明显的差异。现阶段,农村社区"微心愿"满足的主体日益多元化。要充分发挥这种多元化主体在满足农村社区"微心愿"中的协同作用,我们既要从传统中汲取养分,也要积极吸纳现代社会创生的成果,并在此基础上进行再创造,创生出灵活、适宜、精微的多主体有效协同供给的机制。

第三节 农村社区"微心愿"满足的基本机制

在不同的历史阶段,不同的地区,农村社区"微心愿"的满足,因制度设计的不同,主体是不断变化着的,其满足的机制也会做出相应的调整。不同的时期,其满足的机制既有区别,也有共通的地方。为了简化研究的复杂性,本部分研究将农村社区视为一个有机的整体,将其所处的环境简化为内环境和外环境。与之相对应,将农村社区"微心愿"满足的基本机制,简化为内部机制和外部机制。

一、农村社区"微心愿"满足的内部机制

农村社区"微心愿"满足的内部机制，是指通过社区内环境来满足农村社区"微心愿"的基本原理、方式、方法和程序。在不同的历史阶段、不同的地区，由于制度设计的不同和文化上的差异等，农村社区的生成内环境存在着较大的差异，但是，由于文化变迁存在"文化堕距"，其"微心愿"满足的基本原理、方式、方法和程序虽会发生一定的变化，但仍存在着共同的部分。因此，下文在分析农村社区"微心愿"满足的内部机制共通性的基础上分析其差异性。

1. 自给机制

自给机制是强调通过个人或家庭或社区自身的努力来满足其"微心愿"的机制。传统社会是一个"原子团"化社会，就农村社区而言，个人寄存于家庭或家族之中，没有独立的个人，因此个人的"微心愿"只能首要地通过自治给机制来实现。个人"微心愿"的满足通过个人或家庭的努力实现；社区公共品的供给主要通过村落共同体来满足，如设立"族田"和"公田"，"社学""义仓"或"社仓"等。

集体化时期，村落被改造为强制的"原子团"化社会，社员通过参加集体劳动来满足个人或家庭"微心愿"，村落或生产队则通过集体力量来满足公共品需求。

改革开放后，集体经济"空壳化"，个人"微心愿"的满足回归家庭，并通过市场机制来实现。

2. 互惠机制

这是一种通过社区日常社会中"守望相助、患难相恤"式的互助互利，来满足社区成员日常生活"微心愿"的基本机制。传统的乡村社会是一种亲族社会，临近的社会成员之间要么是本族的人，要么是沾亲带故，这为互惠机制的形成提供了社会基础。互惠是农村社区日常生活中"微心愿"满足的基本机制之一。传统社会，宗族型社区主要通过宗族内的互助互利，来帮助那些

暂时陷入困境而难以实现"微心愿"满足的家庭和个人。这种互助互利具有"差序"特征，其次序是近亲属、五服内的族亲、五福外本房宗亲，再到本房派外同宗的其他成员。而非宗族社区主要是"拟似亲缘"关系家庭间和邻里的互助互利的机制。在非宗族社区，也会依据人伦本位和关系型社会的基本原则，来建构人与人、家庭与家庭之间的关系，并在这种建构的关系中实现"差序"式的互助互利。

集体化时期，集体具有去宗族化、去私有化的属性，宗族和家庭不具有独立的财产支配权，但也未能阻止特殊困难时期，宗族成员间、邻里之间的互助互利。正是通过这种互助互利，使得大家得以共渡难关，只是宗族成员间、邻里之间互助互利的能力十分有限。

改革开放后，农村社会进入新乡镇时期，农村社区结构发生了较大的变化。20世纪80年代联产承包责任制的实施，农村社区在一定程度上回归了传统的小农经济，日常生活中的传统互惠的机制得以再生产，对克服联产承包责任制时期的基本生产和生活困难具有重要的意义。进入20世纪90年代，随着市场经济深入农村，农村社区互惠机制发生了根本的改变，突出地表现为：农村社区的互惠，由传统时期和人民公社时期的"去商品化"向"商品化"转变，互惠机制发生的纽带也由过去的人情向"人情＋利益"转变，互惠更多地体现为"人情价"。这种"人情价"一般在表面上是低于市场价的，但实际的代价往往是高于市场价的。

通过对中国互惠机制的理论和实践考察，可见，任何历史时期的互惠机制都是一种非均衡的机制，其过程具有增量性，这与几千年来中国传统文化"施—报"观中的"报"的观念密切相关。中国传统文化强调"受人滴水之恩，后当涌泉相报"，正是在这种增量性恩恩相报中，不断地再生产着熟人或半熟人社会的社会关系，再生产着熟人或半熟人社会中"微心愿"的满足。但是，随着农村社区异质化程度的提高，社区日常生活中互惠机制的弱化，其"微心愿"的满足将日趋社会化。

二、农村社区"微心愿"满足的外部机制

随着农村社区的空心化，仅凭农村社区内部自给机制和互惠机制很难满足

农村社区的"微心愿",特别是特殊个体或群体,迫切需要来自社区外的资源予以满足。也就是说,农村社区"微心愿"的满足需要借助外部机制方能实现。

农村社区"微心愿"满足的外部机制,是指通过社区外环境来满足农村社区"微心愿"的基本原理、方式、方法和程序,其基本机制包括救济机制、帮扶机制和政策机制。

1. 救济机制

这是一种由政府或民间发起的,旨在满足农村社区中那些暂时陷入困境的个人或家庭"微心愿"的机制。政府救济是一种国家行为,政府通过动员公共资源,对暂时陷入贫困的社会成员进行救济,这种救济往往是大规模的。如较大规模的自然灾害、瘟疫等发生时,政府开展的救济活动。这种救济是以政府直接供给的方式实现的,体现的是国家或政府责任。民间救济是指除了政府或国家之外的个人或组织提供的、带有人道主义情怀的施舍行为、慈善行为、无偿行为,其中,这些组织可以是商业组织、也可以是社会慈善组织、爱心机构、志愿组织等。除了重大的自然灾害外,农村社区日常生活中由于某种不确定的因素造成个人或家庭暂时陷入困境的事时有发生,当这样的事发生之后,个人或家庭的日常生活秩序将会被打破,家庭生活将会陷入困境,日常生活的基本需求出现暂时性难以满足的状况。这时,除了社区内的互惠机制之外,社区外的救济机制就需要发挥作用。救济机制是一个应急机制,是一种临时满足人们"微心愿"的基本机制。救济机制是一种古老的机制,它主要关注的物质层面的匮乏对人们日常生活的影响。如,古代政府所开展的"赈济"、民间开展的"施粥"等活动,人民公社时期国家在农村发放"救济粮"等。改革开放后,除了政府在农村实施困难救济外,民间救济的形式日益多样,救济的力量和规模日益壮大。

不过,随着社会的发展,救济也由物质层面向精神层面延伸,精神救济在农村社区也变得日益迫切,这突出地表现为农村留守老人因孤独而出现的对精神慰藉的需求。近年来,随着农村社会整体收入的增加,再加上国家在农村养老政策的下乡,绝大多数老人的物质生活基本有了保证,物质层面的生活救济变得不那么迫切。但是，农村青壮年人口大量外迁，特别是随着农民工子女在城市入学政策的落实，小家庭整体流入城市已经大规模出现，并成为一种趋势。留守老人的孤独生活已经成为一种常态，在"不缺钱"的前提下，满足农村社区老人的精神慰藉，应该成为救济的重要内容。

2. 帮扶机制

这是一种由政府或民间发起的，旨在通过解决农村社区日常生活中的贫困问题，而满足社区居民日常生活的基本需求和社区发展需求的机制。它不同于救济机制的救急性，而强调较长时期的帮助扶持，并通过这种帮助扶持，让被帮扶对象走出困境，并实现自我发展的机制。简言之，帮扶机制是"帮助+扶持"的机制，"帮助"一般是指别人遇到困难时"帮一把"助其克服临时的困难，这对于那些身心健康，有较强的自健意愿和能力的个体或群体而言，它是一种有效满足其自我发展"微心愿"的手段和机制。如，在农村社区日常生活中，某个人或家庭经营失败，出现资金链断裂，其身心健康，又有较强的自健愿望和能力，可能因为某些约束，无法在较短的时间内解决资金问题，这时如果能够"帮一把"解决资金问题，可能就能助其重新站起来，实现自我发展。目前，在精准扶贫过程中实施的扶贫贷款，初衷正在于此。"扶持"强调对那些有自健的强烈愿望，有自健的潜力，但目前缺乏自健的能力的个体或家庭"扶一把，扶上路"，最终助其实现自我发展。如，目前精准扶贫中实施的健康扶贫和教育扶贫，旨在通过这两项政策实现贫困家庭的健康的改善和智力的改善，最终实现脱贫。它相对于"帮助"而言，是一个较为长期的过程。

综上所分析，帮扶机制实际上是一种如社会工作中的"助人自助"的机制，可视作"助人自助"的理念的一种实践。由此可见，其在理念上和实践上与农村社区"微心愿"的满足是契合的。

3. 政策机制和资源下乡

政策是国家或政府以及其他组织为了解决公共问题而制定的规则和采取行动的总和。因此，政策具有制度性和实践性的特征。政策机制是国家或政府以及其他组织，为了解决长期困扰人们日常生活的公共问题的制度化和实践化的机制，它是一种相对长效的机制。如，为了满足人们日常生活中幼有所育、学

第四章 农村社区"微心愿"满足何以可能

有所教、老有所养、病有所医、劳有所获、住有所居等"微心愿",现代国家或政府都会出台教育政策、养老政策、住房政策、就业政策,医疗政策,以及其他特殊政策等。任何政策都是对公共问题的回应,也是对人们共同期盼的回应,具体到个人、家庭和社区,表现为我们所说的"微心愿"的回应。

从理论上来说,政策机制是满足农村社区"微心愿"的一种常态化机制。但是,长期以来农村社区的"微心愿"的满足游离于政策之外。传统中国,农业是国家的经济支柱,农村社会是国家构成主体,国家或政府的所需要的资源主要从农村抽取,国家是"汲取型国家"。因此,明智的君主总会出台一些惠农、养农的政策,如轻徭薄赋、鼓励农耕等。但由于传统社会经济基础的局限性,国家或君王们没有能力通过政策机制来满足村落社会的基本需求,村落自治就成为一种常态的选择。新中国成立以后,实现现代化、工业化成为国家的战略选择。新中国成立之初,中国工业基础十分薄弱,且工业化、城市化的程度很低,在缺乏外部援助、资金、技术支持等背景下,中国政府尝试走"自力更生"的现代化发展道路,而薄弱的工业基础及其生产和再生产的能力无法满足现代化的需要。因此,这样的现代化必然高度依赖于农业和农村,这就形成了"农业哺育工业,农村支持城市"的现代化发展模式。同时,相对于农村,政府也就成为现代型的"汲取型政府",国家或政府为了实现对农村社会控制和汲取满足现代化需要的资源,实现农村社会的组织化就成为一种符合逻辑的选择。

新中国成立后,在农村社会实施了短暂的"耕者有其田"的政策。之后,便是互助组、合作社的短暂过渡,接着迅速在农村实现了国家农村社会高度组织化的制度安排——人民公社制度,并通过这一制度实现了国家对农村社会的全面控制,方便了国家对农村战略资源的汲取。"在三级所有,队为基础"的生产、分配和管理体制下,集体经济在满足国家对战略资源需要的基础上,农村社区,即生产大队或生产队日常生活的基本需求通过"自给机制"来满足。除了自然灾害之外,农村社区日常生活中"微心愿"的满足很少有来自国家的政策支持。这种状况,即使在改革开放之后的很长时期,也没有多大改观。"农村的学校,农民自己办;农村的道路,农民自己修",成为政府在农村社区公共品供给的基本思路和策略,不同的是:人民公社时期生产大队、生产队的基本公共品是通过组织化的劳动来提供,改革开放后由派义务工和集资来解决。

20世纪90年代末和21世纪之初,随着"三农问题"日显突出,为了缓解国家与农民之间的紧张,国家出台了一系列"多予少取"的政策。但由于"多予少取"政策的模糊性,政策的效果不明显。后来为了彻底突破"三农问题"的怪圈,2006年之后,国家彻底取消了农业税,开启了由"汲取型国家"向"给予型国家"的转变之路。于是,伴随着经济性"政策下乡"的"项目下乡",物质性资源非均衡地流入乡村,对发展局部农村经济、提升部分农村社会"微心愿"的满足水平发挥着重要的作用,但资源的非均衡性分配也带来了不同社区的发展差距。如,新农村建设示范村与非示范村之间,美丽乡村建设示范村与非示范村之间的差距,这种比较所产生的不公会降低农村居民对政策下乡的满意度。同样的事情也发生在精准扶贫政策实践中,精准扶贫实践中大量资源流向贫困户,造成了贫困户与非贫困户之间的资源分配差距,结果造成了对精准扶贫政策"贫困户都满意,不是贫困户的都不满意"(访谈时村干部和下派驻村干部语)的政策后果。同时,相对于城市,国家的政策下乡是不完全的,具有经济倾向,旨在改变农村社区的基本物质生活,而能够改善农村社区社会生活的社会政策和能够改善农村社区精神生活的文化政策供给不足。

因此,政策下乡在给农村社区带来一定的福利同时,也引发了一系列的"政策悖论"——政策下乡旨在提升农村社区的满意度,但在提升部分人的满意度之下,也引发了由于不公而造成的"不满"增长。因此,规避政策下乡带来的"政策悖论",是改善农村社区"微环境"以促进农村社区"微治理"的要务之一。

第四节 当前农村社区"微心愿"满足的主要障碍因素

农村社区"微心愿"的满足,既依赖于农村社区内部日常生活中非结构性机制,即自给机制和互惠机制,也需要通过来自农村社区外在的结构性机制,即救济、帮扶和政策机制来实现。但是,并非有了这些机制,农村社区的"微心愿"就一定能满足。各种机制功能的发挥是需要条件的,机制本身也并非完善,其结果必然会造成当前农村社区陷入"微心愿"难以满足的困境。具体地,这种困境的形成主要基于以下的障碍因素。

一、主体的缺失与缺位

农村社区日常生活中"微心愿"的满足,是农村社区"微治理"的重要内容之一。任何治理都需要多主体的协同,农村社区日常生活中"微心愿"的满足,当然也需要多元主体的协同才能实现。然而,现实是,当前农村社区日常生活中"微心愿"的满足,既存在着主体的缺失,又存在着主体的缺位。农村社区主体的缺失和缺位,形成了"无主体的社会",从而陷入农村社区日常生活中"微心愿"满足的"无主体境"。

1. 主体的缺失

从理论上来说,随着改革开放的推进,市场经济的发展,农村社区日常生活中"微心愿"满足的主体日益多元化。满足农村社区日常生活"微心愿"的主体主要有:1. 非结构性的主体,个人、家庭、宗亲、邻里、朋友、非正式社区社会组织等。2. 结构性主体,社区基层组织、正式的社区社会组织、地方政府和地方基层政府、市场、社区外的组织等。如果这些主体能够充分发挥其功能,则"微心愿"将会得到较好的满足。但是在实践中,却出现了主体的缺失。造成主体的缺失的主要原因有:

第一,工业化、城镇化引发的农村社区人口大量外流,导致主体的缺失。20世纪90年代,随着工业化、城镇化的快速推进,农村青壮年劳动力大多选择谋求农业外的劳动高收益,纷纷流向二、三产业,进入城镇。课题组在中部省份安徽的调研发现,农村社区"十村九空""十室九空","空心村""空巢家庭"成为一种常态,随之宗亲、邻里等非正式组织只存在于"微信群中""QQ群中"而成为一种虚拟的存在,家庭成员、宗亲和近邻都成为一种遥远的存在,"远水解不了近渴"成为一种常态。近期在本书即将截稿时,笔者收

到朋友圈里的日记,现将其全文收入在此:

一位村干部的一则乡间生活日记

  时间过得真快!转眼间已经回老家在村里工作了十年,老龄化是现在农村严重的问题。以我们狮象坑村民组为例,20世纪80年代,村子里有300多常住人口,老中青人口结构分配合理,乡村人声鼎沸,热闹非凡。现在,整个村庄只有60个人常住在村里,80岁以上占了11人,并且大部分老人都是一个人独居,65~70岁的老人成了目前农村的主要劳动力。每次走村入户遇到独居老人,我都会多坐一会儿,陪老人家聊聊天、拉拉家常。提起国家政策,老人们都赞不绝口。说起儿子、女儿,老人总是五味杂陈,欲言又止。脸上表现出来非常想儿子、孙子,嘴上又说现在农村挣不到钱,孙子上大学开支大,孙子要结婚买房子开支大,我儿子媳妇不打工不行。和老人的交谈之中,总有那么沉默的一瞬间让人感觉心里很沉重。社会的发展已经没有多少年轻人还记得自己的家乡,还有多少人记得回家的路,很多在外工作的人们也只能在父母病危,或者去世的时候,才匆匆回来和父母见上最后一面,留下了一个深深的遗憾!现在国家城镇化建设和乡村振兴,从深层次的原因分析是一个人口争夺战,人口是发展的最大红利。那么,乡村振兴在人口争夺战中是处于严重的劣势,那就要从国家层面给乡村一些政策上的帮助和支持,把乡村建设成为城市人口休闲和养老的目的地,从而带动乡村振兴,让农村老人们也老有所养、老有所依、老有所乐。——2019年11月13日

  这则日记,一方面向社会呈现了工业化、城镇化下,农村社区空心化、家庭空巢的程度,以及留守老人"欲言又止"中的诸多无奈,老人们希望过着儿孙绕膝的安详生活,但是现实让他们失望。尽管如此,他们仍然表现出对国家政策的支持,对儿孙的体谅,而宁愿孤老而去。另一方面日记的写作者在唏嘘感叹之时,寄希望于乡村振兴来实现乡村社会的"老有所养、老有所依、老有所乐"心愿的满足。

  第二,农村社区社会组织发展的侏儒化,导致主体的缺失。从理论上来

说，农村社区社会组织是农村社区公共性的载体，也是公共性建构的主体。作为载体的农村社区社会组织，通过组织公共生活，实现组织内部"微心愿"的满足。如，农村社区草根 NGO 的各种协会和合作社，可以通过协会和合作社内部的互惠机制实现组织内部的"微心愿"的满足。作为公共性的建构主体，农村社区社会组织可以通过公共活动来建构社区公共生活，以满足人们对日常公共生活的需求。调研中发现，农村社区社会组织主要包括两类：一类是经济合作组织，一类是社区公共服务组织，如村民理事会、红白喜事会、老年协会、乡贤理事会等。这两类组织都是目前政府积极鼓励和倡导的，甚至是由地方政府以行政手段和制度化的方式推进。

之所以如此：一是因为农村社区的村民自治组织本身就缺乏"经济的心脏"，难以承担起推动农村社区经济增长的使命。地方政府主导推进农村社区经济合作组织，旨在弥补农村社区自治组织的"经济性不足"，试图以经济合作组织来带领农村社区居民共同发展经济；二是因为农村社区的村民自治组织本身就缺乏"社会之臂"，难以承担起必要的社会功能。地方政府主导推动社区公共服务组织，旨在弥补农村社区自治组织的"社会性不足"，试图以此促进农村社区社会生活福利的改善。同时，从农村社区治理的视角来看，政府之所以用行政手段和制度化的方式推进农村社区社会组织的发展，还在于试图改善农村社区的治理结构，完善农村社区共治的格局。这种政府主导下的农村社区社会组织建构路径，因其可以依赖政府的力量和资源供给保障，能够较快地、规模化地实现农村社区组织与共治格局的重构。但是，依赖政府力量推动组建的农村社区社会组织生成于行政化的土壤中，很容易被行政化。一旦被行政化，从公共性的视角看，就会出现地方政府以行政力量的"公"培育社会力量的"共"的过程，反而可能压制或替代农村社区社会组织"共"的发育，[①] 从而使得农村社区社会组织"侏儒化"，不能充分发挥其社会功能，而出现主体功能性缺失。

---

① 崔月琴、李远：《草根 NGO 如何推进农村社区的新公共性建构——基于吉林通榆 T 协会的实践探索》，载《社会科学战线》，2017 年第 3 期。

2. 主体的缺位

改革开放后,农村社区"微心愿"满足的主体呈现出多元化,但并不如人意,特别是特殊群体如留守老人、留守儿童等"微心愿"的满足,问题较多。除了主体缺失的原因之外,主体的缺位也是另一个重要的影响因素。主体的缺位主要表现在:

第一,基层自治组织的缺位。根据《村组法》,村民委员会是农村社区的自治组织,理应具备社会组织的属性,社会性应是其主要的特性之一。也就是说,作为自治组织的村民委员会,应以"村务"为中心,办好社区内的公共事务,服务社区居民。而协助地方政府开展相关工作的"政务",应是次要工作,业余的工作。但是在实践中,由于村委会的运作对地方政府财政的高度依赖,其工作业绩需要得到地方政府的认同,结果造成了"政务主业化,村务的业余化"的主次颠倒,也就造成了村委会对"村务"的忽视,影响了社区"微心愿"的满足。

第二,市场和机构的缺位。农村社区"微心愿"的满足,市场也应该扮演重要的角色。近些年来,农村的养老问题十分突出,"空心村"和"空巢家庭"难以满足农村社区老人"老有所养"的"微心愿"。在养老服务市场化和社会化的背景下,市场和社会机构理应扮演满足农村社区留守老人"老有所养"的角色。然而资本的逐利本质,使得市场主体和社会机构举办的养老机构具有严重的城市偏好,致使农村社区各种市场化和社会化的服务机构十分短缺,农村社区日常生活中"微心愿"的满足变得十分遥远。

第三,政府的缺位。政府是"公"的化身,地方政府公平公正地为辖下的公民提供均等化的公共服务是其主要履职之一。可是,新中国成立以后,现代化发展的城市偏好的传统,使得城乡之间公共品和公共服务的分配,长期以来是极其不公平的,农村的公共品和公共服务极其缺乏。改革开放以后,农村社区通过自给机制实现了部分公共品和公共服务的自我改善,但是远远无法满足农村社区对公共品和公共服务的需求。虽然,2006年的农村税费改革,农村社区公共品和公共服务的供给强化了政府的责任,政府先后开展了"新农村建设"和"美丽乡村建设",推动农村社会发展,部分农村社区公共品和公共服务的供给有所改善。但这种改善更多的是一种"典型示范",且很多典型不具有可复制性,农村社区公共品和公共服务的供给未能根本改善。

我们在皖南一个村庄调研时,问一位老人:"您当前最大的心愿是什么?"他回答说:"希望我们村里也能通上公交车。"据了解,他所在的村庄离镇政府所在地有 15 公里,和其他村庄一样,年轻人大多外出打工,经常需要自己到镇上办些事。由于交通工具缺乏,15 公里的路程只能靠两条腿走。要满足农村社区如此的"微心愿",从现代公共性理论来说,地方政府应该承担起主要责任。然而,除了长期的城市偏好的惯性思维,各地方政府在"政绩锦标赛"之下,基于政绩压力也会在公共品和公共服务供给中表现出城市偏好。因为在地方政府来看"靓丽的城市是一张名片",加快加大城市公共品和公共服务供给是制造"文明城市""宜居城市"等的重要一环,与加大农村社区公共品和公共服务这种"看不见的"投入相比,城市投入所产生的"名片"效应会给地方政府带来最大化的政绩收益。

二、功利主义下的情感祛魅

20 世纪 80 年代,以"利益"为导向的经济体制改革,使得中国的文化图式逐步地由情感主义向功利主义转变,呈现出"情感祛魅"态势。中国传统的文化图式是建立在人伦本位上的情感主义,强调以人为核心的关系建构,而关系建构的纽带是情感,因此,人们日常生活中的行动呈现出关爱伦理的特征。关爱伦理下的行动强调以差序情感为基础,行动的合理性也用情感来诠释。在传统社会,特别是熟人社会日常生活中是否够"人"的资格,就看你的行动是否符合人情,符合人情那就叫"干人事",反之,就是"不干人事"。情感成了一种实用的"社会胶"和"润滑剂"。有了它,家庭才能成为和谐的一体,邻里才能和谐团结,熟人社会才能和谐并成为有机的整体,传统乡约中提倡的"德业相劝,过失相规,守望相助,患难相恤"的理想乡村社会,才会成为可能。

功利主义曾经是西方社会重要的整体价值取向和伦理规则,为建构西方工业文明时期的政治、经济、文化、社会、法律秩序方面,提供了重要的思想资源，至今其仍是影响西方国家立法和公共领域的基本原则。其核心要义是"最大多数人的最大幸福"是"所有社会和政治制度的终极目标"，"效用是道德行为的唯一标准，并且强调排斥上帝（神）的介入"。① 从边沁和穆勒所提出的功利主义的观点来看，功利主义是着眼于全社会人类群体的福祉的"最大多数人的最大幸福"，即为公共利益的获得与评价建立客观标准，以达到"政府的改善和人类命运改良的目标"。② 但他们的思想常常被误解为是只关注个人的幸福和解脱的个人主义主张的来源。可见，西方语境的功利主义与个人主义或利己主义无关。但是功利主义的重要特征趋利性，被中国学者放大，而忽视了功利主义的其他特征和合理性。故在将其翻译成中文之后，以讹传讹，便将西方语境中的功利主义的"功利"，与中国传统文化的"义利之辨"的"利"的概念勾连起来，而赋予更多的贬义。马克思曾言："人们自己创造自己的历史，但他们这种创造工作并不是随心所欲，并不是在由他们自己选定的情况下进行的，而是在那些一直存在着的，仅有的，从过去继承下来的情况下进行的。"③ 受中国传统文化"义利之辨"中对"利"否定性看法的影响，日常生活中人们总是习惯于将功利主义与利己主义、自私自利、急功近利等相联系，而对功利主义持否定的看法。如郑吉伟《功利主义的当前表现与克服路径》一文中，概括出功利主义在不同领域的不同表现："第一，民众中：追名逐利，贪多求快；科研领域：成果评价重数量轻质量；艺术领域：难以抵制利益的诱惑；政府部门：追求'政绩'，重面子轻'里子'"等现象。④ 改革开放以来，随着市场经济主导地位的确立，为功利主义的产生提供了土壤，因为市场经济就是一种利益经济，市场经济与功利主义之间存在着价值的内洽，赋予了人们追逐利益的合法性。由于在中国文化中存在着对"利益"的偏解，西方的功利主义传到中国之后，发生了严重的异化，自私自利、急功近利、去道德，成了功利主义在中国的代名词。

---

① Webster Noah. *An American Dictionary of the English Language*. New York: Harper and Brothers, 1848, p. 100.
② Charles Atkinson. *Jeremy Bentham: His Life and Work*, London: Methuen and Co, 1905, p. 20.
③ 马克思：《路易·波拿巴的雾月十八日》，见《马克思恩格斯选集》（第1卷），北京：人民出版社2012年版。
④ 郑吉伟：《功利主义的当前表现与克服路径》，载《人民论坛》，2017年（01上）。

在农村社区日常生活中,这样的功利主义突出的表现在:第一,人情交往中,重数量轻情感。古语的"千里送鹅毛,礼轻情意重"已经失去了说服力,人们信奉的是:礼重则情意重,礼轻则情意轻。在人情交往中,再亲密的关系,不管什么原因,礼不配情,则会遭到轻视。第二,人际交往中,人们看重的更多的是利益。攀亲和结友正在由重交情向重利益转变,用农村社区日常生活中的粗话说,就是"有钱就是亲戚、就是朋友,无钱狗屁不是",正是对这种不良现象的鞭挞。第三,家庭日常生活中,重金钱利益,轻视亲情。在农村调研时,人们特别是老年人普遍感慨:现在的人认钱不认人,此不正是中国语境中"功利"的突出表现吗?第四,地方政府在公共品和公共服务的供给中的城市倾向的功利主义,导致农村社区日常生活中公共品和公共服务得不到有效满足。

综上所论,当前农村社区的文化图式已由关爱伦理转向了中国式的功利主义,造成了农村社区日常生活中一系列问题,其突出的表现为:第一,财产纠纷增加,亲人之间因财产纠纷造成关系破裂的案例呈上升趋势,人们对亲情需求的满足变得越来越困难;第二,农村老人已被年轻的一代看作是负担,家庭养老的功能在式微,老人们的老有所养、老有所居、老有所乐的期望正在变得渺茫。当下的农村,住在低矮的房子里的一定多数是老人,老人独户生活已经十分普遍,在独立生产生活能力下降的情况下,农村留守老人的贫困问题十分突出。所以,精准扶贫实践中,以户为单位,很多独立成户的老年人家庭成了贫困户,这不是他们没有子女,而是他们从子女那里的获得难以保证他们基本生活。总的来说,中国式的功利主义,导致情感的弱化和社会关爱的式微,"弱有所扶"正在成为社区日常生活的"微心愿"。

三、公共性不足

公共性是社区良好公共生活的保证。这种公共性不仅表现为公共的物质空间,更需要公共的生活空间。因此,农村社区公共性不足主要表现为:第一,公共的物质空间匮乏。在传统社会,在较大的村落都建有宗庙、祠堂、义仓、社学等公共空间,这些空间可以有效地满足社区日常生活中祭祀、聚会的需要、救济的需要和求学的需要等。在人民公社时期，生产大队和生产队建有会议室、仓库等公共空间，还有露天的打谷场。尤其是打谷场的存在对满足社区日常生活"微心愿"具有重要的价值。每到农闲的时候，打谷场不仅可以充当电影场来使用，可以在一定程度上解社区居民文化之渴；而且在夏天，打谷场还可以作为晚上乘凉的公共空间来使用。改革开放以后，随着人民公社体制的解体，原来的公共物质空间被解构，其中，公共打谷场消失，对社区日常生活特定需求的满足带来了较大的影响。现在虽然随着资源下乡，少数社区的公共物质空间有了较大的改善，社区建立了农家书屋、文化广场等物质的公共空间，这对满足社区日常生活中"微心愿"具有重要的意义，但目前仍处于典型示范阶段，绝大多数村庄公共物质空间奇缺的局面，并未根本改善。

　　第二，农村社区日常生活的弱关联性和去共同生活化。新中国成立前，村落是农村社区的自然形态，其本身就是一个生活共同体，在这个共同体内有满足其自身需要的"微组织"，如家庭、宗族、邻里、自卫组织等，有共意的"微规则"，如家风、家规、族规、乡规民约等，来引导社区成员的行为，以满足社区日常生活中对"微秩序"和"微福利"的需要。新中国成立后，经过人民公社化运动，在农村社区建立了"强制性共同体"，这个共同体主要是一个生产性共同体，生活的功能弱化，共同体运用自上而下的显规则，运用规训与惩罚的措施，引导社区日常生活，给社区提供了一种刚性秩序。改革开放以后，"强制性共同体"逐步解体，再加上联产承包责任制的实施，家庭的生产和生活功能得以回归，宗族组织出现了一定程度的"复兴"，但其功能已经被弱化，邻里的互助因为生产的需要得以强化，农村社区出现了一定程度的"自组织化"，而形成的自发秩序。但是改革开放之初的村级组织的"去组织化"，还是带来了农村社区严重的失序，这才有了20世纪80年代的"严打"。面对失序的局面，农村社区迫切需要"再组织化"，广西的一个小山村合寨村的自治创举，启动了农村社区的"再组织化"，也就形成了现代的村民自治组织。村民自治组织的形成，较好地应对了农村社区失序的问题，保证了国家政策的强力推进。但由于其先天的缺陷，在国家的推动下，经济合作组织开始发展起来，一定程度上弥补了村民自治组织的"经济无能"。但村民自治组织的"社会无能"亟待解决，发展农村社区社会组织变得十分迫切。因为，自20

世纪 90 年代以来,随着市场经济和城镇化的快速推进,农村社区和家庭被解构,出现了"空心村"和"空巢家庭",农村社区日常生活中关联性减弱,原来的"自组织"由于主体的缺失而功能丧失殆尽,社区共同生活难以形成,也就造成了"去共同生活化"。农村社区日常生活的弱关联性和去共同生活化,直接结果造成社区内公共资源的自给功能的弱化,农村社区满足自身"微心愿"的能力减低。再加上,国家主导的资源下乡难以跟进农村社区日常生活的基本需求,这种资源供给上的堕距,造成公共资源对农村社区日常生活中"微心愿"满足的回应不及。

四、机制不完善

农村社区"微心愿"既有必然性的,也有或然性的,如日常生活中对"幼有所育、学有所教、劳有所得、病有所医、老有所养、住有所居、弱有所扶"等共性的"微心愿"的满足需求带有必然性,这样必然性"微心愿"可以通过制度或政策的设置来应对。但是,日常生活总是碎片化的,特定的个体、家庭和群体的"微心愿"的出现总是或然性的,如,突然有一天,一位留守老人卧床不起,身边没有看护的人,喝不上水、吃不上饭,怎么办。诸如此类,因现行的"微心愿"满足的内部的自给机制、互助机制因主体的缺失难以发挥作用;而外部的救济机制、帮扶机制和政策机制存在着回应不及的问题,也难以满足。同时,内部机制和外部机制之间,缺乏有效的桥接,造成机制漏洞,进而造成农村社区"微心愿"难以满足。

第五节 农村社区"微心愿"满足的现代建构

正是由于上述障碍因素的存在,农村社区日常生活"微心愿"的满足陷入了困境。若要走出这种困境,需要对农村社区"微心愿"的满足进行现代建构。

一、农村社区"微心愿"满足的主体培育、补位与原生主体的归位

前面的分析说明,造成当前农村社区"微心愿"满足的首要障碍因素是主体的缺失与缺位。若要克服这一障碍因素,一方面需要培育新的主体,实现主体的补位;另一方面需要促成原生主体的归位。

(一)新主体的培育与补位

在农村广大的社区,村庄"空心化"、家庭"空巢化"已经成为一种社会事实,而且在较短时期内难以改变。那么,如何解决这一难题?笔者认为办法就是培育新型主体,让其实时补位。

首先,要培育的新型主体就是社区社会组织。农村社区日常生活中的"微心愿"大多需要通过基本的日常服务来满足,如留守儿童的安全看护、留守老人的日间照料等,在社区"空心化"和家庭"空巢化"的背景下,这些基本的服务难以满足。因此,为了解决社区日常生活中特定人群对日常生活服务的需求,培育和发展社区社会服务组织变得十分必要。这既需要来自国家层面的政策推动,也需要发挥村民自治组织的能动性,挖掘社区内资源,参与和促动社区社会服务组织的组建。也可以利用农村社区的互助传统,将留守人员组织起来,组织各种类型社区志愿互助组织,通过互助的方式满足社区居民对日常生活中基本服务的需求。这样可以通过社区内部潜力的挖掘,缓解主体缺失的问题。

其次,是社会工作下乡,培育社区社会工作者,组建社区社工机构。近年来,随着社会工作专业的发展,社会工作教育已经培养了一大批专业化的社会工作者队伍,而这些社会工作者大多滞留在城市。地方政府可通过购买服务的方式推动"社会工作下乡",让一批接受过专业教育和培训的社会工作者进入农村社区,为"微心愿"的满足提供新的服务主体;也可以通过发展农村社会工作教育和专业培训的方式,为农村社会培养一批留得下来的社会工作者。而要使得"社会工作下乡"能够起到实效,社会工作者能够留得下来,就需要为他们提供发挥作用的平台,这个平台就是社工机构。上述措施,可以在一

定程度上实现主体的补位，并借助此缓解主体的不足。

（二）原生主体的归位

农村社区"微心愿"的满足的原生主体，包括个人、家庭、家族、邻里等，在村庄较少流动的情况下，这些原生主体可以满足社区成员日常生活中的基本诉求。但是随着市场经济和城镇化的快速推进，村庄的"空心化"和家庭的"空巢化"，原生主体满足社区"微心愿"的功能被弱化。而市场经济的发展和城镇化的趋势是不可逆转的，在此背景下，只有通过促进城乡的融合发展，逐步缩小城乡差距、地区差距，实现均衡发展、充分发展，才能实现个人和家庭的回归，从而实现家族和邻里的重构和回归。乡村振兴战略的实施，或许会让人们看到原生主体回归的希望，但这或许是一个长期的过程。当前条件下，通过农村基层党建的引领，促进村民自治组织由"重政务"向"重村务"转变，回归村民自治组织的本质，并实现由"重秩序"向"秩序和福利并重转变"，强化服务职能，从而实现村民自治组织的归位，或许是一个务实的选择。同时，各级政府加强农村公共服务供给，提高农村公共服务供给水平，推动基层政府由一般的行政向服务转变，发挥其在农村社区公共服务供给中的重要作用，并借助新媒体技术进步来弥补主体的不足。此外，政府可以学习国外的一些先进经验，为那些愿意留在农村照顾老人和孩子的人员提供奖励性补助，从而实现由"空巢"家庭向完整家庭的回归。

二、农村社区"微心愿"满足的情感复魅

改革开放以来，中国语境下的"功利主义"引发的情感祛魅，是造成农村社区"微心愿"难以满足的另一个重要的因素。因此，通过情感复魅，可以在一定程度上帮助农村社区"微心愿"走出难以满足的困境。而情感复魅，一方面要重建关爱关系，另方面需要实现关爱的外化——移情。

（一）重建关爱关系

中国传统社会是伦理本位的社会，它是以人伦为基础，通过关系的生产与

运作，实现"差序关爱"，西方女性主义者最初所提出的关爱伦理，与中国传统文化不谋而合，与中国传统的关爱伦理思想异曲同工。

西方的关爱伦理，最初是由女性主义者根据其自身的特殊体验提出来的伦理学思想。它反对西方主流道德理论对特殊情感的漠视，而聚焦于"家庭关系、朋友关系和群体认同的问题"。① 提倡回归关系中的情感，强调从关系中来思考问题，找到解决问题的办法。有别于主流"权利伦理学"所提倡的"无差别关爱"，关爱伦理强调"响应"，而不是冷静的"理性"分析，主张特定关系中的特殊、具体有差别的爱。因此，关爱伦理的核心概念是"关爱关系"，而并非"关爱"。关爱伦理认为，个人任何利益的获得都依赖于一定关系结构中相互依赖。因此，只有彼此关爱或照料，才能有利于个人利益的获取。即是说，"关爱"只有置于特殊的关系中才能被真正理解。实际上，处于特定关系结构中，个人都曾获得或需要关爱或照料。任何人在其生命历程的早期，都曾获得或需要关爱或照料，在其生命历程中都会生病、变老也需要关爱或照料。因此，"关爱是一个人对另一个人需要的满足，其中关爱者和被关爱者之间面对面的互动是整个活动的决定性要素，而且就其本质特征而言，此处的需要不可能为需要者自己所满足"，② 是关爱者之间彼此"对某种特殊的基本的人类需要的响应，这些需要使得我们依赖他人"。③ 由此可见，关爱是一种嵌入在关系中的需要，是"具体的情景、面对面的交流和情景语境的细节，以便保护和提升那些受伤害或受影响的人们的实际的、具体的利益"。④ 因此，关爱是具体的、精微的，以保护或增进关爱对象的具体利益为目的。

此外，任何人的生命历程都不可能是一帆风顺的，总会出现一些异常的或然事件要解决，总会发生一些正常的必然事件需要处理，而这些事件的处理同样需要关爱或照料。由此看来，"关爱也是一种实践活动，是一簇簇实践活动

---

① Virginia Held. "The Ethics of Care", The Oxford Handbook of Ethical Theory, ed. David Copp. New York: Oxford University Press, 2006, p. 556.
② Diemut Bubeck. Care, Gender, and Justice, Oxford: Oxford University Press, 1995, p. 129.
③ Diemut Bubeck. Care, Gender, and Justice, Oxford: Oxford University Press, 1995, p. 133.
④ 陈真：《关爱伦理学与情感主义美德伦理学》，载《伦理学研究》，2014年第1期。

和价值"。① 恰如特朗托和费舍尔所言,"关爱是一种活动,它包括我们所做的一切旨在维护、控制和修复我们的世界,以便我们可以尽善尽美地生活于其中的活动。这一世界包括我们的身体,我们自己和我们的环境"。② 揭示了关爱的功能——维护、控制和修复的功能,保证包括彼此的世界的人们过上美好的生活。关爱,因此又上升为一种美德。

依据关爱伦理的观点,改革开放以来,特别是市场经济背景下,功利主义深入乡村,在一定程度上肢解了关爱关系,造成了情感祛魅,社区这样的小型社会被破坏,从而使得社区日常生活"微心愿"难以满足。因此,需要重建关爱关系,实现情感复魅。重建关爱关系,也有利于小型社会成员间建立相互体贴的关系;重建关爱关系,有利于强化彼此间责任;重建关爱关系,可以提高日常生活中的"胜任和响应能力"③;如此,则作为小型社会社区内的彼此关爱或照料就成为可能,在这种环境中,社区日常生活的"微心愿"更容易满足,而使得社区日常生活尽善尽美。

(二) 诉诸移情

如果关爱仅仅存在于社区这样小型社会的特定关系中,就会影响到关爱伦理的声誉,降低其影响力和解释力。由关爱到移情,一方面可以提高关爱伦理的声誉、影响力和解释力;另一方面拓展关爱关系,将关爱变成大众的福祉。早些时候,斯洛特就曾将关爱理解为一种类似仁爱的美德。他认为,"一种关爱伦理可以将所有人类的福祉都考虑在内,就如同一种以行为者为基础的美德伦理学,可以轻而易举地根植于普遍的仁爱之中一样",关爱就是一种"动机态度"。④ 可见,斯洛特的关爱伦理实现了对早期关爱伦理的超越,将关爱延伸至小型社会之外,即由亲亲之爱到泛爱众的转变。后来他又将关爱视同一种

---

① Virginia Held. "The Ethics of Care", The Oxford Handbook of Ethical Theory, ed. David Copp. New York: Oxford University Press, 2006, p. 40.
② Berenice Fisher and Joan Tronto, "Toward a FeministTheory of Caring," Circles of Care ed. E. Abel and M. Nelson, Albany: State University of New York Press, 1990, p. 40.
③ 陈真:《关爱伦理学与情感主义美德伦理学》,载《伦理学研究》,2014 年第 1 期。
④ Michael Slote. Morals from Motives, Oxford: Oxford University Press, 2001, p. 30.

移情或移情心。①

何谓移情？在西方的学术界一直存在着争论。亚里士多德指出，"一个有社会同情心的人，他与他人共同地思考，分享他们的感情"。② 因此，"一个人可以体验那个觉得害怕的人的感受，即便没有害怕的对象存在"。③ 可见，在亚里士多德看来，移情意味着分享他人的感情，体验他人的痛苦或害怕感受。休谟认为，"人性中再没有哪种性质，无论是就它本身来说，还是就它的后果来说，比我们必定与他人产生同情，并且通过交流而接受他人的倾向和情感的那种属性更加引人关注了……愉快的面容将一种可以感觉到的满足和宁静注入我心中，就像一个愤怒或悲伤的面容投给我一种突然的沮丧一样"。④ 因此"当任何感情通过同情而注入时，它最初只是凭借其结果，以及在面容和对话中用于传达该情感的观念的那些外在标志，而被人认识的。这个观念立刻转变为一个印象，获得如此大的力量和活性，以至于变成那个情感本身，并且就像任何原初的感情一样产生了同等的情绪"。⑤ 进而指出，"当我们同情别人的激情和情感时，这些活动在我们心中首先作为纯粹的观念出现，并被想象为属于他人的东西，正如我们想象其他事实一样。同样明显的是，这些关于他人情感的观念被转化为它们所表现的那些印象本身，而激情就按照我们对它们所形成的这些意象而涌现起来"。⑥ 在他看来，移情是人的本性，不仅仅属于有同情心的人，是感情以同情为中介而转变可认知的观念，并接受着受此影响而产生原初的感情，进而产生与原初感情同等的情绪。因此，休谟所讲的移情是一个接纳性心理体验过程，是一个情绪感染的过程，属于感染性移情。亚当·斯密认为，"当我们看到或生动地设想到他人的不幸遭遇时所产生的情感。……这种情感同人性中所有其他原始的激情一样，绝不只是品行高尚的人才具备，虽然他们在这方面的感受可能最敏锐。即使是一个最残暴的恶棍、一个极其冷酷

---

① Michael Slote. *The Ethics of Care and Empathy*, New York, NY: Routledge, 2007.
② 亚里士多德：《尼各马可伦理学》，廖申白译，北京：商务印书馆2001年版。
③ Aristotle. *Nichomachean Ethics*, Trans. by Robert C. Bartlett, Susan D. Collins. Chicago: The University of Chicago Press, 2011, p. 4.
④ David Hume. *A Treatise of Human Nature*, Auckland: The Floating Press, 2009, pp. 490–491.
⑤ David Hume. *A Treatise of Human Nature*, Auckland: The Floating Press, 2009, p. 491.
⑥ David Hume. *A Treatise of Human Nature*, Auckland: The Floating Press, 2009, pp. 494–495.

第四章 农村社区"微心愿"满足何以可能

无情的违反社会法律的人,也不会全然丧失同情心"。① 可见,与休谟一样,亚当·斯密也认为,移情是一种普遍的感情,与道德无关。至于移情的实现,他说:"通过想象,我们设身处地地想到自己忍受着所有同样的痛苦,我们似乎进入了他的躯体,在一定程度上同他像是一个人,因而形成关于他的感觉的某些想法,甚至体会到一些虽然程度较轻,但不是完全不同的感受。"② 同时,移情是基于"同情",但并非"等量"的。对此,斯洛特指出,斯密移情概念的含义是:"我们把我们自己置于那个我们打算加以赞同或不赞同的人的心中或位置上,并且,如果我们发现他们的行为与我们将会采取的行为非常相似,那么我们就赞同他们,反之则不赞同他们。"③ 与休谟所讲的移情相异的是,斯密的移情属于投射性移情。后来,斯洛特在前人研究的基础上,并借鉴现代心理学的研究成果,发展出了"移情—利他假设"。此假设表明,"对他人的关心由成熟的移情所推动,并且依赖于成熟的移情"④,具体地说,"如果某人发展足够的移情,能够表示赞同和不赞同的,能够感受其他行为者内心的感觉,那么他们将会拥有一种相当发达的移情能力。同样地,那些已经发展出移情能力的人会对他人给予关心。因此,移情能力不仅使得我们表达赞同和不赞同,而且在一定程度上指引我们对我们所赞同和不赞同的对象有所作为"。⑤ 根据这种假设,只要一个人是一个善于移情的行为者,那么,当他(她)看到一位小孩或老人摔倒在地时,他(她)的内心首先将会涌现的不是一个基于知觉的判断,"这是一位需要帮助的小孩或老人",而是一种基于移情的感性体验,"这位小孩或老人很痛苦"。这时,他/她被激发出来的基本欲望不是他/她"想要帮助小孩或老人",而是他/她"想要避免自己体验到的痛苦"。故根据移情理论,"当一个行为者关心别人时,他会将对方的快乐或痛苦的感觉迁移到自己心中,感受到对方的真实感觉。因而,他的关心是一种移情式的

---

① Adam Smith. *The Theory of Moral Sentiments*. Oxford: Oxford University Press, 1976, p. 9.
② 斯密:《道德情操论》,蒋自强等译,北京:商务印书馆1997年版。
③ 李义天:《移情是美德伦理的充要条件吗——对迈克尔·斯洛特道德情感主义的分析与批评》,载《道德与文明》,2018年第2期。
④ Michael Slote. *Moral Sentimentalism*, Ethical Theory and Moral Practice, 2004, 7 (1), p. 6.
⑤ Michael Slote. *Moral Sentimentalism*, Ethical Theory and Moral Practice, 2004, 7 (1), p. 12.

关心/关怀"。①

综上所述,移情是个人或群体基于同情而产生的,对原初感情的心理体验和想象,并将其上升为一种观念来引导人们合适的感情和行为。它是一个情绪感染或投射的过程,它的实现与人的移情能力有关。实际上,在中国传统文化中并不乏朴素的移情思想,如"己所不欲,勿施于人",日常生活中也不乏"将心比心""感同身受""触景生情"式的移情。

当前,之所以要强调重建关爱关系、诉诸移情,是因为农村社区日常生活出现了情感祛魅,如,大量的留守老人缺少关爱,过去那种邻里之间患难相恤、守望相助变得越来越少。在此,呼吁重建关爱关系、诉诸移情,是希望农村社区日常生活能够重新出现一些感人的温情,让"微心愿"得以较好地满足。

三、农村社区"微心愿"满足的公共性建构

农村社区日常生活中的诸多"微心愿"的满足,是在公共空间中实现的。公共空间包括基础设施等物质型公共空间和生活型生活共同体,因此,农村社区日常生活中公共性建构,包括物质型公共空间的建构和生活型共同体的建构。

(一)物质型公共空间的建构

物质型公共空间的建构,旨在为农村社区居民提供一个日常生活互动的公共空间。现在,我们进入村庄,会发现村庄被一道道院墙区隔为一个个私人空间,除了道路之外,留给人们的公共的物质空间越来越少,过去那种夏天在大树下边乘凉,边吃饭边聊天的景象很少能见到了。因为,那时的大树是集体的。还有池塘边、沟渠边和河边,都会因为生活而变成物质型公共空间,而这些因为水井入院、自来水入户而失去了公共空间的职能,人们的生活因空间的区隔而变得封闭、孤独,这与大环境的开放是背道而驰。这样的微环境中,人

---

① 李义天:《移情是美德伦理的充要条件吗——对迈克尔·斯洛特道德情感主义的分析与批评》,载《道德与文明》,2018年第2期。

会变得更加自私，互助与合作会减少，从而失去村落自有的满足日常生活"微心愿"的功能。让人们走出自家的院子，除了在行政村层面建立文化广场、农家书屋等公共空间之外，在村落中留白也十分必要，这样可以使人们走出自家的院子，就来到属于村落的公共空间。这有利于培养公共生活，并在公共生活中实现生活型"微心愿"的满足，如满足日常生活中的倾诉、传递信息、排解孤独等需要。

（二）生活共同体的建构

公共生活不仅需要物质型的公共空间，也需要共同体作为公共生活的载体。随着人民公社的解体，以生产大队和生产队为单位的生产共同体也随之解体。生产大队和生产队虽然不是一个生活共同体，但人们可以利用生产的余暇建构属于自己的公共空间，来打趣生活、排解烦恼，实现日常生活"微心愿"的满足。所以，那个时代，虽然物质生活十分艰苦，但公共精神生活总是满满的。改革开放后，伴随着生产大队和生产队的解体，农村社区因共同体的解体而出现的公共生活的消解，农村社区生活呈现出私人化，特别是20世纪90年代以来，农村社区的"空心化"加剧了农村社区去公共生活化的趋势。要使得农村社区重回公共生活，需要农村社区再组织化、建构一个基于共同生活的新型共同体。这个新型共同体可以从现行的村民自治组织生发出来，这不仅可以强化村民自治组织的社会功能，也可以保证新型共同体的有序建构。当前，农村社区迫切需要建构志愿型的互助生活共同体，像留守老人日常关爱互助志愿组织、留守儿童互助关爱组织。这样的共同体的建构，更有利于特殊人群的"微心愿"的满足。

四、农村社区"微心愿"满足的现代机制建构

从前面的分析来看，农村社区"微心愿"满足的现有机制难以满足居民日常生活的"微心愿"。就内部的自给机制、互助机制而言，因农村社区的"空心化"、家庭的"空巢化"而难以发挥作用。就外部救济机制、帮扶机制而言，其临时性的特征使得不能提供一个"微心愿"满足的稳定的预期，其

事后性的特征往往因反应堕距而出现反应滞后，以及反应不及的问题。政策机制虽然能够给常态化的"微心愿"的满足提供较好的预期，但日常生活中"微心愿"特异性也会造成政策的回应不及问题。因此，农村社区"微心愿"满足的现代机制建构，一方面需要进一步完善现有的满足机制，还需要根据当前乡村社会的处境进行机制创新。新的机制创新主要要解决如下两个主要问题：第一是主体缺失，第二个是反应不及。

首先，建构社区有效的合作机制，以解决主体缺失问题。合作机制的有效载体是合作组织，近些年来，在国家的提倡下，农村的经济合作组织发展比较迅速，在一定程度上，缓解了农业生产中劳动力不足和技术不及的问题，在推动农村经济发展中发挥了重要作用。但是，有益于农村居民日常生活福利改善的社会合作组织发展严重滞后，日常生活中合作因为缺乏有效的载体，生活合作变得较为困难，制约了社区日常生活"微心愿"的满足。这样的社会合作组织的建构，要立足当前农村的实际，充分发挥农村基层党组织和自治组织的引导和主导作用，着重培育建立以下三类社会合作组织：一是农村社区留守老人互助关爱合作组织，它的建构可以直接解决留守老人老有所养、病有所顾、弱有所扶的问题。二是农村留守儿童互助关爱合作组织，它的建构可以直接解决留守儿童学有所教和弱有所扶的问题。三是农村社区治安合作组织，它的建构可以直接缓解当前农村社区空心化造成治安防控力量的不足问题。上述社会合作组织，不仅有利于农村社区日常生活中上述"微问题"的解决，还可以解决他们在外务工的子女的后顾之忧，推动农村经济发展，而助推农村社区日常福利的改善。

其次，建立健全农村社区"微心愿"满足的有效应急机制，以解决反应不及的问题。应急机制是一种及时的"需求—回应"机制，是指农村社区日常生活中，当有"微心愿"需要满足时，能够予以及时回应的一系列机制。一般地，这一系列的机制包括：1. 预防机制。即在"微心愿"满足需求未出现之前，对可能出现的各种"微心愿"有一个预期，并做好充分准备，避免满足不及而造成伤害。2. 动员机制。即在"微心愿"满足需求出现之后，通过调动社区内外的资源，即时对出现的"微心愿"予以回应，以便随时予以合理地满足。3. 协调机制。即在"微心愿"出现之后，协调社区内外多元主体，采取协调行动或一致行动，以便随时有效地予以满足。4. 解决或处理机制。在充分动员、协调的基础上，调动人财物，对出现的合理"微心愿"及时做出有效地回应，并予以满足。

这一系列应急机制的建构，要解决以下问题：第一，谁来提供应急服务；第二，采取应急行动能够提供的非人力性资源，如财力、技术等。其中，第一个问题，是要回应并解决提供"微心愿"满足应急服务的主体问题，在社区"空心化"、家庭"空巢化"背景下，这是一个棘手的问题，这需要通过新主体的培育、外生主体的补位和原生主体的回归来实现。第二个问题，是要回应并解决"微心愿"满足财力和技术支持问题，这需要通过个人、家庭、政府、社会等资金性资源的动员和现代技术的运用来实现。

第五章　农村社区"微治理"中的"微参与"

农村社区"微治理"中"微问题"的解决、"微事情"的处理和"微心愿"的满足,都离不开村庄内部的参与。由于这种参与是小范围的,故将其命之为"微参与"。在此,主要要回答如下两个基本问题:一是"微参与"的概念界定,二是"微参与"何以可能。

第一节　农村社区"微参与"的界定

治理意味着多元主体的参与。任何排斥其他主体的单一主体的行动,要么是传统的统治,最多是现代意义上的管理,本质与治理无关。因为,治理强调在多元主体、多元利益、多元权力中心、多元的规则之上,谋求协调行动以达成公共良序和良好的福利,最终实现实质和谐的活动与过程。要达成某种程度上的协调行动,需要多元主体间通过谈判、协商和妥协等方式形成共意的规则,来进行利益、权力等资源的合理分配,这些都需要有效的参与。农村社区日常生活中"微问题"的解决、"微事情"的处理、"微心愿"的满足等,正是"微治理"需要回应的主要的治理问题,也需要生活中参与,即"微参与"。

一、参与和公民参与

何谓参与？简言之，参与意味着介入、参加。在日常语境下，参与一般是指个体或群体或组织介入或参加到具体的私人事务或公共事务的解决和处理中，以期改变事件发展的态势，并向介入者或参加者所期望的方向发展，或达成期望的状态的过程，它是一种实践方式。美国学者谢尔·阿斯汀依据公众参与过程中介入的程度，将公众参与划分为低度—政府主导型参与、中度—象征型和高度—完全型参与。继而提出了包括八种形式的参与阶梯，[1] 这八种形式构成了参与谱系，一端是无参与，另一端是公民治理。公民治理需要公民参与，公民参与"涉及的首先是某一群体的成员参加或介入公共事务"[2] 的行动。故，只要存在着公共事务、具有公共性的活动就存在着参与。因此，在家庭、社区、工作岗位、社团，以及其他经济活动、政治活动、文化活动、社会活动中，到处都存在着参与的可能性。根据参与所涉及的具体领域，公民参与可划分为经济参与、政治参与、社会参与、文化参与等。但在日常生活中，这些参与是很难截然区分的，而是综合性的。如参加政府提倡的计划生育运动，就具有政治性、社会性、文化性和经济性的特征。

为了简化研究，学术界一般对参与进行二分法处理，即政治参与和社会参与。因为即使经济活动，我们也可以将参与市场或某种职业视作个人的（经济—社会）参与形式。[3] 一般地，文化参与也可以看作是一种社会参与形式。依此，现代参与可以划分为单一的政治参与、单一的社会参与和复合的"经济—社会"参与、"政治—社会"参与。根据参与的具体形式，可划分为意见表达、对话、协商、斡旋、投票等。托马斯依据公共政策过程中，公民参与的深度及其对公共政策影响的大小，将公民参与划分为："以获取行为目标的公

---

[1] Sherr Arnstein. "*A ladder of citizen participation.*" Journal of the American Institute of Planners, 1969 (35), pp. 216 – 244.
[2] ［德］托马斯·海贝勒、君特·舒耕德:《从群众到公民——中国的政治参与》，张文红译，北京：中央编译出版社 2009 年版。
[3] ［德］托马斯·海贝勒、君特·舒耕德:《从群众到公民——中国的政治参与》，张文红译，北京：中央编译出版社 2009 年版。

民参与，以增进政策接受性为目标的公民参与，以构建政府与公民间强有力合作关系为导向的公民参与和其他公民参与的新形式。"① 简言之，现代参与是指某一地区或群体处于"主体间性"关系的成员，为了公共事务而采取协调行动的过程。这种参与实际上是一种公民参与。概括地说，公民参与是指"举凡介入公共领域生活，……人们在一定的地理空间内，讨论在公共领域中发生的参与者共同面对的或共同感兴趣的问题，借助意见表达、对话、协商、斡旋和管理等行动，试图对问题的解决过程产生影响力，并通过投票或决议的形式最终达成决定，共同回应或解决问题的过程"。②

至此，对公民参与，可做如下理解："第一，公民参与的主体是发自民间的公民个体或公民团体；第二，公民参与倡导源自公民个体或群体的自发和自愿参与，也包含政府为达成某些政策目标而主张的参与行动；第三，公民参与在宪法、法律规范的框架内以合法的程序和形式进行，它力图通过参与人的利益表达、协商交流、权力分享、授权管理来实现公民对公共政策的影响；第四，公民参与的领域主要包括政治选举，合法性抗议、示威和静坐，涉及重大法律条款变更或撤销的创制与复决，涉及相关人利益的公共政策或公共项目制定，本地或社区公共事务执行中的合作与共同生产，公民基于互惠的互助行动等；第五，公民参与的目的是促进公共利益的达成和公共政策的执行，并保证公民有渠道影响政策过程，保障自身的利益；第六，作为影响共同体政治生活的一种权力分配，公民参与既是公民的政治权利，也是保障公民经济权力的基础。"③ 概言之，公民参与是因"公"展开的、民众的自觉自愿的、依宪的活动。这里的"公"有如下几层含义：一是公共领域，二是影响公共政策，三是公共利益。

在中国语境与实践中的参与，在日常生活中往往表现为个体的介入，这种介入多出于自发和自愿，或是为了自身利益的抗争，或是利他的息争，或是互惠式的互助等，很少有个体基于自发和自愿参与到公共事务中。公共事务的参

---

① ［美］约翰·克莱顿·托马斯：《公共决策中的公民参与》，孙柏英等译，北京：中国人民大学出版社2010年版。
② 孙柏英、杜英歌：《地方治理中的有序公民参与》，北京：中国人民大学出版社2013年版。
③ 孙柏英、杜英歌：《地方治理中的有序公民参与》，北京：中国人民大学出版社2013年版。

与是群体性的，而且这种参与多为政府倡导的，公众被有组织地参与其中。大多数情况下，公众的参与并不足以对宏观的公共政策造成实质的影响，也不会引发制度的变革，而是政策牵着公众走。民间自发的较大规模的参与，往往会像《大河移民上访的故事》中描述的具有"踩线不越线"的特点，这种参与往往都是"就事论事"，谋求事情的一时解决，而不谋求相关政策或制度的根本变革。所以，类似的事情还会在其他地方、其他群体中发生，类似的参与还会重复上演。因此，这种民间自发的较大规模的参与仍然是"私人性"的，只追求自己事情的解决，而不涉及他人。而且，无论是个体参与，还是群体参与，大多与经济利益关联，很少涉及政治，具有"无政治"的特征。政治参与多是动员性的，如居民选举。因此，在中国语境和实践中，参与是指民众个体或群体自愿或勉强地介入或参加到个人事务或公共事务中，通过息事、息争来争取自身利益与和谐或利他的互助；或者通过政府倡导塑造公共空间，共同促进社会、政治、经济文化进程的过程。也就是说，中国语境与实践下的参与和现代公民参与还是有较大区别的，它往往具有非平等性、非自愿性的特征，如动员式参与往往是自上而下的政策命令，遵循着"命令—服从"的逻辑。

二、农村社区参与和农村社区"微参与"

在中国，根据参与涉及的范围或层面来分类，参与可划分为：1. 宏观参与，如国际参与、国家参与；2. 中观参与，如较大范围的省、市、县（区）层面的地方参与；3. 微观参与，如乡镇及以下的参与，其中社区参与最为典型。与宏观和中观层面的参与不同，一般地"社区参与，它主要不是涉及集体的制度性塑造，而是和特殊居民的照料和财政资助、社区美化和基础设施建设有关"，"社区内的参与，包括参与性学习和参与性增权的过程"。[①] 也就是说，社区参与更多的是在现有的制度或政策的指导下开展活动，旨在谋求既存的宏观安排下改善社区环境、居民生活的活动与过程。因此，社区参与更多是

---

① ［德］托马斯·海贝勒、君特·舒耕德：《从群众到公民——中国的政治参与》，张文红译，北京：中央编译出版社2009年版。

社会的而少政治的。但社区参与可以通过参与来模拟学习而渐至政治参与，并通过参与意识到参与的增权价值。如果加以积极引导的话，从而可以有效地促进居民更大范围的参与。农村社区参与是城乡二分的产物，在中国具有其特殊性，它是指农村社区居民为了改善社区共同环境条件、生活条件的活动与过程。自发的农村社区参与是社会性的，如人民公社时期，冬闲时以生产队为单位自发开展的道路维修、水利设施维修等。而动员性的社会参与往往具有政治性或政治倾向。

与农村社区参与相比较，农村社区"微参与"也属于微观参与的层次，但与农村社区参与相比较，农村社区"微参与"是指社区内的居民为了解决日常生活中的"微问题"、处理日常生活中的"微事情"、满足社区内居民的"微心愿"，以及构建良好的微环境而采取的私人行动或微公共行动过程。与一般的农村社区参与不同，具体表现在：第一，农村社区"微参与"要解决或处理的是日常生活的私人事务或微公共事务，前者如日常生活中的互助互济，后者如村庄内道路的维护、池塘的清淤等。而农村社区参与要解决的社区层面的公共事务，一般不涉及私人事务，如社区文化广场建设、社区环境整治、村民自治选举等。第二，农村社区"微参与"动员的资源和力量是内源性的。而农村社区参与的资源可以是内源性的，也可以是外源性的，可以借鉴外来的力量和资源来解决或处理社区层面的公共事务。如，农村基础设施的建设，在由"汲取型国家"向"给予型国家"转变过程中，农村社区公共产品和公共服务的供给更多地依赖国家等外部力量的介入和参加。第三，农村社区"微参与"更多出于居民的自发自愿，可以是私人性，也可以是共同体性。私人性的参与是指个体参与的利己的或利他的行动，利己的参与如参与社区内其他居民争利的行动，利他的参与如介入他人家庭或邻里纠纷的调解行动；共同体性的参与是指居民个体或群体介入到特定的共同体事务的行动，如共同体内的互助。农村社区参与可以是自发性的，也可以是动员性的，多以动员性为主，具有公共性。

此外，在中国语境和实践中，农村社区参与是一种"政治—社会"参与，有时更偏向政治性，如村民自治以及其他各种运动；而农村社区"微参与"

是较为单纯的社会参与，是去政治的。因为，对大多数社区居民来说，他们或者因为政治"识盲"，或者政治"冷漠"，政治并非处于他们日常生活的中心地带，而是处于"关注的外边缘"，即政治被日常生活所"边缘化"。人们兴趣的中心也不在于公共事务，而是"与食物、性、爱、家庭、工作、娱乐、慰藉、舒适、友谊、社会地位等相关的基本活动"[①]。

实际上，与农村社区治理和农村社区"微治理"一样，农村社区参与同农村社区"微参与"，也是无法截然区别的。因为农村社区"微参与"是农村社区内部的参与，旨在解决和处理社区内日常生活中的事务，而解决和处理社区内日常生活中的各种事务，正是社区工作中的重要内容。农村社区层面的参与会对居民日常生活产生重要影响，因为农村居民也需要公共生活，如聊天的公共场所、娱乐的文化广场、图书资料室等，大都是通过社区层面的介入实现的。反过来，农村社区的居民通过"微参与"解决"微问题"、处理"微事情"、满足"微心愿"，可以减少社区层面的直接介入，降低社区治理的成本，有效改善社区治理。不过，为了精细化、精准化研究需要，对它们做出了较为明确的区分，并在研究内容上有所侧重。农村社区参与侧重社区整体，农村社区"微参与"侧重于社区内部"碎片化""琐碎化"的日常生活，并试图通过这种精细化、精准研究，找到让这种"碎片化""琐碎化"的日常生活变得更加有序、更加有活力的机制或逻辑。

第二节 农村社区"微参与"的方式

农村社区参与类型，依据不同标准可划分为不同类型。依据参与动力的来源，可划分为外源型参与和内源型参与；依据参与符号，可划分为行动参与和话语参与；依据参与组织化程度，可划分为组织化参与和非组织化参与；依据参与的制度化程度，可划分为正式参与和非正式参与。亨廷顿、尼尔森等人将

[①] Robert Dahl. *Who Governs*? New Haven: Yale University Press, 1961, p279.

参与方式抽象为动员参与和自主参与①两种类型。一般地,"在发展中国家,穷人更倾向于以动员的方式参与并寻找'庇护人',庇护人可以使他们获得一定的安全感,或其他方面的帮助和扶持。与日常生活的保护相比,相关人员对于政治上发挥影响不太感兴趣。他们为了获得社会关系而参与"。② 即在发展中国家,人们习惯于动员式参与,并以这种参与作为交换以获得参与之外的保护和利益,其中关系的维护和获取优于政治的考虑。因此,动员参与更多地依赖于关系,而成为一种"关系动员"。而具有关系本位遗产的中国社会的动员参与,对关系的依赖尤为明显,故"通过宣传鼓动、劝说或者基于关系——正是在中国,关系构成了参与的一个重要方面——赢得人们的参与"。③ 故,依赖关系动员的参与是一种基本的参与方式。而动员参与主要是基于结构的安排,因此,可谓之"结构型参与"。其动力来源于外部,又可谓之"外源型参与"。自主参与的动力来自参与者的内部,可谓之"内源型参与",它主要解决与个体或群体的利益和日常生活密切相关的事务,又可区分为"利益关联性参与"和"生活型参与"。

  基于上述分析,农村社区"微治理"中"微参与"可区分为:农村社区"生活型微参与和结构型微参与"。由于农村社区"微治理"关注的是日常生活的秩序如何可能、福利如何增进的问题,而日常生活的良序和良好福利的建构,需要的是日常生活的参与,所以,农村社区"微治理"中"微参与"应是一种生活型微参与。当然,结构型微参与也会对农村社区日常生活产生影响,但由于其动力来自社区外部,而不是发自生活内部,所以不是农村社区"微治理"关注的主要命题。根据研究的有限性原则,农村社区"微治理"中的"微参与"聚焦于生活型微参与。农村社区生活型微参与是指社区居民为了解决日常生活世界中发生的"微事件"以恢复生活常态,而自觉不自觉地自愿参与其中的活动与过程。可见,生活型微参与是一种具有问题取向的原始

---

  ① Huntington, Samuel and Joan M, Nelson. *No Easy Choice*: *Political Participation in Developing Countries*, Cambridge/Mass, London, 1976, 7ff.
  ② [德] 托马斯·海贝勒、君特·舒耕德:《从群众到公民——中国的政治参与》,张文红译,北京:中央编译出版社2009年版。
  ③ [德] 托马斯·海贝勒、君特·舒耕德:《从群众到公民——中国的政治参与》,张文红译,北京:中央编译出版社2009年版。

状态自主型参与。与西方政治学语境中，参与总被赋予自愿的内核完全不同。即使是现代社会，纯粹自愿参与总有些"乌托邦"的成分。"毫无疑问，民主社会的自主参与程度比专制参与社会要高。而即使是在西方社会，参与也并非始终出于自愿。"如反对罢工而被迫参加的工会会员，选战中的党员，或者市民为了防止自己和家庭可能遭受损失而并非情愿的参与其中。"虽然动员的因素在中国远比西方社会突出得多，但目前'必须规则'相对于参与的'可以规则和应该规则'明显减弱了。"① 实际上，参与是一个动态的连续的谱系，动员参与和自主参与正处于连续谱的两端。农村社区日常生活中，自愿式（自主）参与（日常生活互助）是一种原初状态社会参与，它不涉及政治，也不会对政府行为施加实质的影响，也意不在影响地方政策，与现代意义的社会参与差别明显，现代社会的"社会参与可以被理解为政策实施的一部分，因为它支持并影响了政府的行为"。② 社会参与可以理解为社会群体参与调节整个社会或部分群体的共同公共社会事务，或准公共社会事务。

具体地说，农村社区生活型微参与是指在内生动力的推动下个体或组织为了解决日常生活中的"微问题"、处理日常生活中的"微事情"、满足社区内居民日常生活的"微心愿"，以及构建良好的微环境而采取的私人行动或微公共行动过程。它具有自发性、自愿性、自主性、私人性或微公共性等特征。从参与主体和所要解决或处理"微事件"的性质上，可划分为私人性"微参与"和公共性"微参与"。

一、私人性"微参与"

私人性"微参与"是参与主体通过个体的介入以解决或处理个人和家庭"微事件"的活动和过程，其主要形式有意见表达、议论、劝诫、互助、沾光等。

---

① ［德］托马斯·海贝勒、君特·舒耕德：《从群众到公民——中国的政治参与》，张文红译，北京：中央编译出版社2009年版。
② ［德］托马斯·海贝勒、君特·舒耕德：《从群众到公民——中国的政治参与》，张文红译，北京：中央编译出版社2009年版。

（一）意见表达

在农村社区日常生活中，意见表达是指就社区内发生的"微事件"发表看法，以便于"微事件"的解决或处理的参与方式。在农村社区，意见表达是发生在"圈子内"的生活型微参与，特别是"圈子内"的成员要干大事的时候，如建房子、找对象和结婚等，一般来说马虎不得。主办的一方为了慎重起见，总会在"圈子内"广泛征求意见，被征求意见的人一般都会说出自己的看法和意见。如果两人很投脾气，当听说对方要干大事，总会主动介入表达自己的看法和意见。主人在干大事征求意见时，往往会聚焦关键人物，这些关键人物包括至亲，见过世面的人，有过干此事经历，且积累了丰富经验的人。一般来说，向至亲征求意见，除了征求他们对做此事的看法、意见外，还有争取他们经济上或情感上支持的意图；向见过世面的人征求意见，主要是为了保证做事更具前瞻性，而不落俗套；向有过干此事的经历，且积累了丰富经验的人请教，主要是为了少走弯路。通过提意见参与的人，如果是至亲且感情基础好的话，往往会知无不言，且极其诚恳；如果虽是至亲，但感情一般甚至不好的话，提意见时总会有所保留，甚至扮演旁观者角色。至于其他的人能否真诚地提出合理的意见，关键取决于双方的交情。当然，征求意见者在选择征求意见的对象时，也是经过慎重考虑的，以避免"打脸"的现象出现，而被嘲弄，或者自讨没趣。

上述所论的意见表达是就"微事件"如何处理或解决发表意见，以便于"微事件"的处理或解决。还有，日常生活中，人们也会对社区中部分成员的"微心愿"如何满足，进行意见表达，以更好地满足其"微心愿"。此外，人们还会对社区内发生的"微问题"进行意见表达，以便于"微问题"的解决。在熟人或半熟人的农村社区，意见表达参与是日常生活的一部分，对日常生活的秩序和福利具有维护、恢复和建构意义。

（二）议论

在农村社区日常生活中，议论是指一群人就村庄内发生的人和事说长道短的参与方式。常采取的方式是拉家常、评是非、生是非等。

第五章 农村社区"微治理"中的"微参与"

拉家常一般是关系比较密切的人,在闲暇时间,就各自自家发生的人和事进行议论。拉家常主要涉及日常生活家庭中发生的琐事,包括夫妻关系、父母与子女关系、婆媳关系、子孙的学习、工作与生活,以及个人生活中的琐事等。利用这种拉家常的方式,可以交换日常生活经验、感悟,听取对方对日常生活中发生的琐事的看法和意见,拉近或巩固个人或家庭间的关系,分享彼此的乐与忧,化解彼此的误会等。由于拉家常议论的一般都是私密的事,一般采取串门的方式,强调"天知、地知,你知、我知"。

评是非是指两个或两个以上的人在一起,就村庄内日常生活中发生的琐事评头论足,主要对发生在家庭内或邻里间发生不良琐事展开议论。如,某某家的子女不孝顺、婆媳关系不好、哪家夫妻有矛盾、哪两家发生了矛盾,并就这些事的是与非发表看法等。这些评价有些是中肯的;也有些评价是根据自己的好恶做出的,带有偏见性;有些则是中庸的,因为,比如家庭内发生的是非之事,局外人有时很难做出是非判断,因为"家家都有一部难念的经",不愿对事情的是非做决断。评是非更多的是一种道德评价,基于日常生活中基本常识,很少涉及法律评价。评是非会给发生是非之事的个人或家庭造成一定的心理压力,从而具有一定社会控制的功能。

生是非是两个或两个以上的人在一起聊天时有意或无意地揭别人的短处,或者猜度、造谣,对他人造成名誉上的伤害,而生出事端的行为。揭别人的短处,说的虽是事实,但这种事实是人家的家丑。揭人家的短,可能是有意的,也可能是无心的,但无论哪一种,一旦被对方知晓都会生出事端。因为,在农村社区"家丑是不可扬的",揭人家的短就是打人家的脸。猜度是对别人家可能发生的不道德或有伤风化的行为或事件猜测,并根据猜测发布有损他人声誉信息。这种猜度一般依据表象而做出的主观判断,往往缺少事实根据,或者证据不全面,表象与事实不一致,或不完全一致,也可能是一致的。造谣是信息发布方故意为之,旨在毁损他人声誉的行为。上述三种生是非的议论都会对他人造成伤害,也会破坏农村社区的微秩序。因此,在农村社区里,这些都会被视为不道德的小人行为,这些人在农村被贬称为喜欢"嚼舌头根子",为大多数人所鄙弃,也容易被村庄的人所排斥。所以,在农村社区里,"背后不论别人是非"成为日常生活的黄金定律之一。

在农村社区，特别是具有熟人社会或半熟人社会特征的社区，议论更多的是一种便谈或闲聊，是丰富的日常生活的组成部分，也在建构或维护日常生活的秩序和福利中发挥着作用。

其一，议论可以建构或维护着日常社区生活空间，即议论具有建构或维护社区公共空间的功能。因为，议论是发生在两人或两人以上的群体之间，他们之间的互动就形成了特定微公共空间。在这个空间中，他们可以就自家日常生活发生的"微事件"进行交流评价，也可以对社区内发生的"微事件"评头论足。一般来说，这种空间具有私密性（封闭性），遇到空间外的人的偶尔介入，议论就会终止。或者具有半封闭性，在这样的空间里，一种情况是，议论的主题不具有敏感性，对一般人不设防，但对不投脾气的人是封闭的；另一种情况是，议论的主题具有敏感性，但社区里的大多数人皆知晓，只有当事人不知晓的"丑事"，这样的议论空间对当事人或当事人的至亲好友是封闭的，或者社区内的人都知晓，但议论的主题有碍当事人的脸面而在议论时有意规避当事人和关系人。

其二，议论具有维护和建构关系的功能。在农村社区，以串门的方式拉家常，增加了两者之间交往的频次，使得交往双方知根知底，在本来就有交往的双方，通过常来常往的拉家常，可以密切交往双方的关系，使得原有的关系变得更加巩固；在本来交往不多的双方，通过拉家常可以增加彼此的了解，一旦觉得彼此双方有许多共通之处，便有利于良好关系的建构。

其三，议论具有传递信息的功能。日常生活中的拉家常，其中一项重要的内容就是传递日常生活中的基本信息。评是非式的议论，是在向当事人表达自己的情绪——不满或赞许。通过表达不满可以给当事人施加压力，迫使有过错的一方改过自新；而通过表达赞许可以给当事人以激励，坚定其坚持其正确的做法。在农村社区，舆论控制作用是十分强大的，正所谓"舌头根子压死人""唾沫星子淹死人"。

（三）劝诫

劝诫是劝说和诫勉的合词，是指为了息争或训诫勉励他人纠正过错的行动与过程，是农村社区日常生活中常见的"微参与"方式之一，一般有说合、诚勉两种方式。

说合是指有威望或威信的个人或组织介入到村庄内家事纠纷和邻里纠纷的调解中,以促使其和解的过程。在这个过程中,说合的效果不仅仅取决于说合的技巧,有时更多地依赖于说合人的威望或威信。一般来说,威望或威信越高,说合的效果越好。因此,家事纠纷调解中,说合人首先选择的是本族中有威望或威信的年长者。家事纠纷的调解首先遵循的是"家丑不可外扬"的原则,本族中有威望或威信的年长者不是外人,让他来处理家事纠纷,可以避免"家丑外扬",而让外人看笑话。家本来就不是讲理的地方,在家事纠纷的调解中,关注的不是形式公正,而主要是伦理公正,伦理公正强调谦让。

家事纠纷的调解遵循以下原则:夫妻纠纷中,如果不是原则问题,则强调丈夫让妻子,夫妻拌嘴时,"丈夫输了就是赢了",赢在何处,赢在大度;在子女或晚辈与父母或长辈的纠纷中,子女或晚辈让父母或长辈,子女或晚辈输了就是赢了,赢在孝顺,赢在尊老;在兄弟姐妹的纠纷中,强调大的相让小的、富的相让穷的;在力量方面,强调强的相让弱的;在智力方面,强调明理的相让糊涂的。在家事纠纷中,即使你有理也会输掉,但往往是"输了面子却赢了里子",这个里子就是好的口碑。"避让、保护或迁就弱者"是家事纠纷调解的总原则,它不一定能取得形式公正,但却能最大限度地保证伦理公正,比如"长辈无理重三分"。之所以如此,是因为,数千年的中国传统社会是伦理本位的,这种传统遭遇现代法理社会时,虽然两者存在着冲突,但传统总是根深蒂固的,谋求彻底的改变既是痛苦的,也是不现实的,农村社会更是如此。显然,家事纠纷调解的结果,往往是与法理社会强调的形式公正相悖的,但却被人们所接受,取决于人们对人伦的认同,与说合人的说"理——伦理"的能力有关,必要时还要动用自己的威望或威信来"压一压"。

在邻里纠纷的调解中,遵循的主要原则是"大事化小,小事化了"的基本原则,说合人一般选择"两边都能说得上话的人",即当事双方都能接受认同的人。具体地,令双方都接受的人,必须具备以下条件:第一,与当事双方关系都不错的人;第二,"能说会道"的人,即掌握了比较娴熟的调节技巧的人;第三,说话办事公道的人。第一个条件是先决条件,有了这个条件说合人才能顺利地介入纠纷的调解中;第二个条件是一种技术能力,"能说会道"善于调节气氛,制造适合纠纷调解的气氛,在皖西农村有句俗语,"一句话让人笑,一句话让人跳"。其意是:会说话的人,一句话说出来就会使纠纷当事人笑起来,从而达到化解紧张气氛的目的;不会说话的人,一句话说出来就使纠纷当事人生气,从而使得本来紧张的气氛更加紧张。第三个条件是对说合人的品质要求。这里的公道是一种混合公正,即伦理公正与形式公正的混合体。伦理公正强调关系的重要性,形式公正强调公平,不偏不倚。所以,说合过程中,说合人大量运用情理说辞来进行说服、教化,强调忍让的价值,引导邻里之间走向和睦。诸如:"抬头不见低头见""远亲不如近邻""做事说话要讲良心""忍一忍过一个山岭""牙齿和舌头关系倒是好,牙齿有时也会咬了舌头""退一步海阔天空",诸如此类。同时,说合过程中,说合人也要说公道话,分出理亏一方和占理一方,但这些大多在私下进行。对占理一方,说合人会极尽夸人之能事,从夸当事人本人,到夸他的家庭成员、夸他所取得的一切成功,把他(们)夸得像花一样。最后,归结为当事人良心好,好人有好报,好人要做到底,就不要与对方计较了,就是吃一点亏,你会赢了里子,从而使他(们)让一步接受不太公正的处理意见。对理亏的一方,说合人会首先夸他(们)的长处,等到时机成熟时,话锋一转说出他(们)的不是之处,并提出缓和邻里关系的意见,并指出这种处理方法你还是占了便宜等,迫使他(们)接受调解。不过,说合人对纠纷调解中做出让步的一方,事后会逢人便予以夸奖,由于说合人的威望或威信,村庄人都会相信,并口口相传,予以道德上的补偿,我们将之称作事后"补偿正义"。同时,对不愿让步一方产生道德压力。一般来说,成功的说合往往需要说合人利用自己的威望或威信来或借用熟人社会公共舆论"压一压",才能实现。

诚勉主要是针对思想上钻牛角尖,或者有过越轨行为人的告诫勉励,旨在终止其不当想法,或矫治不当行为的活动与过程。在农村社区,思想上钻牛角尖的人,往往是那些因为对自己做过的事或说过的话,自觉不当或有过错而产生悔意,在抬头不见低头见的社区,总觉得自己的面子丢大了,没脸见人,而抑郁自闭,甚至会寻死觅活的,这种现象在熟人社会时有发生。面对这种情况,除了亲朋好友出于友情而产生的道德责任出面劝说之外,必要时,需要请村庄中有威信或威望的人出面"做工作"。劝说人会首先晓以利害,阐述当事人这样做，或出现这样的状态，不仅会糟蹋自己，而且会让亲人伤心、朋友难过，是对自己、亲朋好友不负责任。更何况这种做法也不能解决问题，所以不要做糊涂事。其次，通过自身丰富的阅历进行说理。这样的劝说，在农村社区常有发生，而且效果比较明显，且成本低，起到了防患于未然的目的。针对有过越轨行为人，且自身没有悔意的人，为了防止其越陷越深，其亲朋好友或其他人在实在看不过去的时候，也会参与到对其的诚勉中。这样的人对至亲的话已经听不进去了，这就需要"外人"的介入。实际上，这些"外人"仍然是"圈内人"。参与诚勉谈话的人，一是至交的正派朋友，一是德高望重的长辈。至交朋友参与诚勉的优点在于：至交朋友之间是可以无话不谈的，几乎是无隐私，交流无障碍，更容易了解当事人的真实想法和做法。之所以如此，是因为诚勉人十分了解当事人的脾性，说话时一方面能够顺着当事人，虽带有训诫之意，但能让当事人接受；另一方面诚勉人对当事人知根知底，能够一语中的。在此基础上，对其动之以情、晓之以理、陈之利害，从而使之幡然醒悟。德高望重的长辈参与诚勉的优点在于：以德服人，以势压人。德高望重的人，因为具备好的德行和威望，而获得众人的推崇和尊敬，以德望率众，众人皆服，即使叛逆者也会畏之三分。再加上是长辈，两者相叠会产生一种社会势。所谓社会势，是社会成员或组织在一定社会关系结构中，所获得高于一般人的知识、地位、能力等而生成具有一定威慑力的气势。这种社会势所产生的威慑力，往往使得越轨者不敢直视，心生畏惧，再加上动之以情、晓之以理、陈之利害，刚柔相济，从而得到诚勉的效果。

（四）互助

在农村社区，互助是社区日常生活的一部分，其基本方式是一种常态化参与形式，具体表现有帮忙、换工、帮工、互借、施舍等。

帮忙，是指在日常的生产和生活中，居民之间发生的旨在通过自愿或准自愿地付出劳力予以协助对方解决问题，以减少对方负担的"微参与"形式。它常常有两种形式：一是帮忙做事，一是在别人有困难时施以援手。在农村社区，帮忙做事是一种常态化的日常互助方式。如，农业生产中，劳动力多的家庭自愿帮助劳动力少的家庭，解决其家庭劳动力不足问题，这是新中国成立之初新获得土地农民间互助的基本形式，这种互助直接启发了互助组这样一种农民自愿参与的组织形式的诞生。改革开放后，随着农村联产承包责任制的实行，这种帮忙再度出现。此外，市场化之前和市场化之初，在农村社区，农村家庭办大事，如建房屋、嫁娶、丧事等都会请人来帮忙。在农村社区，当别人有困难时，施以援手既是一种互助的方式，也是一种道义。因为人们都懂得这样通俗的道理：百事不求人是不现实的，皇帝老儿也会有搬救兵的时候。在别人有困难时，你袖手旁观，也将意味着，在你遇到困难时，别人也会袖手旁观。在农村社区，正是在"你帮我一把，我帮你一把"的互助中摆脱特殊困难时期的家庭困境。而且，大家都是知根知底的，在别人有困难时，如果你有能力不帮助别人被视为"不讲良心"，一个人或家庭被贴上说话做事"不讲良心"的标签，就会没有朋友，甚至被人瞧不起，而被孤立。

一般来说，帮忙具有以下特征：自愿性或准自愿性，协助性，无偿性。自愿性是自觉地主动地协助他人开展工作；准自愿性是指在接到别人请求之后乐意提供帮忙；协助性是指这种帮忙是客随主便的，在工作过程中主要听从主人安排，不参与决策，但可以提意见；无偿性是指这种帮忙是不以获取报酬为目的参与，但是一种感情积累的方式。因此，帮忙大多发生在熟人之间，如亲戚、邻里、朋友等。

换工，是传统农业生产中的互助的基本形式之一，一般发生在农忙季节。换工有多种形式，主要有两种：一是劳动力对等交换式，二是补偿式换工。前者是农忙季节几户劳力联合起来，依次帮助来弥补单户劳动力不足，使得生产得以顺利进行。后者是指农忙季节，劳动力多的人家以提供劳动力的方式，帮助劳动力少和劳力弱的人家耕种和收割农作物，被帮工户则以非劳动力形式予以补偿和回报，除供帮工者饭食外，还要以其他形式进行补偿，如提供自己的牲畜或农具为帮工者所用等，不足部分则付给帮工者食物或工钱。除此以外，补偿式换工还发生于不同性质的劳动之间。如在20世纪90年代之前，农村建房屋需要打地基、夯墙或砌墙，这些都是技术活，一般人干不了，这就需要请懂这些技术的人来帮忙，那时干这样的活不时兴收工钱，于是建房户会以提供一般劳动力的方式，帮忙干农活予以补偿，但建房户要为这些工匠们提供较好的伙食和礼品（在皖西地区，一般一天提供一包纸烟）。因此，帮工既是

第五章 农村社区"微治理"中的"微参与"

互助，又基本遵循等价交换的原则，带有契约性质。这里的契约可以是一种口头表述，也可以是一种地方约定俗成的心理预期，即一种不言自明的"心理契约"。

帮工是在补偿式换工基础上，发展起来的准互助形式。农业文明时期，帮工是一种古老的互助方式，帮工者和被帮工者之间是一种雇佣关系，帮工分为长工和短工。传统农业社会，特别是长工与雇主长期生活在一起，他们之间形成的不仅是一般的契约关系，而是建立在熟悉和情感之上的相互庇护的关系，庇护内的互助是一种生活常态，在帮工们看来"帮主护主"是天经地义的。人民公社制度的确立，帮工在农村社区日常生活中基本遁迹。在那个时代，社区内部日常事务的解决和处理，在需要外部介入的时候，他人提供的基本上是一种临时帮忙而不是帮工，因为帮工意味着剥削。改革开放后，一直到20世纪后期，农村社区内的互助仍然以帮忙和换工的形式为主。只是后来，随着市场经济的嵌入，帮忙和换工逐渐被帮工所取代，以帮工的形式获取报酬逐渐被人所接受，但这种帮工与完全市场化的劳动是有区别的。在报酬上，帮工是不完全依据市场来定价，取得的是"人情价"，帮工者要价不能太高，否则就是不要面子，不近人情；雇主也不能出价太低，否则就是"望人孬（讨人便宜之意）"，也是不近人情。一般来说，要价和出价低于市场价，低出的部分就是情感价，留待雇主以其他方式偿还。

在人与人的关系上，帮工与雇主之间不是庇护关系。因为帮工，也不是一般的雇佣关系和契约关系，而是一种混合关系。在农村社区，大多情况下，人们彼此知根知底，即使不知根知底，雇主也会打听其想邀请的帮工的人品和技术能力。同样，帮工也会通过熟人了解雇主的底细。实际上，在农村社区这样较封闭的小市场内，帮工和雇主间是相互选择的，有基于情感的成分，也具有雇佣和契约的特性。概括地说，帮工的特征有：人情和理性的混合，临时性和不确定的雇佣关系等。这些特征，决定了帮工是基于人情基础上的理性互助。

互借，是发生于熟人社会或半熟人社会的，基于资源余缺的自我调剂式的互助形式。互借主要形式有：日常生活与生产中物品的余缺的自主调剂和资金的自主调剂。在农村社区中，日常生活用品的自主调剂时常发生。如，人民公社时期，绝大多数农户吃饭问题时常出现"青黄不接"。在皖西塘村董庄的调

— 233 —

研过程中，村民们就跟我们讲述了"青黄不接"时期村庄内相互借粮食的故事。据他们介绍，董庄与周边的村庄相比较人均口粮较多，即使如此，董庄绝大多数家庭，大概在农历的3—5月山地里的小麦成熟之前，也会出现2—3个月的"半"断粮期。为了渡过难关，每个家庭都精打细算，除了在自留地里多种蔬菜之外，也会出外挖些野菜来弥补主粮的不足，前一年加工的白薯干和窖藏的白薯也会作为主粮，在最缺粮的时候，甚至会用前一年制作白薯粉留下的晒干的残渣来充饥。由于与周边村庄比较，董庄的人均口粮比较多，在外边的村庄看来，董庄是不缺粮的，时常会引来讨饭的，但董庄人却不能享受这种"福利"。据他们说，出去要饭，只要说是董庄人，别人就不会施舍。因此，在董庄，很少有人出去要饭。每当家里实在揭不开锅的时候，就会拿着大碗或升子（一种家用量具、四方形比斗小）到邻居家借粮。在借粮前，他们首先要想想哪家可能有余粮，还要考虑哪家愿意借，以免对方不借，搞得彼此没面子。一般来说，只要有余粮，平时关系不那么僵，有粮的会愿意借的。因为，他们也曾有过这样的经历，能够体谅借粮人的难处。如果有粮不借，不仅借粮人觉得很没面子，从此两家就会结怨；如果被村庄人知道了，也会被骂为"不讲良心"。"不讲良心"在农村社区是一种"恶评"，这样的"恶评"多了，就会被村庄中的人瞧不起而被孤立。调研发现，饥饿年代，农村社区的人正是通过这种粮食互借渡过难关的。

互相借钱也是常有的事。在农村社区，绝大多数家庭都缺乏足够的资金储备，干大事时都会借些外债的。如盖房子、娶媳妇等。按农村地区的说法，干这些大事的时候，都会把家里的油盐罐子"打浪干净"，即用完家里的所有积蓄。即使如此，大多数家庭都会出现资金缺口，于是便会动用多年积累的资源，托亲拜友，求爷爷拜奶奶地借钱。一般情况下，这种借贷是不付利息的，它实际上是讨回人情，或者欠下人情的过程，在农村社区也是一种"福利"。改革开放后，农村社区的借贷也慢慢地习惯了付利息，但一般情况下这种利息是一种"人情价"，仍然具有"准福利"的性质。不过，在农村社区，特别是借钱是有条件的，在很多地区流行着这样的俗语"钱不借三，礼不随三"。其中，"钱不借三"的意思是有三种情况不借钱：一是不借给陌生人钱，二是不借给不讲信用的人，三是不借给穷人。与之相关的还有一个俗语"救急不救穷"。对于穷人，人们更多的是同情，大多数情况下，人们宁愿施舍，也不会借出。因为，大多数情况下，这种借出是"肉包子打狗，有去无回"。与其如此，不如给予，还能落下个好名声。在农村社区，给予是一种单方面的救济方式。特殊困难时期，特别是子女多的家庭常常缺衣少食，邻里、亲戚之间通过给予的方式为特殊困难家庭提供帮助是常有的事。

综上所述，在农村社区，互助是日常生活的一部分，是一种特有的生存方式，它可以救人于困境，同时在助人时也实现自助，正是在这种"情换情、心换心"中，增进着彼此的"福利"。由此，农村社区的互助能够带来彼此的增益。互助的方式多种多样，表面上是物质互助，实质上是植根于生活中的人情交换。正是这种人情的交换，发酵出浓浓的乡情，构建着带有乡土本色的乡村秩序。

（五）沾光

沾光，是中国颇具特色的传统文化、心理或行为，是指因有所连带而享受到光彩与利益，"一人得道，鸡犬升天"是沾光的极致表达。可见，沾光因关系而存在，而这种关系是基于伦理本位的。所以，一个人取得成功之后，首先是他的家人、家族感到光彩，然后是本村的人、本乡的人由内而外逐步扩展开来，让众人感到光彩，这只是精神上的沾光；在物质上，成功人士必须力所能及地给家人、族中的人、本村人以及家乡人带来物质上的好处，即在物质上沾光。如果不能给家人、族人、本村人、本乡人带来物质上的好处，会被视为"不近人情"，而被疏远。在农村社区日常生活中，沾光不仅是分享方式或再分配方式，也是一种"微参与"方式，包括沾好处（指物质上沾光）、沾喜气、沾福气等。其中，沾好处是非参与的、因先赋的关系不劳而获的；而沾喜气、沾福气则是需要参与来实现。人们参与各类红喜事类的"微事情"，如婚礼、祝寿、升学等，除了人情的往来之外，人们乐于参加，也是为了沾喜气、沾福气，从而给自己的家庭带来好运。从这个角度来说，这类"微参与"可谓之命运型微参与，其旨在期望通过这种特定的参与活动来改变个人和家庭的未来命运。

在农村社区日常生活中，个体化"微参与"的特点有：1. 形式多样，只能择几种常见的方式来分析。2. 方式灵活，可以随着情境的变化，选择不同的参与方式和参与策略。3. 都是具体的，是针对具体的"微事情"的参与。4. 是情感性的，并通过这种情感的投入，维护并巩固着原有的关系网络，或者建构新的关系网络，这当中人情、面子发挥着重要的作用。5. 在特定的情境下，是一种权威实践，遵循着权威实践的逻辑。正是由于这些特点，个体化"微参与"往往能够比较有效地解决"微问题"、处理"微事情"和满足"微心愿"。但是，这种参与具有其局限性，其主要表现为狭隘性或闭环性、自利性、功利性，使得个体化"微参与"公共性不足，较少带来相对稳定的公共利益，往往使得参与变成仪式性的参与，从而造成仪式后的沉默。要克服个体化"微参与"的局限性，需要实现农村社区日常生活再组织化。但这种再组织化不能是自上而下的动员，而应该来自日常生活的需要激发出来的自觉。

二、公共性"微参与"

公共性"微参与"，是指社区内的成员为了解决或处理社区内的公共"微事件"而介入的活动和过程，它是社区利益攸关者的参与，它往往是一种从利己出发，最终增进"微公益"的行为与过程。

故事一　接电

1982年，汪家要娶亲。但苦于照明困难，娶亲前，汪家与我商量带电的事，我早有这个想法。不久我召集社员开会，动员大家集资把生产队的电带上，当时大多数社员不同意。这事传到当时大队书记的耳朵，大队书记跟我开玩笑说："你徐某若能给你们生产队带上电，我给狗缝条裤子。"婚期临近，汪家兄弟三人和我兄弟三人决定用爬梁电线将电从3里外的变压器上接过来。社员听说之后，私下里议论开来：如果队长家带上电，带电的事就不会有人管了，我们就别想带上电了。我听了这些议论之后，当天晚上就召开了社员会，这时社员们不再争论了。我和几个人粗略匡算一下所需的资金，并摊派入户。社员热情很高，当天晚上就把每户2000多元的集资款筹齐了。后来，我从乡里找来一位电工，买来裸铝钱和电线杆，花了一个多星期全队的电都挂上，当时是全村搞得最漂亮的。

这是一位村民组长带领村民接电的故事。首先是此村民有接电的需求，可是单凭一己之力很难完成这项任务，自己在村庄中又缺乏威信，不具备动员其他村民参与其中以降低成本的能力。于是，便同在村庄中有威信的生产队队长徐某协商此事，生产队长徐某也早有接电改善照明的想法，但没有村民提出来，也就一直没办这件事。既然有村民提出来，徐某便决定促成这件事。那时，国家或集体层面很少能为农村社区提供像照明等基础设施的公共服务，解决这样的问题，大多采取村民集资的方式。为了达成此事，徐某召开了生产队社员大会，说出了自己的想法。最初，大多数成员并不愿意，但从他们后来的"恐慌"反应来看，绝大多数村民都有改善照条件的欲望。不过，或许由于经济上的原因或其他缘故，他们才持反对意见。于是，当徐某决定带领自家的兄弟同汪家一起办成此事，这时社员们的态度发生了180°大转弯，纷纷要求参与其中。因为用他们的话说，"队长家带了电，即使他们以后想带电，也没有人管这件事了"。从这个故事来看，接电是利己而有益于公共利益的事，但是即使这样的事，如果没有一个"带头人"也是很难办成的，徐某在这件事中扮演的是"带头人"的角色。这个故事也证明：在中国农村，一般来说，农民是不能"自我代表"的，如果缺少一个"带头的"，他们是很难合作参与公共事务的，哪怕这件事与自己利益攸关。在自然村内，"一个好汉三个帮"，要干成一件即使是对大家都有益的事，也需要铁杆哥们的协助。这次接电成功，徐某巧妙地利用了亲缘间的合作参与这一杠杆，翘起了社区内的大合作参与。同时，我们发现：在自然村内，人与人之间的合作参与主要是建立在"关系合作"之上的，并通过这种合作参与，实现着"微公益"。

在这个故事中，虽然村民是在徐某的"带领下"参与到"微公益"中，表面上似乎是在徐某等的"压力"之下的"微参与"，但是村民的参与是发自内心的，并对家庭和社区的日常生活带来了较大的影响，因此，仍可视为内生型的利益关联的生活型微参与。大量的研究和事实都已经证明：在农村社区，要真正实现社区内部的"微参与"，是离不开利益的。一旦离开利益，参与就会流于形式而失败。

故事二　修路

　　塔泉村民组位于宣城市宣州区溪口镇的最南端,距溪口镇15公里,属于典型深山区,沟壑纵横,山高路陡,交通极为不便。境内唯一一条交通主干道通往组外,且有长达5公里无居民区。现有农户48户,总人口164人,均为农业人口,劳动力97人,常年外出务工人数11人。农民收入来源有茶叶、毛竹、香榧销售及外出务工,其中,茶叶是其主要收入来源,一般家庭此项所获收益在10~20万元不等,少数家庭收益在50万元以上。由于地处山区,交通就成为制约其发展的关键因素,也对村民的日常生活造成严重的负面影响。因此,修路就成了塔泉村长期的命题。

　　在调研中,塔泉村民组的村民向课题组成员讲述了三次大规模修路的故事。第一次是1977年生产队时期。在"一方有难,八方支援"的集体主义精神的感召下,当时的森工站(现为林业工作站)提供钢筋和技术人员协助修路,以生产大队为单位每个生产队派工参与道路建设,七八十人修了整整一个月,修通了宽3.5米的土路,当时能通带挂车,这在当时的塔泉村算是天大的好事。由于道路是沿着河沟修建的,山里雨水比较多,只要下大雨,道路的路基就有毁损,所以,道路需要年年修。生产队时期,劳动力归集体所有、集体支配,劳动力的动员很容易。第二次大规模修路是2010年。虽然,生产队时期道路年年损坏年年修,20世纪80年代还可以通过抽调义务工的方式来修毁损的路,但自90年代国家废除义务工制度以后,这条土路由于常年得不到维修,毁损越来越严重,村民进出村庄越来越困难,严重影响了塔泉村的经济发展,给村民的生活也带来了较大的困难。当时,吕辉村在村委会的动员下集资修路。由于塔泉村民组地处偏僻,按照吕辉村的修路计划,村公路修不到塔泉,还让塔泉人集资,塔泉人不愿意,与村委会闹僵了。于是,队长(村民组长,当地人仍习惯称队长)和村民商量自己集资修进村公路。集资标准850元/人,重修土路。这时候有些人的思想就变了,有两户不愿意拿钱,只要有人不出钱,就会有人要退钱。这时,队长和还健在的队委会的成员便分别到这两户进行劝说。由于大多数家庭都支持修路，也有人当面或背后议论这件事，最终这两户迫于舆论压力也交齐了集资款。在队长和队委会成员的主持下，由承包商完成了这次修路。第三次修路发生在 2016 年。当时国家出台了"村村通"政策，于是在乡村统筹下修成了现在这条水泥路，资金主要来自国家和地方政府筹集，不足的部分，村里通过一事一议进行了集资，集资的标准 200元/人。近些年来，塔泉人因茶叶收入比较可观，对修一条通往村外的水泥公路有迫切的需要，再加上集资的费用也不多，对一般家庭来说，没有带来经济压力，集资也就很容易。（依据 WGL 陈述整理 201907）

塔泉的修路分别发生于三个不同的历史时期，第一次发生于 20 世纪 70 年代的人民公社时期，是通过集体动员的方式完成的，社区成员的参与是以生产大队为单位通过动员实现的。改革开放后，至 20 世纪 90 年代取消义务工政策之前，主要通过派义务工的方式，进行道路的维护。自义务工取消之后，再加上缺乏强有力的动员，进村道路长期得不到维修，损毁越来越严重，严重妨碍了村庄日常生活和经济发展，这才有了第二次发生于 2010 年集资修路。这次修路虽遇到了一些挫折，但在村民组长和村民的共同努力下，通过市场运作完成了再次修路。虽然这次修路没有集体的动员，但是以村民组长为代表的关键人物，在这次集资扮演着动员者的角色。同时，村庄舆论在保证动员成功中也发挥了重要的作用。第三次修路，实际上是通过国家政策动员实现的。从这个故事可以看出，农村社区"重大的公共参与"还是需要通过动员来实现的，只不过不同时期动员的主体和方式上有所差异。第一次动员是通过基于国家权力支持的集体实现的，第二次是基于长期的生活中所产生出来的权威来实现的，第三次基于国家政策的动员。当然，每次动员的成功，都离不开社区居民对公共品的需要。

一般地，农村社区日常生活"重大事项"的"微参与"是通过动员实现的，因此，农村社区中"生活型微参与"并非真正意义上的公民参与。但参与大多出于自己或村庄对公共品的需求，其中也不乏的确出于参与者的自愿或准选择的参与方式，这样的"微参与"已经具备了公民参与的雏形。实际上，公民参与的历史正是从社区内公益参与为起点的。因为，在一个小型社区中，那些想要参与社区治理的公众往往能够实现参与的愿望。如果政策引导得当，将会逐渐发展为更大范围的公民参与。

总之，在当下，中国农村社区也存在多种多样的参与形式，但大多与西方试图影响政治输出不同。参与较少地以社会解放为目标，而是在既定的社会关系下，主要以解决与日常生活直接相关的问题为目的。[①] 即是以"达成一致为导向的、相互交流的和富有表现力的"，[②] 以推动维护社区秩序和促进社区福利的共同义务和共同价值观的实现。

第三节　农村社区"微治理"中"微参与"的价值

一般来说，治理的价值在于：一是实现特定范围良序，二是增进特定范围的良好福利。这个特定范围既可以是宏观的区域，如全球或国家，也可以是中观区域，如城市和农村，还可以是微观区域的社区。任何治理都离不开特定公众的参与，公众参与实际上是实现治理价值的根本之途。或者说，参与局域治理的核心。故，治理语境下，公众参与的价值正是治理价值之所在。农村社区"微治理"中的"微参与"主要是一种生活型微参与，从其要达成的目的来看，划分为秩序型微参与和福利型微参与。即是说，农村社区"微治理"中的"微参与"有维护、修复和建构日常生活秩序的价值，以及维护、促进日常生活福利的价值。

一、维护、修复和建构农村社区日常生活"微秩序"

秩序是一种社会关系的稳定状态，因此，所谓农村社区"微秩序"是指

[①] ［德］托马斯·海贝勒、君特·舒耕德：《从群众到公民——中国的政治参与》，张文红译，北京：中央编译出版社2009年版。
[②] Schultze Rainer-Olaf. *Partizipation*, in: Nohlen, Dieter (eds.), Kleines Lexikon der Politik Munchen, 2001, S. 363–365.

特定农村社区内的居民在日常互动中，建构或维护的社会关系状态。任何一种社会关系都是互动的产物，首先，互动形成了人与人的连接而形成临时联系，当这种联系被固定化、常态化，并在互动中形成或遵循共同的规则时，这种联系便被制度化，而形成稳定的关系状态，于是秩序也就形成了。由此可见，互动是秩序形成的基本前提，而参与是基本的互动形式之一，在秩序维护、修复和建构中发挥着极其重要的作用。在农村社区日常生活中，"秩序型微参与"的价值就在于其所具有的秩序功能。所谓秩序型微参与，是指参与主体通过参与日常生活中"微问题"的解决、"微事情"的处理和"微心愿"的满足，以维护、修复和建构日常生活秩序的活动与过程。秩序型微参与主要包括意见表达、议论和劝诫。

首先，农村社区日常生活中"微参与"的意见表达就具有维护、修复和建构秩序的价值，这突出的表现在社区"微问题"解决中，而社区"微问题"的解决之术有讲情、论理、释法、用力、明利和解气。无论运用到哪一种解决之术，都离不开当事人的意见的充分表达，离不开知情人对问题的看法，以及关键人物对问题的看法和对问题的处理意见，这些都离不开意见表达式的参与。首先，各方意见的充分表达，有利于消除误解、增加理解、形成共识，从而达成秩序的目的。其次，议论作为一种"微参与"的方式，也具有维护、修复和建构秩序的价值。议论的形式主要是拉家常、评是非等。拉家常能够增加互动双方的了解、彼此熟悉，长期的这样的互动可以让彼此知根知底，增进个人和家庭间的友谊和团结，从而减少彼此之间的摩擦，即使出现一些小的不愉快，也会看在过去的情分上，能够比较容易达成谅解。但是，如果一方或双方彼此触及了另一方或对方的底线，也是不可饶恕的，这时越熟悉、感情越深，伤害也就越大，而有成为"仇家"的可能。评是非是指两个或两个以上的人在一起，就村庄内日常生活中发生的琐事评头论足，主要对发生在家庭内或邻里间发生的不良琐事展开议论。行走在农村，农闲的时候常常会看到三三两两的人凑在一起，说东道西，其中重要的内容之一，就是对村庄内发生的不良琐事评头论足，这种议论加入了他们的道德评判，这种评议的不断向外传播，无形中会对不良行为当事人和家庭施加心理压力，而发挥社会控制的作用。但是，言过其实的评议也会生发事端，造成对日常生活秩序的破坏。为此，乡村社会将"背后莫论人是非"视为日常生活的黄金定律之一。最后，劝诫作为农村社区日常生活"微参与"的方式，旨在秩序的修复和建构，它常有两种主要方式：说合和诫勉。说合旨在化解因为"微问题"的关系紧张，进而修复已破裂的关系，以恢复生活常态。诫勉是通过警告预防"微问题"的发生，或者防止"微问题"扩大化造成更大的问题，以达成秩序的目的。

二、增进社区"微福利"

农村社区"微治理"中的"微参与"，不仅具有秩序价值，还具有福利的价值，这是由治理的目标所决定的。"微参与"的福利价值主要是通过福利型微参与实现的。农村社区福利型微参与，是指参与主体主要通过参与日常生活中"微事情"的处理、"微心愿"的满足，恢复和重建常态化的日常生活的活动与过程。它主要包括互助、沾光和公共性"微参与"等形式。

其一，互助就是日常生活中基本福利。如，互助可以实现家庭农业生产顺利进行，调剂余缺渡过难关，保证个人和家庭生命历程的"微事情"得到妥善处理。

其二，沾光是农村社区日常生活中获取物质福利和精神福利的传统方式之一。从物质的角度来看，村庄中变得富庶的个人和家庭，有义务将自己的一部分财富让渡给村庄中的人分享。比如，春节期间，富庶的家庭总会挤满村庄中拜年的人，这些人除了出于礼节之外，也是因为在他家里能够享受到高级香烟和果品的招待。春节回家时，给自己的本家和朋友提上相对高级的礼品，被认为是理所当然。否则，会被本家、朋友、村落中的人骂为"有两个钱就烧包""瞧不起人"等，而不受待见。在外为官的人为本家、亲戚、朋友、家乡谋取物质利益，或其他便利，被视为其分内之事。从精神层面看，村庄中出了成功的人士——发财的、升官的、考上名校的等，对家庭而言"自家的门楣都要高三尺"，对宗族而言是"光宗耀祖"，对村庄乃至家乡而言是为村庄、为家乡"争光"，从而使得大家"脸上有光"。遇到村庄有喜事，大家往往会凑份子参与进去，去"沾喜气""沾福气"。可见，农村社区日常生活中的"微参与"——互助和沾光,具有再分配的价值,它可以实现"帮助那些需要帮助的和不幸的人"① 的目的,从而增进社区日常生活的福利。

其三,公共性"微参与"是"共同生产"微公共品、改善和增进微公共福利的活动与过程。共同生产理论认为,公民有提供某些公共品的意愿和能力。国家的使命是为公民的这种有效参与提供一种治理的框架条件(如实施税收优惠、提供优惠条件等形式或者组织方式)。② 中国传统乡村社会,基于国家治理能力的限制,乡村社会的公共品的供给只能依赖于乡村社会自身,公共品自给是乡村自治特征之一。如,村落社区内的道路、桥梁、学校建设及安全防护等公共品的供给,主要依赖于村落内部的力量。为了保证这些公共品的有效供给,乡村社会发明了"乡约组织"等"微组织",并通过这些"微组织"动员民众参与到村落日常生活中的公共品供给。新中国成立后,通过互助组、合作社和人民公社运动,农村社会被组织起来。乡村社会主要以生产大队或生产队为单位为日常生活提供基本公共品,如道路、基本农田和水利、学校教育、基本医疗等。直到 20 世纪 90 年代仍流行着"农村的道路农民自己修,农村的教育农民自己办"。也就是说,在农村社区日常生活公共品的提供中,自古以来基本上是通过社区内部公共性"微参与"实现的。

自 2006 年新的农村税费改革始,国家的公共品供给开始由城市向农村延伸,通过资源下乡、项目进村,改变了农村社区日常生活中公共品供给的格局,变社区主导、农民参与为政府主导、农民旁观,并给部分农民寻租的机会。资源下乡、项目进村引发的一系列问题,说明缺乏社区内部的公共性"微参与","政府提供公共品和服务的能力大打折扣"③,且效能也会打折扣。"因为公民在其居住区内的参与,不仅减轻了国家的财政负担,而且一般来说也比国家的生存保障更有效,因为居民个人有很强的兴趣去建构并照料他们的集体。根据共同生产理论,公民的这种参与有助于改善公共

---

① Peterson, Paul E. *City limits*. Chicago: University of Chicago Press, 1981, p. 43.

② Gittell, Marilyn. *Limits to Citizen Participation: The Decline of Community Organizations*. Beverly Hills, London, 1980; Pammer, William. *Administrative Norms and the Coproduction, of Municipal Services*, in: Social Science Quarterly 73, 1992, S. 920 – 929.

③ Marschall, Melissa J. *Citizen Participation and the Neighborhood Context: A New Look at the Coproduction of Local Public Gods*, in: Political Research Quarterly 57 (2), 2004, S. 231 – 244.

品的质量"。① 由此,"不仅提高了公民对国家的满意度,而且弱化了他们对国家行为的批评,确切地说是推动了他们对政府的正面看法"。② 故,在乡村振兴的背景下,值得注意的是,不要以为大量资源下乡,政府就可以包办乡村社会日常生活中公共品的供给,有效提高乡村社会福利水平,就会获得农民的正面评价。如果缺少乡村社会日常生活中的公共性"微参与",可能会产生悖论性结果。

第四节 农村社区"微治理"中"微参与"的困境与出路

农村社区日常生活中的"微参与"有着丰富的形式,其既有秩序价值,又有福利的价值。然而,改革开放以来,农村社会的深度转型,城镇化的快速推进,"微参与"渐渐地陷入诸多困境之中,具体表现为:农村社区"微参与"的"无主体境、无公域境、弱权威境、弱规则境",使得"微参与"陷入"弱参与境",进而造成农村社区"微治理"陷入"弱治理境"。

一、农村社区"微参与"的"无主体境"与克服

自改革开放以来,随着人员流动性的增加,城乡比较收益上的巨大差距及非农产业比较优势,农业劳动力流向城市、流向发达地区、流向非农产业。农村社区,特别是欠发达地区的农村社区空心化、家庭的空巢化已成定势,日常生活中的"微参与"陷入了"无主体境"。这里提出的"无主体境"是从"微参与"层面提出的,主要有以下几层含义:第一,缺少"微参与"主体的境况。"微参与"旨在解决日常生活中的"微问题"、处理日常生活中的"微

---

① 托马斯·海贝勒,君特·舒耕德:《从群众到公民——中国的政治参与》,北京:中央编译出版社2009年版。

② Brudney, Jeffery L. *Coproduction and Local Government*, in: Kemp, Roger L., (eds.), The Provision of Public Services by the Private Sector, 1991; Jefferson, Berry, Jeffrey M./Portly, Kent E./Thomson. Ken *The Rebirth of Urban Democracy*. Washington, D.C, 1993.

事情"和满足日常生活的"微心愿",因此,参与主体具有特定性,这些参与主体包括个人、亲戚、家庭、家族、朋友、邻里等。农村社区空心化、家庭的空巢化往往会造成这些参与主体的缺位,造成"微事件"解决或处理陷入"无主体境"的困局。第二,"微参与"主体能力不及的境况。由于村庄的青壮年劳动力,流向城镇,流向发达地区,导致具有参与能力成员的外流,而留守下来的由于身体和知识能力的不足,而使得参与的质量难以保证,不利于社区"微事件"的解决与处理。第三,"微参与"主体代表性不足的境况。这一点主要表现在微公共事务的参与中。农村社区的空心化、家庭的空巢化,导致微公共参与的"老人化"。传统社会,经验具有重要的价值,因此老人参与公共决策具有权威性、代表性;而现代社会,经验的重要性让位于知识,而年轻人具有知识优势,再加上代沟所造成的观念差异,"老人参与"的代表性变得说服力不足。正是这种"无主体境"的出现,在农村出现了"年决"的现象。所谓"年决"是指由于农村社区空心化、家庭的空巢化导致关键主体的缺位,而将平时日常生活积累的"微问题"放到春节来解决,或者平时没有时间处理的"微事情"放在春节来处理的现象。由于农村社区日常生活中"微事件"的解决与处理皆集中到"年终",一年积累的"微问题"集中解决,因此到年终,农村社区的日常生活变得十分繁忙,也是乡(镇)村干部、派出所、司法所最忙的时期,形成了乡村社会短暂的繁华和问题多发并存的境遇。

　　从这一点来说,要改善农村社区"微参与",就必须克服农村社区"微参与"的"无主体境"。根据前面的分析,"无主体境"有三种情形:一是主体的缺失,二是参与主体的能力不及,三是"微参与"主体代表性不足。造成第一种情形的原因是农村社区的空心化和家庭的空巢化,从理论上来说,其解决的根本途径就是加快农村产业化,让人们在家门口就能获得比较满意的就业。但是要做到这一点,绝大多数农村地区存在着很大的困难。人口回流,既不现实,也违背社会发展的基本趋势。要解决主体缺失的问题,只能另辟蹊径。首先,彻底打破城乡户籍限制,实现城乡人口自由流动,在不破坏农村农业生态的前提下,鼓励城市人到农村安家立业;其次,发展农村经济、社会、文化类社区组织,使之与基层自治组织协同;最后,鼓励社会工作者下乡、机构下乡。通过上述措施,可以在一定程度上弥补因主体缺失造成的参与不足的问题。造成第二种和第三情形的原因主要与留守村庄的人员的素质有关,从理论上来说,可以通过提高留守人员的能力来解决这两个问题。但是,由于现在的农村留守人员基本上是60岁以上的老人,其能力的提升空间十分有限。因此,要解决这两个问题,根本上是要解决好参与主体不足的问题,可运用现代技术手段搭建微平台,在一定程度上缓解参与主体的能力不及和主体代表性不足的问题。如果上述问题得到有效的解决,可以适度克服农村社区"微参与"的"无主体境",促进"微参与"。

二、农村社区"微参与"的"无公域境"与克服

任何参与都是在一定的公域中进行,因为参与是发生在两个以上的个体或群体之间的活动与过程。这个公域可以是建构性的,也可以是既成性的,或者是两者的结合。建构的公域是参与者间的互动形塑的,具有情境性、临时性,参与终结意味着公域的消解。这里说的"无公域境",指的是既成性的公域的缺失境况,包括既成性物理时空域和社会时空域。自改革开放以来,随着生产大队和生产队的解体,过去那种既成性物理时空域——生产队的会议室、打谷场也随之被消解,造成农村社区既成性物理时空域的匮乏,日常生活的"微参与"缺少物理时空域的支持。同时,生产大队和生产队的解体,又在一定程度上造成了"去组织化",习惯于动员参与的农民,在缺乏有效动员的情况下,社区日常生活中公共"微参与"变得十分困难。特别是,农村社区的空心化和空巢化,又导致生活共同体的碎片化,生活共同体实质上处于解体状态,难以实现日常生活中的"微参与"。

近些年来,虽然借助新农村建设、农村社区建设、美丽乡村建设和乡村振兴战略的实施,带来了资源下乡。但这种资源下乡,一方面因资金不足而仅具有典型示范的意义,对广大农村社区"微参与"普遍需要的物理性公域建构支持不足,而陷入"无物理性公域"的处境;另一方面公共资源下乡所提供的公共品主要是经济性的,社会性的公共产品供给严重不足而陷入"无社会性公域"的处境。在既缺乏物理性公域,又缺乏社会性公域的情况下,农村社区日常生活的"微参与"必然陷入困境。

综上所述，造成农村社区"微参与"陷入"无公域境"的主要原因：一是既成性物理空间供给不足，一是既成性社会空间不足。因此，解决农村社区"微参与"的"无公域境"，主要从这两个方面入手。针对既成性物理空间供给不足问题，可以从两方面来解决：其一，充分利用好村组合并和小学撤并留下的公共空间，使之成为参与的公共活动空间；其二，各级政府加大对农村公共基础设施的供给力度，为社区生活提供新的公共空间。既成性社会空间不足的问题解决，关键在于实现农民再组织化，以再组织化的组织为载体，形塑新的生活共同体，来推动日常生活的"微参与"。如果上述两个问题得到较好的解决，在一定程度上可以克服农村社区"微参与"的"无公域境"，推动"微参与"。

三、农村社区"微参与"的"弱权威境"与克服

在农村社区日常生活中，有效的"微参与"往往需要权威的支持。传统农村社会，日常生活中的"微参与"主要依靠来自文化权威的支持，那些具有丰富文化资本的关键人物，可以有效推动"微参与"。人民公社时期，那些拥有对生产大队或生产队的资源支配权的关键人物，可以有效地推动公共"微参与"。改革开放后，随着集体经济的式微，曾经的支配权威也随之式微，再加上人口的大量外流，造成农村社区精英的外流，新的权威再造缺乏足够的文化、组织和人力资源的支持，农村社区从而陷入"弱权威境"。"弱权威境"指的是因文化权威和支配权威的式微，新的权威再造难以为继而造成的权威缺失或权威贫瘠的境遇。而习惯于权威推动的动员参与的人们，在权威缺失或贫瘠的情况下，社区日常生活的"微参与"将会陷入困境之中。

基于上述分析，农村社区"微参与"的"弱权威境"的克服，不能依赖于传统权威的回归，更不可依仗支配权威的再现，这两者皆与社会发展潮流有龃龉之处。因而，需要权威再造。新的权威应该具有以下特征：一是热心农村事业、懂农村的新人。只有热心农村事业的人，才能沉下身子开展工作；只有懂农村的人，才能干村民们想干的事、说村民们想说的话，才能保证其行动得到村民的认可，引导村民日常生活的"微参与"，引领农村新生活。二是基于

能力的个人或组织魅力。个人或组织的权威是在做实事、做成事中产生出来的。如果个人或组织经常能够通过做实事、做成事,而给村民带来切己的利益,就很容易获得他们的信任,而产生出个人或组织的魅力,从而具有号召力,更容易实施动员式"微参与"。三是具有乡村社会的好品行——正派、公正、敢得罪人等。乡村社会相信"身正方可正人"。一个人要在社区日常生活中树立权威,必须具有让人们认可的好品行,才有资格"说别人",反之,也就没有资格"说别人"。这里的"说别人"具有丰富的内涵。如,在解决"微问题"中,"说别人"是指对当事人的评价、劝说;在"微事情"的处理中,"说别人"是指安排工作。一个人有了好的品行,就容易树立权威,便会产生有效的动员,推动人们参与到日常生活中"微事件"的解决或处理中。在此,之所以强调再造权威的重要性,是因为农村社区"微治理"实际上是一种权威实践,日常生活中"微参与"更需要权威来推动。

四、农村社区"微参与"的"弱规则境"与克服

任何参与都是在一定规则的指引下进行,农村社区"微参与"当然要接受日常生活的"微规则"的引导。传统农村社会,农村社区日常生活中的"微规则",包括日常生活中渐渐形成的风俗、习惯、道德、乡规民约、家风、家训、家规、族规等内生的生活型微规则,这些"微规则"是人们在长期的生活中达成的基本共识,它已经同日常生活融为一体,人们的日常行为会自觉或不自觉地接受其引导。遵守这些日常生活中"微规则"已经成为一种生活习惯,偶有作奸犯科者,将会受到强大的舆论压力而无地自容,或者受到严厉的惩罚。其中,对活着的人来说,最严厉的惩罚就是被取消族籍、赶出家门、驱逐出村庄,这是莫大的羞辱。因为传统社会,村落是人们的安身立命之所,逃无可逃。这些"微规则"是柔而至刚的,对社区成员产生了强有力的制约力,在这种强有力的制约力的作用下,社区日常生活的"微参与"也构成了社区日常生活的一部分。

新中国成立后,传统文化作为改造的对象,传统村落文化重要组成的"微规则"受到了冲击,其中,家风、家训、家规、族规受到冲击最大而式

微，其他的传统风俗、习惯、道德、乡规民约等是移风易俗的对象，在农村逐步重建起革命文化，这种文化成为人民公社时期主导的文化，进入村庄而形成一种"结构性微规则"发挥着规训的功能。虽然它不是日常生活中自发的，但由于它是基于制度安排的产物，外在制度的力量使它成为一种刚性的规则，而产生强制性的约束力。在这种强制性约束力下，动员参与变得十分容易，也较为有效。如，现在农村社区日常生产生活所依赖的大型水利设施正是在那个时代通过动员参与建成的。

改革开放后，随着人民公社的解体，刚性规则因失去载体而出现了失灵和悬置。虽然村庄内传统的"微规则"作为一种村庄记忆潜伏在日常生活的基因中，但记忆的恢复需要一个过程，况且恢复的传统记忆必然存在着残缺，这样就造成了一定时期的"规则空转"，村庄出现失序。在失序的状态下，"微参与"陷入了严重的困境。然而，社区的日常生活不能没有规则，于是在新乡镇下实施了《中华人民共和国村民自治组织法》，这种自上而下的规则对恢复村庄生活秩序发挥了重要的作用。不过由于它刚性不足，难以满足动员参与的需要，又因为它不是内生的，又无法像传统的"微规则"具有至柔至刚的特性，也就不能带来有效的"微参与"。为了弥补《村组法》治理不及的缺陷，又在《村组法》的总体框架下，自上而下的提倡制定村规民约。可是，在调研中发现，这些村规民约仍未达到预期的效果，农村社区日常生活也就出现了当下的"弱规则境"。在这种境况下，有效的"微参与"也就必然难以出现。

任何治理都是规则之治，规则在治理中作用是规范主体的行动，作为行动的参与，当然要接受规则的牵引。因此，农村社区日常生活中的"微参与"，当然需要规则的引导。这不是一般意义的普遍规则，而是社区日常生活中自发的、具体的、特殊的"微规则"。改革开放以来，农村社区出现了"弱规则境"。其结果导致社区日常生活的"微参与"缺乏有效引导，而陷入"微参与"不足的困境。故而，要走出"弱规则境"，必须再造新的有效的"微规则"，而再造需要传承与借鉴两途。为此，一方面要复兴优良的家风、家训之遗风，运用现代价值理念再造新时代的家风、家训；另一方面要尊重地方性知识的风俗、习惯、乡规民约，通过积极引导和改造，再造符合时代要求的新的

"微规则"。由此，再造的新的"微规则"，要来源于日常生活而又超越日常生活，才能更好地引导"微行动"，形成积极的"微参与"。

五、结论与思考

任何治理目标的达成需要参与，没有参与的治理是不存在的，参与是治理的本质特征。相应地，农村社区"微治理"需要"微参与"，但当下在农村社区"微治理"中却存在着"无主体境""无公域境""弱权威境""弱规则境"等问题，严重地影响了"微治理"的效果。其中，"无主体境"意指参与主体的缺失和能力不及的状况，而造成无参与或弱参与；"无公域境"意指物质公域和生活公域的缺失，或不足的情境，削弱社区居民"微参与"的机会；"弱权威境"是指在农村社区结构转型的情况下，权威的生产和再生产难以为继的情境，需要权威推动的"微参与"难以实现；"弱规则境"由于农村社区日常生活中现有的规则难以发挥作用，而出现"规则空转"和"规则悬置"的情境，使得日常生活的"微参与"出现了无序或失序。正是上述诸多情境的出现，导致农村社区日常生活而陷入了无治理或弱治理的困境。

为此，要走出这一困境，一方面要变"无主体境"为"有主体境"，变"无公域境"为"有公域境"，变"弱权威境"为"强权威境"，化"弱规则境"为"强规则境"；另一方面需要发现和运用现代治理术。

第六章 农村社区"微治理"的现代技术

自20世纪90年代中后期以来,因农村社区结构的变化,传统的治理术出现了微效或弱效,农村社区"微治理"陷入了困境。为了走出这一困境,必须开发出新的治理术。其中,"互联网+"的出现和现代社会工作专业的发展和社会工作作者队伍的成长,为农村社区"微治理"插上了时代的翅膀,可以助力和改善农村社区"微治理",达成治理有效的目标。

第一节 "互联网+"助力农村社区"微治理"

进入21世纪,互联网已经成为日常生活必不可少的一部分,对大多数人来说,互联网给我们的生活带来了革命性改变,它不仅是一种工具,更重要的是它带来的互联网思维。互联网的工具性和思维品质形成了所谓的"互联网+"。当前,在农村社区空心化、家庭空巢化的背景下,将"互联网+"带入农村社区"微治理",必将带来一系列"化学反应",起到助力农村社区"微治理"的效果。

一、文献回顾与问题的提出

当下,互联网已经深度融入经济社会文化生活的诸方面。2015年3月,李克强总理在政府工作报告中"互联网+"行动计划的提出，标志着"互联网+"正式进入国家层面的顶层设计之中。中国学术界的学术人迅速做出回应，展开了一系列研究，其中，"互联网+治理"就是一个重要的研究课题。目前，这方面的研究，在宏观和中观层面已经取得了丰硕的成果。在宏观层面，国内研究主要集中于"互联网+国家（或政府）治理"。如，胡春阳等基于互联网新媒体发展视角，分析了"互联网+"推进国家治理现代化的机制，提出了借助"互联网+"推进国家治理现代化的对策。① 刘祺等分析了"互联网+政务"的发展演变、内涵特征、实践应用，描绘了其未来图景，阐释了"互联网+"时代政府治理变革的现实内容与目标指向。② 闫利颖、颜吾佴的研究指出："机械模仿运用'互联网+政务服务'，政务服务重组缺少'互联网+'思维，政府创新扩散发展不平衡，不但消减了'互联网+政务服务'的效能和公平，而且加大了地方政府治理转型升级的难度。为此，亟须充分发挥政府治理能动性的主动力、统筹力、重塑力，以加快转变政府治理理念为主线，以进一步完善政府治理机制为支撑，以正确处理好发展平衡关系为抓手，有效提升'互联网+政务服务'的效能性、耦合性、精准性。"③ 梁新华、王张华基于政府回应力的四维透视，构建了政府回应力的四维模型，提出了"互联网+"背景下的政府回应力的改进思路。④ 朱新力、吴欢畅想了"互联网+法治政府"的可能性。⑤ 在中观层面，国内的研究主要集中于"互联网+地方政府治理或社会治理"。刘双良、秦玉莹从"互联网+政务服务"着眼，探讨了"放管服"改革背景下地方治理能力提升的逻辑进路。⑥ 陆春萍指出：

---

① 胡春阳、廖信林：《"互联网+"推进国家治理现代化的机制及对策研究——基于互联网新媒体发展视角》，载《管理现代化》，2017年第5期。
② 刘祺、彭恋：《"互联网+政务"的缘起、内涵及应用》，载《东南学术》，2017年第5期。
③ 闫利颖、颜吾佴：《"互联网+政务服务"的政府治理能动性探赜》，载《人民论坛·学术前沿》，2018年第4期。
④ 梁新华、王张华：《"互联网+"背景下政府回应力的四维透视》，载《湘潭大学学报》（哲学社会科学版），2017年第3期。
⑤ 朱新力、吴欢：《"互联网+"时代法治政府建设畅想》，载《国家行政学院学报》，2016年第2期。
⑥ 刘双良、秦玉莹：《"放管服"改革背景下地方治理能力的提升——基于"互联网+"的分析视角》，载《江淮论坛》，2018年第6期。

"互联网创新社会治理的手段,体现为'互联网+公共服务',其指多元主体,如政府、企业、社会组织等利用互联网新技术和新思维整合社会资源,优化供给模式,使公共服务更加高效化。"① 在微观层面,"互联网+治理"的研究主要集中于"互联网+城市社区治理"。李颖指出:"在'互联网+'时代,网络的迅速发展对扩大公众参与、提高社会治理能力、弥合社会断裂起到了积极作用。但也在客观上造成了时空、技术、结构、价值等新的社会断裂,并对城市社区网格化治理形成冲击,从而使得城市社区网格化治理面临着实体空间的细分化与虚拟空间的泛化断链脱节,技术运用的特殊性与网格化模式的特定性衔接不畅,多元主体离散与网格治理资源难以有机整合,网络价值冲蚀网格治理连续性等方面的治理困境。"要摆脱这一困境,"需要从载体建设、流程优化、回应深化、价值引导等方面来寻求新的突破,弥合这种"断裂",使网格化"重心下沉,关口前移,资源整合"的治理目标能够在"互联网+"背景下更好地发挥出其特有的优势。"② 张艳国、朱士涛指出:"'互联网+社区服务',就是充分利用信息技术,构建大数据和信息处理平台,加强和提高服务居民能力,这是智慧社区服务的一个崭新态势。因此,要坚持'互联网+社区服务'的探索,坚定服务居民的理念,不断充实服务内涵,体现社区服务的合理化、多样化和人性化发展方向,紧紧抓住系统保障、多元参与和立法执法这三个重点环节,发挥互联网在社区服务资源配置中的优化集成作用,把互联网和社区服务深度结合起来,用优质服务提高居民对社区的满意度,提升社区居民的幸福指数。"③ 何继新、李原乐从"互联网+社区服务"的视角,分析了促进"互联网+"与城市社区公共服务精准化供给的深度融合和空进拓展路径。④ 由于互联网已经深入城乡经济社会文化诸领域,它所产生的"鲶鱼效应"已受到政界和学界的高度关注。

---

① 陆春萍:《"互联网+"环境下社会组织的结构转型与治理》,载《西北师大学报》(社会科学版),2018年第6期。
② 李颖:《断裂与弥合:"互联网+"时代城市社区网格化治理的困境与再思考》,载《山东社会科学》,2016年第11期。
③ 张艳国等:《互联网+社区服务:智慧社区服务新趋势》,载《江汉论坛》,2017年第11期。
④ 何继新、李原乐:《"互联网+"背景下城市社区公共服务精准化供给探析》,载《广州大学学报》(社会科学版),2016年第8期。

从既有的研究成果来看,当前的研究主要集中于国家和政府层面的公共治理问题,在微观层面的研究成果相对较少,且仅仅集中于"互联网+城市社区治理"。而"互联网+农村社区治理"仍处于遮蔽状态。因此"互联网+农村社区'微治理'"是一个新的研究课题。基于上述现状,笔者将研究触角探入"互联网+农村社区'微治理'"这一领域,以期达成抛砖引玉之目的。

二、"互联网+"与农村社区"微治理"的契合

从上述研究资料的回顾来看,"互联网+"与治理之间存在着高度的契合,农村社区"微治理"作为国家治理体系的基本构成,必然也与"互联网+"存在着高度契合。为了保证论题的说服力,仍有必要对"互联网+"与农村社区"微治理"的契合度进行适度的分析。而这种分析,首先必须建立在对"互联网+"概念的理解上,然后以此为逻辑起点,来分析"互联网+"与农村社区"微治理"的契合性。

关于何谓"互联网+",早期的界定采取的是"平台+技术+产业"的范式,更多地从经济层面来理解。马化腾将"互联网+"界定为:"'互联网+'是把互联网的创新成果与经济社会各领域深度融合,推动技术进步、效率提升和组织变革,提升实体经济创新力和生产力,形成更广泛的以互联网为基础设施和创新要素的经济社会发展新形态。"[①] 与之相类似,徐赟将"互联网+"定义为:"'互联网+'是以互联网平台为基础,利用信息通信技术与各行业的跨界融合,推动产业转型升级,并不断创造出新产品、新业务与新模式,构建连接一切的新生态。"[②] 黄璜更是认为:"'互联网+'的经济学意义本质是实现了全球信息资源的重新配置,是工业化与信息化的升级版,能实现与工业、商业、金融业等服务业的全面融合。"[③] 上述界定,带有明显的工具主义倾向,揭示的是互联网作为工具链接经济所发生的化学反应,忽视互联网思维所带来的深刻变革。

[①] 马化腾等:《互联网+:国家战略行动路线图》,北京:中信出版社2015年版。
[②] 徐赟:《"互联网+":新融合、新机遇、新引擎》,载《电信技术》,2015年第4期。
[③] 黄璜:《互联网+国家治理与公共政策》,载《电子政务》,2015年第7期。

从词源学上来看,"互联网+"实际上是由两部分构成,"互联网"和符号"+"。对"互联网"的理解学界和政界存在着较多的共识,而对符号"+"的理解,仍存在着较大的分歧,这也是理解"互联网+"的关键和微妙之处。早期人们对符号"+"的理解更多从产业连接和融合层面理解。刘金婷认为,"+"这一符号至少有如下三层含义:一是建立互联网和传统行业连接,使得传统产业焕发"第二春",或者促进传统产业的升级;二是通过这种连接实现取长补短,充分利用好两方面的优势;三是通过深度融合,建立完善新的发展模式,带动全行业发展。① 这种对"+"的理解仍然是建立在对互联的工具化理解之上的,是基于算术意义对"+"的理解。实际上"互联网+"中"+"号,已经超出算术的意义,它犹如互联网之翅,实现着互联网进入诸领域的超级链接,它的影响不仅仅在产业层面,更重要的是在观念层面引发深刻变革。因此,新的研究要求人们逐步从"平台+技术+产业"的范式中跳出,把"互联网+"视作一种新思维,它不仅仅影响产业发展和经济生活,实际上互联网已经深度融入经济社会文化领域和生活的诸方面,实现了跨越边界的融合。有人指出:"'互联网+'是以互联网技术为基础,以实现应用主体的利益诉求、价值目标为核心,将其技术与自身领域进行深度嵌构,以创新发展理念为价值导向,根据自身需求创新改革组织形式,高效地达成利益目标的一种新兴发展模式。"② 因此,"'互联网+'时代的核心要义是跨界融合,连接一切,用户至上,体验为王。"③

综上所论,"互联网+"可以理解为互联网与经济政治社会文化诸领域和生活的"融合与联合"④,产生了"融合—创新—扩散—融合"的无限循环,从而引发经济政治社会文化诸领域和生活的深刻变化,继而获得新的发展方式、生活方式、观念、体验和新的挑战。它具有虚拟性、包容性、去中心性、平等性、自治性、变革性、联动性、及时性、贴近性、灵活性、精准性等特

---

① 刘金婷:《"互联网+"内涵浅议》,载《中国科技术语》,2015年第3期。
② 刘双良、秦玉莹:《"放管服"改革背景下地方治理能力的提升——基于"互联网+"的分析视角》,载《江淮论坛》,2018年第6期。
③ 朱新力等:《"互联网+"时代法治政府建设畅想》,载《国家行政学院学报》,2016年第2期。
④ 张艳国等:《互联网+社区服务:智慧社区服务新趋势》,载《江汉论坛》,2017年第11期。

征。其中,及时性、贴近性、灵活性、精准性等特征,使得"互联网+"与农村社区"微治理"产生了契合。因为农村社区"微治理""具有贴近公众生活、灵活性、具体性、针对性、微技术和微智慧的运用、精细化等特征,其中,精细化是微治理的基本特征"。① 具体地,"互联网+"与农村社区"微治理"的契合体现在以下两个方面:

第一,"互联网+"为农村社区"微治理"提供了更好的工具箱,以满足农村社区"微治理"的需要。从技术的角度来看,"互联网+"是一个"工具箱",拥有满足农村社区"微治理"的需要"微技术"的工具载体和平台,工具载体如PC、手机,平台如微信、QQ、微博、论坛等。自改革开放以来,农村社区管理层面出现了"弱治理"。面对这种局面,在农村人力资源匮乏的情况下,如果没有技术的突破,有效提升农村社区治理和农村社区的"微治理"都将变得不可能。而借助"互联网+"这个"工具箱",可以实现农村社区基层组织和留守人员与外出务工人员的超链接,及时分享信息、沟通情感、协商社区公共事务或家庭事务,从而使得农村社区"微治理"得到强化,更具针对性、灵活性、及时性和精准性,以及超越时空性。

第二,"互联网+"可以提高农村社区对"微事件"的回应能力。"回应,是指一个组织对公众提出的政策变化这一要求做出的迅速反应,也可以说是政府对公众所提要求做出超出一般反应的行为。"② 据此,"回应能力就是指一个组织对公众提出的政策变化这一要求做出的迅速反应,也可以说是政府对公众所提要求做出超出一般反应的行为"③ 的技能或才能。从治理的角度来说,治理主体的回应能力越强,治理的有效性就越好,"治理赤字"就越少。一般来说,治理主体的回应能力受治理主体自身的能力、意愿、环境、理念与思维、工具等因素的影响。在农村社区,特别是远离城镇的农村社区,社区的空心化和家庭的空巢化,致使社区治理主体(以老人为主)的智识匮乏,治理的意愿较弱,治理的微环境难以形成,治理的理念和思维难以适应时代的要求,留守的社区主体难以承担起治理使命与责任,农村社区"微治理"陷入了困境,

---

① 包先康:《农村社区微治理研究基本问题论纲》,载《北京社会科学》,2018年第1期。
② [美]格罗弗·斯塔林:《公共部门管理》,陈宪等译,上海:上海译文出版社2003年版。
③ [美]格罗弗·斯塔林:《公共部门管理》,陈宪等译,上海:上海译文出版社2003年版。

特别是老无所养、病无所顾已经成为农村社区突出的"微事件"。这些"微事件"迫切需要发现新的方式、新的路径来解决和处理。而"互联网+"时代的来临，为这些"微事件"解决和处理提供了可能。因为，"互联网+"可以为农村社区治理主体提供新知识体系、新的沟通方式、新理念和新思维、新技术。如，我们可以运用"互联网+社区""互联网+社区自组织""互联网+机构"等方式来应对这些"微事件"，从而提高农村社区的回应能力，提高农村社区"微治理"的能力和水平。

总之，"互联网+"时代为农村社区"微治理"提供了新的知识体系、新的思维和新的技术应用，可以优化农村社区治理的微环境，构建农村社区"微治理"的网络体系。人们可以借助"互联网+"模式，实现日常生活的线上和线下无缝对接，实现农村社区的有效治理，逐步达成"治理有效"的目标。也就是说，可以运用"互联网+"来助力农村社区"微治理"。

三、"互联网+"助力农村社区"微治理"的基本路径

任何治理都离不开组织的中介作用，需要规则的指导，必须建立在主体的参与之上，提升社区福利水平，故下文将主要从"互联网+微组织""互联网+微规则""互联网+微参与""互联网+社区公共服务"四个方面，探讨"互联网+"助力农村社区"微治理"的基本路径。

（一）"互联网+微组织"

治理是多元主体之治，治理的主体主要是利益攸关者和志愿者。利益攸关者基于利益的考量介入治理活动和过程之中，而志愿者基于价值的考量介入到治理活动和过程之中。无论基于哪种考量，介入者均试图对治理活动和过程施加影响。治理主体主要由公共利益代表者、私人利益的代表者和介于这两者之间的中介组织构成。农村社区"微治理"主要关注农村社区日常生活的"微秩序"和"微福利"问题，主要依靠社区内的内生力量来实现"微治理"的目标。但它同一般的治理一样，也需要多元主体的参与，其主体包括农村社区

基层组织（村党支部和村民自治组织）、农村社区自组织、社区精英和普通村民等。农村社区中"微问题"的解决、"微事情"的处理和"微心愿"的满足离不开这些主体的参与。

　　基于农村社区的调研发现：由于农村社区"微问题"解决、"微事情"的处理和"微心愿"满足具有应急性、私密性等特点，需要个体的和小众的有序参与。因此，实践中，往往会产生一种自发的、松散的甚或临时的"微组织"。这里所讲的"微组织"，是指日常生活中自发形成的松散甚或临时组成的、为了维持日常生活常态的非正式组织，包括宗族或家族、姻亲群体、邻里、朋辈等。农村社区"微问题"的解决一般遵循"家丑不可外扬"的原则，起初主要由这些"微组织"来介入，只有当这些"微组织"不能解决时，才会不怕"丢脸"，让基层正式组织介入。农村社区"微事情"的处理遵循"靠得住"原则，"微心愿"的满足遵循面子和保护隐私的原则。所以，有些地方在推行"微治理"实验时，在社区设有"心愿盒"或"心愿墙"，来保护需求者的面子和隐私。

　　传统社会，由于农村社区流动性弱，这些"微组织"成员之间能够实现经常的面对面的互动，这些"微组织"的成员能招之即来，从而使得日常生活中"微问题"能及时得到解决，"微事情"能够及时得到处理，"微心愿"能得到及时满足。但是，改革开放以后，农村社区已经成为流动社会的缩影，"微组织"物质结构被肢解，各"微组织"的成员往往天各一方，以往经常的面对面的互动已经变成了"奢侈物"。在农村社区网络基础设施还不完善的时候，一度造成了农村社区"微问题"因得不到"微组织"的支持，而难以及时解决，引发更严重的问题。如，在农村社区常常出现"争吵无人劝""打架无人拉"的现象。本来这些争吵或因争吵而发生打架往往都是些"鸡毛蒜皮的小事"或误会引起的，如果有人及时调解，往往就可达到息争的目的，可以预防事态的扩大。现如今，随着农村社区互联网基础设施的完善，农村社区的成员可以借助互联网技术通过微信平台建立微信群，通过 QQ 平台建立 QQ 群等，重构虚拟"微组织"，如家人群、亲戚群、朋友群、老乡群、邻里群等，每一个"群"实际上就是一个"微组织"。通过这些"微组织"，可以实现信息交流、情感沟通、意见分享、情绪发泄、互助等，并通过线上的互动和线上与线下的互动，促进农村社区"微事件"的解决或处理。

（二）"互联网＋微规则"

任何治理都需要治理主体遵循"共意"的规则，农村社区"微治理"则需要"共意"的"微规则"。所谓"共意"的规则，是指多元主体在平等协商、互谅互让的基础制定的、能够表达共同意愿、认同的规定。农村社区"微规则"，是指农村社区成员日常生活中制定的或约定俗成的基本规定。规则具有建构秩序、形塑社会结构的功能，好的规则也能增进福利。如果说秩序就是一种福利，那么规则也是一种福利。因此，规则本身就具有治理的功能。进而可以推论出：治理就是规则之治，农村社区"微治理"就是"微规则"之治。农村社区的"微规则"，包括家风、家规、家训、族规、族训、社区风俗、村规民约等，这些"微规则"规约着农村社区居民日常生活行为，维护或建构着日常生活秩序和福利。

在缺少流动性的时代，这些非正式的、正式的"微规则"的产生、传播和运用通过面对面的互动来实现。在日常生活中，社区内的村民是否遵循这些"微规则"，以及遵循这些"微规则"的自觉程度，基本上处于村民的"敞式监控"和舆论的监督之下，大多数人能"循规蹈矩"，从而保证了农村社区日常生活常态秩序和基本的生活福利。因为，在这样的社区内，一个社会成员一旦不遵守某项"微规则"，明事理的家庭或其家族往往会予以训诫，以保住家庭或家族声誉；如果某一家庭违反了某项"微规则"，有较强凝聚力的家族成员会出面予以纠正，以保证家族声誉；如果这一家族缺乏凝聚力，不能解决这种违规行为的话，这个家庭包括这个家族会声誉扫地，而被社区内其他家族所轻视，甚至出面干预，以保证社区声誉。

随着流动社会的来临，大量人口外流的农村社区，原有的"微规则"的产生机制、传播机制和运作机制失灵，造成了"微规则"维护过程中出现了家庭失能、家族或宗族失能、社区失能，"微规则"难以发挥曾经具有的职能。

面对这种局面，随着互联网进村，我们可以运用互联网思维和技术来弥补农村社区空心化、家庭的空巢化的不利影响，通过"互联网＋微规则"的机制,实现"微规则"的建构、传播和运作,从而充分发挥"互联网+微规则"在农村社区"微治理"中的作用。

(三)"互联网+微参与"

治理意味着多元主体的参与,有效参与需要搭建合适的参与平台,建构适宜的参与环境,娴熟地运用参与的技巧,以促成有效的沟通和行动。与之相应,农村社区"微治理"需要"微参与",有效的"微参与"需要通过"微平台"的搭建、"微环境"的建构、"微技术"的运用,以促成"微沟通"和"微行动"来实现,因为"微参与"是发生在特定空间的小众的自组织的自主参与或个体自主参与。

改革开放前,在缺乏流动性的农村社区,"微参与"的特定空间可能是某一居民家居空间,也可以是夏天的乘凉的大树下,生产队打谷场上等。几个人或一批人凑在一起,就村庄内发生的事说东道西,或者参加生产队组织的社员会议。这种参与是面对面的,实体性"微平台"和"微环境"正是在互动中建构起来的,互动中所运用的"微技术"是基于地方性知识生产和再生产出来的话语技巧。正是借助这样的实体性"微平台""微环境""微技术"的运用,实现了社区日常生活的有效的"微沟通"和"微行动"。因此,农村社区的"微参与"就构成了现实的农村社区鲜活而有人情味日常生活。

改革开放后,农村社区的流动性加速,社区内有效的互动逐渐减少,农村社区出现了"微公共性"的衰落,重建农村社区"微公共性"变得十分迫切。因为,"微公共性"是农村社区"微治理"的基石。为了实现这种"微公共性"的建构,国家先后提出了社会主义新农村建设、农村社区建设、乡村振兴战略。其中,通过社会主义新农村建设、农村社区建设,农村社区的"微公共性"得到一定程度的再构。如,在新农村建设示范村建成了文化广场、图书阅览室、老年活动中心等,这些公共场所的建立为农村社区"微公共性"的建构提供了物质载体,也为这些社区搭建了日常互动的实体性"微平台",形塑了日常互动的实体性"微环境",这为农村社区的"微参与"提供了"微公共空间"。但是,农村社区的"微参与"不仅需要解决和处理日常生活中的"微公共事件",还需要解决和处理带有一定私密性的"微事件"。而这些公共场所的开放性，不便于人们谈论私密性的"微事件"。况且这些"微公共空间"只是一种典型制造，并不具备普遍性，大多数农村社区因为流动性造成了"微公共性"的丢失，而没能达到实体性的重构。但是，农村社区日常生活中的"微事件"处理和解决需要"微参与"。

农村社区的"微参与"何以可能？"互联网+"时代的来临提供了这种可能性。人们可以借助"互联网+微参与"来助力农村社区"微治理"。"互联网+微参与"是指以互联网为载体搭建"微平台"、构建"微环境"，并运用互联网新技术，实现社区成员的线上、线上与线下的"微沟通"，协调"微行动"。随着互联网技术的高度发展，微信、微博、QQ、推特等"微公共空间"得以建构。这些"微公共空间"具有信息传播的实时性、时空压缩性、互动性、多渠道性、多样式性、生动性、灵活性、精准性等特征，可以实现跨越时空的虚拟的"面对面沟通"，可以避免在敏感问题上实体的面对面沟通的尴尬，从而助益农村社区"微治理"，达成"微治理"的双重目标——微秩序和微福利。

（四）"互联网+社区公共服务"

上文主要从"互联网+内生资源"的思路，探讨"互联网+"助力农村社区"微治理"的基本路径。实际上，农村社区"微治理"的实现，还需要外生资源的介入。农村社区"微治理"是内生资源和外生资源互动的结果，只不过大多数情况下，内生资源作用和影响更大。因此，仍有必要从"互联网+外生资源"的思路探讨"互联网+"助力农村社区"微治理"的路径问题，以弥补前论的不足。在此，主要以"互联网+社区公共服务"的视角来予以阐释。

社区公共服务是社区治理的重要事项，与社区居民的福利有关，高水平的社区公共服务可以增进社区居民的幸福；反过来，随着社区居民幸福感的增强，又可以提高社区居民对社区的认同，从而有利于社区良序的维护与建构。长期以来，农村社区的公共服务是自给自足的。人民公社时期，社区公共服务主要是通过生产队提供，如小型农田水利建设、村庄道路维修、"五保户"的养老等，主要是以生产队为行动单元；而像学校、公共医疗卫生服务等，主要以生产大队为供给单位。改革开放后，随着联产承包责任制的实施、人民公社的解体和乡镇体制的建立，生产大队和生产队被村委会和村民小组替代，农村社区公共服务的供给仍由村委会和村民小组供给。但是，村委会和村民小组相对于人民公社时期的生产大队和生产队来说，控制力和动员能力已经弱化，农村社区通过村委会和村民小组来整合和动员集体的力量提供社区公共服务，已经变得十分困难，农村社区公共服务供给功能弱化。再加上，农村义务工和农业税的取消，农村社区自给自足的公共服务供给功能难以为继，农村社区公共服务的供给需要，由社区供给向国家供给转变。然而，这种转变的滞后致使农村社区公共服务的供给水平远低于人民公社时期。为了扭转这种局面，国家先后开展了社会主义新农村建设和农村社区建设。但由于资源禀赋的局限、地方政府的投入不足等原因，很难根本改变农村社区公共服务供给不足的困境。

"十九大"提出的乡村振兴战略，为农村社区摆脱公共服务供给困境提供了机遇。按照乡村振兴战略，农村社区公共服务的供给应该在更高层次上谋划，而不能重复传统社区公共服务供给模式。传统的社区公共服务供给模式具有明显的"政绩导向"和"事本取向"，它强调政治绩效往往优先于人的发展绩效，过多强调规模和功能，贪多求全，"花瓶主义"价值认知居于主导地位。而且，公共服务的供给主体（地方政府）与服务对象（居民）间存在着严重的信息不对称和信息盲区，对居民为主体的人性化考虑不足，轻视居民主体差异化和个性化公共服务需求，公共服务的供给不精准，难以解决和处理农村社区中的"微事件"，如家庭养老、基本医疗服务和心灵慰藉等。

当今，中国社会正在步入"互联网+"时代，我们不妨运用互联网技术和"互联网+"思维来建构农村社区公共服务供给模式，即"互联网+社区公共服务"模式。"互联网+社区公共服务"的价值理念是"以社区为基地，以居民为中心，以互联网技术为保障，努力提高社区服务的质量，满足社区居民生活需要和精神关切，开拓社区服务的新形式"，[1]以促进社区服务健康有序发展，服务社区居民。它的优势在于可以实现农村社区公共服务的精准供

---

[1] 张艳国、朱士涛：《互联网+社区服务：智慧社区服务新趋势》，载《江汉论坛》，2017年第11期。

给。这是因为：首先，"互联网+社区公共服务"精准供给是"基于'互联网+'平台技术和资源整合的一种创新型公共服务供给模式，是通过互联网技术，与医疗、卫生、教育、养老、社区综合治理等公共服务融合，为社区居民提供人性化、智能化、规范化、便捷化、精准化供给，以优化供给要素、更新供给体系、重构供给模式等途径，促进社区公共服务供给的转型、升级和创新，实现公共服务供给差异化、标准化和高效化要求"。① 其次，"互联网+社区公共服务"可以消除供给主体间的"信息孤岛"，实现资源的优化组合；还可以消除供需主体和供给主体之间"信息孤岛"效应，改变公共服务供给信息的闭塞与孤立。从而使得需求主体和供给主体可以通过互联网、云计算、物联网等新信息技术完成了公共服务产品的全面信息传播和展示，使国家公共服务政策、供给服务信息透明化、公开化，实现社区公共服务的有效供给。如果我们能够将"互联网+社区公共服务"模式运用农村社区公共服务的供给中，将会有效改善农村社区公共服务供给的水平和质量，更好地促进农村社区"微治理"，以达成"微治理"的目标。

四、结论与思考

如今，中国社会正在步入"互联网+"时代。2018年底，我国网民规模达8.29亿，普及率为59.6%。手机网民8.17亿，网民通过手机接入互联网的比例为98.6%。贫困地区网络基础设施"最后一公里"逐步打通，"数字鸿沟"正加快弥合。② 这为互联网全面融入大众的日常生活提供了基本保障。从BBS到博客，再到微博和QQ、微信，互联网技术为人类的交往互动提供了新的思维、新的技术、新的场域和新的生活方式。"网络社会的崛起"正在改变着社会形态结构，使社会再结构化，重塑新的社会模式。③ 也就为现代国家的

---

① 何继新、李原乐：《"互联网+"背景下城市社区公共服务精准化供给探析》，载《广州大学学报》（社会科学版），2016年第8期。
② CNNIC：《第43次中国互联网络发展状况统计报告》中国互联网络信息中心，http://www.cnnic.net.cn/hlwfzyj/hlwxzbg/hlwtjbg/201902/t20190228_70645.htm.
③ ［美］曼卡尔·卡斯特：《网络社会的崛起》，夏铸九等译，北京：社会科学文献出版社2001年版。

"宏治理"和"微治理"提供了新的思维、新的技术、新的场域和新的机制。农村社区"微治理"作为国家治理体系的神经末梢,随着手机这样的日常通信工具接入互联网的普及,"互联网+日常生活"已经成为现实,随着互联网不断向贫困地区延伸,"数字鸿沟"的快速弥合,"互联网+农村社区日常生活"将会使得"互联网"融入农村社区"微治理"成为可能,并将成为助力农村社区"微治理"的基本平台。

那么,"互联网+"融入农村社区"微治理"何以可能?在技术层面,各级政府需要有效整合各种资源,通过政府、企业、社会组织和个人间的协同完善农村社区通信设施、改造升级互联网技术,来构建成熟的互联网平台,为互联网与农村社区日常生活全域的"+"提供最基础的技术支持。在价值和理念层面,坚持人本主义的价值观,以农村社区居民为本,一切以方便社区"微事件"的解决与处理为出发点。为此,我们需要引进精细化治理理念。

精细化治理理念脱域于20世纪50年代日本企业精细化管理理念。将精细化管理理念引入社会领域,可以提出精细化治理的概念,即多元主体运用现代技术和思维精准地提供公共品以增进社会秩序、提升社会福利的过程。农村社区"微治理"是一种精细化治理,它需要借助现代技术和思维来提升居民日常生活的质量,而作为现代技术的互联网技术和作为现代思维的"互联网+",恰恰可以使得这种精细化治理成为可能。如,人们可以利用"互联网+"打造智慧农村社区、数据农村社区,通过"互联网+文化"精准地满足农村社区日常文化生活需求,丰富文化生活;通过"互联网+生活服务"精准地满足居民基本生活服务需求,建构"小需求不出社区,大需求不远离社区,紧急需求不出家门"的生活图景;通过"互联网+社区医疗"模式可以精准有效地整合同一地域和不同地域医疗资源,构建跨领域、地域的时空医疗共同体,实现社区居民便捷化、精准化诊疗和就医服务;通过"互联网+养老服务"模式,借助农村社区网络服务平台建立老年特色服务专区,为老年人提供精准的家政服务、医疗服务、精神服务、爱心服务等,满足老人的"微心愿",全面提升老年人生活质量;通过"互联网+社区教育"模式为农村社区居民,特别是留守儿童提供精准社区教育服务,以满足社区不同居民群体差异化教育需求。①

总之,从农村社区"微治理"的视角来说,农村社区治理主体,可以借助"互联网+"积极的建构性力量和重构性力量,进行社区动员和社区建设,扶危济困,传递守望相助的社区文化,使农村社区居民和志愿者成为被激活的个体元素,在互联互通中创造社区价值,并形成新的社区功能,从而实现社区善治。

第二节　农村社区"微治理"中的社会工作介入

作为现代社会的社会制度之一,社会工作既是一种现代价值理念,也是一种现代社会技术,还是一种重要的社会力量。它可以为农村社区"微治理"提供价值支撑,作为"一种体制内治理社会的专业与技术"②,可以为农村社区"微治理"提供必要技术支持,可以为农村社区"微治理"提供外源型资源支持,并激活内生资源。总之,作为现代社会制度安排的社会工作,基于正义原则理应进入农村社区日常生活,并为改进与改善农村社区日常生活做出贡献。但就目前来看,与其他的制度设计一样,社会工作也首先亲和于城市社会,而对农村社会有意或无意的忽视。因此,本命题只是一种超前的预设,并以此探索社会工作进入农村社会、进入农村社区日常生活的合法性和可能的路径,以及由此可能产生的治理效应。

一、社会工作与农村社区"微治理"的洽合

社会工作作为一种治理术,与治理之间有着天然的契合性。社区治理和社

---

① 何继新、李原乐:《"互联网+"背景下城市社区公共服务精准化供给探析》,载《广州大学学报》(社会科学版),2016年第8期。
② 卫小将:《压制、矫正与赋权:社会工作与农民工治理术的理路》,载《中国农业大学学报》(社会科学版),2017年第3期。

区"微治理"作为治理连续统的构成,社会工作必然同它们存在着洽合性。不过,社会工作更多地强调从微观上、从日常生活改变个人、群体,它与社区治理和社区"微治理"更具洽合性。在中国,农村社区和农村社区日常生活历来被视为治理的重要域,社会工作理应与农村社区治理和农村社区"微治理"发生洽合。这种洽合主要体现在价值、方法和目标上。

(一) 价值洽合

在中国民间文化中,助人是"做善事",是一种积德的行为,并通过这种积德获得好报或荫及子孙。总之,传统的助人是建立在致弱归因个人化和助人行为道德化之上的,是一种直接的或间接的助己取向,且是非制度化的。

学界一般认为,1601年《伊丽莎白济贫法》的颁布,标志着现代社会工作的肇始。这项法律将"济贫—助人"制度化,虽然"习艺所"中有对个体的强制性劳动的规定,而具有浓厚的权力技术痕迹,但已经具备了"助人自助"的价值雏形。后来,随着社会工作制度的完善,逐步完成了助人的利己主义价值到"助人自助"的利他主义价值转变,并使得"助人自助"成为社会工作的基本价值,它包括"推动超越个人私利的给他人的服务;对每个人都给予关心和尊重,意识到个体的差异和文化及种族上的多元性,明白人际关系和人群内部关系是重要的社会变革工具等"。① 概言之,社会工作就是通过其特有的方法与技术输入服务,以彰显与弘扬公正、平等、尊重、接纳、人道主义的价值,倡导公共精神,并在具体工作中秉持尊重人的价值、案主自决、个别化、自我实现等价值。因此,社会工作不仅"是一个强价值介入的道德实践"② ——助人,更是一个强调自我实现的自救、自新的实践。

从价值层面来看,治理在"形式合理性表征之下,隐匿着平等与协商、宽容与信任和合作与共享等价值理性"。③ 其中,平等与协商是治理的价值内

---

① [美]拉尔夫·多戈夫等:《社会工作伦理实务工作指南(第七版)》,隋玉杰译,北京:中国人民大学出版社2005年版。
② 阮新邦:《"价值相关性"、"强价值介入论"与社会科学中国化的规范基础》,见阮新邦、朱伟志:《社会科学本土化:多元视角解读》,西安:八方企业文化公司2001年版。
③ ③包先康:《治理的伦理意蕴及其超越》,载《安徽师范大学学报(人文社会科学版)》,2013年第4期。

核，因为治理首先需要多元主体的参与，而多元主体能否有效参与公共事务，主要取决于参与的利益攸关方是否有平等的话语权，在遇到利益的冲突和分歧时，能否理性地沉下来进行协商。平等协商意味着参与主体间的彼此尊重、承认差别。离开了平等协商，治理就会退化为一般的管理乃至统治。宽容与信任是平等协商的前提，宽容意味着参与主体间在尊重个体化的前提下的接纳。"没有宽容，也就没有协商和对话，合作就失去了基础"。[①] 合作与共享既是治理的内蕴的价值，也是治理的直接结果，并因此而最终达成治理的目标——秩序和福利。可见，治理的内蕴价值与社会工作所秉持的价值——公正、平等、尊重、接纳、人道主义的价值，倡导公共精神等有诸多共同之处。这并不难理解，因为社会工作实际上已经成为现代治理的基本工具和方式，相对于治理而言，社会工作更多地体现为工具价值，而推动着治理目标的达成。如，社会工作所秉持的"助人自助"利他主义的价值，社会工作者在具体实践中能够保持一种对服务对象差异的接纳和尊重的态度，以及对社会关系的重视，成就了社会工作者天然的协调角色和力量，并通过这种协调建构或重构良好的关系，而有助于治理。社会工作者和社会工作机构可以以公民的身份或社会组织参与到公共事务中，通过提供"以案主为本"的人道主义的服务，获得案主和社会公众的支持，而有助于治理。社会工作可以通过为社会组织和社区发展提供专业技术服务，以获得社会组织及各类基层组织的支持、合作和对社会工作专业的认可，而方便其有效地介入治理。社会工作可以在公共服务供给中选择与政府的合作，并通过这种合作让政府深入了解社会工作的价值，有效地影响政府对其他治理主体的态度，助力合作治理。

农村社区"微治理"与一般的治理一样内蕴着"平等与协商、宽容与信任和合作与共享"等价值理性，其内蕴的价值也与社会工作所秉持的价值存在着洽合。同样，社会工作作为现代化的治理手段和工具，尤其是精细化的工作方法，更有利于农村社区"微治理"目标——微秩序和微福利的实现。

---

① 包先康：《治理的伦理意蕴及其超越》，载《安徽师范大学学报》（人文社会科学版），2013年第4期。

（二）方法洽合

社会工作与农村社区"微治理"的共通之处都是要做具体人的工作，解决具体的问题，以实现人的内心和谐和关系和谐。因此，这二者所开展的行动，都带有"助人"的性质。不过，现代社会工作强调通过"助人"来达成案主"自助"的目的，而农村社区"微治理"强调助人来息争、平事、顺心。

农村社区"微治理"主要通过传统方法来达成治理目标，且多数情况下是行之有效的。无论是"微问题"的解决，"微事情"的处理，还是"微心愿"的满足，实际上是通过熟人社会或半熟人社会内的"自助"和"助人"的方法实现的。

社会工作的逻辑起点，建立于服务对象所面临的需要解决的问题和需要满足的需求的科学评估之上，并根据这种评估选择介入的方法和介入的工作程序。社会工作包括宏观的社会政策与社会工作行政，中观的社区工作和微观的个案、小组工作，其中，前者主要为后者提供政策的引领，间接介入到服务对象问题的解决和需求的满足中；而后者借助其专业方法和技术直接介入服务对象问题的解决和需求的满足中。早期的社会工作是以贫困者、老弱者、身心残障者、越轨者和权利受损者等弱势群体为服务对象，通过救助、心理治疗、建构和重构良性的社会关系，让他们过上有尊严的生活，从而能够融入社会的正常生活。因此，社会工作是一种社会治疗术，社会工作者或社会机构扮演社会"啄木鸟"的角色。

社会工作是一种现代"治理术"[1]。"治理术"是福柯最先提出的，是其技术谱系的重要部分。在福柯看来，"治理术"既关涉宏观的政治结构或国家的管理，也适用于个体或集体的行为的引导。如"孩子的治理、灵魂的治理、共同体的治理、家庭的治理和病人的治理"[2]。可见，这样一种治理术与"社会工作的'社会干预调节''社会安抚''助人自助''潜能挖掘'和'主体

---

[1] 福柯：《什么是批判：福柯文选三》，汪安民编，北京：北京大学出版社2016年版。
[2] 福柯：《什么是批判：福柯文选三》，汪安民编，北京：北京大学出版社2016年版。

第六章　农村社区"微治理"的现代技术

塑造'等不谋而合"。① 它是在牧师技术基础上融入了专业的价值、理论、方法、技巧等发展起来的。在价值上,其除了深受基督教的慈善理念的影响,还深受乌托邦思想和人文主义所倡导的"给每个人一种充满平等和关爱的社会愿景,使个体获得更多的安全感"等价值理念的影响。在理论上,实证主义有利于对服务对象的精准测量、描述和评估,心理学有利于对个体心理层面世界的科学探索,社会学有利于从社会结构层面发现服务对象所面临的困境,并从中发现解决问题的最佳办法。在专业层面,专业关系的建立有益于营造一种有利于服务对象倾诉和信任的态势情境。在技术上,接纳、倾听、共情、尊重、支持、自我披露等专业性的技术的运用,有利于探究服务对象的内心世界和现实困境,实现对于服务对象的有形或无形的"操控"或"治疗"。

农村社区"微治理"实践中,农村社区"微问题"的解决主要采用讲情、论理、释法、明利、用力、解气等方法,介入者除了应该具备超出常人的地方性知识和技巧之外,很多时候需要运用其权威来"压一压","微事情"的处理和"微心愿"的满足也是如此。也就是说,农村社区"微治理"实践中遵循的是"权威逻辑"而非"专业技术逻辑",所以,很多时候"事情是压下去了"。但"气"还在,怎样解气,传统的方法就出现了严重的缺陷,这时,我们如果能将社会工作的专业方法、技术与传统的方法、技术中合理的因素相结合,可能会相得益彰。特别是,改革开放以来,农村社会结构正处于解构与重构时期,传统的地方知识出现了部分式微,新的知识不断嵌入,仅仅依靠传统的方法、技术,或者仅依靠新的知识、技术,都难以解决好农村社区的"微问题",处理好"微事情"、满足"微心愿"。这些问题的最佳解决需要传统与现代的彼此借鉴。尤其应该清醒地认识到,社会工作毕竟是舶来品,其方法在嵌入农村社区居民日常生活的过程中,也会存在着"水土不服"的问题。要使得社会工作在农村社区"微治理"中发挥更好的效用,它也必须"入乡随俗",要吸收农村社区"微治理"中"微问题"解决、"微事情"处理、"微心愿"满足的处境化"微技术"。

---

① 卫小将:《压制、矫正与赋权:社会工作与农民工治理术的理路》,载《中国农业大学学报》(社会科学版),2017年第3期。

(三) 目标洽合

社会工作，特别是微观社会工作和农村社区"微治理"，都是以个体或小众群体为对象，通过对个体或小众群体日常生活中的困扰的干预，来满足个体或群体的需要，有利于社区和社会的发展与和谐为目的。

农村社区"微治理"是将治理理论运用于日常生活的治理中，通过农村社区日常生活中"微问题"的解决、"微事情"的处理和"微心愿"的满足，以维护或建构农村社区日常生活的"微秩序"、维持或增进农村社区日常生活的"微福利"，达成农村社区日常生活的和谐，进而实现社区的和谐。

在农村社区，社会工作开展服务的前提是：既需要与服务对象建立专业关系的正式关系，也需要建立有利于工作开展的非正式关系，积极灵活地扮演多种角色与转换身份，才能充分发挥专业作用。社会工作的服务对象包括个人、群体和社区。社会工作介入农村社区"微治理"，可以运用个案工作帮助社区居民克服个人心理困扰、人际关系障碍、疾病与贫困等"微问题"；还可以运用小组工作帮助一群具有相似经历和问题的人，通过小组活动的形式克服日常生活中的各种困扰，以解决生活中的"微问题"；也可以运用专业的社区工作方法，帮助社区居民通过共同行动解决社区内的问题、处理社区内的公共事务，以解决社区公共性"微问题"。此外，社会工作是一个助人的工作，不仅有利于问题的解决和事情的处理，并且可以通过问题的解决和事情的处理，以及直接或间接提供帮助满足人的心愿，从而实现人的心灵和谐、人际关系和谐和社区和谐。可见，如果我们将社会工作介入农村社区，社会工作所要解决的个人问题、小众群体的问题，以及社区内的公共问题和事务，正是农村社区"微治理"所要解决的"微问题"和所要处理的"微事情"。所以，农村社区"微治理"与社会工作目标是互洽的。不过，社会工作在介入的过程中，必须要解决好"入乡随俗"的问题，否则再好的专业，也难以发挥作用，实现好的治理效能。

二、社会工作介入农村社区"微治理"的合法性

从理念和方法上看，社区治理正处在"从官僚主义和行政方法向社会化

的专业主义阶段转型。社会建设、社会治理的专业主义,有着与官僚主义、行政化方法不同的目标、方法和基础。它立足于社会工作专业知识和专业技术方法,以社区场域的多种组织和社会资源为基础,采取以社会技术为主的治理机制,实现多方主体平等合作的直接目标"。[1] 在中国,城市社区的治理正在经历着这样的转变,而呈现出官僚主义与专业主义、行政化方法与社会工作的专业技术方法混存的局面。但大多数情况下,官僚主义凌驾于专业主义之上,行政化的方法中嵌入社会工作的专业技术方法,或者社会工作的专业技术方法嵌入行政化的方法中。实际上,在城市社区的治理中,社会工作的专业技术方法是嵌入在亚官僚体制中,并通过行政途径或行政的支持发挥作用。不过,在农村社区治理中,社会工作的专业技术方法的引入,还处在臆想之中。但并不影响我们将社会工作的专业技术方法引入农村社区治理的努力。而微观社会工作中的个案工作和小组工作对日常生活的亲近性,使得引导社会工作介入农村社区"微治理"就更具合法性。

(一) 传统方法的局限性

大多数情况下,农村社区"微治理"中"微问题"的解决、"微事情"的处理和"微心愿"的满足都离不开有威望或有威信的人发挥作用,即离不开现代语境下的权威。实际上,在农村社区中,权威是不能代替威望或威信。也就是说,农村社区"微治理"实践,实际上是一种"权威实践"[2]。农村社区"微问题"的解决中所运用的方法无不与权威的运用有关。"权威实践"优势在于:熟人社会的"权威"是一种非结构性权威,是在地性的文化图式和资源的产物。在地性的文化图式使得权威的认同变得容易,且使得权威能够低成本生产与运作。由于认同,所以有效;由于成本低廉,所以便于动员。正是这样的优势,虽然目前农村社会已经发生了深刻的转型,很多村庄出现了不同程度的解构,但当"微问题"发生时,社区绝大多数成员首先想到的还是运用

---

[1] 陈伟东等:《论城市社区治理的专业化道路》,载《华中师范大学学报》(人文社会科学版),2015 第 5 期。

[2] Eileen Gambrill. *Evidence-Based Practice: An Alternative to Authority-Based Practice*. Families in Society: the Journal of Contemporary Social Service, 1999 (4), pp. 241 – 350.

传统的权威介入"微问题"解决的实践中，除非实在是"走投无路"时，才会放弃村庄的"权威实践"，而谋求他途。但传统的文化基因根深蒂固，人们仍然寻求权威的介入，只不过是村庄外的权威罢了，如"有事找政府"，而不会去寻求专业的方法来解决。与农村社区"微问题"的解决相似，农村社区"微事情"的处理也是一种"权威实践"。甚至个人和家庭生命历程中的重要事件也是借助权威来实现的。"权威实践"遵循的逻辑是"哄商—命令—服从—哄商"。即权威的介入首先从"哄商"开始，"哄商"是在农村社区"微问题"的解决中常用的一种治理术，它是指权威人士在介入"微问题"的过程中用"说好话"或"给允诺"边哄边协商的说和方式。当"好话歹话说尽"还不见效，介入者会审时度势，要么放弃说合，要么就采取强制。如果采取强制的方式来平息事态，并不能平衡当事人一方甚至双方的心理，而会出于压力出现暂时或表面上的服从，内心却不服气。这时若要巩固介入的效果，那么，事后介入者会通过私下的"哄商"来斡旋善后，这既是一种善始善终的"好人做到底"，也是推卸责任的一种方式。因为，在农村社会，人们信奉着"打死人偿命，哄死人不偿命"的信条。这样即使后来出现"微问题"没有解决好，造成不良后果，也不会对自己的权威造成太大的贬损。

从上述分析来看，"权威实践"的缺陷也是十分明显的。其缺点在于："权威实践"的非专业化，使得农村社区中出现的留守儿童问题，如学业成绩差、越轨等问题的解决变得十分困难，权威实践中解决这类问题的办法主要通过说教、恫吓、打骂等方式，但这些方式不能走进儿童的内心，也就解决不了儿童的心理困惑，而难以奏效。"权威实践"的主观性，使得农村社区"微事件"的解决和处理过于凭依于主观的经验，但经验并非总是有效的，当经验失灵时，由于缺少客观的处理程序和标准而无所适从，从而产生信任危机，不利于"微事件"的解决和处理。"权威实践"对权威的依赖性是建立在不缺少权威的场域。在急剧转型的现代社会，农村社区权威的生产和认同已经并非传统的理所当然，而需要文化图式的重构和资源的积累，在此过程中，很容易产生认同权威的缺场，容易造成农村社区日常生活的失序。因此，农村社区

"微治理"迫切需要引入具有"循证实践"特质[①]的现代专业社会工作。

(二) 社会工作介入农村社区"微治理"的可能空间

社会工作有其独特的功能,在功能主义看来,功能是反映系统内部各部分之间关系的概念,它们之间相互联系,彼此之间相互作用,并共同对系统的整合做贡献。这种部分对整体的贡献或者所发挥的作用,就被称作"功能"。一般地,社会工作的功能对象是那些陷入困境、需要提供社会工作服务的个人、群体和社区,社会工作就是要帮助他们走出困境,过上与社会环境相适应的和谐生活。社会工作具有如下功能:一是恢复,二是提供资源,三是预防。[②] 其中,恢复功能,是指社会工作者或机构运用其治疗术帮助陷入困境需要帮助的个人、群体和社区生活恢复常态;提供资源的功能,是指社会工作者或机构通过直接或间接提供受助者所需资源的方式,使他们的境遇有所改变;预防功能,是指社会工作者或机构运用专业的技术方法预测个人或群体的日常生活在现有的结构中可能发生的障碍的基础上,而事前进行合理干预以避免其发生,或者在问题刚出现时随即采取措施以防止其继续生长,成为日常生活的障碍。可见,社会工作主要是通过对个体、群体和社区日常生活干预的方式,来解决和处理日常生活中发生的具体事件。

农村社区"微治理"就是在特定理念的支配下,运用合理的技术方法解决和处理日常生活中"微事件",来实现社区日常生活的和谐,而社会工作正是现代社会发明的一种社会治理技术。因此,农村社区"微治理"可以为社会工作的介入留下了充足的可能空间。

首先,社会工作可以介入农村社区"微问题"的解决。农村社区日常生活中常见的"微问题"主要有家事纠纷、邻里纠纷、越轨、养老,以及继承、婚姻、土地、债务等"微问题"一旦发生,很容易造成心理失衡和关系的失衡。当这些"微问题"难以解决时,主要依赖权威来"压一压",造成当事人出现"口服心不服"的现象,其因纠纷产生的心理失衡和关系失衡没有得到

---

① Eileen Gambrill. *Evidence-Based Practice*: *An Alternative to Authority-Based Practice*. Families in Society: the Journal of Contemporary Social Service,, 1999(4), pp. 241-350.
② 王思斌:《社会工作导论》,北京:北京大学出版社2011年版。

疏解，处理的结果也缺乏正式的约束力。而社会工作的个案工作和小组工作可以提供专业的心理治疗，达成解气的目的，从而恢复心理平衡和关系的恢复与重构。它主要通过平等主体间的有效沟通，来达成共意地解决"微问题"的原则和办法，具有正式性，从而产生正式的约束效力，保证"微问题"解决的有效性。

其次，社会工作可以介入农村社区"微事情"的处理。目前，农村社区"微事情"的处理大多采取的是非专业化的传统方法。非专业化的传统方法，具有成本低廉、灵活的特点，同时与农村社区"微问题"的解决一样，农村社区"微事情"也存在着对"权威"的依赖性。在现代农村社区，随着社会转型的加剧，传统权威的生产变得越来越困难。因为，现代社会的功利导向，村庄中的人各自忙自己的事业，无暇顾及或不愿意顾及其他，热心人变得越来越少，热心且有能力的人更是越来越少，而且精英多已离开村庄。而村庄中的"权威"正是树立在"热心助人"，且能办好事的基础之上的。现代科层制下造就的体制的村庄精英，由于诸多原因与村庄中的居民产生了区隔或生分，他们有时虽有些象征性权力，但很难转化为权威。所以，现代农村重大"微事情"，如婚事、丧事等的处理越来越"专业化"。但这种"专业化"并非真正意义上的专业化，而是一种市场化民间承包，如司仪、鼓乐队、宴席的操办、表演等。由于这种民间"承包"的非正式性使得一些陋习以"专业化"的方式呈现，恶化了乡村的风气。如果我们能在农村社会组建一些正式的服务型的社会组织，并接纳经过专业化训练、了解当地民风、民情的社会工作者介入，或许能够克服市场化民间承包带来的弊端，良化农村社会风气，达成移风易俗的目的。

最后，社会工作可以介入农村社区"微心愿"的满足。在缺少流动的农村社区里，农村社区居民的"微心愿"相对比较容易满足，而不至于产生严重的"微问题"。然而，随着改革开放，农村社区的流动性加强，农村社区的空心化、家庭的空巢化，使得这样的"微心愿"难以满足，使得"微问题"频发，才会出现人们的物质生活水平在得到较大的改善时，抱怨也在积聚。为此，有人主张唤回孝道。但是，在社会流动已成为常态，在面对个人或家庭生存和发展的压力面前，孝道变得苍白无力。也就是说，传统的方法已经难以实现人们现实中一些"微心愿"的满足,而这又关系到底层民众生存福利或底线的幸福。因此,要从根本上解决这样的问题,迫切需要政府和社会力量的介入。而政府和社会力量介入的最好方式,就是培养适合农村需要的专业化的社会工作者队伍,建成适应农村需要的社工机构和志愿者组织,让它们为农村社区居民提供专业化的"微服务",以满足他们的"微心愿",解决"微问题",化解农村社区内的"怨气",实现农村社区生活的幸福和谐。

(三) 社会工作的优势

社会工作作为现代社会治理术,与社会治理存在着天然的亲和性。在发达国家,社会工作在整个国家治理的诸层面发挥着重要的作用。在宏观层面,国家可以通过社会政策和社会工作行政达成国家层面的社会治理目标——政治认同;在中观层面,地方政府可以通过社区社会工作的开展达成社区良性发展的目标;在微观层面,地方政府可以借助个案工作和小组工作介入普通民众的日常生活,为其解困分忧,实现个体生活的圆满。特别是微观的社会工作,由于具有专业性、亲民性、可操作性、可模仿性等优点,可以发挥其在农村社区"微治理"中的优势。

第一,社会工作的专业性,使得社会工作者和社工机构可以在农村社区"微治理"中提供更加精细化、精准化的专业服务。传统的治理术是一种权威实践,它在农村社区"微问题"的解决、"微事情"的处理和"微心愿"的满足中,主要采取"动之以情""晓之以理"之术,在这两种治理术的运用中本身就蕴含着"权威的逻辑",当这两种治理术难以发挥作用时往往采取权威来压制,其结果或许能暂时息争,但没有达到真正解气的效果。而社会工作由于其专业性,从微观层面来说,它可以以个案工作和小组工作的方法深入案主的生活、进入案主的内心世界,通过与案主的融洽互动,了解案主面临的真实困境,运用循证社会工作的方法制定出与案主相匹配的干预方案[1],从而保证"微问题"解决、"微事情"处理和"微心愿"满足的精细化、精准化。

---

[1] Eileen Gambrill. *Evidence-Based Practice: An Alternative to Authority-Based Practice*. Families in Society: the Journal of Contemporary Social Service, 1999 (4), pp. 241 – 350.

第二，社会工作的亲民性，使得社会工作的理念和方法更能让服务接受者所接纳。任何一种新的技术的运用，都必然会引起陌生的恐怖或恐慌，而遭到排斥。因此，社会工作在介入农村社区日常生活的过程中，人们同样会因为陌生而恐惧或恐慌。但社会工作拥有一套科学的工作流程和方法，能有效说服服务接受者接受社会工作服务。尽管改革开放已经走过了40年，农村社会的观念已经发生了较大的变化，但是深入骨子里的一些观念是难以改变的，如"家丑不可外扬"等。这些刚化的观念，往往会阻碍农村社区中发生的"微问题"的解决，特别是那些会影响个人或家庭声誉的"微问题"，往往因"难以启齿"而被遮蔽，成为个人或家庭挥之不去的心病或阴影。如果这样的"微问题"不予以解决，小而言之，会影响个人的身心健康和家庭的幸福；大而言之，可能会酝酿出出人意料的"大事件"。这时就需要一个"知心人"走进他们的内心，帮助他们除忧解困。在农村社区日常生活中，"家丑"最害怕熟人知晓，而成为笑柄，甚至在村庄中抬不起头来。所以，熟人不是他们理想的"知心人"。而陌生人更是外人，中国文化中对陌生人的不信任，使得"家丑"更不能让他们知道，一旦让这些人知道就会出现"好事不出门，坏事传千里"的局面，风险更大。而社会工作者的职业操守，以及社会工作者秉持着尊重案主价值的理念和科学的工作流程与方法，使得社会工作者可以充当打消他们疑虑的"知心人"，走进他们的内心世界，帮助他们有效地除忧解困，从而有利于"微问题"的有效解决，或有利于"微心愿"的有效满足。

第三，社会工作的可操作性和可模仿性，一方面可以提高社会工作的可信度，另一方面可以提高社会工作的有效度，从而提高农村社区居民对其可接受性，有利于农村社区日常生活中"微问题"解决和"微心愿"的满足。社会工作的可操作性，一方面体现在社会工作开展有着一系列科学的程序，另一方面表现为社会工作将循证医学的方法运用于社会工作过程中，形成"循证实践"的路径。前者使得农村社区的居民觉得社会工作者行事"像模像样"，并且通过这一系列的操作拉近了与案主之间的关系，在频繁的互动中，他们也由"陌生人"变成了值得信赖的"熟人"，这样的"熟人"是在日常生活的互动过程中建构出来的，不同于"生于斯长于斯"的自然"熟人"，他们与案主的未来生活会隔着一段距离。再加上他们有为案主保密的法定义务和职业操守，自家"丑事"不会害怕泄密,或未来长期生活在一起而觉得不自在,从而使得农村社区居民感觉到可信。后者使得农村社区的居民觉得日常生活中发生的"微问题"是可治的,"微心愿"是可以满足的。因为随着循证社会工作的完善,循证社会工作并非机械地将循证医学的五个流程,[①] 而是强调在人文主义关照下对其进行改造,将循证社会工作变成证据、社会工作者和服务对象自我认知的结合体。[②] 西蒙的研究指出,在评估处理具有复杂诊断表现的案主状况时,混合运用生物、心理和社会框架的疗法,较单纯循证医学疗法的更具有效性。这种混合疗法,强调从案主需求出发的首要性和重要性,认为案主的主观价值需要有时比实际的临床证据表现更为有效。[③] 正是由于社会工作具有可操作的流程、技术和方法,从而使得社会工作具有可模仿性,这种可模仿性使得社会工作会对农村社区"微治理"产生持续的影响,一定程度上克服了农村社区"微治理"中传统方法随意性的缺陷。

三、社会工作介入农村社区"微治理"的现实路径

综上所论,社会工作与社会治理间有着天然的亲和。其中,微观的社会工作与"微治理"天然洽和,社会工作特别是微观社会工作介入农村社区"微治理"也就获得了无可辩驳的合法性。但是,社会工作对农村社会来说是一种外来的"异物"。社会工作如何有效地介入农村社区"微治理",就成为不可回避的问题。下文,分别从主体、理念和方法三个方面探讨社会工作介入农村社区"微治理的"现实路径。

(一)主体介入:克服"无主体境"

与一般的治理一样,农村社区"微治理"也需要多主体的参与。然而,

[①] Sacket D. *Evidence-Based Medicine: How to Practice and Teach EBM*. New York: Churchill Livingstone, 1997, p. 76.

[②] Aaron McNeece, Bruce Thyer. *Evidence-Based Practice and Social Work*. Journal of Evidence-Based Practice and Social Work, 2004 (1), pp. 7 – 25.

[③] Beverly M, Simmons. *The Complexity of Evidence-Based Practice: A Case Study*. Smith College Studies in Social Work, 2011 (2), pp. 252 – 267.

治理之码：农村社区微治理

对安徽农村社区的调研中，发现绝大多数农村社区由于远离城镇，出现了"无主体境"。美国社会学家帕森斯的社会系统理论认为，要实现社会系统内部整合及社会系统和文化模式之间整合，足够数量的行动者是其必备条件之一，否则就无法实现均衡而呈现出"病态"。改革开放以来，随着市场经济地位的确立，追求经济比较利益的最大化，已经获得民众的认同，相对于其他价值诉求，其地位更加凸显。相对农业劳动，进城务工能够获得更多的比较收益；相对落后地区农业劳动，到发达地区务工能获得更高的比较受益。因此，进城务工、到发达地区务工，是农村居民的理性选择。于是，欠发达的农村和地区拥有较为丰富人力资源的个体纷纷流入城市、流入发达地区，欠发达的农村社区也就出现了比较严重的"空心化"，变成了吴重庆所说的"无主体熟人社会"。吴重庆认为，"无主体熟人社会"有着不同于传统的"熟人社会"的舆论失灵、面子贬值和社会资本流散等特征，从而出现不同于"熟人社会"的行动逻辑。[1] 受此启发，我们提出了"无主体境"的概念，其意指由于人口的大量外流导致治理主体缺失的状态。这里的治理主体的缺失，不仅仅是人口数量的减少，更指具有治理能力的人口的缺失。"无主体境"的农村社区必然会陷入日常生活的治理困境，如，老人的日常生活得不到有效的照料，青少年越轨无人管教，家事纠纷、邻里纠纷得不到及时调解；婚事、丧事缺少仪式感，劳务用工无法满足等。虽然每年春节时大多数的外出人口从工作地赶回来，这些农村社区又呈现出"有主体境"。但是，这些村庄大多数时间里处于"无主体境"，从而导致村庄"微治理"主体的缺位，迫切需要新的主体介入。社会工作的介入可以弥补农村社区主体的缺位造成的"微治理"之困境。社会工作者和社会工作机构作为农村社区"微治理"的重要主体之一，可以借如下方式介入：第一，直接（自足）介入。社会工作者和社工机构"以处理生活中的危机、灾难和人类日常生活难题为己任"[2]，秉持"助人自助"的价值理念，自主开展社工活动。如志愿者开展的志愿活动等。第二，协同介入。一是社会工作者与社会组织协同开展社工活动，如社会工作者通过接受招募的

---

[1] 吴重庆：《从熟人社会到"无主体熟人社会"》，载《读书》，2011 第 1 期。
[2] 马尔科姆·派恩：《现代社会工作导论》，冯雅丽、叶鹏飞译，北京：中国人民大学出版社 2008 年版。

方式参与到国内或国际的公益社会组织,参与扶贫、赈灾等活动中。二是社工机构通过政府买服务的方式,从政府机构获得资金支持,开展助人活动。近年来随着政府转型,政府的一些公益性社会服务由过去的直接供给向间接供给转变,服务"发包"逐渐成为一种常态。社工机构从政府服务"发包"觅得了机会,在为服务对象提供服务的同时,获得了"依赖式发展"。三是与市场主体协同。随着市场经济的健康发展,一些公司、企业为了树立良好的社会形象和社会声誉,提高消费者对自身的认同,增强市场竞争力,也积极地承担起社会责任,开展社会公益活动。虽然它们有着市场运作的丰富经验,但在社会公益的运营方面明显显得专业化运营不足,因此,为了把好事办好,也积极谋求与信誉良好具有社会公益运营专业化经验的社工机构合作。

上述只是一种理论探讨,如果能够付诸实践,或许能够打破农村社区"微治理"中"无主体境"的困局,实现农村社区的有效治理。

理论要变成有效的实践,还有一段距离,但我们从中共中央、国务院颁发的《国家中长期人才发展规划纲要(2010—2020年)》中,看到了曙光。《人才规划纲要》指出:"社会工作人才发展目标是:适应构建社会主义和谐社会的需要,以人才培养和岗位开发为基础,以中高级社会工作人才为重点,培养造就一支职业化、专业化的社会工作人才队伍。到2015年,社会工作人才总量达到200万人。到2020年,社会工作人才总量达到300万人。"《2017社会服务发展统计公报》显示:截至2017年底,全国共有社会服务机构和设施182.1万个,职工总数1355.8万人,全国持证社会工作者共计32.7万人,其中社会工作师8.3万人,助理社会工作师24.3万人。[①] 这与社会工作发展比较成熟的国家还有较大差距,但随着相关政策红利的出现,社会工作机构会迎来更快的发展,社会工作者队伍会逐步成长,社会工作下乡也将成为现实,这将会带来农村社区"微治理"遭遇的"无主体境"的改善。

(二)理念介入:激发内生动力

社会工作者和社会工作机构作为合法主体介入农村社区"微治理"中,

[①]《2017社会服务发展统计公报》,http://www.mca.gov.cn/article/sj/tjgb/2017/2017080 21607.

必然会将社会工作的理念带入实际的治理过程中。社会工作的核心理念是"助人自助",为了实现这一核心价值,社会工作者和社工机构在实践中必须遵循:尊重人的价值、案主自决、接纳、个别化等原则。

1. 尊重人的价值

在社会工作实践中,尊重每一个参与者的个人价值,更需要尊重案主的价值,只有如是,社会工作专业服务才能获得成功。缺少对参与者的尊重,会引起参与者的不满,一个带着不满情绪的参与者是很难为服务对象提供适用性的服务,最多只能提供符合标准的符合性服务。适用性的服务是需求导向的,而符合性服务是供给导向的,供给导向符合性未必符合服务对象的需求。没有对服务对象个人价值的尊重,就很难做到倾听服务对象的诉求,更不会接受对提供不满意服务的抱怨。如此,提供的服务往往会掺杂着藐视、不屑和同情,而缺少真诚,也就很难提供适用性的服务。服务接受者会因不能接受满意的服务而心生不满,结果会出现"出力不讨好"式的抱怨。

农村社区"微治理"中,传统的方式强调尊重权威比尊重人重要,因此,参与者会得到"差序"对待,拥有更多权威的人说话的分量更重,得到的尊重就越多,让其他参与者真实地体验"人微言轻",他们也就缺乏深度参与的积极性,甚至会成为搅局者。而作为"微事件"的当事人,往往会出于对权威的尊重,基于面子的考量,对于权威所做的并非公正的决定也只能选择隐忍,特别是在家事纠纷的调解中,或力量悬殊的纷争中,而不能使得"微事件"得到根本的处理,总是会留下一些"小尾巴"。这样,农村社区日常生活中总会表现为带有"怨气"的平静。

在农村社区"微治理"中,如果我们能将尊重人的价值运用于"微问题"的解决、"微事情"的处理和"微心愿"的满足的过程中,基于文化的原因,一开始效果可能并不明显,一旦长期坚持下去,当农村社区的居民明白了尊重人的价值、学会了彼此尊重,彼此尊重成为一种生活方式的时候,社会工作的介入将会激发服务对象自我服务意识,优化农村社区"微治理"。

2. "案主自决"

"案主自决"的价值内核,即强调对案主主体性地位的充分尊重。社会工作者和社工机构介入农村社区"微治理"的过程中，不是包办，也不是说教，更不可盛气凌人扮演着一副救世主的面孔，而是协商。但这不是一般的协商，而是针对提供的服务进行协商。恰如王思斌先生所言："社会工作所从事的不是一般的协商共治，而是服务型治理。"[①] 社会工作作为一种服务型治理，应该将服务对象视作治理的平等主体之一，加以尊重，这样才能弄清他们的真实的服务需求和对所提供服务的真实评价。如此，一方面对改进社会工作具有重要的价值，另一方面对改进服务对象的参与状况也有重要的价值。强调对案主主体性地位的尊重更为重要的价值在于，案主作为服务型治理的主体之一，社会工作实践中不仅要尊重他们的选择，关键在于激发和培养他们自我改善的意愿和行动。可以说，如果不能秉持"案主自决"原则，缺少对服务对象的充分尊重，那么就会剥夺服务对象的自主选择，将服务对象客体化，造成"专业暴政"，也就违背了专业社会工作"助人自助"的初衷，进而造成专业社会工作价值的贬损。

3. 接纳价值的关键

其价值在于：基于文化多元视角，社会工作者和社工机构在社会工作实践中，要能够入乡随俗，要真诚地接受服务对象的当前状况、生活态度、价值取向等，而不能反感和排斥与自己的价值取向、生活态度和方式不同的服务对象。也就是说，社会工作者不是扮演直接改造者的角色，而首先应该尊重这种文化差异。而要做到这一点，关键要善于发现他们的优势之所在。在农村社区"微治理"实践中，在不同文化的社区各有其自己的解决、处理和满足的方式，社会工作者的介入不是要将自己的方法强加于他们，而是要尊重他们的做法，只有在他们的方法失灵，或者无能为力时，予以补救、提供帮助，并在这个过程中让他们自觉地接受新的理念、新的方法。也就是说当且仅当社会工作者能够接纳他们时，他们才会真心地接纳帮助和服务，这时社会工作理念和方法才能有效地介入他们的日常生活中，从而助力农村社区"微治理"，激发社区居民的"微参与"，才能真正助其走出困境。

[①] 王思斌：《社会治理结构的进化与社会工作的服务型治理》，载《北京大学学报》（哲学社会科学版），2014年第6期。

4. 个别化

即社会工作者在为案主提供帮助时，重在分析案主情况的独特性，发现其独一无二的价值，尊重特殊性，向服务对象提供有针对性的专门服务。社会工作在介入农村社区"微治理"的过程中，首先，社会工作者要分析所进入社区的特殊性，这是农村社区"微事件"演绎的特殊境域，不了解这一点，你就难以进入社区，也就匡论介入农村社区"微事件"的解决和处理。其次，农村社区"微事件"的解决和处理，关键在于精心分析服务对象各自的特殊性，看上去同样的"微事件"由于其对象不同，不能采取普遍的程序和方法，而是要事先摸清底细，才能对症下药。此外，还要充分重视"微事件"发生的此情此景。只有经过上述精细、精准的分析，才能提供精细化、精准化的专业服务。

（三）方法介入：重建日常生活

由于社区社会工作、个案工作和小组工作与农村社区日常生活直接相关，因此，我们主要探讨社区社会工作、个案工作和小组工作方法介入农村社区"微治理"现实路径和影响。

个案工作介入农村社区"微治理"，主要是通过社会工作者和社工机构介入农村社区个人和家庭的日常生活，来帮助他们共同解决"微问题"、协助他们处理好"微事情"、共同达成"微心愿"，以帮助他们需要的满足，从而帮助他们恢复正常的日常生活秩序，提高个人和家庭的基本生活质量与基本福利水平。其主要路径有两条，一是关键在于与有服务需求的个人和家庭建立良好的情感关系，二是建立信任和紧密的专业关系。因为，绝大多数农村社区仍是以"熟人社会"或"半熟人社会"为基础的，社区内的居民的行事逻辑皆建立在此之上，彼此间讲究"交情"，是建立在熟人间的"情感本位"的社会。没有交情，社区里的行动就要受到制约，就不会被信任，也就不会因信任而产生紧密的关系。社会工作者作为外来者，要能够在农村社区正常生活下去，必须同当地居民"混熟"，通过频繁的交往互动，必要时再"不经意间"施以援手，给他们帮一个"大忙"，以博取他们的感激和信任，而产生"同情"，他们才能把你看作朋友，才会跟你讲"掏心窝子"的话，此时建立信任而紧密的专业关系的时机才会成熟，信任而紧密的专业关系建立才有可能。在农村社区，熟人社会的特质，决定了他们先相信你的人，然后才相信你的技术。只要当他们相信你的人之后，你就可以将依据案主问题产生的根源，选择采取不同的治疗模式，达到帮助案主解决问题的目的。

小组工作介入农村社区"微治理"要求社会工作者和社工机构遵循农村社区的行事逻辑，由陌生人混成熟人，并通过熟人间的"强信任"开展社会工作活动。其具体方法是：社会工作者和社工机构根据"混熟"所掌握的案主的信息和问题资料，通过分类分析，将该社区内有共同需要的人组建为不同的小组。如，针对留守儿童越轨的行为矫治的"心理支持小组"，针对留守老人生活孤独"情感慰藉小组"，协助邻里之间改善关系的"睦邻小组"，协助家庭成员之间关系改善"阳光家庭小组"等，形成"微生活共同体"。在这样的"微生活共同体"里，由于他们或经历相似，或需求相同，通过小组互动产生交互影响，很容易生成共同的话题及认识，并学会共同思考、互助协作，从而学会共同面对问题、学会共同解决问题的方法及技巧，以共同改善、共同进步，化解各自的问题或共同问题。

社区工作介入农村社区"微治理"，是社会工作者和社会机构以社区及其成员整体为对象，首先，通过进入农村社区了解社区与广泛的外界联系的现状和社区需求，帮助他们，以避免他们被孤立和被边缘化，让他们能和更广的社会资源建立联系，提高他们的社会资本，有利于和满足社区发展的需要。其次，让农村社区居民重新组合，形成有利于促进社区发展的非正式组织，来提高社区自足的能力。再次，通过培养农村社区的人力资源，培养农村社区的"自助能力"[1]。

在中国社会工作实践中，社会工作者和社工机构可以组织和动员农村社区居民有计划地参与社区集体行动，以实现社区的自助、互助和自治，以解决社区中的"微公共问题"，如社区环境污染、社区边缘化、公共基础设施不足等

---

[1] ［英］马尔科姆·派恩：《现代社会工作理论》，冯亚丽、叶鹏飞译，北京：中国人民大学出版社2008年版。

问题；以处理好社区中的"公共微事情"，如社区公共基础设施的维护等；以满足社区内"微心愿"，如社区对社区公共文化服务、环境美化和社区改善等需求，来预防和解决社区"公共微问题"。

四、结论与思考

综前所论，社会工作，尤其是微观社会工作，与农村社区"微治理"在价值、方法、目标方面是洽合的。它们介入农村社区"微治理"，由于存在着空间上的可能性和自身独特的优势，可以弥补和克服传统社区"微治理术"的局限，而获得合法性。同时，社会工作可以通过主体的介入，有利于农村社区走出的"无主体境"的"微治理"困境；可以通过理念的介入激发社区自主参与农村社区居民自主参与农村社区"微治理"的内生动力；可以通过具体方法的介入提升农村社区居民的心智能力和社区的能力，重建社区日常生活，实现社区日常生活的常态化、健康化。长期以来，城乡发展极其不均衡，充分体现了新时代中国社会基本矛盾的客观性。这种不均衡、不充分已经严重偏离了社会公平正义。而推进社会公平正义，正是社会工作的重要使命之一。因此，社会工作下乡是一种必然趋势。同时，由于它是一种现代社会技术，对改善和促进农村社区治理具有重要的价值。

然而，社会工作下乡，要警惕"下乡殖民化"的通病。只有如此，社会工作才能被农村社会所接受，并融入农村社会。但，从目前所编写的社会工作教材和开展的社会工作教育来看，都存在着"西方化"和"城市化"的倾向。因此，社会工作下乡需要进行"双重本土化"，即"中国化"和"乡村化"，从而使得社会工作具有在地适用性。特别是社会工作的"乡村化"，决定了社会工作下乡能否成功的关键之所在。因为，首先，社会工作对农村居民来说是个全新的东西，它要被乡村社会接纳需要一个过程；其次，社会工作者和社工机构是外来者，乡村社区的熟人文化的性质，必然会产生对外来者的不信任和排斥，而出现介入困难；更重要的是社会工作要介入的农村社区"微治理"，实际上是要进入居民日常生活的私域，"家丑不可外扬"的信条和心理，使得社会工作者和社工机构的介入更加困难。

为此，社会工作下乡并能取得实效，需要我们开展中国式的农村社会工作研究，在坚持一般原则和理念的前提下，探索符合中国农村实际的个案工作、小组工作和社区工作的理论、原则和方法。

第七章　农村社区"微治理"与农村社区治理现代化

进入新时期，党和国家立足中国现代国家建设的现实，提出了国家治理体系与治理能力现代化的新命题。这一命题的破题，需要运用系统性视角，将国家治理现代化视作一个有机的"由宏至微"连续谱系。其中，基层社会治理现代化是国家治理现代化基础构成部分，而社区是基层社会的基本单元，因此，社区治理现代化就成为实现基层治理现代化基石。

由于农村社会在中国现代国家建设中的特殊性，农村的变革往往是"牵一发而动全身"。所以，改革开放以来，国家层面给予"三农问题"高度关注。截至 2021 年，先后发布的中央一号文件中就有 23 个是关于"三农问题"的，这些文件主要针对不同时期农村发展面临的"瓶颈"问题的解决，提供政策指导，其内容间接或直接涉及农村社区治理现代化问题。2012 年，十八大报告首次将"社区治理"写入了党的纲领性文件，并明确：社区是国家治理体系的基本单元，是国家贯彻政策措施、提供公共服务和实现社会改革的"最后一环节"。2017 年中共中央、国务院联合颁布了《关于加强和完善城乡社区治理的意见》（以下简称《意见》），该《意见》是新中国成立以来，第一个以中央、国务院名义出台的关于城乡社区治理的纲领性文件。①

近年来，由于国家层面对城乡社区治理的高度关注，农村社区治理就成为"三农"研究者关注的焦点之一。虽然，国内学术界关于农村社区治理研究的

---

① 田毅鹏：《农村社区治理能力现代化的新取向》，载《政治学研究》，2018 年第 1 期。

内容十分丰富,但概括地说,其研究视角可以划分为两类:一是"国家本位"的视角,二是"村庄本位"的视角,且"国家本位"的视角占主流。"国家本位"的视角是一种俯瞰式的、放在国家现代化的视野下来理解农村社区治理。如,李增元从国家治理现代化的视角,基于"基础变革和融合治理"剖析了"转变社会中的农村社区治理现代化"的趋向,主张"当代农村社区治理现代化发展,必须秉持人的自由全面发展与'融合治理'理念,实现乡村社会内在融合治理与城乡社区一体融合治理的有机统一,最终推动整个社会的融合与和谐发展"。① 李润国等从治理现代化的视角探讨了农村社区治理创新;② 李玲玲等基于国家治理体系和治理能力现代化的视角,运用"社区发展权理论"探索了农村社区治理能力现代化的逻辑进路;③ 陈荣卓等从实现社会治理现代化的视角,基于"共建共享"的理念探讨了分析了"十八大以来农村社区治理机制的优化路径";④ 田毅鹏从城乡一体化的背景研究了农村社区治理能力现代化的问题;⑤ 胡建在城乡一体化的背景下探讨农村社区治理转型问题;⑥ 文丰安基于乡村振兴的视角,分析了乡村振兴在农村社区治理现代化中的作用。⑦

上述俯瞰式的研究极具价值,因为任何微观层面的变革,都深受宏观变革和政策的影响。但是"村庄本位"的视角也是必不可少的,特别是通过村庄日常生活的研究,可以为农村社区治理现代化提供丰富的本土资源。农村社区"微治理"就是立足"村庄本位",透过农村社区日常生活的治理,可以为农

---

① 李增元:《基础变革与融合治理:转变社会中的农村社区治理现代化》,载《当代世界社会主义》,2015年第2期。
② 李润国等:《治理现代化视野下的农村社区治理创新研究》,载《宏观经济研究》,2015年第6期。
③ 李玲玲等:《农村社区治理能力现代化进路之思考——基于社区发展权理论的视角》,载《华中农业大学学报》(社会科学版),2016年第2期。
④ 陈荣卓等:《共建共享:十八大以来农村社区治理机制的优化路径》,载《社会主义研究》,2016年第4期。
⑤ 田毅鹏:载《农村社区治理能力现代化的新取向》,载《政治学研究》,2018年第1期。
⑥ 胡建:《城乡一体化背景下农村社区治理的现代转型》,载《西北大学学报》(哲学社会科学版),2019年第2期。
⑦ 文丰安:《我国农村社区治理的发展与启示:基于乡村振兴战略的视角》,载《湖北大学学报》(哲学社会科学版),2020年第2期。

村社区治理现代化提供丰富的本土资源，推动农村社区治理理论和实践创新，达成农村社区治理有效的目标。

第一节 农村社区"微治理"与农村社区治理创新

一般地，农村社区治理被理解为治理理论其中的运用，而"地方性知识"是农村社区为治理的基本理据。农村社区治理的主体应是多元的，包括基层政府组织、村两委、社区社会组织、新乡贤和村民等。其遵循的规则为正式规则和非正式规则，其权力的运作是自上而下和自下而上的结合。其理念与话语体系主要与现代民主、平等、多中心、公民参与等相勾连，存在着就治理谈农村社区治理问题的倾向，这种倾向关注的是治理的普适性，而忽视了治理落地处境的人、文化、环境等的差异性，导致治理的适用性问题。而农村社区"微治理"对"地方性知识"的关注，恰好考虑了治理落地处境的人、文化、环境等的差异性问题，有利于提高农村社区治理的适用性，促进农村社区治理创新。农村社区治理创新包括理论创新和实践创新。

一、农村社区"微治理"与治理理论创新

在学术界似乎达成了共识，农村社区治理是西方语境下的治理理论在农村社区治理中的运用过程。斯托克指出，"治理意味着一系列来自政府，但又不限于政府的社会公共机构和行动者；意味着在为社会和经济问题寻求解决方案的过程中，存在着界限和责任方面的模糊性；意味着参与者最终将形成一个自主的网络"。[①] 因此，国内有人指出，"农村社区的治理是一个由基层政府、村

---

① [英] 格里·斯托克：《作为理论的治理：五个论点》，载《国际社会科学杂志》（中文版），1999年第1期。

第七章　农村社区"微治理"与农村社区治理现代化

委会、社会组织以及农民等多元主体参与的过程"。[①] 西方语境下的治理理论，为农村社区治理研究提供了重要的学术资源，推动了农村社区治理研究。然而，西方语境下多种治理理论在中国学术界的广泛传播和运用，也在一定程度上遮蔽了本土的治理资源的价值与运用，造成了本土资源对治理理论的贡献不足，因此，创新农村社区治理理论，需要立足本土资源的挖掘。农村社区"微治理"的研究，可以为农村社区治理理论创新提供资源和土壤。

首先，农村社区"微治理"所依据的"地方性"之道，为农村社区治理理论创新提供有力的内源性支持。农村社区"微治理"的"地方性"之道，包括情、理、法、义、利、力、气等，以及"地方性"的"微规则"等，包含了丰富的具有本土特色的知识资源。这些知识资源为乡村社会所熟知，并能被接受，其经历了长期生活的打磨，其存在具有一定的合理性，可以为农村社区治理理论所吸收。一般认为，治理理论是理性的产物，因此特别强调治理乃制度之治或法治、技术之治，而忽视了情感在治理中的作用。然而，现实中人们的行动并非只受理性支配，韦伯曾将社会行动划分为价值合理性行动、工具合理性行动、情感行动和传统行动。他认为，情感行动即"那些受到行动者特定情感和感觉状态决定的行动"。[②] 尽管他认为，工具合理性取向的行动将成为现代社会行动的主流，但韦伯也承认，人类社会的理性化进程会显现出理性的某些阴暗面，其中建立在理性之上的科层制容易出现"寡头政治铁律"或"理性的牢笼"。同时，理性化进程也会陷入施特劳斯所说的"零售的理性和批发的疯狂"。

在农村社区日常生活中，人们的行动多会受情感的支配，而出现情感行动。因此，日常生活的治理需要情感的介入，而形成情感治理。实际上，情感治理在我国的治理谱系中仍占有重要的地位。如，扶贫行动中的"送温暖活动"就将情感与政治有机地勾连起来，成为中国特有的治理方式。尽管这种治理方式受到诸多诟病，但是由于它具有亲和性，便于打开工作局面，而显示

[①] 李二斌、朱慧劼、李凌：《社会转型背景下农村社区治理的主体、问题与路径选择第六届农村社会学论坛综述》，载《南京农业大学学报》（社会科学版），2016年第1期。

[②] Max Weber. *Economy And Society*, *An Outline of Interpretive Sociology*. Berkeley, Los Angeles, London: University Of California Press, 1968, pp. 24 – 26.

其有效性。① 因为，情感治理是一种"软治理"，与"硬治理"关注于有形的物、制度等不同，"软治理"更关注于无形的"人心"。② 根本地，情感治理在某种意义上是对理性之治的弥补和完善，从而推动治理创新。因此，农村社区"微治理"中"地方性"之道的"情""理"等合理因素的吸收，无疑将会促进农村社区治理理论创新，也会为农村社区治理理论的创新提供本土资源，丰富农村社区治理理论。

其次，农村社区"微治理"中包含着丰富的"共建共享"的因子，可以促成农村社区"共建共享"新的治理体制的形成。关于"共建共享"，王思斌指出："共建共享的社会治理，就是各治理主体比较充分地参与，进行比较充分地协商，达到尽可能大的共识，进而采取相互配合的治理行动。"③ 这一界定突出地强调了治理的"共建"过程，而将"共享"遮蔽于"共建"过程中。因此，有人更明确地指出，"所谓共建共享，就是遵循以人为本的要求，体现共同参与的治理理念，把共建的治理过程与共享的治理目标结合起来，是探索和实现社会治理现代化的指导思想和实践路径"。④ 因此，农村社区"共建共享"的治理新体制，就是在村庄本位之上的、尊重农民的意愿，"把共建的治理过程与共享的治理目标结合起来"的治理新体制。农村社区"微治理"中处处体现着"共建共享"的思想智慧。农村社区"微治理"中"微问题"的解决所运用的讲情、论理、释法、明利、用力和解气，都离不开社区的微参与；农村社区"微治理"中"微事情"的处理所采用的关系动员、仪式动员和善后或周旋，也离不开微参与；农村社区"微治理"中"微福利"的满足中的互助互惠，正是基本的"微参与"形式。"微参与"也就形成了农村社区日常生活中的"微共治"，建构或维护了农村社区日常生活的"微秩序"，促进或维护了农村社区"微福利"，从而保证农村社区日常生活的常态运行，实

---

① 王雨磊：《缘情治理：扶贫送温暖中的情感秩序》，载《中国行政管理》，2018 年第 5 期。
② 刘祖云、孔德斌：《乡村软治理：一个新的学术命题》，载《华中师范大学学报》（人文社会科学版），2013 年第 3 期。
③ 王思斌：《社会工作在构建共建共享社会治理格局中的作用》，载《国家行政学院学报》，2016 年第 1 期。
④ 陈荣卓、刘亚楠：《共建共享：十八大以来农村社区治理机制的优化路径》，载《社会主义研究》，2016 年第 4 期。

现了农村社区日常生活的"微共享"。简言之，在农村社区"微治理"中，"共建共享"寓于"微参与"和"微行动"之中。如果我们能将农村社区"微治理"中所包蕴的"共建共享"的微智慧耕植于现代农村社区，并加以培育，将有利于促成农村社区"共建共享"新体制的生成。

再次，农村社区"微治理"中孕育着"三治融合"的基因，可以有效推动农村社区"三治融合"治理体系的生产。乡村治理体系和治理能力现代化，是乡村振兴战略的重要构成。为了配合乡村振兴战略，2019年6月，中共中央办公厅、国务院办公厅印发《关于加强和改进乡村治理的指导意见》（下文简称《意见》）。《意见》指出，"按照实施乡村振兴战略的总体要求，坚持和加强党对乡村治理的集中统一领导，坚持把夯实基层基础作为固本之策，坚持把治理体系和治理能力建设作为主攻方向，坚持把保障和改善农村民生、促进农村和谐稳定作为根本目的，建立健全党委领导、政府负责、社会协同、公众参与、法治保障、科技支撑的现代乡村社会治理体制，以自治增活力、以法治强保障、以德治扬正气，健全党组织领导的自治、法治、德治相结合的乡村治理体系，构建共建共治共享的社会治理格局，走中国特色社会主义乡村善治之路，建设充满活力、和谐有序的乡村社会，不断增强广大农民的获得感、幸福感、安全感"。① 根据这一意见，未来乡村治理体系的基本架构——"三治"融合已经确立。未来要解决的问题，是探索实现"三治"融合的有效途径。

农村社区"微治理"强调依靠内生资源和力量，来解决和处理农村社区日常生活中的微问题、微事情，满足微心愿。② 可见，"自治性"是农村社区"微治理"的基本特征之一。实际上，在没有国家的力量深入农村社区之前，农村社区多处于自治状态，日常生活更是如此。也可以说，自治是农村社区日常生活的基因，是农村社区日常生活的组成部分。只是人民公社体制的确立，国家权力强力介入农村社区，并直接干预社区日常生活，才养成了农民"有事找政府"的积习。即使如此，多数情况下，农村社区日常生活中"微事件"的解决与处理，还是依靠内生资源和力量的。因此，如果能够有效激活农村社

---

① 参见中共中央办公厅、国务院办公厅印发《关于加强和改进乡村治理的指导意见》，社会主义论坛，2019年第7期。
② 包先康：《农村社区微治理研究基本问题论纲》，载《北京社会科学》，2018年第1期。

区日常生活中的自治传统和习惯,就可以有效推进农村社区自治的事业。农村社区日常生活中的自治,是通过讲情、论理、释法等来实现的,其中"情""理"中就包蕴着道德的因素。在某种意义上说,农村社区日常生活中,讲情讲理,就是讲道德。首先,讲情主要指的是讲人情,而人情是人伦的自发外化,它包括亲情、友情、交情等;日常生活中为人、做事违反了人情规则,往往被谴责为不道德,或不讲良心;因此,讲情就需要讲道德。其次,论理主要讲的是为人做事的基本道理,它包括情理、事理和天理,其中情理之理是因情而生发,强调情就是理,这里的讲理就包含了讲道德的内容;虽然事理表象上与道德无关,但为人做事违反了事理,有伤大体的时候,违背事理也就变得不道德了;天理虽然包括了自发秩序之道,道德是其重要的内容。故,讲理也包括了讲道德。再次,释法之法,在农村社区日常生活中具有丰富的内涵,更多地表现为具体的法,如家法、族规、乡约、风俗、道德等,抽象的法是远离日常生活的,即使需要这种抽象的法律的介入,也更多地起辅助作用。

综上所论,农村社区"微治理"实践中,"德治"和"法治"是有机地嵌入于自治的实践之中的,实现了"自治、德治和法治"的有机融合。如果我们能将农村社区"微治理"传统中的"三治融合"加以发掘,借鉴并吸收其合理的因子,将会有效促进乡村社会"三治融合"治理体系的形成。

二、农村社区"微治理"之于农村社区治理实践创新

当前,农村社区治理实践中,出现了农村社区治理行政化、内卷化和风险加剧的倾向,因此,农村社区治理实践创新就在于消解这样的倾向。而农村社区"微治理"的自治性、精准化和简约化等特征,可以有助于上述倾向的消解,助推农村社区治理实践创新。

首先,可以借助农村社区"微治理"的自治性的启迪,找到消解农村社区治理行政化的措施。改革开放以后,随着人民公社体制的解体,国家权力对农村社区的介入减弱,农村社区一度出现了"权力真空"而陷入"无治"。后来,村民自治制度的确立,一方面,实现了由"无治"到"有治"的转变;另一方面,农村社区出现了相对人民公社的"去行政化"的取向,并被给予

第七章　农村社区"微治理"与农村社区治理现代化

基层民主的使命。但随着村民自治实践的推进，其弊端凸显，治理微效。随着各种"任务下乡"，为了保证任务落实，农村社区治理再度出现了"行政化"。"行政化"保证了自上而下的任务的落地执行，但是以进一步消解村民自治为代价，村民自治出现了"空转"而难以切实落地。同时，农村社区治理的"行政化"在任务落实过程中，很容易造成社区的内耗而形成"零和博弈"，甚至是"负和博弈"，难以形成"共赢"局面。因为，任务是从"上面掉下来"的，如果任务能够给村民带来直接利益，那是"天上掉馅饼"，人人企图争而分之；如果任务不能带来直接利益，甚至"干扰"了当下的生活，即使能带未来的预期利益，也会因为这种"干扰"而出现不同形式的抵抗，从而增加了基层行政权力的消耗。而农村社区"微治理"解决的问题，都是社区居民切己的，当事人之间或邻里之间比较容易通过自发的调解、协商、互助等"微参与"的形式来解决、处理和满足，从而形成"微自治"。也就说，在农村社区日常生活中，利益的切己性容易激发内生的自治。因此，要消解农村社区治理的行政化，一方面，需要自上而下的制度自觉，减少对农村社区日常生活的直接干预，多一些能诱发农村社区内生动力的间接引导。恰如陈伟东所言，"社区自治是指脱离强制性干预的外部力量，社区内各利益主体通过民主协商的方式来处理社区公共事务，并使社区呈现出自我教育、自我管理、自我服务、自我约束的发展状态"。① 另一方面，基层组织要深入农村社区日常生活，关注并尊重他们的切己利益，相信他们能够处理好切己利益的事。

其次，可以借鉴农村社区"微治理"简约化的启迪，发现克服农村社区治理"内卷化"的道路。农村社区治理"内卷化"根源于基层行政权力的干预的"过密化"，造成的农村社区治理低效的现象。因此，若要克服农村社区治理的"内卷化"，要解决的关键问题是：降低基层权力干预的密度，实现"无为而治""听民自便"的"简约治理"。② 农村社区"微治理"是一种"简约治理"，它采用的是农村社区日常生活中熟悉的"微技术"，运用的是村民们认同的"微规则"，便捷有效，因而可以减少外力的干预，降低外力干预的

---

① 陈伟东：《社区自治》，北京：中国社会科学出版社2004年版。
② 黄宗智：《集权的简约治理——中国以准官员和纠纷解决为主的半正式基层行政》，载《开放时代》，2008年第2期。

密度。受此启发，要克服农村社区治理"内卷化"，除了降低国家权力干预的密度，还需要在以下几个方面做出努力。第一，深入发掘农村社区日常生活中解决问题、处理事情和满足心愿的地方性智慧，尊重村民的选择，相信他们具有解决自己问题的技术和能力；第二，村规民约的制定要吸收乡俗中的合理成分，运用村民熟悉的语言进行表达，让他们看得懂、听得明白，遵守起来能够顺其自然，这样的村规民约才不会是贴在墙上的摆设。

再次，可以借助农村社区"微治理"精准化特征的启迪，探索降低农村社区治理风险的路径。农村社区"微治理"是一种精准化的治理，其精准化要求表现在：在"微问题"的解决中，能够根据"微问题"的性质、发生的处境，选择合意有效的方法，确保"微问题"的有效解决；在"微事情"的处理中，能够根据"微事情"的性质、发生的处境，做出灵活性、适宜的程序安排，保证"微事情"的妥善处理；在"微心愿"的满足过程中，能够依据需要满足的"微福利"内容、特征和处境，选择适宜的满足方式，提高"微福利"满足的效果。正是这种精准化的治理，保证了农村社区日常生活的低风险性。

当前，农村社区治理风险主要表现为：社区生态系统破坏带来的居民生存发展风险，利益矛盾纠纷引发的社会稳定风险，集体产权改革不到位带来的经济发展风险，基层腐败和黑灰势力引发的权力运行风险，乡村债务累积带来的财务风险和突发性公共事件带来的生命安全和身体健康风险。[①] 其中，"利益矛盾纠纷引发的社会稳定风险，集体产权改革不到位带来的经济发展风险"表现最为突出。面对上述风险，一方面需要地方政府运用现代化的技术进行精准化治理，即让地方政府"在维护社区秩序和化解农村社会纠纷矛盾事务中，对于有效避免小矛盾演化成大矛盾需要承担更多的责任。在此过程中，关键在于在农村矛盾纠纷排查、预警、化解、处置机制中把握住矛盾的源头，并将对各项矛盾纠纷实行动态监管与必要的应急处理相结合"。[②] 另一方面充分调动

---

① 李增元、尹延君：《现代化进程中的农村社区风险及其治理》，载《南京农业大学学报》（社会科学版），2020年第2期。

② 周沛：《农村社区发展道路与模式比较研究——以华西村、南街村、小岗村为例》，载《南京社会科学》，2000年第10期。

农村社区内生的力量，发挥农村社区"守望相助"式的精准化治理的特点，从而实现自上而下的精准化治理和自下而上的精准化治理的合作，降低农村社区治理的各种风险。

第二节 有效治理和治理有效

根据前文所论，农村社区"微治理"可以有效推动农村社区治理现代化，从而可以进一步提高农村社区有效治理的水平，进而可以实现农村社区治理有效的目标。简言之，农村社区"微治理"与农村社区治理有效目标达成的逻辑是：农村社区"微治理"→农村社区治理现代化→农村社区有效治理→农村社区治理有效。可以说，农村社区的有效治理是农村社区治理现代化的表征，而农村社区治理有效是农村社区治理现代化的检验。

由于前文已经分析了农村社区"微治理"何以可能有效推动农村社区治理现代化。因此，笔者在本节着重分析农村社区"微治理"何以通过提高农村社区有效治理的水平，实现农村社区治理有效之目标。在探讨农村社区"微治理"与农村社区治理有效之前，有必要厘清"有效治理"和"治理有效"这两个概念及其关系，才能更好地分析二者之间联系。

一、作为过程的有效治理

何谓有效治理？一般地认为，治理是一种指向目标的制度安排，要求治理的多主体运用新的理念、手段、方式和方法，以达成某种效果和目标的过程。简言之，治理本身是一种新理念、一种新工具的采用以指向特定目标的过程，而不是目标本身。恰如菲利普·施密特等所指出的，"'治理'本身并不构成一种目标，它只是达成一系列目标的方法或机制，而这些目标应该被相关行动者所单独地设定"。[①] 俞可平从治理所要达成的目标界定了治理，他指出："治

---

① 菲利普·施密特、赫宁：《"治理"的概念：定义、诠释与使用》，载《复旦公共行政评论》，2016年第1期。

理"是指"在既定的范围运用权威维持秩序,满足公众的需要。治理的目的是在各种不同的制度关系中运用权力去引导、控制和规范公民的各种活动,以最大限度地增进公共利益"。①可见,治理并非目标本身,而是强调权力或权威在达成治理目标中的"引导、控制和规范"的作用于过程。可见,治理是现代社会试图达成某种理想目标的活动和过程。

治理作为一个过程,是新理念转化为治理行动的过程。作为一种新理念,是与现代民主相契合的。因为,治理强调多元主体的自愿、平等的协商式参与,即治理是一种协商参与的过程。具体地,作为一种新理念,"治理是多主体参与的公共管理过程,主体间是合作关系,是指导、管理,而不具有强制的属性。它们之间相互监督、相互制约,又相互协作,彼此发生着多层面、多向度的互动。在互动过程中,逐步形成政府同外部利益相关者的伙伴关系,并允其参与国家事务,这有助于建立起国家的信誉并达成广泛共识和认同,弥补国家能力的不足"。②"只要一切有关的人能以参加一种实践的商谈,每个有效的规范就将会得到他们的赞成。"③ 这种多主体间自愿、平等的协商式参与的过程,不仅会形成"攸关者"对治理规则的认同,也会强化主体间的承认和信任,而使得治理成为有效治理。

治理作为一种过程,是新工具或手段选择、运用和适配的过程。可以根据具体的环境和所要达成的目标做出工具的选择,它包括制度、政策、机制、方法、手段、权威等,这些工具之间的不同组合,以及各主体的介入程度、介入方式等的不同会形成不同的治理形态,这些治理形态构成了包括无效治理、弱效治理和有效治理的连续谱。也就是说,治理也会失灵或内卷化。作为一种过程,强调治理是一个动态性、持续性的连续统,而不是一种状态。它强调所依据的理念是被高度认同的、所使用的工具、规则、政策、机制和方法等是有效的。因此,有效治理是一种指向目标的有效的正式制度或非正式制度安排,此安排要求治理的多元主体运用有效的理念、手段、方式和方法,以达成某种预

---

① 俞可平:《治理与善治》,北京:社会科学文献出版社2000年版。
② 包先康:《治理的伦理意蕴及其超越》,载《安徽师范大学学报》(人文社会科学版),2013年第5期。
③ 薛华:《哈贝马斯的商谈伦理学》,沈阳:辽宁教育出版社1988年版。

期效果和目标的过程。可见，有效治理强调治理工具的有效性、过程性，具有工具导向和过程导向。

有效治理何以可能？要回答这个问题，我们来看看菲利普·施密特对治理的界定。他认为，"治理是一种用于处理广泛问题和冲突的方式或机制，在此过程中，政府和各种非政府行为主体通常通过谈判达成彼此满意和对彼此具有约束力的决定。同时，他们要在决定的实施过程中进行合作。这个概念的核心就是目标彼此冲突的各种行为主体之间的一种横向互动形式，这些行为体彼此相互独立，因而没有任何一个行为主体能够将自己的决定强加给其他行为主体。它们又相互依赖，即如果找不到一个解决问题的方案，所有行为主体的利益都要受损"。[①] 对此，我们可做出以下理解：第一，治理的目标是"处理广泛问题和冲突"，以避免"所有行为主体的利益都要受损"。第二，达成治理目标的途径是"政府和各种非政府行为主体通过谈判达成彼此满意和对彼此具有约束力的决定，同时他们要在决定的实施过程中进行合作"。简言之，多主体间通过平等参与、协商和合作，来达成治理的目标。第三，合作的实现必须通过主体间反复互动、"彼此信任和相互妥协"，以形成"共意的规则"。第四，治理是"处理广泛问题和冲突"的方式和机制。因此，要使得治理成为有效的治理，首先必须发展出或寻找到"处理广泛问题和冲突"的好的方式和好的机制；其次，利益有关的多主体间必须建立在平等参与、友好协商和真诚合作的基础之上；最后，主体间通过反复互动形成有约束力的"共意的规则"。

可见，治理是一种民主的管理，它具有技术主义、工具主义和过程主义倾向，这种倾向是建立在这样的预设之上的，好的手段、完美的过程自然会得到好的结果。但是在实践中好的手段、完美的过程的结果，也会出现意外，而走向预期的反面，这就是实践与预期的二律背反。因此，要达成治理的良好愿望，仅仅强调工具和过程的民主和科学还不够，还需要为治理设置一个新的目标，这个目标就是"治理有效"。

[①] [美] 菲利普·施密特：《民主化、治理和政府能力》，载《经济社会体制比较》，2005年第5期。

二、作为结果的治理有效

何谓治理有效？与"有效治理"相比较，"治理有效"是一种结果导向，对治理"效用"和"价值"提出了要求，强调治理投入要与其结果呈正相关关系。习近平曾明确指出："民主不是装饰品，不是用来做摆设的，而是要用来解决人民要解决的问题的。"① 这就告诉我们，我们要追求的民主是一种实质，而不是工具民主、形式民主，民主的本质就是要更好地"解决人民要解决的问题"。一般地，治理意味着运用民主的方式解决日常生活、工作的问题，但是如果只形式主义地运用它，会掉入"花瓶主义"的陷阱。"治理有效"强调实质民主，并通过实质民主的推进，实现治理的良好效果。即，治理的好坏就是要看它能否"解决人民要解决的问题"。从宏观层面来说，体现为：治理能够实现社会整合、社会稳定、良好的社会秩序、良好的社会发展等目标，从而保证社会大概率处于良性运行状态。从中观层面来说，体现为：能够有效地解决社会问题，满足人们的需要，带来民众福祉的提高。从微观层面来说，体现为：人民群众日常生活中的具体问题能够得到及时并好的解决、需要得到及时并好的满足。简言之，治理有效，即治理是有效率的、有效果的。

结合当下对治理的一般理解和本土化诠释，"治理有效"的内在意蕴，即通过"一核多元"和"三治"融合的乡村现代治理体系和机制的建设，形成主体间性良性互动，运用有效的治理工具，凝聚乡村共识和力量，以有效的方式实现乡村公共产品和公共服务的有效供给，最终达成乡村社会良好秩序、良好发展和良好福利目的的治理状态。其中，"一核多元"即在确立乡村党组织的核心领导地位，并发挥关键作用的基础上，调动其他多主体参与的治理体制和机制。因此，治理有效，需要从乡村治理体系、机制和能力多个层面来检验。乡村治理从体系来看，"一核多元"和"三治"融合的合理的治理体系是否建立；从体制来看，治理过程中，治理主体间的主体间性良性互动的机制是否形成；从治理能力来看，治理主体合理化运用治理工具的能力是否得到了提

---

① 习近平：《在庆祝中国人民政治协商会议成立 65 周年大会上的讲话》，载《人民日报》，2014 年 9 月 22 日。

高；从治理目标来看，能否有效凝聚乡村共识和力量，能否有效供给乡村公共产品和公共服务，最终能否达成乡村社会良好秩序和良好福利的目标。只有通过上述多层面的实践检验，才能找到实现乡村社会治理有效的有效路径。

三、治理有效与有效治理的关系

综上所论，治理有效是结果导向的，关注的是治理的后果。治理是达成后果事件的机制、工具和过程，是多样的。从善恶的角度来看，治理的结果可以是好的、良好的、一般的、不太好的、坏的，治理的好结果只是诸多后果之一；从有效性的角度来看，治理的结果可以是有效的、较有效的、弱效的、无效的，治理有效只是治理的后果之一。

那么如何达成治理有效的后果？这就涉及治理过程中治理工具的选择与适配、"意外事件"的及时回应。如果选择的工具是有效的，且实现了工具间的适配，并能够对"意外事件"做出及时的回应，就有可能出现"治理有效"的大概率事件；反之，如果选择的工具是弱效的、无效的，"治理有效"的出现将是小概率事件。还有，如果治理工具的选择具有独立的有效性，而各工具间不适配，治理有效的结果也难以实现。也就是说，作为过程的"有效治理"是"治理有效"的必要条件，而不是充要条件。若要获得"治理有效"的乡村治理效果，首先要保证有效治理这一前提。有效治理过程的呈现，核心在于治理工具的选择和适配。治理工具的选择，要处理好传统的治理工具与现代的治理工具之间关系，又需要处理好先进性与适用性之间的关系。只有处理好了这两种关系，才能充分发挥治理工具的效用和价值。其次，治理有效的出现，关键在于治理主体治理能力的培养与提升。再好的治理工具，缺乏驾驭者或者驾驭者能力不足，都会使得治理工具使用过程中出现弱效或微效，就如同有了千里马，而缺少有能力的驾驭者，千里马的作用也不能发挥好。

因此，乡村振兴背景下，要达成乡村治理的"治理有效"的目标，其一，加强农村基层党组织治理能力建设，使之发挥治理的核心作用；其二，培养其他主体——市场组织、基层社会组织、农村居民的治理能力，使之成为重要的协同的力量和参与者；其三，根据"适用性"选择治理工具，如此才能及时回应乡村社会出现的各种"意外事件",从而形成能够发挥作用的"一核多元"的治理体制。

第三节 农村社区"微治理"推动农村社区治理有效目标达成的路径

农村社区"微治理"的基本目标是"圆事安人"。所谓"圆事安人",是通过"微问题"的圆满解决、"微事情"的妥善处理和"微心愿"的完满满足,以达成息争、心安之目的。如,在农村社区日常生活中,"微问题"的解决过程中"说道",叫作"说合""说和""说圆";"微事情"的妥善处理,叫"办圆和了";"微心愿"的完满满足,叫"圆了心愿"或"圆了梦"。也就是说,如果农村社区"微治理"达到了"圆事安人"的目的,则说明治理的结果是有效的。这与乡村振兴战略中追求的治理有效是契合的。那么如何达成这一目标呢?那就要遵循农村社区"微治理"之道,合理选择与运用农村社区"微治理"之术。这对乡村振兴中如何达成治理有效的目标具有重要的启发意义。

有效治理不是治理有效的充要条件,但却是治理有效的必要条件。因而,如果农村社区"微治理"能够促成农村社区有效治理,就有可能推动农村社区治理有效目标的达成。而作为过程的有效治理的可能性取决于治理理念、工具、方法、手段等的有效性,故要探讨农村社区"微治理"推动农村社区治理有效目标达成路径,就是要分析农村社区"微治理"能否提供有效的治理理念、工具、方法、手段等。

一、农村社区"微治理"可以为农村社区治理提供有效理念的借鉴

农村社区"微治理"中所遵循的理念来自长期的日常生活知识的提炼和升华,对日常生活具有很强的亲和性,对社区行动引导具有有效性。如,农村

社区日常生活中的家族观念、地缘观念、良心观、伦理正义观等，以及农村社区"微治理"中所遵循的情、理、法、义、利、力和气等之道，对农村社区的"微问题"的解决、"微事情"的处理、"微心愿"的满足、"微参与"的引导和"微环境"的建构等，具有有效的先导作用。在这些观念的基础上，农村社区日常生活中形成行之有效的"情感治理"和"理治"等治理范式。

"情感治理"是指治理主体通过情感动员的方式达成治理目标的过程，这种情感动员的基本方式就是讲情。讲情是农村社区日常生活中驾轻就熟、习惯了的治理术，通过这种治理术通常可以有效地解决"微问题"、处理"微事情"和满足"微心愿"，以达成"微治理"的目标。虽然现代社会强调理性的重要性，将理性视为治理的圭臬，有排斥情感的倾向，但是，情感具有属人性，是人就有情感，有人的地方就有情感，而社会是由人组成的，社会就没有理由排除情感。正如乔纳森·特纳等所言，"情感在所有的层面上，从面对面的人际交往到构成现代社会的大规模的组织系统，都是推动社会现实的关键力量"。[1] 裴宜理也指出，"情感不应该简单地作为非理性的和残余的意识被舍弃；相反，情感的姿态和表达方式，虽然来源于言说者，然而对于改变言说者，却具有独一无二的能力"。[2] 他通过对中国革命和社会主义建设中政治动员的研究发现，情感治理术的恰当运用是中国共产党取得革命成功重要因素，而其滥用又给中国社会主义建设带来了负面的影响。[3] 实际上，"情感治理"一直是中国国家治理体系的重要组成，如治理实践中"访贫问苦""送温暖"和干部的"结对帮扶"等，由于能够强化国家与民众之间的情感联系，使得治理变得有"温度"，从而在增强治理的有效性的同时，也变成了增强自身合法性的过程。

"理治"是指治理主体运用讲理的方式达成治理目标的过程。这个理，生发于情感之中，即为情理；寄存在具体的事情上，即为事理；寓于道或良心之中，即为天理，因此，日常生活中强调的"凡事都要讲个理""有理走遍天

---

[1] ［美］纳森·特纳、简·斯戴兹：《情感社会学》，孙俊才、文军译，上海：上海人民出版社2007年版，序言。
[2] ［美］裴宜理：《重访中国革命：以情感的模式》，载《中国学术》，2001年第4期。
[3] ［美］裴宜理：《重访中国革命：以情感的模式》，载《中国学术》，2001年第4期。

下",这个"理"是包含人们日常生活中合理要素的"理",不能简单地理解为道理。这就要求,在农村社区治理中要合理地办事、合理地解决问题,就要立足于弄清事情和问题的性质、生成和发展的地方逻辑。因此,农村社区"微治理"中,论理主要要察人,通过察人了解当事人的神情、态度、语态、脾气、智力水平,以及当时的气氛和当事人之间的关系,来判断问题的性质,然后才选择是论情理、论事理,还是论天理,并选择行之有效的策略。农村社区日常生活中"把事情办砸了",是因为"也不看看人"的结果。如果我们能够吸收借鉴这些理念中的合理因子,就可以为农村社区治理进一步提炼出有效理念;如果我们能够将农村社区日常生活治理中业已形成的"有用"和"能用"的理念,与现代治理理念中的民主、法治、理性等有机融合,将会提高达成农村社区治理有效目标的概率。

二、农村社区"微治理"可以丰富农村社区治理的工具箱和技术集

农村社区"微治理"之所以能够达成"圆事安人"之目标,是因为农村社区"微治理"中,会根据所要解决的"微问题"、所要处理的"微事情"和所要满足的"微心愿"所涉及的对象、性质、处境等,从日常生活中所建构的工具箱里信手拈来熟悉而适配的治理工具,并能从技术统中选择恰当的治理术。这些工具包括情、理、法、利、力和气等,这些治理术包括讲情、论理、释法、明义、允利、用力和解气。农村社区日常生活权宜性的特征,要求我们在解决农村社区"微治理"的过程中,灵活地选择治理术,并进行巧妙地适配,以达成治理的"帕累托效应"。虽然,改革开放以来,农村社会发生了较为深刻的转型,农村社区已经不是传统意义上的社区,但是作为文化的情、理、法、义、利、力和气等因子,是构成乡村文化的 DNA 片段,发生突变是艰难的。因此,农村社区日常生活中,大多数情况下,事情的处理和问题的解决,还主要依赖于日常生活中业已建构的工具箱中选择适配的治理工具和治理术。农村社区治理实践中,除非出现重大的人身或情感伤害,否则在"面子机制"和"人情机制"的作用下,是不会选择用法律途径来解决问题的。一

旦选择了法律途径，就意味着关系和情感的决裂，从此会仇人相见，从而埋下更大的隐患。

因此，农村社区治理现代化必须尊重传统，在尊重传统的基础上循序渐进地实现"情感治理""理治"等与现代法治的通透与和谐。如果我们能认真研究对待农村社区"微治理"中业已形成的工具箱和技术统，吸收借鉴其合理的部分，那么这些工具箱和技术统，将会为提升农村社区治理有效性提供丰富的资源和民间智慧；如果我们能够将这些"有用"和"能用"工具箱和技术统，与现代治理工具和治理术有机地结合起来，也将会提高达成农村社区治理有效目标的概率。

第四节　结论与思考

农村社区治理现代化的实现，在理论上，不仅要求我们做到"洋为中用"，也要关注本土资源的挖掘，做到"民为政启"。所谓"民为政启"，就是政府行动也应该从民间吸收智慧，从那里受到启发。"今天国家基层建设必须考虑一个最为现实也最为基础的问题：它如何从基层社会中汲取相应的伦理资源，以便夯实自己的合法性基础。我们今后的社会建设、道德建设并不是要推倒重来，建设一个没有历史传统的新道德、新社会，而一定是基于文化自觉，继续完善根植于历史传统的社会与道德"。① 农村社区"微治理"研究，立足于"有用"和"能用"的学术追求，希望能够为达到"民为政启"贡献绵薄之力。

首先，农村社区"微治理"之道中情、理、法、义、利、力和气等的理论阐释，以及与之相对的讲情、论理、释法、明利、用力和解气的"微治理"之术，其中的合理因子可以为农村社区治理现代化提供借鉴；其次，农村社区"微治理"中"微事情"处理和"微心愿"满足的道与术的运用，对提高农村社区治理的有效性也能够发挥积极的作用；再次，治理离不开多主体的参与，

---

① 王雨磊：《缘情治理：扶贫送温暖中的情感秩序》，载《中国行政管理》，2018年第5期。

农村社区"微参与"的引导及其机制的研究，对提高农民的参与度，有重要的启示意义。而农村社区"微治理"所追求的"圆事安人"的基本目标，与农村社区治理有效存在着某种契合。

农村社区治理现代化的实现，在实践中，首先，要坚持社区立场、农民本位，立足日常生活。坚持社区立场，就要从社区层面来考虑问题，解决好社区层面的公共问题，处理好社区层面的公共事务，不断提升社区层面的公共福利。坚持农民本位，即农村社区治理现代化的实现要依靠社区农民，突出其主体性地位；鼓励和推动其参与社区设计，尊重他们的创新；培养其社区主人翁意识，解决和处理好他们最关注的显在利益。立足日常生活，强调农村社区治理要关切农村社区日常生活中的"微问题"的解决、"微事情"的处理和"微福利"的提升，从而呈现出"社区—日常生活—农民"三维互构的架构，达成农村社区治理与"微治理"的内涵式互动，以达成农村社区治理现代化所追求"共建共治共享"的治理成效。

其次，要建构农村社区治理新架构。从理论上来说，由于中国农村社区呈现出"五里不同风，十里不同俗，百里不同情"的多样性，农村社区治理不能千村一式。但基于农村社区"微治理"研究发现，农村社区"微治理"仍然有着共同的规律可循。农村社区"微治理"是立足日常生活的治理，而生活是构成社区的核心内容。因此，农村社区治理就要站位社区，关注社区日常生活。可见，农村社区治理和农村社区"微治理"是互为嵌套的。因此，农村社区治理有着规律可循，也就可以建构一种立足日常生活、站位社区的社区治理新架构。这个新架构就是"情感治理＋理治＋法治＋智能治理"。农村社区中的"情感治理"，因为有"温度"，可以有效克服基于理性的治理带来的紧张、人际疏离甚至崩溃，而提高治理的有效性。"理治"是通过讲理的方式来达成治理的目标，这个理就包括情理、事理、天理，也包括"礼"。其中，讲情理是将情作为讲理的依据，本质上是情感治理的延续；讲事理是根据处事应该的遵循程序、原则、规则、程式、礼俗、道德等，进行申说，以明辨是非，以追求俗民社会的公道，以达成循理行事之目的；讲天理即讲基于人伦的道德、良心和王法，本质上是通过良心叙事，来激发人的良心，终止有违人伦的作为，以实现日常生活的伦理正义。"法治"即以现代法律为依据所进行的治理，此法是正式法而非民间法，本质上是基于理性的考量，通过程序正义，以实现形式正义。但法治所依据的法律多疏远于俗民社会的传统，这是需要完善的地方，并通过这种完善实现法、理、情的共通共融。"智能治理"是指利用 AI 技术和 AI 网络来达成治理目标的过程。当今社会，已经进入"数据驱动社会，……AI 是其中的重要角色"。[1] "随着这些数据技术的发展，AI 今后将应用于各种社会场景中，人类灵活运用 AI 的智能，补充人类的知性活动，甚至是让它代替人类的活动。……更进一步来讲，像少子化和高龄化引起的劳动力不足，面对自然灾害时需要的强韧的社会基础等社会问题，都可能通过 AI 得到解决。"[2] 改革开放以来，在城镇化和市场化的双轮驱动下，农村社区出现了突出的"空心化""空巢化"和"高龄化"现象，农村社区出现了"弱主体境"，进而陷入"弱参与境"，最终呈现出"弱治理"的状态。在城镇化和市场化不可逆转的情况下，"智能治理"可以克服由于"空心化""空巢化""高龄化"引发的"弱治理"。

基于上述分析，可见，"情感治理＋理治＋法治＋智能治理"的农村社区治理新架构包蕴着"三治融合"的精髓，可以使得农村社区治理实践中的"三治融合"更具操作性。同时，这种架构既可以兼顾伦理正义与形式正义，也能够更好地实现治理的效用和价值，而使得农村社区治理更有效。

---

[1] ［日］福田雅树、林秀弥、成原慧编著：《AI 联结的社会——人工智能网络化时代的伦理与法律》，宋爱译，北京：社会科学文献出版社 2020 年版。
[2] ［日］福田雅树、林秀弥、成原慧编著：《AI 联结的社会——人工智能网络化时代的伦理与法律》，宋爱译，北京：社会科学文献出版社 2020 年版。

主要参考文献

◎《马克思恩格斯全集》（第 2 卷），北京：人民出版社 1957 年版。

◎马克思：《路易·波拿巴的雾月十八日》，载《马克思恩格斯选集》（第 1 卷），北京：人民出版社 2012 年版。

◎习近平：《在庆祝中国人民政治协商会议成立 65 周年大会上的讲话》，载《人民日报》，2014 年 9 月 22 日。

◎《习近平谈治国理政》（第 2 卷），北京：外文出版社 2017 年版。

◎中共中央文献研究室编：《建国以来重要文献选编》（第 1 册），北京：中共中央文献出版社 1992 年版。

◎《中国大百科全书·社会学》，北京：中国大百科全书出版社 1991 年版。

◎李泽厚：《实用理性与乐感文化》，北京：生活·读书·新知 三联书店 2005 年版。

◎李泽厚：《历史本体论己卯五说》（增订本），北京：生活·读书·新知 三联书店 2008 年版。

◎陆学艺：《内发的村庄》，北京：社会科学文献出版社 2001 年版。

◎陆益龙：《后乡土中国》，北京：商务印书馆 2017 年版。

◎马化腾等：《互联网+：国家战略行动路线图》，北京：中信出版社 2015 年版。

◎孟伟：《日常生活的政治逻辑：以 1998—2005 年间城市业主维权行动为例》，北京：中国社会科学出版社 2007 年版。

◎强世功：《调解、法制与现代化：中国调解制度研究》，北京：中国法制出版社 2001 年版。
◎ 汪和建：《现代经济社会学》，南京：南京大学出版社 1993 年版。
◎ 王晓毅：《血缘与地缘》，杭州：浙江人民出版社 1993 年版。
◎ 萧守英等：《曾国藩全集·日记一》（咸丰十年闰三月十八日），长沙：岳麓书社 1987 年版。
◎ 薛华：《哈贝马斯的商谈伦理学》，沈阳：辽宁教育出版社 1988 年版。
◎ 俞可平：《治理与善治》，北京：社会科学文献出版社 2000 年版。
◎ 岳庆平：《中国民国习俗史》，北京：人民出版社 1994 年版。
◎ 翟学伟：《中国人行动的逻辑》，北京：社会科学文献出版社 2001 年版。
◎ 张岱年：《张岱年文集》（第 3 卷），北京：清华大学出版社 1992 年版。
◎ 张晓山等：《中国农村改革 30 年研究》，北京：北京经济管理出版社 2008 年版。
◎ 张中秋：《中西方法律文化比较研究》（第四版），北京：法律出版社 2009 年版。
◎ 赵树凯：《农民的政治》（增订版），北京：商务印书馆 2012 年版。
◎ 赵树凯：《乡镇治理与政府制度化》，北京：商务印书馆 2010 年版。
◎ 赵秀玲：《村民自治通论》，北京：中国社会科学出版社 2004 年版。
◎ 赵旭东：《权力与公正——乡村社会的纠纷解决与权威多元》，天津：天津古籍出版社 2003 年版。
◎ 黎靖德：《朱子全书》，北京：中华书局 1936 年版。
◎ 黎靖德：《朱子语类》（卷 12、卷 13、卷 40、卷 64、卷 78），长沙：岳麓书社 1997 年版。
◎ 黎靖德：《四书集注》，长沙：岳麓书社 1985 年版。
◎ 中共中央办公厅、国务院办公厅印发《关于深入推进农村社区建设试点工作的指导意见》（2015），http：//news. xinhuanet. com/politics/2015 - 05/31/c_1115463822. htm，2015 - 05 - 31，新华网。
◎ CNNIC：《第 43 次中国互联网络发展状况统计报告》中国互联网络信息中心，http：//www. cnnic. net. cn/hlwfzyj/hlwxzbg/hlwtjbg/201902/t20190228_70645. htm.

◎《2017社会服务发展统计公报》，http://www.mca.gov.cn/article/sj/tjgb/2017/201708021607.

◎[德] 托马斯·海贝勒、君特·舒耕德：《从群众到公民——中国的政治参与》，张文红译，北京：中央编译出版社2009年版。

◎[法] 福柯：《什么是批判：福柯文选三》，汪安民编，北京：北京大学出版社2016年版。

◎[法] 勒内·达维德：《当代主要的法律体系》，漆竹生译，上海：上海译文出版社1984年版。

◎[美] 丹尼斯·朗：《权力论》，北京：中国社会科学出版社2001年版。

◎[美] 杜赞奇著：《文化、权力与国家——1900—1942年的华北农村》，南京：江苏人民出版社2010年版。

◎[美] 格罗弗·斯塔林：《公共部门管理》，上海：上海译文出版社2003年版。

◎[美] 华琛：《中国丧葬仪式的结构》，湛蔚晞译，载《历史人类学学刊》2003年第2期。

◎[美] 黄宗智：《长江三角洲小农家庭与乡村发展》，北京：中华书局2000年版。

◎[美] 乔恩·豪威尔、丹·科斯特利：《有效领导力》，付彦等译，北京：机械工业版社2003年版。

◎[美] 乔治·萨拜因：《政治学说史（下）》，刘山等译，北京：商务印书馆1986年版。

◎[美] 纳森·特纳、简·斯戴兹：《情感社会学》，孙俊才、文军译，上海人民出版社2007年版。

◎[美] 克利福德·格尔茨：《文化的解释》，韩莉译，南京：译林出版社1999年版。

◎[美] 克利福德·吉尔兹：《地方性知识——阐释人类学论文集》，王海龙、张家瑄译，北京：中央编译出版社2004年版。

◎[美] 拉尔夫·多戈夫等：《社会工作伦理实务工作指南（第七版）》，隋玉杰译，北京：中国人民大学出版社2005年版。

- [美] C. 赖特·米尔斯：《社会学的想象力》，陈强、张永强译，北京：生活·读书·新知 三联书店2013年版。
- [美] 曼卡尔·卡斯特：《网络社会的崛起》，夏铸九等译，北京：社会科学文献出版社2001年版。
- [美] 约翰·克莱顿·托马斯：《公共决策中的公民参与》，孙柏英等译，北京：中国人民大学出版社2010年版。
- [美] 阎云翔：《私人生活的变革》，龚晓夏译，上海：上海人民出版社2016年版。
- [美] 杨美惠：《礼物、关系学与国家：中国人际关系与主体性建构》，孙旭东、孙珉译，南京：江苏人民出版社2009年版。
- [日] 高见泽磨：《现代中国的纠纷与法》，何勤华等译，北京：法律出版社2003年版。
- [日] 福田雅树、林秀弥、成原慧：《AI联结的社会——人工智能网络化时代的伦理与法律》，宋爱译，社会科学文献出版社2020年版。
- [日] 滋贺秀三：《清代中国の法と裁判》，东京：创文社1984年版。
- [日] 滋贺秀三：《中国法文化的考察》，王亚新译，王亚新、梁治平主编：《明清时期的民事审判与民间契约》，北京：法律出版社1998年版。
- [古希腊] 亚里士多德：《尼各马可伦理学》，廖申白译，北京：商务印书馆2001年版。
- [匈牙利] 赫勒：《日常生活》，衣俊卿译，重庆：重庆出版社1990年版。
- [英] 埃文斯·普里查德：《努尔人》，褚建芳、阎书昌、赵旭东译，北京：华夏出版社2002年版。
- [英] 马尔科姆·派恩：《现代社会工作导论》，冯雅丽、叶鹏飞译，北京：中国人民大学出版社2008年版。
- [英] 马林诺夫斯基：《文化论》，费孝通译，北京：华夏出版社2002年版。
- [英] 马林诺夫斯基：《神圣的性生活》，何勇译，北京：知识出版社1998年版。
- [英] 梅因：《古代法》，沈景一译，北京：商务印书馆1984年版。
- [英] 拉德克利夫·布朗：《安达曼岛人》，梁粤译，桂林：广西师范大学出版社2005年版。

◎［英］亚当·斯密：《道德情操论》，蒋自强等译，北京：商务印书馆1997年版。

◎［英］格里·斯托克：《作为理论的治理：五个论点》，载《国际社会科学杂志》（中文版）1999年第1期。

◎A. L. Kroeber and Clyde Kluckhohn. *Culture，a Critical Review of Concepts and Definitions*，Harvard University Press，1952.

◎Aaron McNeece，Bruce Thyer. *Evidence-Based Practice and Social Work*，Journal of Evidence-Based Practice and Social Work，2004（1）.

◎Adam Smith. *The Theory of Moral Sentiments*，Oxford：Oxford University Press，1976，p. 9.

◎Andrew S. McFarland. *Power and Leadership in Pluralist System*s，Stanford：Stanford University Press，1969.

◎Aristotle. *Nichomachean Ethics*，Trans. by Robert C. Bartlett，Susan D. Collins. Chicago：The University of Chicago Press，2011.

◎Berenice Fisher and Joan Tronto. "Toward a FeministTheory of Caring" Circles of Care ed，E. Abel and M. Nelson，Albany：State University of New York Press，1990.

◎Beverly M. Simmons. *The Complexity of Evidence-Based Practice*：A Case Study，Smith College Studies in Social Work，2011（2）.

◎Brudney，Jeffery L. *Coproduction and Local Government*，in：Kemp，Roger L.，（eds.），The Provision of Public Services by the Private Sector，Jefferson，1991；Berry，Jeffrey M./Portly，Kent E./Thomson，Ken. *The Rebirth of Urban Democracy*. Washington，D. C. 1993.

◎Catherine Lutz and Geoffrey M. White. "The Anthropology of Emotions"，Annual Review of Anthropology，1986，vol. 15.

◎Ch. Perelman. *The New Rhetoric And The Humanities*，Holland / Boston：D. Reidel Publishing Company，1979.

◎Charles Atkinson. Jeremy Bentham. *His Life and Work*，London：Methuen & Co，

1905.

◎ David Hume. *A Treatise of Human Nature*, Auckland: The Floating Press, 2009.

◎ Diemut Bubeck. *Care, Gender, and Justice*, Oxford: Oxford University Press, 1995.

◎ Edward B. Tylor. *Primitive Culture*, Reprint1958, New York: Harter & Row, 1871.

◎ Kluckhohn, C. *Mirror for Man*, New York: McGraw-Hill, 1944.

◎ Eileen Gambrill. *Evidence-Based Practice: An Alternative to Authority-Based Practice*, Families in Society: the Journal of Contemporary Social Service, 1999 (40).

◎ Ewick, P. & S. Silbey. *The Commonplace of Law-Stories from Everyday Life*, Chicago: The University of Chicago Press, 1998.

◎ Gittell, Marilyn. *Limits to Citizen Participation: The Decline of Community Organizations*, Beverly Hills, London, 1980.

◎ Pammer, William. *Administrative Norms and the Coproduction of Municipal Services*, in: Social Science Quarterly 73, 1992.

◎ Habermas, J. *The Theory of Communicative Action*, Boston: Beacon Press, 1984.

◎ Henri Lefebvre. *Critique of everyday life*, volume1; translated by Moore; with preface Michel Trebitsch; Verso, London, New York: 1991.

◎ Huntington, Samuel /Nelson, Joan M. *No Easy Choice: Political Participation in Developing Countries*, Cambridge/Mass., London, 1976.

◎ James Q. Wilson and George L. Kelling. "*Broken Windows: The Police and Neighborhood Safety*", The Atlantic Monthly, vol.249, no.3 (March 1982).

◎ Joseph S. Nye, Jr.. *Bound to Lead: The Changing Nature of American Power*, New York: Basic Books, Inc., Publisher, 1990.

◎ Joseph S. Nye, Jr.. Soft Power: *The Means to Success in World Politics*, New York: Public Affairs, 2004.

◎ Juran, J. M., & Gryna, F. M. *Juran's quality control handbook* (4 th ed), New

York: McGraw-Hill. 1988.

◎Lefebvre, H. *Critique of Everyday Life*, London: Verso, 1991.

◎Marschall, Melissa J. *Citizen Participation and the Neighborhood Context: A New Look at the Coproduction of Local Public Gods*, in: Political Reserch Quarterly 57 (2), 2004.

◎Max Weber. *The Theory of Social and Economic Organization*, London: Free Press, 1947.

◎Max Weber. *Economy And Society An Outline of Interpretive Sociology*, Berkeley, Los Angeles, London University Of California Press, 1968.

◎Michael Slote. *Morals from Motives*, Oxford: Oxford University Press, 2001.

◎Michael Slote. *The Ethics of Care and Empathy*, New York, NY: Routledge, 2007.

◎Michael Slote. *Moral Sentimentalism*, Ethical Theory and Moral Practice, 2004, 7 (1).

◎Pearce, Frank & Steve Tombs. *Policing Corporate Skid Rows: A Reply to Keith Hawkins*, British Journal of Criminology, vol. 31. 1991.

◎Peterson, Paul E. *City limits*, Chicago: University of Chicago Press, 1981.

◎Sacket D. *Evidence-Based Medicine: How to Practice and Teach EBM*, New York: Churchill Livingstone. 1997.

◎Robert Dahl. *Who Governs?*, New Haven: Yale University Press, 1961.

◎Schutz, A. *The Phenomenology of the Social World*, Evanston: Northwest University Press, 1967.

◎Schultze Rainer-Olaf. *Partizipation in: Nohlen, Dieter (eds.)*, Kleines Lexikon der Politik Munchen. 2001.

◎Sherr Arnstein. *A ladder of citizen participation*. Journal of the American Institute of Planners, 1969 (35).

◎Virginia Held. *The Ethics of Care, The Oxford Handbook of Ethical Theory*, ed. David Copp. New York: Oxford University Press, 2006.

◎Webster Noah. *An American Dictionary of the English Language*, New York: Harper & Brothers, 1848.

◎Yan, Yunxiang. *The Flow of Gifts: Reciprocity and Social Networks in a Chinese Village*, Stanford: Stanford University Press, 1996.

后 记

二十年前,我在快近不惑之年时,贸然并毅然决然地放弃了已经轻车熟路的工作和安稳的生活,踏上了学术的冒险旅程。由于自己长期生活、工作在农村,目睹了农村社会发生的一幕幕,有的令人兴奋,有的令人百思不得其解,由然生发出对"农村到底怎么啦"的思考与疑问,我想在书本及学术研究中寻找到答案。后来,发现了一门研究社会的学问——社会学,便以同等学力报考了安徽大学的社会学专业,有幸师从朱士群教授。在选择研究方向时,我坚决地选择了农村社会学研究方向,从此走上农村社会学研究的学习与探索之路。

21世纪初,国内农村学研究聚焦于"三农"问题,村民自治研究方兴未艾。读研期间,在导师的推荐下,2002—2004年,在辛秋水先生的村民自治研究中心从事助研工作。辛秋水先生既是国内村民自治研究的理论家,也是亲身实践者。两年里,深得先生的点拨、教诲,我虽愚钝,然学业仍有所精进。故,毕业论文的选题是村民自治研究。我将研究视角透视到了村民小组,探讨村民小组治理研究,没想到这成了国内从学术层面研究村民小组治理的发端。在我的硕士毕业论文《乡村社会资本与村民小组治理研究——皖西龙镇调查与思考》中,我用一个个生动的故事,讲述了龙镇村民小组治理的现状,探讨了村民小组治理的未来,分析了乡村社会资本在村民小组治理中的作用。现在回过头来看,那时的村民小组治理研究,已经触及农村社区"微治理"的命题,只不过那时自己还缺乏理论上的提炼能力和自觉。后来的研究,主要聚焦于农村社区治理研究。由于多年对学术的执着,2015年有幸获得国家社会

后记

基金资助。项目立项后，有过焦虑、忐忑。但是，回望自己的来路，回想曾经努力克服困难走上学术的心路历程，便坚定了战胜困难的信心。近年来，为了完成这项神圣的使命，冒寒风，顶烈暑，行走于阡陌，走进访谈对象，或促膝长谈，或查阅资料，在一个个生动的故事里徜徉，时而沉思，时而奋笔疾书。经过这些年的努力，终于成就了本部书稿。

首先感谢授业恩师朱士群教授。是先生不嫌我愚钝，两纳于门下，为我提供了两次难得的求学机会。第一次读研求学，让我重新改写了人生的轨迹，从此翻开了新的人生篇章；第二次读博，让我在学术之途上能够迈开更加坚实的步伐，虽日后恐难成大器，但增加了我的学术自信。多年来，追随先生，在学业上、工作上多得先生指点，让我受益良多。先生的学识，我辈难望其项背；先生勤勉工作的态度，令我辈敬佩；先生严谨的治学态度、敏锐的洞察力、深厚的学术功底、诲人不倦的师德，堪称我辈楷模。现今拙作得以完成，幸得先生悉心指点和鼓励，才让我有了战胜困难的信心。今能得先生教导、提携，实乃甚幸，感恩之心，实难言表。

家庭是幸福的源泉，也是力量的源泉。感谢父亲在天之灵的护佑，每每想起37年前见我父最后一面时的鼓励："我儿能行！"我就有了前进的动力和战胜困难的勇气。记得我在高中阶段学习和生活最艰苦的时期，曾写下了四句打油诗："无蛋鸡，无蛋鸡，人瘦鸡鸣凄；青黄不接日，正是男儿操戈时。"这既是痛苦的回忆，也是我一生中最宝贵的财富。有了这笔宝贵的财富，我就有了不竭的前进动力和战胜任何困难的勇气。感谢年迈老母的殷殷期待和对不孝儿子因忙于工作而尽孝不周的谅解。感谢多年来我的兄弟们的帮助和支持，没有他们的帮助和支持，也就没有我的今天。怎奈能力不济，总难以回报，深感汗颜。感谢妻子周世霞，多年来是她的默默支持和奉献才成就了我的今天；也感谢我儿昱昊的理解和支持，使我能从容应对学习和工作。

感谢在我生活学习最困难时期曾经给予我帮助的所有人，正是他们让我感受到了人世间的温暖，教导我学会感恩。为了回馈曾经给予我支持和鼓励的人们，我将不懈努力，坚持学术为社会服务的原则，探索学术服务社会的真谛。